인과관계란

고수들

계량경제학

Joshua D. Angrist, Jörn-Steffen Pischke 지음

강창희, 박상곤 옮김

Σ 시그마프레스

고수들의 **계량경제학** : 인과관계란 무엇인가

발행일 | 2017년 2월 1일 1쇄 발행
2018년 1월 22일 2쇄 발행

저자 | Joshua D. Angrist, Jörn-Steffen Pischke
역자 | 강창희, 박상곤
발행인 | 강학경
발행처 | (주)시그마프레스
디자인 | 송현주
편집 | 김은실

등록번호 | 제10-2642호
주소 | 서울특별시 영등포구 양평로 22길 21 선유도코오롱디지털타워 A401~403호
전자우편 | sigma@spress.co.kr
홈페이지 | http://www.sigmapress.co.kr
전화 | (02)323-4845, (02)2062-5184~8
팩스 | (02)323-4197

ISBN | 978-89-6866-838-8

Mastering 'Metrics : The Path from Cause to Effect

* 책값은 뒤표지에 있습니다.
* 이 도서의 국립중앙도서관 출판예정도서목록(CIP)은 서지정보유통지원시스템 홈페이지(http://seoji.nl.go.kr)와 국가자료공동목록시스템(http://www.nl.go.kr/kolisnet)에서 이용하실 수 있습니다.(CIP제어번호 : CIP2017001116)

역자 서문

경제학을 공부하면서 가장 먼저 배우는 개념 중 하나는 세테리스 파리부스(ceteris paribus), 즉 '다른 조건이 동일하다면(other things equal)'이라는 말이다. 이 개념은 사실 경제학뿐만 아니라 사회과학의 연구에서도 매우 빈번히 사용된다. 예를 들어, 수요량이 가격에 반비례한다는 수요의 법칙은 '다른 조건이 동일하다고 가정할 때' 가격이 오르면(혹은 내리면) 수요량이 감소(혹은 증가)하는 현상이다. 만약 가격이 오를 때 다른 조건들도 같이 변한다면, 수요량은 감소하지 않을 수 있다. 현실에서 어떤 상품의 가격이 오를 때 그 재화의 시장 수요량이 동시에 증가한다고 하더라도 그것이 수요의 법칙을 위배하는 것은 아니다. 다른 조건들이 일정한 상태에서, 가격이 오를 때 수요량이 증가하는 현상이라야 수요의 법칙에 대한 반례로서 인정받을 수 있다.

현실에서 한 상품의 시장 수요량에 영향을 미치는 요인은 가격뿐만 아니라 사람들의 소득, 기호, 연령구조, 성별, 날씨, 온도 등 매우 다양하다. 이론에서 제시하는 수요의 법칙을 현실 경제의 데이터를 이용해 증명하기 위해서는 실증분석에서도 '다른 조건들이 동일하게 유지된' 상태를 구현해야 한다. 그러나 실증연구에서 이 상태를 구현하는 것은 사실 쉬운 일이 아니다. 만약 실증분석에서 이 상태가 적절하게 구현되지 않으면, 그 분석은 가격과 수요량 사이의 인과관계가 아니라 그 둘 사이의 '상관관계(혹은 연관관계)'만을 보여줄 뿐이다. 사회과학 연구의 대상이 되는 중요한 질문들은 대부분 상관관계가 아니라 인과관계에 관한 것이다.

이 책에서 예시하고 있는 학교 교육과 소득 사이의 인과관계를 생각해보자. 평균적으로 대학 졸업자의 소득은 고등학교 졸업자보다 몇 배 높은가? 만약 대학 졸업자의 평균 소득이 더 높다면 그 차이는 학교 교육으로 인한 결과인가 아니면 대학 졸업자의 다른 장점들로 인해 나타난 차이인가? 학력과 소득 사이의 관계를 '다른 조건들이 동일한' 기반 위에서 어떻게 평가할 수 있을까? 이 책은 사회과학 실증분석에서 '다른 조건들이 동일한' 상태를 구현해 원인과 결과 사이의 관계를 측정하는 방법을 알려준다. 이 책은 두 변수 사이의 인과관계를 정확히 측정하기 위해 지난 수십 년 동안 계량경제학에서 개발한 무기들과 이를 자유자재로 다룬 계량 고수들의 살아 있는 이야기를 들려준다.

인과관계 분석법을 자유자재로 구사하는 계량 고수가 되기 위해서는 많은 인내와 고통이 따른다. 범인은 수십 년의 수련을 통해서만 고수의 내공에 근접할 수 있다. 하지만 쿵푸 무림의 역사에서 보듯이, 몇몇 사람들은 영약이나 엄청난 내공의 소유자로부터 내공을 한 번에 전수받아 고수의 경지에 도달하기도 한다. 때로는 무림의 전설로만 내려오는 비법을 손쉽게 얻는 행운을 누리기도 한다.

이 책의 저자들은 이 분야의 고수로서 자신들의 내공을 독자들에게 한 번에 물려주기를 원한다. 그렇게 물려받은 내공을 통해 독자들이 무의미해 보이는 숫자들로부터 신뢰할 만한 인과적 지식으로 나아가는 길을 발견하기를 바란다. 인과관계를 규명하기 위해 필요한 '다른 조건이 동일한 상태'를 구현하는 방법을 쉽게 볼 수 있기를 원한다.

이 책의 저자들은 인과관계 문제를 공략하는 계량의 핵심 비법이 동전 던지기와 같은 무작위 실험(randomized experiment)에 있다고 말한다. 무작위 실험을 통해 원인변수를 배분하면, 자연스럽게 '다른 조건들을 동일하게' 만들 수 있기 때문이다. 그러나 이 비법만으로 강호에 나가 인과관계를 탐구하려면 때로 너무나 많은 시간과 비용이 든다.

따라서 계량의 고수들은 여러분에게 무작위 실험 비법과 함께 네 명의 용사를 동행시킨다. 이 네 용사들은 무작위 실험만큼 강력한 무기는 아니지만, 무작위 실험이 불가능한 실전 상황에서도 인과관계를 보여줄 수 있는 막강한 기술이다. 여러분들과 동행하게 될 계량경제학의 다른 네 용사는 회귀분석법(regression), 도구변수법(instrumental variables), 회귀단절모형(regression discontinuity designs), 이중차분법(differences-in-differences)이다. 저자들은 여러분이 어떻게 이 다섯 가지 계량 방법을 사용해 인과관계의 핵심에 최대한 가까이 다가갈 수 있는지를 보여준다. 이 다섯 용사들이 해결한 어려운 문제들을 보면서 여러분의 외로운 여정에 저자들의 조언이 좋은 길잡이가 되기를 소망한다. 이 다섯 용사들과 동행하며 인과관계를 규명하는 무림에서 여러분이 승리하기를 우리 역자들 또한 기원한다.

가능한 오역이 없도록 그리고 번역문이 어색하지 않도록 많은 노력을 기울였지만, 여전히 남아 있을 부족함은 우리 역자들의 책임이다.

마지막으로 어려운 출판 여건 속에서도 흔쾌히 이 책을 번역 출판할 수 있도록 도와주신 (주)시그마프레스에 감사드린다.

2017년 1월

강창희 · 박상곤

| 차례 |

|제5장| 이중차분법

|제6장| 학교 교육의 수익

| 표 차례 |

그림 차례

서론

눈먼 포 사부 : 눈을 감아 보시게. 무슨 소리가 들리는가?
젊은 콰이 창 케인 : 물소리가 들립니다. 새소리가 들립니다.
포 사부 : 자네의 심장 뛰는 소리는 들리는가?
콰이 창 케인 : 들리지 않습니다.
포 사부 : 자네 발치의 메뚜기 소리는 들리는가?
콰이 창 케인 : 사부님은 어떻게 그런 소리를 들으십니까?
포 사부 : 자네는 어째서 그런 소리를 듣지 못하는가?

–**쿵푸**, 파일럿(역주 : 1972년 미국에서 방영된 TV 드라마)

경제학자들이 따분하다는 인식은 잘못된 생각이다. 경제학도 어느 학문 못지않게 흥미진진할 수 있다. 세상이 우리의 실험실이고, 그 안의 다종다양한 사람들이 우리의 연구대상이기 때문이다.

우리의 작업이 흥미로운 이유는 세상만사의 원인과 결과를 파헤쳐 볼 수 있는 기회가 있기 때문이다. 오늘날 제기되는 커다란 질문들이 곧 **우리의 질문**이다. 예를 들어, 통화정책 완화가 경제성장에 불을 당길 것인가, 아니면 인플레이션의 불길에 부채질만 하는 것일까? 아이오와 농부들이든 연방준비제도위원회 의장이든 누구나 그 답을 알고 싶어 한다. 국민건강보험이 의무화되면 미국 국민들은 정말 더 건강해질까? 이와 같은 정책 이슈들은 라디오 토크쇼에서 열띤 토론을 불러일으킨다. 하지만 우리 경제학자들은 이러한 질문들에 감정이 아닌 데이터로 무장하여 냉정하게 접근한다.

인과관계에 대한 질문에 답하기 위해 경제학자들이 데이터를 이용하는 방법이 바로 응용 계량경제학 분야이다. 학생들이나 이 분야의 고수들 모두 이 분야를 **계량**(metrics)이라고 줄여 부른다. 계량에서는 엄격한 데이터 분석과 일련의 통계적 추론 기법들을 함께 활용한다. 우리가 하는 일에는 신비로운 면도 있다. 우리는 늘

진실을 추구하지만, 진실이 완전히 제 모습을 드러내지는 않기 때문에 데이터가 전하는 메시지에는 언제나 적절한 해석이 필요하다. 이런 점에서, 유명한 TV 시리즈인 '쿵푸(*Kung Fu*)'의 주인공 콰이 창 케인의 여정은 시사하는 바가 크다. 케인은 혼혈의 소림승으로서 미국에서 태어난 자신의 배다른 형제를 찾아 19세기 미국의 서부를 방랑한다. 그는 이 과정에서 겪게 되는 일들에 대해 질문을 던지고, 숨겨진 관계와 보다 깊은 의미들을 깨닫는다. 케인의 여정과 마찬가지로, 계량의 길을 밝히는 것은 질문들이다.

다른 조건이 동일하다면

여기에서 우리가 다룰 골치 아픈 문제에 대해서는 여러분도 이미 들어보았을 것이다. 최근 미국 대학생들 중 제때에 학위과정을 마치는 학생들의 비중이 가파르게 떨어지고 있다. 정치인이나 정책 분석가들은 대학 졸업률이 하락한 원인이 치솟는 대학 등록금과 다수의 학생들이 학비 조달을 위해 활용하는 학자금 대출이 서로 치명적으로 결합되어 있기 때문이라고 지적한다. 어쩌면 학자금 대출이 늘면서 중퇴하지 않았어도 되었을 학생들 중 일부가 더 이상 버티지 못하고 중도 하차할 수 있다. 학교를 중퇴할 가능성이 높은 학생들이 대개 많은 학비 대출금 또한 안고 있다는 사실은 이와 같은 가정을 실질적으로 뒷받침하는 것처럼 보인다.

할 수만 있다면 사람들은 어딘가에서 돈을 빌리는 것보다는 물려받은 재산으로 학비를 충당하는 쪽을 택할 것이다. 지금부터 자세히 살펴보겠지만, 사실 교육은 대부분의 졸업생들에게 그들이 빌린 돈을 갚을 수 있기에 충분한 정도로 소득을 상승시킨다. 그렇다면 대출금 부담과 대학 졸업률 사이에 존재하는 음의 상관관계를 우리는 어떻게 해석해야 할까? 채무 부담이 채무자로 하여금 학교를 중퇴하도록 유발하는 것일까? 이 맥락에서 첫 번째로 던져야 할 질문은 가장 많은 대출을 받는 사람들은 과연 누구인가라는 질문이다. 큰 빚을 진 학생들은 대체로 소득 수준이 중하위층인 가정 출신이다. 집안이 부유하지 않으면 저축해 놓은 돈이 없을 테니 당연한 얘기다. 그런데 큰 빚을 졌는지의 여부와는 무관한 여러 가지 이유들 때문에, 저소득 가구 출신 학생들은 고소득 가구 출신 학생들에 비해 학위 과정을 끝까지 이수할 가능성이 더 낮다. 따라서 높은 채무 부담이 대학 졸업률을 떨어뜨린다는 주장에 대해서는 의심을 품어 볼 필요가 있다. 특히 이와 같은 주장의 유일한 근거가 많은 빚을 진 학생들과 적은 빚을 진 학생들 사이에서 졸업률을 비교한 것이라면 더욱 그러하다. 학생의 가족 배경과 학자금 대출 사이의 상관관계를 이용해 학자금 대출을 받은 학생들과 그렇지 않은 학생들의 졸업률 차이를 비교하는 것은 '**다른 조건을 동일하게 유지한 상태의 비교**(other things equal comparison)'가 아니다.

경제학을 전공하는 대학생들이 맨 처음 배우는 개념은 '**다른 조건이 동일하다면**(other things equal)'이라는 말이다. 이것을 라틴어로는 **세터리스 파리부스**(ceteris paribus)라고 말한다. 세터리스 파리부스 조건하에서 이루어진 비교의 경우에만 인과적 해석을 적용할 수 있다. 모든 면에서 똑같은 두 명의 학생을 상상해 보자. 이들의 집안은 경제적 형편이 비슷하고, 부모님의 교육 수준도 동일하다. 이 가상의 쌍둥이 중 한 명은 대출을 받아 학비를 충당했고, 다른 한 명은 저축해 둔 돈을 사용했다. 다른 조건이 모두 동일하므로(둘 다 할머니께서 알토란 같이 모아둔 돈을 선뜻 내놓으셨다), 이들 사이의 학업성취도 차이는 이들 중 한 명이 대출을 받았다는 사실에 기인한다고 말할 수 있다. 오늘날까지 어째서 그 많은 경제학과 학생들이 이 핵심적인 개념을 라틴어로 만나야 하는지에 대해 우리는 의구심을 갖는다. 아마도 이 개념에 대해 깊이 생각하지 못하도록 만들려는 모종의 음모가 아닌가 싶다. 어쨌든 이 가상적인 비교가 시사하듯이 **다른 조건이 모두 동일한 상태의 비교**는 실제로 만들어 내기가 매우 어렵기 때문에, 어떤 이들은 이와 같은 비교는 **불가능**(impossibile)하다고까지 말하기도 한다. (*impossibile*은 사실 라틴어가 아니라 이탈리아어지만, 사람들은 여전히 이 단어를 사용한다.)

만들어 내기 어려울 수도 있다. 그러나 반드시 불가능한 것만도 아니다. 가공하지 않은 숫자들로부터 신뢰할 만한 인과적 지식으로 나아가는 길에 수많은 장애물(선택 편의 혹은 누락변수 편의 등)이 있음에도 불구하고, 계량의 고수는 데이터를 이용해 **다른 조건이 동일한 상태**에 도달한다. 인과관계를 파악하기까지 우리는 선택 편의의 바윗돌 사이로 구불구불 이어진 험난하고 어두컴컴한 길을 더듬어 나가야 한다. 하지만 계량의 고수들은 자신감을 가지고, 그러면서도 겸손하게 이 길을 따라 걸었고, 원인과 결과를 연결시키는 데 성공했다.

인과관계 문제를 공략하는 우리의 첫 번째 방법은 무작위 실험(randomized experiment)이다. 이것을 흔히 무작위 시행(randomized trial)이라고도 부른다. 무

작위 시행에서 연구자는 동전 던지기 같은 것을 이용해 선택한 집단에 대해 관심대상 인과 변수(예를 들어, 학자금 지원을 받을 수 있는지의 여부)에 변화를 준다. 무작위로 환경을 바꾸면 우리가 연구하고자 하는 결과에 영향을 미치는 여타 많은 요인들과 관심대상 변수 사이의 관련성이 끊어질 가능성이 매우 높아진다. 무작위 배정은 다른 모든 것들을 고정시키는 방법과는 다르지만 결과는 동일하다. 무작위적인 조작을 통해 우리는 조작을 경험한 집단과 경험하지 않은 집단을 평균적으로 **다른 모든 조건이 동일하도록** 만들 수 있다. 제1장에서 설명하는 바와 같이, '평균적으로(on average)' 정도이면 대체로 충분하다.

무작위 시행은 계량의 공구함에서 자랑할 만한 자리를 차지하고 있다. 하지만 안타깝게도 무작위 사회실험을 시행하는 데는 비용도 많이 들고 결실을 맺기까지 시간도 많이 걸린다. 반면에 연구비는 부족하고 인생은 짧다. 따라서 계량의 고수들은 대체로 강력함은 약간 떨어지지만 접근성은 보다 높은 연구 디자인을 채택한다. 그러나 현실적으로 무작위 시행이 가능하지 않은 경우에도 우리는 우리가 원하는 무작위 시행에 대해서 상상해볼 수는 있다. 이상적 실험(ideal experiments)이라는 개념은 우리가 계량경제학 연구에 접근하는 방법에 대한 지침을 제공한다. 이 책에서 우리는 다섯 가지 계량경제학 방법들을 적절히 사용해 어떻게 실제 실험이 가지고 있는 인과관계를 밝히는 힘에 최대한 가까이 다가갈 수 있는지를 보여 주고자 한다.

여기에서 우리는 일련의 정교하고 중요한 계량경제학 연구들을 통해 우리가 선호하는 계량경제학 방법들을 제시한다. **쿵푸 팬더**에 나오는 제이드 궁전의 대사부님 우그웨이가 친히 심사하신 인과효과를 다룬 이들 연구는 벌써 풍기는 분위기부터가 남다르다. 이들 연구가 사용한 방법들 — 무작위 배정(random assignment), 회귀분석법(regression), 도구변수법(instrumental variables), 회귀단절모형(regression discontinuity designs), 이중차분법(differences-in-differences) — 은 계량경제학 연구의 '다섯 용사'이다. 제1장에서 우리는 먼저 보건의료에 대해 현재 미국에서 벌어지고 있는 논쟁에 의거해 다수의 정책 입안자들이 믿는 것처럼 건강보험이 실제로 보험에 가입한 사람들의 건강을 지키는 데 도움이 되는지 여부를 밝히는 2개의 사회실험에 대해 살펴볼 것이다. 제2~제5장에서는 우리의 연장들을 실제로 사용해, 사립 고등학교와 사립 대학에 다니는 이득, 10대들의 음주가 유발하는 비용, 그리고 중앙은행의 유동성 자금 투입의 효과에 이르기까지 여러 가지 중요한 현안들에 대한 해답을 다듬어갈 것이다.

마지막 장에서 우리는 다시 교육 현장으로 돌아가 다섯 용사들을 현장에 투입해 볼 것이다. 평균적으로 대학 졸업자의 소득은 고등학교 졸업자보다 2배 더 높고, 이와 같은 소득 격차는 시간이 지남에 따라 벌어지는 듯하다. 제6장에서 우리는 이러한 격차가 학교 교육의 인과적인 수익률이 높다는 것을 보여주는 증거인지, 아니면 교육 수준이 높은 사람들이 여타의 많은 장점들(예를 들어, 부모의 높은 교육 수준)을 보유하고 있음을 반영하는 것에 불과한지에 관해 질문을 던진다. 학력과 근로소득 사이의 관계를 **다른 조건들이 동일한** 기반 위에서 평가할 수 있을까? 아니면 이번에도 선택 편의라는 바윗덩어리가 어김없이 우리의 길을 가로막게 될까? 학력과 소득 사이의 인과관계를 정량화하는 과제는 계량의 무기들과 이를 휘두르는 고수들에게 만만치 않은 시험 무대를 제공한다.

제 1 장

무작위 시행

콰이 창 케인 : 한 사람의 일생은 이미 명부에 적혀 있습니다. 사람은 정해진 운명대로 살아야만 합니다.

노 스승 : 하지만 누구든 자신이 선택한 대로 살 수도 있네. 그 두 가지가 정반대인 것처럼 보이겠지만 둘 다 맞는 말이지.

– **쿵푸**, 파일럿

우리의 길

우리의 길은 **무작위 배정**(random assignment) 실험으로부터 시작된다. 이는 인과관계를 밝히는 틀이자 다른 방법을 통해 얻은 결과를 판단하는 잣대다. 이제부터 건강보험의 효과를 무작위 배정을 통해 평가한 두 실험을 이용해 무작위 배정이 놀라운 위력을 실감해 보자. 이 장의 부록에서 우리는 실험의 틀을 이용해 통계적 추론의 개념과 방법을 검토할 것이다.

1.1 질병과 건강(보험)

적정 부담 보건 의료법(Affordable Care Act, ACA)은 최근 뜨거운 논란의 초점이 되고 있는 흥미로운 정책 개혁안이다. ACA에 따르면 미국인은 건강보험을 의무적으로 구매해야 하고, 자발적으로 구매하지 않는 사람들에게는 세금이 부과된다. 보건 의료 시장에서 정부가 담당해야 할 올바른 역할에 대해서는 다양한 각도에서 질문이 제기된다. 그중 하나는 건강보험이 건강에 미치는 인과효과이다. 미국은 다른 선진국들보다도 높은 비중의 GDP를 보건 의료에 지출하고 있지만, 미국인들의 건강상태는 놀라울 만큼 좋지 않다. 예를 들어, 미국인들은 보건 의료 지출액이 미국의 2/3 규모인 캐나다 국민들에 비해 과체중일 가능성이 더 높고 평균 수명은 더 낮다. 또한 선진국으로는 이례적으로 미국에는 전 국민 의료보험 제도가 없다. 어쩌면 여기에는 인과적인 관련성이 있을지도 모른다.

메디케어(Medicare)라는 연방 프로그램이 미국의 노인들을 포괄하는 한편, 일부 가난한 미국인들(아이를 둔 대부분의 미혼 여성과 그 자녀들, 그리고 다수의 가난한 어린이들)은 메디케이드(Medicaid)에서 포괄한다. 하지만 다수의 빈곤한 중장년 근로자들은 오랫동안 무보험 상태로 지내 왔다. 사실 보험이 없는 많은 미국인들은 자신의 선택에 의해 고용주가 제공하는 보험 플랜에 참여하지 않았다.[1] 이 근로자들은 자신들의 보건 의료적인 문제를 해결하기 위해, 사실 그럴 수밖에 없겠지만, 병원 응급실을 주로 이용한다. 왜냐하면 응급실은 이들을 그냥 되돌려 보낼 수는

1) 이 놀라운 사실의 자세한 내용에 대해서는 Jonathan Gruber, "Covering the Uninsured in the United States" *Journal of Economic Literature*, vol. 46, no. 3, September 2008, pages 571-606을 참조하라.

없기 때문이다. 하지만 응급실은 가령 감기 같은 것을 치료하거나 미국의 빈민층에 만연한 당뇨병이나 고혈압 같은 만성 질환을 관리하기에는 최선의 장소가 아닐 것이다. 응급실은 장기적인 보살핌을 제공해야 할 의무가 없다. 따라서 정부가 건강보험을 강제하게 되면 건강상의 이득이 발생할지도 모른다고 생각할 수 있다. 정부가 지원하는 전 국민 건강보험을 추진하는 근거들 중 하나는 바로 이와 같은 믿음이다.

현재의 맥락에서 **다른 조건이 모두 동일한 비교**를 적용하려면 우리는 보험을 보유한 사람의 건강상태를 그가 보험을 보유하지 않았을 경우의 건강상태와 대비시켜야 한다. (이때의 두 사람은 응급실에 방문했는지의 여부만이 서로 다르다.) 이와 같은 비교에 있어서는 근본적인 실증적 난제가 분명하게 드러난다. 즉, 한 사람은 보험에 가입한 상태나 가입하지 않은 상태 중 오직 한 상태에만 있을 수 있다. 한 사람이 위의 두 상태에 동시에 있을 수는 없다. 적어도 정확히 동일한 환경에서 동일한 시점에 그런 일이 일어날 수는 없다.

로버트 프로스트는 그의 유명한 시 '가지 않은 길'에서 개인의 선택이 갖는 인과효과를 설명하기 위해 다음과 같이 갈래 길을 사용하여 비유하였다.

단풍 든 숲 속에 두 갈래 길이 있었습니다.
몸이 하나니 두 길을 가지 못하는 것을
안타까워하며 한참을 서서
낮은 수풀로 꺾여 내려가는 한쪽 길을
멀리 끝까지 바라다 보았습니다.

프로스트의 나그네는 이렇게 결론을 맺는다.

숲 속에 두 갈래 길이 있었고, 나는-
사람들이 적게 간 길을 택했습니다.
그리고 그것이 내 모든 것을 바꾸어 놓았습니다.

나그네는 자신의 선택이 중요했다고 생각한다. 하지만 자신이 둘이 아닌 이상 그것을 확신할 수는 없다. 후에 다시 길을 가거나 다른 나그네가 귀띔을 해 준다고 해도 단정할 수 없기는 마찬가지다. 우리의 주인공이 두 번째 여행을 떠날 무렵에는 나이도 들고, 지혜도 깊어졌을 것이고, 다른 사람들은 똑같은 길에서도 다른 체험을 할 수도 있다. 선택이란 그런 것이다. 건강보험에 관한 선택도 마찬가지다. 보험을 보유하지 않은 심장병 환자는 만약 보험을 보유했더라면 병에 걸리지 않았을까? 제임스 설터의 소설 **가벼운 나날**에서 우유부단한 주인공은 이렇게 말한다 "행동은 다른 선택을 짓밟습니다. 모순이죠." 우리는 가지 않은 길의 끝에 무엇이 있는지 결코 알 수 없다.

알 수는 없지만 질문에 증거를 들이댈 수는 있다. 이 장에서 우리는 건강보험과 관련이 있는 여러 갈래의 길에 대한 증거를 몇 가지 살펴볼 것이다. 출발점은 전국 건강 면접조사(National Health Interview Survey, NHIS)이다. 이 연례 조사는 미국인 모집단을 대상으로 건강과 건강보험에 관한 상세한 정보를 수집한다. NHIS에서 묻는 가장 대표적인 질문은 "귀하의 건강상태는 전반적으로 어떻습니까? 최상이다, 매우 좋다, 좋다, 보통이다, 나쁘다"이다. 우리는 이 질문을 이용해 '건강이 최상이다'에는 5점, 그리고 '건강이 나쁘다'에는 1점을 부여한 지수를 코드화했다. 보험에 가입했거나 가입하고 있지 않은 기혼자로서 2009년 NHIS에 응답한 사람들이 우리의 분석 대상 표본이다.[2] 이 지수가 우리가 연구하고자 하는 **성과변수**(outcome)이다. 여기서 우리가 관심을 두고 있는 인과관계는 민간 건강보험 가입 여부를 지시하는 변수에 의해 결정된다. 우리는 이 변수를 의학의 임상실험을 다룬 문헌에서 차용해 **처치**(treatment)라고 부르기로 한다. 다만 우리가 말하는 이 처치가 약물이나 수술 같은 의학적 처치일 필요는 없다. 이와 같은 배경을 염두에 두면, 보험을 보유한 사람들은 **처치집단**이라고 생각할 수 있고, 보험을 보유하지 않은 사람들은 **비교집단** 혹은 **통제집단**을 형성한다. 우수한 통제집단이라면 처치집단이 처치를 받지 않았을 가상적인 세상(counterfactual world)에서 처하게 될 운명을 드러내 준다.

〈표 1.1〉의 첫 번째 행에서는 보험에 가입한 미국인과 가입하지 않은 미국인들의 평균 건강 지수를 비교한다. 통계치는 남편과 아내에 대해 별도의 표로 작성되어 있다.[3] 건강보험을 보유한 사람들은 보험을 보유하지 않은 사람들보다 사실 건

2) 본 연구의 표본은 만 26~59세이기 때문에, 메디케어의 자격요건에는 해당되지 않는다.

3) 이 책 끝에 나오는 실증분석 노트에서는 이 표를 비롯해 이 책에 있는 다른 표와 그림들을 읽는 방법에 대해 자세히 설명한다.

표 1.1 NHIS에서 보험 가입자와 보험 미가입자 부부의 건강상태 및 인구학적 특성

	남편			아내		
	보험 가입자 (1)	보험 미가입자 (2)	차이 (3)	보험 가입자 (4)	보험 미가입자 (5)	차이 (6)
			A. 건강상태			
건강 지수	4.01 [.93]	3.70 [1.01]	.31 (.03)	4.02 [.92]	3.62 [1.01]	.39 (.04)
			B. 특성변수			
유색인종	.16	.17	−.01 (.01)	.15	.17	−.02 (.01)
연령	43.98	41.26	2.71 (.29)	42.24	39.62	2.62 (.30)
교육	14.31	11.56	2.74 (.10)	14.44	11.80	2.64 (.11)
가족 수	3.50	3.98	−.47 (.05)	3.49	3.93	−.43 (.05)
취업 상태	.92	.85	.07 (.01)	.77	.56	.21 (.02)
가구 소득	106,467	45,656	60,810 (1,355)	106,212	46,385	59,828 (1,406)
표본 크기	8,114	1,281		8,264	1,131	

주 : 이 표는 2009년 전국 건강 면접조사(NHIS)에 참여한 보험 가입자 및 미보험자 부부의 평균 특성을 나타낸 표이다. (1), (2), (4), (5)열은 각 응답자의 평균 특성을 집단별로 제시한다. (3)열과 (6)열은 건강보험 가입자와 미가입자 간 평균 특성의 차이를 제시한다. 표준 편차는 꺾쇠 괄호 안에, 표준 오차는 괄호 안에 제시되어 있다.

강하고, 그 차이는 남성의 경우 0.3이고 여성의 경우 0.4이다. 이는 건강 지수의 표준 편차가 1 정도인 점을 감안할 때 상당히 큰 차이다. (〈표 1.1〉의 꺾쇠 괄호 안에 있는 표준 편차는 데이터의 변동성을 측정한 값이다. 이 장의 부록에서는 그 공식을 설명할 것이다.) 이와 같은 큰 차이가 바로 우리가 찾고 있는 건강상의 이득일지 모른다.

무익한 비교와 유익한 비교

〈표 1.1〉의 맨 윗줄과 같은 단순 비교가 인과관계의 증거로 인용되는 경우가 많이 있다. 하지만 이러한 비교는 대체로 잘못된 것이다. 이번에도 문제는 **다른 조건이**

모두 동일하다면이라는 조건 혹은 그 조건의 부재이다. 건강보험을 보유한 사람들과 보유하지 않은 사람들을 비교하는 것은 사과와 사과를 비교하는 것이 아니라, 사과를 오렌지와 비교하거나 혹은 그보다 더 못한 대상과 비교하는 것이다.

대표적인 차이들을 살펴보면, 건강보험을 보유한 사람들은 보유하지 않은 사람들보다 교육수준이 높고, 소득 수준이 높으며, 취업하고 있을 가능성이 더 높다. 이러한 사실은 〈표 1.1〉의 B에서 확인할 수 있다. B에는 보험을 보유하거나 보유하지 않은 NHIS 응답자들의 평균 특성이 제시되어 있다. 표에 제시되어 있는 차이들 중 다수가 큰 격차를 보이고(예를 들어, 학력은 거의 3년의 격차가 있다), 대부분의 차이는 통계적으로 충분한 정밀성을 지니고 있어서 이와 같은 차이가 단순한 우연적 결과라는 가설을 기각한다. (통계적 유의성에 관해서는 이 장의 부록을 참조하라.) 표에 제시되어 있는 대부분의 변수들이 건강보험 가입 여부뿐만 아니라 건강 상태와도 매우 강한 상관관계를 갖는다는 사실은 그다지 놀라운 일이 아니다. 예를 들면, 교육수준이 높은 사람일수록 보험 가입자 집단에 속할 가능성이 높고 더 건강한 경향이 있다. 이는 아마도 교육수준이 높은 사람이 더 많이 운동하고, 더 적게 담배를 피우며, 더 열심히 안전벨트를 착용하기 때문일 것이다. 그런 면에서 NHIS 응답자들 중 보험 가입자와 미가입자 사이에 발견되는 건강의 격차는 최소한 부분적으로는 보험 가입자들의 높은 학력을 반영한다고 생각해 볼 수 있다.

보험과 건강 사이의 인과관계를 이해하기 위해 프로스트의 두 갈래 길 비유에 살을 조금 붙여 보자. 글자 Y는 우리의 관심대상 성과변수인 건강을 나타내는 기호이다. 특정인에 대해 언급할 때 헷갈리는 일이 없도록 다음과 같이 하첨자를 붙인다. 즉 Y_i는 개인 i의 건강을 표시한다. 성과변수 Y_i가 우리의 데이터에 기록되어 있다. 하지만 건강보험에 비용을 지불할지 말지를 선택하는 상황에서 개인 i에게는 2개의 **잠재적 성과**(potential outcome)가 존재하고, 그중 하나만이 실현된다. 하나의 잠재적 성과를 나머지 하나와 구분하기 위해 두 번째 하첨자를 다음과 같이 덧붙여 보자. 즉 건강보험에 가입한 길은 개인 i의 Y_{1i}(와이 원 아이라고 읽는다)로 이어지고, 건강보험에 가입하지 않은 길은 개인 i의 Y_{0i}(와이 제로 아이라고 읽는다)로 이어진다. 잠재적 성과는 개인이 택한 길의 끝에서 기다리고 있다. 보험이 건강에 미치는 인과효과는 그 둘 사이의 차이, 즉 $Y_{1i} - Y_{0i}$이다.[4)]

이를 좀 더 명확히 하기 위해 최근 카자흐스탄을 떠나 미국에 온 매사추세츠 공

표 1.2 쿠즈다르와 마리아의 성과와 처치

	쿠즈다르 칼라트	마리아 모레뇨
보험 미가입 시 잠재적 성과 : Y_{0i}	3	5
보험 가입 시 잠재적 성과 : Y_{1i}	4	5
처치 (보험 가입 선택) : D_i	1	0
실제 건강 성과 : Y_i	4	5
처치효과 : $Y_{1i} - Y_{0i}$	1	0

과대학(MIT)의 학생 쿠즈다르 칼라트의 이야기를 들어 보자. 카자흐스탄은 전 국민이 자동으로 가입되는 국민건강보험 제도를 보유한 나라다. (건강보험 하나만을 보고 여러분이 카자흐스탄으로 가지는 않겠지만.) 매사추세츠 케임브리지에 도착한 쿠즈다르는 MIT 학생들 스스로 대학의 건강보험 플랜 ─ 보험료가 어마어마하다 ─ 에 가입할지 여부를 결정해야만 한다는 얘기를 듣고 깜짝 놀란다. 심사숙고 끝에 쿠즈다르는 MIT의 보험이 돈을 들일 만하다고 판단한다. 뉴잉글랜드 보스턴은 추위가 매서운지라 감기에 걸릴까 걱정되었기 때문이다. 여기서 i를 쿠즈다르라고 할 때, $Y_{0i} = 3$, $Y_{1i} = 4$라고 설정해 보자. 그에게 있어 보험의 인과효과는 NHIS의 건강 척도가 한 단계 상승하는 것이다. 즉,

$$Y_{1,\text{쿠즈다르}} - Y_{0,\text{쿠즈다르}} = 1$$

이와 같은 내용이 〈표 1.2〉에 요약되어 있다.

〈표 1.2〉는 가상의 표라는 점에 유의하자. 여기에 제시된 일부 정보는 겉으로 드러날 수 없다. 쿠즈다르는 보험에 가입하여 자신의 가치 Y_{1i}를 드러내든지, 아니면 가입하지 않음으로써 Y_{0i}를 드러낸다. 쿠즈다르는 카자흐스탄에서 흙먼지 이는 긴 길을 수없이 걸었지만 걷지 않은 길 끝에 무엇이 있는지는 알지 못한다.

마리아 모레뇨 역시 올해 MIT에 입학했다. 그녀는 칠레 안데스 고산지대 출신이다. 보스턴의 겨울이 전혀 걱정스럽지 않고 몸이 튼튼한 그녀는 쉽게 병에 걸리는 체질이 아니다. 따라서 그녀는 MIT 보험은 생략하고 그 돈을 여행에 쓰기로 작정

---

4) 로버트 프로스트의 시로 비유했지만 계량경제학은 시가 아니다. 우리는 몇 개의 수학 기호만으로도 미묘한 관계들을 정확하게 기술하고 그에 대해 논의할 수 있다. 또한 우리는 **잠재적 성과**와 같이 계량의 고수들에게 특별한 의미를 가지면서 반복적으로 사용되는 용어들은 **볼드체**로 표시한다.

한다. 마리아의 $Y_{0,\text{마리아}} = Y_{1,\text{마리아}} = 5$이기 때문에 보험이 그녀의 건강에 미치는 인과효과(causal effect)는 아래와 같이 0이다.

$$Y_{1,\text{마리아}} - Y_{0,\text{마리아}} = 0$$

마리아의 수치도 마찬가지로 〈표 1.2〉에 제시되어 있다.

쿠즈다르와 마리아는 보험가입에 있어 서로 다른 선택을 했기 때문에 흥미로운 비교를 해 볼 수 있다. 쿠즈다르의 건강은 $Y_{\text{쿠즈다르}} = Y_{1,\text{쿠즈다르}} = 4$인 반면, 마리아의 건강은 $Y_{\text{마리아}} =- Y_{0,\text{마리아}} = 5$이다. 이들 두 사람의 차이는 다음과 같이 -1이다.

$$Y_{\text{쿠즈다르}} - Y_{\text{마리아}} = -1$$

표면적인 수치만 볼 때 (우리가 관측한) 이 값은 보험에 가입하기로 결정한 쿠즈다르의 선택이 비생산적임을 시사한다. MIT의 보험에 가입했음에도 불구하고 쿠즈다르의 건강은 보험에 가입하지 않은 마리아보다 좋지 않다.

사실 몸이 약한 쿠즈다르와 튼튼한 마리아를 비교하는 것은 이들이 한 선택의 인과효과에 대해 우리에게 알려 주는 바가 전혀 없다. 이 점은 다음과 같이 관측된 성과와 잠재적 성과를 연결시켜 봄으로써 확인할 수 있다.

$$\begin{aligned} Y_{\text{쿠즈다르}} - Y_{\text{마리아}} &= Y_{1,\text{쿠즈다르}} - Y_{0,\text{마리아}} \\ &= \underbrace{Y_{1,\text{쿠즈다르}} - Y_{0,\text{쿠즈다르}}}_{1} + \underbrace{\{Y_{0,\text{쿠즈다르}} - Y_{0,\text{마리아}}\}}_{-2} \end{aligned}$$

이 식에서 두 번째 줄은 $Y_{0,\text{쿠즈다르}}$를 빼고 더해서 도출한 것으로서 이를 통해 우리가 관측한 결과를 결정하는 2개의 감춰진 비교가 수면 위로 드러난다. 첫 번째 비교, $Y_{1,\text{쿠즈다르}} - Y_{0,\text{쿠즈다르}}$는 건강보험이 쿠즈다르에게 미치는 인과효과로서 그 값은 1이다. 두 번째 비교, $Y_{0,\text{쿠즈다르}} - Y_{0,\text{마리아}}$는 두 학생이 모두 보험에 가입하지 않기로 결정했을 경우 두 사람의 건강상태의 차이이다. -2라는 수치는 쿠즈다르가 상대적으로 몸이 약하다는 것을 의미한다. 인과효과를 밝히는 연구에서 두 번째 항을 통해 포착된 비교 가능성 부재의 상황을 우리는 **선택 편의**(selection bias)라고 부른다.

여러분은 선택 편의가 우리의 초점이 집단이 아니라 특정 개인에 있는 것과 관련이 있다고 생각할 수도 있을 것이다. 왜냐하면 집단에 초점을 맞출 경우에는 우연적인 차이가 '평균적으로 사라지는' 경향이 있기 때문이다. 그러나 선택 편의라는 난제는 집단 비교에서도 예외가 아니다. 단지 개인에 대한 인과효과 대신에 **평균 인과효과**(average causal effect)에 초점을 둔다는 차이가 있을 뿐이다. n명의 사람들로 구성된 집단에서 평균 인과효과는 $Avg_n[Y_{1i} - Y_{0i}]$라고 표시한다. 여기서 평균은 보통의 방식으로 계산한다. (즉, 개인의 결과들을 합한 후 n으로 나눈다.)

$$\begin{aligned} Avg_n[Y_{1i} - Y_{0i}] &= \frac{1}{n}\sum_{i=1}^{n}[Y_{1i} - Y_{0i}] \\ &= \frac{1}{n}\sum_{i=1}^{n}Y_{1i} - \frac{1}{n}\sum_{i=1}^{n}Y_{0i} \qquad (식\ 1.1) \end{aligned}$$

기호 $\sum_{i=1}^{n}$은 $i=1$부터 n까지 모두 더한 총합을 표시한다. 여기서 n은 우리가 평균을 내고자 하는 집단의 크기다. 식 (1.1)에 있는 2개의 더하기 연산은 해당 집단 내 모든 사람들에 대해 취한다. 건강보험의 평균 인과효과는 집단 내 모든 사람이 건강보험에 가입하거나 모두 가입하지 않는 가상적인 두 시나리오 사이에서 평균 건강상태를 비교한다. 계산 측면에서 보면 이 값은 우리 데이터에 있는 각 학생에 대한 개별 인과효과들(즉, $Y_{1,\text{쿠즈다르}} - Y_{0,\text{쿠즈다르}}$와 $Y_{1,\text{마리아}} - Y_{0,\text{마리아}}$)을 평균한 값이다.

보험의 평균 인과효과에 대한 연구는 당연히 〈표 1.1〉에서와 같이 보험에 가입한 집단과 가입하지 않은 집단의 평균을 비교하는 것으로부터 시작한다. 이 비교를 쉽게 하기 위해 보험 가입 상태를 나타내는 숫자 0과 1을 취하는 **더미변수**(dummy variable) D_i를 만들어 보자.

$$D_i = \begin{cases} 1 & i\text{가 보험에 가입한 경우} \\ 0 & \text{그렇지 않은 경우} \end{cases}$$

이제 보험에 가입한 사람들의 평균은 $Avg_n[Y_i \mid D_i = 1]$, 그리고 가입하지 않은 사람들의 평균은 $Avg_n[Y_i \mid D_i = 0]$로 표시할 수 있다. 이 값들은 보험 가입 상태가 주어진 상태에서의 **조건부 평균**(conditional averages)이다.[5]

보험 가입자들의 평균 Y_i는 당연히 성과 Y_{1i}의 평균이지만, Y_{0i}에 대한 어떤 정보도 포함하고 있지 않다. 마찬가지로 미가입자들의 평균 Y_i는 성과 Y_{0i}의 평균이지만, 이 평균에는 대응하는 Y_{1i}에 대한 정보가 전혀 포함되어 있지 않다. 다시 말해, 보험에 가입한 사람들이 택한 길은 Y_{1i}로 이어지고, 보험에 가입하지 않은 사람들이 택한 길은 Y_{0i}로 이어진다. 이는 다시 보험 상태별 평균 건강의 차이에 대한 간단하지만 중요한 결론으로 이어진다.

$$\begin{aligned}&\text{집단 평균의 차이}\\&= Avg_n[Y_i \mid D_i = 1] - Avg_n[Y_i \mid D_i = 0]\\&= Avg_n[Y_{1i} \mid D_i = 1] - Avg_n[Y_{0i} \mid D_i = 0]\end{aligned} \quad \text{(식 1.2)}$$

이 식은 〈표 1.1〉의 비교가 반드시 우리가 알고자 하는 것이 아닐지라도 잠재적 성과들에 대해 무언가를 말해 준다는 사실을 강조하는 표현이다. 우리는 모든 사람의 Y_{1i}와 모든 사람의 Y_{0i}를 사용하는 평균 인과효과 $Avg_n[Y_{1i} - Y_{0i}]$을 구하고자 하지만, 우리가 알 수 있는 것은 보험 가입자들의 평균 Y_{1i}와 미가입자들의 평균 Y_{0i}뿐이다.

식 (1.2)를 좀 더 명확하게 이해하기 위해 건강보험이 모든 사람의 건강을 상수 κ만큼 향상시킨다고 가정해 보자. 이 분야의 관례에 따라 그리스 문자를 사용해 **모수들**(parameters)에 이름을 붙이자. 그 이유는 모수들을 변수나 데이터와 구분하기 위해서다. 여기서 κ는 '카파'라는 글자다. **동일 효과의 가정**(constant-effects assumption)을 이용해 우리는 다음과 같이 표현할 수 있다.

$$Y_{1i} = Y_{0i} + \kappa \quad \text{(식 1.3)}$$

또한 동일한 표현으로 $Y_{1i} - Y_{0i} = \kappa$라고도 쓸 수도 있다. 다시 말해 κ는 보험이

5) n개의 Y_i 관측치들을 정렬하여, $D_i = 0$으로 표시된 집단의 n_0개 관측치들이 $D_i = 1$ 집단의 n_1개 관측치들보다 앞에 오도록 배열하자. 아래의 조건부 평균은 $D_i = 0$ 집단에 속해 있는 n_0개 관측치들의 표본 평균이다.

$$Avg_n[Y_i | D_i = 0] = \frac{1}{n_0}\sum_{i=1}^{n_0} Y_i$$

$Avg_n[Y_i | D_i = 1]$ 항 또한 남아 있는 n_1개 관측치들을 이용해 이와 마찬가지로 계산한다.

개인의 건강에 미치는 개별 인과효과인 동시에 평균 인과효과다. 이때 제기되는 질문은 〈표 1.1〉 상단에서 행한 비교가 κ와 어떤 관련이 있는가이다. 동일 효과 모형(식 (1.3))을 이용해 식 (1.2)의 $Avg_n[Y_{1i} \mid D_i = 1]$을 대체하면 다음과 같이 쓸 수 있다.

$$\begin{aligned} &Avg_n[Y_{1i} \mid D_i = 1] - Avg_n[Y_{0i} \mid D_i = 0] \\ &\quad = \{\kappa + Avg_n[Y_{0i} \mid D_i = 1]\} - Avg_n[Y_{0i} \mid D_i = 0] \\ &\quad = \kappa + \{Avg_n[Y_{0i} \mid D_i = 1] - Avg_n[Y_{0i} \mid D_i = 0]\} \end{aligned} \qquad \text{(식 1.4)}$$

이 공식에 의하면, 보험 가입자와 미가입자의 건강에 대한 비교는 관심대상 인과효과(κ)에 보험 가입자와 미가입자 사이 평균 Y_{0i}의 차이를 합한 값과 같다. 쿠즈다르와 마리아의 사례에서 알 수 있듯이 두 번째 항은 선택 편의를 나타낸다. 구체적으로, 보험 가입 상태에 따른 평균 건강의 차이는 다음과 같이 표현할 수 있다.

집단 평균의 차이
= 평균 인과효과 + 선택 편의

여기서 선택 편의는 비교대상이 되는 집단들 간 평균 Y_{0i}의 차이로서 정의된다.

보험 가입 상태별 평균의 차이가 선택 편의로 오염되어 있다는 것을 우리는 어떻게 알 수 있을까? 그것을 알 수 있는 이유는 Y_{0i}가 보험 가입 이외에 개인 i의 건강과 관련성을 가지는 모든 것을 요약해 표현하기 때문이다. 〈표 1.1〉 하단에는 보험 가입자와 미가입자 사이에 존재하는 보험 이외의 중요한 차이들이 정리되어 있다. 이들 차이는 여러 가지 면에서 **다른 조건들**(ceteris)**이 모두 동일**(paribus)할 수는 없음을 보여 준다. NHIS 응답자들 중 보험 가입자들은 온갖 종류의 이유들 — 아마 보험의 인과효과도 그중 하나일 것이다 — 로 인해 미가입자들보다 더 건강하다. 그러나 보험 가입자들이 더 건강한 이유로는 무엇보다도 그들의 교육수준이 더 높다는 점을 들 수 있다. 이것이 왜 중요한지를 이해하기 위해, 보험의 인과효과가 0(즉 $\kappa = 0$)인 세상을 상상해 보자. 이런 세상에서도 우리는 보험에 가입한 NHIS 응답자들이 미가입자들 보다 더 건강할 것이라고 예측할 수 있다. 쉽게 생각해, 보험 가입자들은 교육수준이 더 높고, 더 부유할 것이기 때문이다.

이제 〈표 1.1〉의 B에 제시된 것과 같은 정보가 미묘한 역할을 담당한다는 사실을 지적하는 것으로 이상의 논의를 마무리하자. 이 패널을 보면 비교의 대상이 되는 두 집단이 우리가 관측할 수 있는 여러 가지 면에서 서로 다르다는 사실을 알 수 있다. 다음 장에서 살펴보겠지만, 선택 편의의 유일한 원천이 우리가 관측할 수 있고 측정할 수 있는 일련의 특성들이라면 선택 편의는 (비교적) 쉽게 교정할 수 있다. 예를 들어, 보험의 비교에서 선택 편의의 유일한 원천이 교육수준이라고 가정해 보자. 이때의 편의는 동일한 학력을 가진 사람들(예를 들어, 대졸자들)의 표본을 분석하는 방법을 통해 제거할 수 있다. 이 표본에서는 보험 가입자와 미가입자의 교육수준이 동일하다. 표본 내 모든 사람을 동일한 교육수준으로 제한했기 때문이다.

〈표 1.1〉에서 미묘함이 발생하는 이유는 관측되는 차이들이 큰 경우에는 관측되지 않는 차이들 또한 클 것이라고 의심할 수 있기 때문이다. 건강보험을 보유한 사람들과 보유하지 않은 사람들이 여러 가지 가시적 측면에서 서로 다르다는 사실은 우리가 설사 관측된 특성들을 고정시킨다고 하더라도 보험 가입자와 미가입자들은 우리가 관측하지 못하는 측면에서 서로 다를 가능성이 매우 높다는 점을 시사한다. (사실 우리가 관측할 수 있는 변수들은 어느 정도 우연히 발견된 것들이다.) 다시 말해, 학력, 소득, 취업 상태가 동일한 보험 가입자와 미가입자들로 구성된 표본에서도 가입자들의 Y_{0i} 값은 미가입자들에 비해 더 클 수 있다. 계량의 고수들이 직면하는 일차적인 과제는 이들 관측되지 않은 차이로부터 발생하는 선택 편의를 제거하는 것이다.

교착 상태의 돌파 : 무작위 배정을 활용하라

> 주치의가 내게 앞으로 6개월 더 살 수 있을 것이라고 말했다…
> 하지만 내가 진료비를 낼 수 없게 되자 6개월을 더해 12개월로 연장해 주었다.
>
> –**월터 매소**(Walter Matthau)

실험적 무작위 배정은 선택 편의를 제거한다. 무작위 배정 실험 – 때로는 **무작위 시행**이라고도 부른다 – 을 실행하는 방법은 복잡할 수 있지만 그 논리는 간단하다. 건강보험의 효과를 무작위 배정 실험을 통해 평가하려면 일단 현재 보험에 가입하고 있지 않은 사람들의 표본을 가지고 시작한다. 이 표본에서 무작위로 선택한 일부 사람들에게는 건강보험을 제공하고, 나머지 사람들은 필요가 생기면 응급실을

이용하도록 유도한다(역주 : 즉, 보험을 제공하지 않는다). 그리고 추후에 보험 가입자와 미가입자의 건강상태를 비교한다. 무작위 배정은 이와 같은 비교가 **다른 조건이 모두 동일한 비교**가 되도록 만든다. 무작위로 배정된 보험 가입자와 미가입자 집단의 유일한 차이는 보험 가입 여부뿐이므로 나중에 나타나는 성과의 차이는 모두 보험 가입 여부에 기인한다.

MIT 보건 서비스 부서에서 보험료를 면제해 주기로 정하고, 동전을 던져 신입생인 아쉬쉬와 잔딜의 보험 가입 여부를 결정한다고 가정해 보자. (MIT의 저명한 경제학과에 호의를 베푸는 차원에서 이번 한 번만 그렇게 한다고 가정하자.) 동전의 앞면이 나오면 잔딜이 보험에 가입되고, 뒷면이 나오면 아쉬쉬가 보험에 가입되어 보험금 지급 대상이 된다. 출발은 좋다. 하지만 충분하지는 않다. 실험대상자 두 명에 대한 무작위 배정만으로는 보험 가입과 미가입이라는 처치가 제대로 생성되지 않을 수 있기 때문이다. 일단 아쉬쉬는 남자고 잔딜은 여자다. 여자는 일반적으로 남자보다 더 건강하다. 잔딜이 더 건강하다면 그것은 여자로 태어난 덕분이지 보험 추첨의 운과는 아무런 관련이 없다. 여기서 문제는 그 둘이 무작위 배정의 관점에서는 좋은 짝이 아니라는 데 있다. 성별 같은 개인적 특성들의 차이를 제거하기 위해서 충분한 크기의 표본을 대상으로 무작위 배정을 실시해야 한다.

무작위로 선택된 두 집단은 크기만 충분히 크다면 진실로 비교 가능하다. 이는

대수의 법칙(Law of Large Numbers, LLN)이라는 강력한 통계적 특성 덕분이다. LLN은 표본 크기에 따라 표본 평균이 어떤 특성을 보이는지를 설명한다. 구체적으로, LLN에 의하면 단순히 표본의 크기를 늘리는 방법을 통해 우리는 표본 평균을 그 표본이 추출된 모집단(예를 들어 미국의 대학생 모집단)의 평균에 원하는 만큼 최대한 가까이 가져갈 수 있다.

LLN이 실제로 작동하는지 알아보기 위해 주사위 놀이를 해 보자.[6] 일단 공정한 주사위를 한 번 던지고 결과를 기록한다. 이어 다시 굴리고 두 결과의 평균을 구한다. 계속해서 굴리면서 평균 내기를 반복한다. 1부터 6까지의 숫자가 같은 확률로 나올 것이다. (그래야 그 주사위가 공정하다고 말할 수 있다.) 즉, 충분히 오래 던지면 각 숫자가 같은 횟수만큼 나올 것이라고 예상할 수 있다. 주사위 놀이에는 여섯 가지의 가능성이 있고 각 가능성은 모두 동등하므로, 기대되는 결과는 각 가능성에 동일한 가중치를 부여한 평균값이다. 이때 그 가중치는 ⅙이다.

$$(1\times \tfrac{1}{6})+(2\times \tfrac{1}{6})+(3\times \tfrac{1}{6})+(4\times \tfrac{1}{6})+(5\times \tfrac{1}{6})+(6\times \tfrac{1}{6})$$

$$=\frac{1+2+3+4+5+6}{6}=3.5$$

이 평균값 3.5를 **수학적 기댓값**(mathematical expectation)이라고 부른다. 이 경우 수학적 기댓값은 우리가 무한 번 주사위를 굴렸을 때 얻을 수 있는 평균값이다. 기댓값이라는 개념은 우리의 작업에 중요한 개념이므로 여기에서 공식적으로 정의를 내리자.

> **수학적 기댓값** : 변수 Y_i의 수학적 기댓값은 $E[Y_i]$라고 쓰며 이 변수의 모집단 평균을 의미한다. Y_i가 주사위 던지기 같은 무작위 과정을 통해 생성된 변수인 경우 $E[Y_i]$는 이 과정을 무한 번 반복했을 때의 평균값이다. Y_i가 표본 조사를 통해 생성된 변수인 경우 $E[Y_i]$는 표본이 도출된 모집단의 모든 사람에 대해 그 값을 구했을 때 얻게 되는 평균값이다.

---

6) 주사위는 6개의 면에 1부터 6까지의 점이 새겨져 있는 정육면 입방체로서, 주사위 던지기는 스마트폰 앱에서도 해 볼 수 있다.

주사위를 서너 번 굴렸을 때의 평균값은 자신의 수학적 기댓값과는 큰 차이가 있을 수 있다. 예를 들어, 주사위를 두 번 굴리면 6이 두 번 나올 수도 있고 혹은 1이 두 번 나올 수도 있다. 이들 수치의 평균은 기댓값 3.5와는 상당히 거리가 멀다. 그러나 던지는 횟수가 많아질수록 수치들의 평균값은 꾸준히 3.5에 가까워진다. 이것이 바로 LLN이 작동한다는 증거다. (또한 이것은 카지노가 이윤을 내는 비결이기도 하다. 대부분의 도박 게임에서 개인은 장기적으로 하우스를 이길 수가 없다. 참가자가 가져갈 배당액의 기댓값은 마이너스이기 때문이다.) 더욱 놀라운 것은 주사위를 아주 많이 굴리거나 표본의 크기를 아주 많이 늘리지 않아도 표본평균이 기댓값에 접근한다는 사실이다. 이 장 부록에서는 주사위를 던지는 횟수나 표본 조사의 크기가 어떻게 통계적 정밀성에 영향을 미치는지를 살펴볼 것이다.

무작위 배정 실험에서 실험 표본은 게임을 반복하는 방식이 아니라 우리가 연구하고자 하는 모집단에서 표본을 추출하는 방식을 통해 구성되지만, LLN은 마찬가지로 작동한다. 표본으로 뽑힌 실험대상자들이 처치집단과 통제집단으로 (마치 동전 던지기를 하는 것처럼) 무작위로 배정되는 경우, 그들은 동일한 모집단으로부터 생성된다. 그리하여 LLN에 의해 표본이 충분히 크기만 하면 처치집단과 통제집단에 무작위로 배정된 사람들은 서로 비슷하게 된다. 예를 들어, 무작위로 배정된 처치집단과 통제집단에서 남성과 여성의 비율은 비슷할 것이다. 무작위 배정은 거의 동일한 연령과 비슷한 학력 수준의 집단도 생성한다. 사실 무작위로 배정된 집단은 우리가 쉽게 측정하거나 관측할 수 없는 것들을 포함해 모든 측면에서 비슷해야 한다. 이것이 바로 선택 편의를 제거하는 무작위 배정의 환상적인 위력의 근원이다.

무작위 배정의 위력은 수학적 기댓값에 대한 정의와 밀접한 관련이 있는 다음의 정의를 이용해 정확하게 설명할 수 있다.

조건부 기댓값 : 더미변수 $D_i = 1$이 주어져 있을 때 변수 Y_i의 조건부 기댓값은 $E[Y_i \mid D_i = 1]$이라고 표기한다. 이는 D_i가 1인 모집단에서 Y_i의 평균값이다. 마찬가지로 $D_i = 0$일 때 변수 Y_i의 조건부 기댓값은 $E[Y_i \mid D_i = 0]$으로 표시하며, 이는 $D_i = 0$인 모집단에서 Y_i의 평균값이다. Y_i와 D_i가 무작위적인 과정(예를 들어, 주사위 던지기)을 통해 생성된 변수일 경우, $E[Y_i \mid D_i = d]$는 D_i로 표시한 상황을 d로 고정하고 이 과정을 무한히 반복했을 때 도출되는

평균값이다. Y_i와 D_i가 표본 조사의 변수인 경우, $E[Y_i \mid D_i = d]$는 $D_i = d$인 모집단에 속한 모든 사람을 표본으로 추출했을 때 도출되는 평균값이다.

무작위로 배정된 처치집단과 통제집단은 동일한 모집단으로부터 생성되었기 때문에 Y_{0i}의 기댓값을 비롯해 모든 측면에서 서로 동일하다. 다시 말해, 조건부 기댓값 $E[Y_{0i} \mid D_i = 1]$과 $E[Y_{0i} \mid D_i = 0]$는 서로 같다. 이는 곧 다음을 의미한다.

무작위 배정은 선택 편의를 제거한다 : D_i가 무작위 배정된 경우 $E[Y_{0i} \mid D_i = 1] = E[Y_{0i} \mid D_i = 0]$이 성립하고, 처치 상태별 기댓값의 차이는 처치의 인과효과를 포착한다.

$$
\begin{aligned}
&E[Y_i \mid D_i = 1] - E[Y_i \mid D_i = 0] \\
&= E[Y_{1i} \mid D_i = 1] - E[Y_{0i} \mid D_i = 0] \\
&= E[Y_{0i} + \kappa \mid D_i = 1] - E[Y_{0i} \mid D_i = 0] \\
&= \kappa + E[Y_{0i} \mid D_i = 1] - E[Y_{0i} \mid D_i = 0] \\
&= \kappa
\end{aligned}
$$

표본의 크기가 LLN이 마법을 발휘하기에 충분할 만큼 크다면(따라서 식 (1.4)의 조건부 평균값을 조건부 기댓값으로 대체할 수 있다면), 무작위 배정 실험을 통해 선택 편의는 사라진다. 무작위 배정은 개인의 차이를 제거하는 방식이 아니라 비교 대상이 되는 개인들의 구성을 동일하게 만드는 기능을 수행한다. 이것은 마치 사과와 오렌지가 동일한 비율로 담겨져 있는 2개의 바구니를 비교하는 것과 같다. 이어지는 장들에서 설명하겠지만, 무작위 배정이 '다른 조건이 모두 동일한' 비교를 가능하게 하는 유일한 방법은 아니다. 하지만 대부분의 계량의 고수들은 이것이 최선의 방법이라고 믿는다.

무작위 배정 실험이나 다른 연구 디자인으로부터 얻은 데이터를 분석할 때, 고수들은 거의 예외 없이 처치집단과 통제집단이 실제로 비슷하게 보이는지를 점검하는 작업을 먼저 진행한다. **균형 상태 점검**(checking for balance)이라고 부르는 이 과정은 〈표 1.1〉의 B에서와 같이 표본 평균들을 비교하는 것을 의미한다. 패널 B에서 평균적인 특성들은 서로 비슷하지 않거나 균형 잡히지 않은 듯이 보이고, 이는 이 표의 데이터가 실험과 같은 어떤 것으로부터 도출되지 않았다는 사실을 시사한다. 인과효과를 추정할 때에는 언제나 이와 같은 방식으로 균형 상태를 점검해 볼 필요가 있다.

건강보험의 무작위 배정은 비현실적인 명제처럼 보인다. 그러나 미국인들을 대표하는 대규모 표본을 대상으로 두 차례씩이나 건강보험 가입을 무작위로 배정한 적이 있다. 1974년부터 1982년까지 실시된 RAND 건강보험 실험(Health Insurance Experiment, HIE)은 연구 역사상 가장 영향력 있는 사회실험 중 하나다. HIE에서는 미국 전역의 6개 지역에서 14~61세 사이의 국민 3,958명으로부터 등록을 받았다. HIE 표본에서는 메디케어 대상자와 대부분의 메디케이드 가입자, 그리고 군인 건강보험 가입자들이 제외되었다. HIE 참가자들은 14개 보험 플랜들 중 하나에 무작위로 배정되었다. 참가자들은 보험료를 반드시 내야 하는 것은 아니었지만, 각 플랜마다 비용 분담과 관련된 다양한 조항들이 있었고 이로 인해 각 플랜이 제공하는 보험의 정도에는 큰 차이가 있었다.

가장 관대했던 HIE 플랜은 포괄적인 의료 서비스를 무상으로 제공했다. 보험 스펙트럼의 다른 쪽 끝에 있는 3개의 '재난에 가까운 보험' 플랜에서는 가구들로 하여금 보건의료 비용의 95%를 직접 부담하도록 규정했다. 그러나 그 총 비용이 가구 소득의 일정 비율 이하 혹은 가구당 천 달러 중 낮은 금액을 초과하지는 않도록 제한하였다. 이 재난에 가까운 보험 플랜은 무보험 상태에 가깝다. 2차 보험 플랜('개인 공제' 플랜) 역시 외래 진료 비용의 95%를 가구에서 부담하도록 규정하되 개인당 150달러 또는 가구당 450달러로 부담 금액의 상한을 두었다. 나머지 9개의 플랜은 여러 가지 공동 보험 조항들을 마련하여 참가자로 하여금 의료비용의 25%에서 50%까지 분담하도록 하되, 항상 가구소득의 일정 비율이나 천 달러 중 더 낮은 금액으로 최대 한도를 설정하였다. 참가한 가구들은 3년이나 5년 동안 실험 플랜에 등록하였고, 이미 보유하고 있던 보험들을 포기하는 대신에 보건의료 이용 여부와 상관없이 매달 일정 금액을 보상금으로 지급받는 데 동의하였다.[7]

7) HIE에 대해 우리가 설명한 내용은 Robert H. Brook et al., "Does Free Care Improve Adults' Health? Results from a Randomized Controlled Trial," New England Journal of Medicine, vol. 309, no. 23, December 8, 1983, pages 1426-1434를 따른 것이다. 최근에 이루어진 평가에 대해서는 Aviva Aron-Dine, Liran Einav, and Amy Finkelstein, "The RAND Health Insurance Experiment, Three Decades Later," Journal of Economic Perspectives, vol. 27, Winter 2013, pages 197-222를 참조하라.

HIE는 일차적으로 경제학자들이 보건의료 수요의 가격 탄력성이라고 부르는 것에 대한 관심으로부터 출발했다. 구체적으로 이야기하면, RAND 연구진은 보건의료의 가격이 상승할 때 보건의료 사용이 실제로 감소하는지, 감소한다면 어느 정도 감소하는지를 알고자 했다. 무상 의료 플랜에 참여한 가정은 비용의 부담이 전혀 없는 반면, 공동 보험 플랜에서는 발생한 비용의 25% 또는 50%로 가격을 낮추어 주었고, 재난에 가까운 보험 및 공제 플랜에서는 의료 서비스의 표시 가격에 가까운 비용을 가구가 직접 (한도를 초과하지 않는 범위 내에서) 지불하도록 설계했다. 연구진은 또한 보다 포괄적이고 관대한 건강보험의 제공이 실제로 건강을 개선시키는지에 대해서도 알고 싶어 했다. 첫 번째 질문에 대한 대답은 분명하게 '그렇다'이다. 즉, 보건 의료 소비는 의료 서비스의 가격에 대해 매우 민감하게 반응한다. 두 번째 질문에 대한 대답은 첫 번째 것만큼 분명하지는 않다.

무작위 배정의 결과

무작위 현장 실험은 동전 던지기보다 훨씬 많은 정성을 필요로 한다. 때로는 유감스러울 정도다. HIE는 다수의 소규모 처치집단이 12개가 넘는 보험 플랜으로 넓게 퍼져 있다는 점에서 복잡한 내용을 담고 있다. 각 플랜에 속한 처치집단들은 통계적으로 유의미한 비교를 하기에는 대체로 너무 소규모이다. 따라서 HIE 데이터에 대한 대부분의 분석은 우선 유사한 HIE 플랜에 배정된 실험대상자들을 한데 묶는 것으로부터 시작한다. 여기에서 우리도 동일한 방법을 사용한다.[8)]

---

8) HIE가 복잡한 또 다른 이유는 RAND 연구진이 단순한 동전 던지기(또는 그에 상응하는 컴퓨터 난수) 대신에 분석된 결과의 통계적 특성들에 영향을 미칠 수 있는 복잡한 배정 디자인을 실행했기 때문이다. (자세한 내용에 대해서는 Carl Morris, "A Finite Selection Model for Experimental Design of the Health Insurance Study," *Journal of Econometrics*, vol. 11, no. 1, September 1979, pages 43-61을 참조하라.) 실험을 실행한 사람들이 처치집단 사이에 완벽한 균형이 발생하지 않을 가능성을 제거하고자 했다는 점에서 그 의도는 좋은 것이었다고 말할 수 있다. 대부분의 HIE 분석가들은 이 실험의 디자인으로부터 발생하는 통계적인 복잡성들은 무시한다. 그러나 우리를 포함해 많은 이들은 무작위 배정에 사족을 다는 것과 같은 이와 같은 시도를 유감스럽게 생각한다. 보다 심각한 문제는 실험에서 중도 탈락한 HIE 대상자들의 수가 많다는 것, 그리고 처치집단들 사이에 중도 탈락률의 상당한 차이가 있다(예를 들어, 무상 플랜 참가자는 중도 탈락률이 더 낮다)는 점이다. 2013년 *Journal of Economic Perspectives*에 게재된 Aron-Dine, Einav, Finkelstein의 "The RAND Experiment" 논문에서 지적한 바와 같이, 중도 탈락률의 차이는 이 실험의 타당성을 손상시켰을 가능성이 있다. 오늘날의 '무작위 실험 추종자들'은 이러한 기초적인 디자인 문제에서 보다 나은 성과를 보이고 있다. (예를 들어 Abhijit Banerjee and Esther Duflo, *Poor Economics: A Radical Rethinking of the Way to Fight Global Poverty*, Public Affairs, 2011에 기술된 여러 실험들을 참조하라.)

자연스런 묶음 방식에 따라 각 플랜에서 요구하는 분담 비용의 양을 기준으로 플랜들을 통합한다. 가입자가 상당히 높은 한도 수준까지 자신의 의료비용을 거의 전액 부담해야 했던 3개의 재난적 보험 플랜은 무보험 상태에 가깝다. 개별 공제 플랜은 좀 더 큰 보장 범위를 제공하지만, 이것은 플랜에 참여한 사람들이 부담해야 하는 총 비용의 한도를 낮춘 것에 불과하다. 9개의 공동 보험 플랜은 발생한 최초 비용부터 시작해 가입자의 보건의료 비용을 보험회사와 분담하도록 설계함으로써 보다 폭넓은 보장을 제공했다. 마지막으로 무상 플랜은 혁명적인 개입으로서 보건의료 이용과 (아마도) 건강을 가장 크게 증가시킬 것으로 예상되었다. 이와 같은 범주 분류를 통해 우리는 원래의 14개 플랜을 다음과 같은 4개 군, 즉 재난적 플랜, 공제 플랜, 공동 보험 플랜, 그리고 무상 플랜으로 나눌 수 있다. 재난적 플랜은 (사실상) 보험을 제공하지 않는 통제집단을 형성하고, 공제 플랜, 공동 부담 플랜, 무상 플랜은 순차적으로 보장 수준이 높아지는 처치들이다.

비실험적 비교와 마찬가지로 우리의 실험 분석의 첫 단계는 균형 상태를 점검하는 것이다. 처치집단과 통제집단 – 이 경우에는 무보장으로부터 완벽 보장까지 다양한 건강보험 플랜 – 에 무작위로 배정된 실험대상자들은 실제로 비슷하게 보이는가? 이를 측정하기 위해 우리는 실험 시작 전에 수집한 인구통계학적 특성들과 건강 데이터를 비교한다. 인구통계학적 특성들은 변하지 않고 평가의 대상이 되는 건강 변수들은 무작위 배정 이전에 측정되었기 때문에, 상이한 플랜에 배정된 집단들 사이에서 이들 변수는 미미한 차이만을 보일 것으로 예측된다.

RAND 실험에서 무작위로 배정된 처치집단들 사이에 특성들을 비교한 바에 따르면, 〈표 1.1〉에서 보험 상태별로 NHIS 응답자들의 특성을 비교했던 경우와는 달리 상이한 HIE 플랜에 배정된 사람들은 서로 비슷한 것으로 나타난다. 이것은 〈표 1.3〉의 A에서 확인할 수 있다. 이 표의 (1)열에는 재난적 플랜 집단의 평균이 제시되어 있고, 나머지 열들에는 보다 관대한 보험 보장에 배정된 집단을 재난적 통제집단과 비교한 결과가 제시되어 있다. 전체에 대한 요약으로서 (5)열에서는 공제 플랜, 공동 보험 플랜, 무상 플랜의 실험대상자들을 통합한 표본과 재난적 플랜의 실험대상자들을 비교한다. 관대한 보장을 받는 보험에 배정된 개인들은 재난적 플랜의 구성원들에 비해 여성일 확률이 높고, 교육수준은 약간 더 낮을 가능성이 높다. 소득에서도 약간의 편차가 발견되지만, 플랜 집단들 사이의 차이는 대체로 크지 않아서 한쪽이 클 수도 혹은 다른 쪽이 클 수도 있다. 이와 같은 경향은 〈표 1.1〉에 요약된 바와 같이 NHIS 데이터의 보험 가입자와 미가입자 사이에 관측되는 크고 체계적인 인구학적 차이들과는 대비된다.

〈표 1.3〉의 A에서 관측되는 집단들 사이의 자그마한 차이는 표집 과정(sampling process)의 일부로서 자연스럽게 발생하는 우연한 변이를 반영할 가능성이 높아 보인다. 어느 통계적 표본에서나 우연한 차이는 발생하기 마련이다. 왜냐하면 우리는 표본 추출 대상 모집단으로부터 도출할 수 있는 여러 개의 가능한 추출들 중 하나만을 관측하기 때문이다. 동일한 모집단에서 추출한 비슷한 크기의 새로운 표본 역시 〈표 1.3〉과 유사한 ― 동일하지는 않더라도 ― 비교로 귀결될 것이라고 예상할 수 있다. 표본에 따라 어느 정도의 변이가 있을지를 예상하는 문제는 통계적 추론의 도구들을 이용해 처리한다.

본 장의 부록에서 우리는 공식적인 통계 검정법을 이용해 표본의 변이를 정량화하는 방법을 간략하게 설명한다. 이러한 검정을 통해 표본 평균의 차이와 그 차이의 표본오차를 나란히 배치할 수 있다. 즉, 〈표 1.3〉의 (2)～(5)열에 나열된 평균의 차이들 아래의 괄호 안에 **표준 오차**(standard errors)의 수치가 제시되어 있다. 평균 차이의 표준 오차는 통계적 정밀성(statistical precision)의 척도다. 즉, 표본 평균의 차이가 표준 오차의 대략 2배보다 적을 때 그 차이는 일반적으로 우연히 발생한 것으로서 해석되어, 이들 표본이 추출된 모집단들이 사실상 동일하다는 가설을 위배하지 않는다.

표준 오차의 대략 2배보다 큰 차이는 **통계적으로 유의하다**(statistically significant)고 말한다. 이 경우에는 이러한 차이가 순전히 우연에 의해 발생했을 가능성은 (불가능까지는 아니어도) 거의 없다. 통계적으로 유의하지 않은 차이는 아마도 표집 과정에서 일어나는 여러 가지 것들 때문에 발생한다. 통계적 유의성이라는 개념은 〈표 1.3〉에서 한 것과 같은 비교의 결과를 해석하는 데 도움을 준다. 이 표에 제시되어 있는 차이들은 대부분 크기가 작을 뿐 아니라 그것의 표준 오차와 비교해서 2배 이상 큰 것은 단 2개뿐이다(즉 (4)열과 (5)열의 여성 비율). 여러 개의 비교 결과가 제시되어 있는 표에서 통계적으로 유의한 차이가 뜬금없이 몇 개 나타나는 것 역시 보통은 우연에 기인한다. 이 표의 표준 오차들이 그다지 크지 않다는 사실에 우리는 안도감을 느낀다. 왜냐하면 이것은 집단 간의 차이가 비교적 정밀하게

표 1.3 RAND HIE에서 관측되는 인구통계적 특성 및 처치 이전 건강 변수

	평균	플랜 집단 간 차이			
	재난적 플랜 (1)	공제-재난적 (2)	공동-재난적 (3)	무상-재난적 (4)	통합보험-재난적 (5)
A. 인구통계학적 특성					
여성	.560	−.023	−.025	−.038	−.030
		(.016)	(.015)	(.015)	(.013)
유색 인종	.172	−.019	−.027	−.028	−.025
		(.027)	(.025)	(.025)	(.022)
연령	32.4	.56	.97	.43	.64
	[12.9]	(.68)	(.65)	(.61)	(.54)
교육 수준	12.1	−.16	−.06	−.26	−.17
	[2.9]	(.19)	(.19)	(.18)	(.16)
가구 소득	31,603	−2,104	970	−976	−654
	[18,148]	(1,384)	(1,389)	(1,345)	(1,181)
지난해 입원 여부	.115	.004	−.002	.001	.001
		(.016)	(.015)	(.015)	(.013)
B. 처치 이전 건강 변수					
전반적 건강 지수	70.9	−1.44	.21	−1.31	−.93
	[14.9]	(.95)	(.92)	(.87)	(.77)
콜레스테롤(mg/dl)	207	−1.42	−1.93	−5.25	−3.19
	[40]	(2.99)	(2.76)	(2.70)	(2.29)
수축기 혈압(mmHg)	122	2.32	.91	1.12	1.39
	[17]	(1.15)	(1.08)	(1.01)	(.90)
정신 건강 지수	73.8	−.12	1.19	.89	.71
	[14.3]	(.82)	(.81)	(.77)	(.68)
등록자 수	759	881	1,022	1,295	3,198

주 : 이 표에는 RAND 건강보험 실험(HIE)대상자들의 인구통계학적 특성과 처치 이전 건강상태가 제시되어 있다. (1)열은 재난적 보장 플랜에 배정된 집단의 평균을 표시한다. (2)~(5)열에서는 공제, 공동 비용, 무상 및 전체 통합 보험 집단의 평균들을 (1)열의 평균과 비교한다. 표준 오차는 (2)~(5)열의 괄호 안에, 그리고 표준 편차는 (1)열의 꺾쇠 괄호 안에 제시되어 있다.

측정되었다는 것을 의미하기 때문이다.

〈표 1.3〉의 B는 A의 비교 결과를 보완하여 처치집단들 사이에 **처치 이전 성과변수들**(pre-treatment outcomes)이 상당히 잘 균형 잡혀 있다는 증거를 제시한다. 이 패널에서는 처치 이전의 전반적인 건강 지수에 있어 통계적으로 유의한 차이가 발

견되지 않는다. 마찬가지로 처치 이전 콜레스테롤, 혈압, 정신건강 또한 대체로 처치 배정과 관련이 없어 보인다. 단 두어 개의 비교 정도가 통계적으로 유의한 수준에 가까울 뿐이다. 또한 무상 집단의 콜레스테롤이 더 낮아 재난적 집단보다 건강이 다소 양호함을 시사하지만, 전반적인 건강 지수에서는 이들 두 집단의 차이가 다른 방향으로 나타난다. (지수 값이 더 낮은 것은 건강이 좋지 않음을 의미한다.) 일관된 경향이 존재하지 않는다는 점에서 이러한 차이가 우연에 기인한다는 생각이 보다 확고해진다.

HIE에서 도출되는 첫 번째 중요한 발견은 보다 관대한 보험 플랜에 배정된 실험대상자들이 상당히 더 많은 보건 의료 서비스를 소비했다는 점이다. 이 결과는 가격이 하락하면 재화에 대한 수요가 상승한다는 경제학자들의 관점의 타당성을 입증하는 것으로서, 〈표 1.4〉의 A에 제시되어 있다.[9] 예상할 수 있는 것처럼, 병원에 입원하는 결정은 외래 의료 서비스에 비해 가격에 덜 민감하다. 이는 아마도 입원 결정을 주로 의사가 내리기 때문일 것이다. 반면에 무상 의료 플랜에 배정된 사람들이 외래 서비스를 이용함에 따라 발생한 비용은 재난적 플랜에 배정된 사람들에 비해 2/3 정도(169/248) 높았고 총 의료비용은 45% 정도 증가하였다. 이와 같이 큰 격차는 통계적으로 유의미할 뿐만 아니라 경제적으로도 유의미하다.

보건 의료 비용에 대해 걱정할 필요가 없었던 실험대상자들은 분명히 그것을 더 많이 소비했다. 이러한 추가적인 의료 서비스와 비용은 사람들을 더 건강하게 만들었을까? HIE 처치집단의 건강 지표들을 비교한 〈표 1.4〉의 B를 보면 그렇지가 않다. 콜레스테롤 수준, 혈압, 그리고 전반적 건강상태와 정신건강 상태의 요약 지표들은 집단들 사이에서 놀라울 정도로 비슷하다. (이 결과는 대부분 무작위 배정 이후 3년 또는 5년이 지난 시점에 측정되었다.) 공식적인 통계적 검정에서도 통계적으로 유의한 차이가 발견되지 않는다. 이것은 서로 다른 두 집단 간의 비교((2)~(4열)에 제시됨)나, 재난적 플랜 참가자들과 보다 관대한 보험 집단에 속한 모든 참가자들 사이의 비교((5)열에 제시됨)에서 공통적으로 확인할 수 있다.

HIE의 이와 같은 발견을 바탕으로 많은 경제학자들은 관대한 건강보험이 보건

9) 여기에 제시되어 있는 RAND 실험의 결과는 이 책 마지막 부분의 실증분석 노트에 기술된 바와 같이 HIE 공개 사용 파일을 이용해 우리가 직접 작성한 표들을 기반으로 작성되었다. RAND 실험 결과의 원본은 Joseph P. Newhouse et al., *Free for All? Lessons from the RAND Health Insurance Experiment*, Harvard University Press, 1994에 요약되어 있다.

표 1.4 RAND HIE에서 나타난 의료비 지출과 건강 성과

	평균	플랜 집단 간 차이			
	재난적 플랜 (1)	공제-재난적 (2)	공동-재난적 (3)	무상-재난적 (4)	통합보험-재난적 (5)
A. 의료 서비스 이용					
대면 진료	2.78	.19	.48	1.66	.90
	[5.50]	(.25)	(.24)	(.25)	(.20)
외래 진료비	248	42	60	169	101
	[488]	(21)	(21)	(20)	(17)
입원	.099	.016	.002	.029	.017
	[.379]	(.011)	(.011)	(.010)	(.009)
입원비	388	72	93	116	97
	[2,308]	(69)	(73)	(60)	(53)
총 의료비 지출	636	114	152	285	198
	[2,535]	(79)	(85)	(72)	(63)
B. 건강 성과					
전반적 건강지수	68.5	−.87	.61	−.78	−.36
	[15.9]	(.96)	(.90)	(.87)	(.77)
콜레스테롤(mg/dl)	203	.69	−2.31	−1.83	−1.32
	[42]	(2.57)	(2.47)	(2.39)	(2.08)
수축기 혈압(mmHg)	122	1.17	−1.39	−.52	−.36
	[19]	(1.06)	(.99)	(.93)	(.85)
정신 건강지수	75.5	.45	1.07	.43	.64
	[14.8]	(.91)	(.87)	(.83)	(.75)
등록자 수	759	881	1,022	1,295	3,198

주 : 이 표에는 RAND HIE에서 나타난 의료비 지출과 건강 성과의 평균과 처치효과가 제시되어 있다. (1)열은 재난적 보장 플랜에 배정된 집단의 평균을 표시한다. (2)~(5)열에서는 공제, 공동 비용, 무상 및 전체 통합 보험 집단의 평균들을 (1)열의 평균과 비교한다. 표준 오차는 (2)~(5)열의 괄호 안에, 그리고 표준 편차는 (1)열의 꺾쇠 괄호 안에 제시되어 있다.

의료 서비스 사용과 비용은 증가시키면서 건강 증진이라는 열매는 산출하지 못하는, 의도하지 않았고 바람직하지 않은 결과를 초래할 수 있다고 확신하게 되었다.[10)]

10) 무상 플랜에 배정된 참가자들은 다른 플랜에 배정된 참가자들보다 교정 시력이 근소하게 높았다. 자세한 내용은 Brook et al., "Does Free Care Improve Health?" *New England Journal of Medicine*, 1983을 참조하라.

1.2 오리건의 솔선수범

칸 사부 : 진리는 이해하기 어렵네.

콰이 창 케인 : 이해하기 쉽다면 그것은 사실일 뿐 진리는 아닐 겁니다. 진리는 어둠 속의 그림자처럼 숨어 있는 경우가 많죠.

－**쿵푸**, 시즌 1, 에피소드 14

HIE는 건강보험이 보건의료 비용과 건강에 미치는 영향을 평가하려는 야심찬 시도였다. 그러나 건강보험에 대해 현재 진행되고 있는 논쟁의 관점에서 볼 때 HIE는 핵심에서 벗어나 있는 듯하다. 일단 각 HIE 처치집단에는 재난적 보장의 측면이 조금씩 있기 때문에, 보건 의료 비용에 대한 재정적 부담은 모든 처치에서 제한적이었다. 그보다 더 중요한 것은 현재 보험 미가입 상태에 있는 미국인들은 HIE 모집단과는 크게 다르다는 사실이다. 대부분의 보험 미가입자들은 HIE 모집단보다 더 젊고, 교육수준은 더 낮고, 더 가난하고, 취업해 있을 가능성이 더 낮다. 이러한 집단에서 추가적인 보건 의료의 가치는 HIE에 참여했던 중산층 가구들의 경우와는 크게 다를 수 있다.

현재 보건 정책 분야에서 가장 큰 논쟁거리 중 하나는 메디케이드를 확대하여 보험 미가입 상태에 있는 사람들을 포괄하려는 시도이다. (흥미로운 것은 RAND 실험 바로 전날에 미국 노년층을 대상으로 하는 공공 보험 프로그램인 메디케어를 확대하자는 얘기가 나왔다는 사실이다.) 현재의 메디케이드는 복지 수당을 받는 가정, 일부 장애인, 기타 빈곤 아동, 빈곤 임신부들을 포괄한다. 이 메디케이드를 현재의 규정하에서는 자격 요건에 들지 않는 사람들로까지 확대한다고 가정해 보자. 그러한 확대는 보건 의료 지출액에 어떠한 영향을 미칠 것인가? 치료 방식이 비싸고 붐비는 응급실로부터 보다 효과적일 수 있는 1차 의료 서비스로 이동할까? 메디케이드의 확대가 건강을 증진시킬까?

미국 내 많은 주들이 연방 정부에서 비용의 대부분을 부담한다는 전제하에 자격 확대에 동의했다는 의미에서 메디케이드를 확대하는 '실험'을 하기 시작했다. 하지만 애석하게도 이것은 진짜 실험이 아니다. 확대된 메디케이드의 보장 범위에 드는 모든 사람이 보험을 보유하게 되기 때문이다. 메디케이드의 확대가 가져올 결과를 알아보는 가장 설득력 있는 방법은 현재의 자격 범위 밖에 있는 사람들에게 무작위로 메디케이드 가입을 제안하는 것이다. 메디케이드의 무작위 배정은 무리한 희망인 듯하다. 하지만 오리건 주는 최근 공개적으로 발표한 건강보험 추첨을 통해 무작위로 선정한 수천 명의 사람들에게 메디케이드를 제안하는 경이로운 사회실험을 시행하였다.

오리건의 건강보험 추첨에서는 등록자들 중에서 무작위로 당첨자와 탈락자를 선정했다. 다만, 메이케이드의 보장이 자동적으로 당첨자들에게 제공되는 것은 아니었다. 즉, 당첨자들에게는 주에서 운영하는 오리건 판 메디케이드인 오리건 건강플랜(Oregon Health Plan, OHP)에 신청할 수 있는 기회가 주어졌다. 주에서는 신청서를 검토한 후 19~64세의 미국 시민이나 합법적인 이민자로서 메디케이드 자격 범위에 해당하지 않고, 최소 6개월간 무보험 상태에 있었으며, 소득이 연방 정부에서 정한 빈곤선 미만이고, 금융 자산이 거의 없는 오리건 주 거주민들에게 메디케이드 보장을 제공했다. 보장을 받기 위해 추첨 당첨자들은 45일 이내에 자신의 빈곤 상태를 보고하고 필요한 서류들을 제출해야 했다.

2008년 OHP 추첨의 근거는 연구가 아니라 공정성이었다. 그러나 그렇다고 해서 그 대단함에 흠이 가는 것은 아니다. 오리건 건강보험 추첨은 현재 무보험 상태에 있는 사람들에게 보험을 보장했을 경우의 비용과 편익을 알아보기 위해 우리가 바랄 수 있는 최선의 증거를 어느 정도 제공한다. 이러한 사실에 자극을 받아 MIT의 고수인 에이미 핑켈슈타인(Amy Finkelstein)을 위시한 연구진이 OHP에 대한 연구를 시작했다.[11]

대략 7만 5천 명의 추첨 지원자가 OHP를 통해 확장되는 메디케이드 보장에 등록했다. 이 중 3만 명이 무작위로 선정되어 OHP에 신청할 수 있는 자격을 부여받았고, 이 당첨자들이 OHP의 처치집단을 구성한다. 나머지 4만 5천 명은 OHP의 통제집단 표본을 구성한다.

---

11) Amy Finkelstein et al., "The Oregon Health Insurance Experiment: Evidence from the First Year," *Quarterly Journal of Economics*, vol. 127, no. 3, August 2012, pages 1057-1106; Katherine Baicker et al., "The Oregon Experiment—Effects of Medicaid on Clinical Outcomes," New England Journal of Medicine, vol. 368, no. 18, May 2, 2013, pages 1713-1722; Sarah Taubman et al., "Medicaid Increases Emergency Department Use: Evidence from Oregon's Health Insurance Experiment," *Science*, vol. 343, no. 6168, January 17, 2014, pages 263-268을 참조하라.

표 1.5 OHP가 보험 보장과 의료 서비스 이용도에 미친 효과

성과변수	오리건 주 통제집단 평균 (1)	오리건 주 처치효과 (2)	포틀랜드 및 근교 통제집단 평균 (3)	포틀랜드 및 근교 처치효과 (4)
A. 행정 자료				
메디케이드 가입 경험	.141	.256 (.004)	.151	.247 (.006)
병원 입원 여부	.067	.005 (.002)		
응급실 방문 여부			.345	.017 (.006)
응급실 방문 건수			1.02	.101 (.029)
표본 크기	74,922		24,646	
B. 설문조사 자료				
외래 진료 여부 (최근 6개월 이내)	1.91	.314 (.054)		
처방전 수령 여부	.637	.025 (.008)		
표본 크기	23,741			

주 : 이 표는 오리건 건강 플랜(OHP) 추첨 당첨이 보험 보장과 의료 서비스 이용에 미치는 효과의 추정치를 제시한다. 홀수 열에는 통제집단 평균이, 그리고 짝수 열에는 추첨 당첨자 더미의 회귀계수가 제시되어 있다. 표준 오차는 괄호 안에 제시되어 있다.

여기서 제기되는 첫 번째 질문은 OHP 추첨 당첨자들이 당첨의 결과로서 보험을 보유할 가능성이 더 높은가 하는 것이다. 이 질문을 던지게 된 계기는 일부 지원자들은 추첨이 없었더라도 기존의 메디케이드에 등록할 자격을 보유하고 있었기 때문이다. 〈표 1.5〉의 A에 의하면, 통제집단(추첨 탈락자들)의 약 14%는 첫 번째 OHP 추첨이 있었던 이듬해에 메디케이드의 보장을 받았다. 그와 동시에 처치집단과 통제집단의 차이를 제시한 두 번째 열에 따르면, 메디케이드 보장 확률이 당첨자들의 경우 26% 포인트 증가했다. (4)열에 의하면 오리건에서 가장 큰 도시인 포틀랜드와 그 인근에 거주하는 부분 표본의 경우에도 유사한 증가가 나타난다. 결국 OHP 당첨자들이 추첨 탈락자들보다 훨씬 높은 비율로 보험을 보유하게 되었고, 이러한 차이는 이들의 보건 의료 서비스 이용과 건강에 영향을 미쳤을 것이다.[12)]

OHP 처치집단(즉, 추첨 당첨자들)은 당첨되지 않았을 경우에 비해 더 많은 보건 의료 서비스를 이용했다. 이는 〈표 1.5〉에서도 확인할 수 있다. 이 표에는 OHP가 메디케이드 보장에 미치는 효과의 추정치 아래 줄에 서비스 이용의 변화에 대한 추정치가 제시되어 있다. 입원율은 0.5% 포인트 정도 증가해 큰 폭은 아니지만 통계적으로 유의한 영향을 받았다. 응급실 방문, 외래 방문, 처방약 사용이 모두 현저하게 증가했다. 특히 응급실 방문의 횟수가 10% 정도 상승했다는 사실 — (4)열에 제시되어 있는 이 추정치의 표준 오차는 0.029이므로 이것은 정밀한 추정치다 — 이 눈에 띈다. 많은 정책 입안자들은 건강보험을 통해 과거에 보험을 보유하지 않았던 환자들이 병원 응급실로부터 그보다 가격이 저렴한 의료기관으로 이동하기를 바랐고 또한 그것을 기대했었다.

마지막으로 건강보험의 효과에 대한 증거가 〈표 1.6〉에 정리되어 있다. 주 전체를 대상으로 한 표본에서 추첨 당첨자들은 자신의 건강을 양호 이상으로 평가할 확률이 다소 개선된 것으로 나타난다. (이 효과의 추정치는 0.039로서 이 값을 통제집단의 평균 0.55와 비교할 수 있다. 건강 양호 변수는 더미변수다.) 포틀랜드에서 실시한 개인 면담 결과에 따르면 이러한 이득은 신체적 건강보다 정신적 건강의 향상에서 비롯되었다. 이러한 사실은 (4)열의 두 번째와 세 번째 행에서 확인할 수 있다. (포틀랜드 표본의 건강 변수는 0~100의 값을 취하는 지수들이다.) RAND 실험의 경우와 마찬가지로, 포틀랜드 결과는 콜레스테롤이나 혈압 같은 신체적 건강 지표들이 OHP 보험에 대한 접근성이 개선되었음에도 불구하고 크게 달라지지 않았음을 시사한다.

OHP 추첨이 건강에 미친 미미한 효과는 건강보험을 공적으로 제공함으로써 저소득층 미국인들의 건강을 향상시킬 수 있으리라 기대했던 정책 입안자들을 실망시켰다. 특히 건강보험이 값비싼 응급실 사용을 줄이기보다 늘렸다는 사실은 좌절감을 안겨 주었다. 그와 동시에 〈표 1.6〉의 B는 건강보험이 대상자에게 일종의 금전적 안전망을 제공한다는 사실을 보여 준다. 구체적으로 말해, 추첨에 당첨된 가구들이 큰 액수의 의료 비용을 지출하거나 보건 의료비 지출의 필요성 때문에 부채

12) 왜 모든 OHP 추첨 당첨자들이 보험을 보유하지는 않았을까? 일부 당첨자들은 서류를 기한 내에 제출하지 않았고, 필수 서류들을 기한 내에 제출한 사람들 중 절반가량은 추가적인 검토 결과 자격이 없는 사람들로 판명되었기 때문이다.

표 1.6 OHP가 건강 지표와 재무적 건전성에 미치는 효과

	오리건 주		포틀랜드 및 근교	
성과변수	통제집단 평균 (1)	처치효과 (2)	통제집단 평균 (3)	처치효과 (4)
	A. 건강 지표			
건강 양호	.548	.039 (.008)		
신체 건강 지수			45.5	.29 (.21)
정신 건강 지수			44.4	.47 (.24)
콜레스테롤			204	.53 (.69)
수축기 혈압(mmHg)			119	−.13 (.30)
	B. 재무적 건전성			
의료비 지출액이 소득의 30% 미만인지 여부			.055	−.011 (.005)
의료비 부채 보유 여부			.568	−.032 (.010)
표본 크기	23,741		12,229	

주 : 이 표는 오리건 건강 플랜(OHP) 추첨 당첨이 건강 지표들과 경제 사정 건전성에 미치는 효과의 추정치를 제시한다. 홀수 열에는 통제집단 평균이, 그리고 짝수 열에는 추첨 당첨자 더미의 회귀계수가 제시되어 있다. 표준 오차는 괄호 안에 제시되어 있다.

를 쌓을 가능성이 낮아졌다. 그것이 바로 처치집단의 정신건강이 개선된 이유를 설명해주는 금전적 건전성의 개선일 수 있다.

〈표 1.6〉에서 볼 수 있는 금전적 효과와 건강에 미친 효과는 추첨의 결과 보험을 보유하게 된 표본의 25%에 해당하는 관측치들로부터 도출되었을 가능성이 매우 높다는 점도 강조할 필요가 있다. 다수 당첨자들의 경우 보험 보유 여부가 전혀 달라지지 않았다는 사실을 감안하면, 추첨 결과 보험을 보유하게 된 지원자들 중 1/4 정도가 경험한 금전적 안정과 정신건강의 향상 정도는 당첨자와 탈락자들에 대한 단순 비교가 시사하는 것보다 훨씬 크다는 것을 알 수 있다. 도구변수법을 다룬 제3장에서 우리는 이와 같은 사실을 감안해 보정하는 것이 무엇을 의미하는

지에 관해 상세히 설명할 것이다. 곧 살펴보게 되겠지만, 여기서 적절한 보정이란 당첨자와 탈락자들 간 성과의 차이를 양자 간 보험 가입 확률의 차이로 나누어 주는 것을 말한다. 이는 곧 보험 가입의 효과가 OHP 추첨 당첨이 유발하는 효과의 4배에 달함을 의미한다. (이와 같은 보정을 실행하더라도 통계적 유의성은 거의 달라지지 않는다.)

RAND와 오리건에서 발견된 결과들은 놀랄 만큼 유사하다. 매우 다른 모집단을 대상으로 실행한 2개의 야심찬 실험은 보험 보장에 따라 보건 의료 서비스의 이용이 급속히 증가한다는 점을 보여 준다. 그러나 어느 실험에서도 보험이 육체적 건강에 미치는 영향은 그리 크게 나타나지 않았다. 2008년 현재 OHP 추첨 당첨자들은 작지만 눈에 띄는 정도로 정신건강이 개선되는 성과를 보였다. OHP가 훌륭한 보험 정책이면 그러해야 하는 것처럼, 건강 악화 때문에 발생하는 금전적인 결과로부터 다수의 당첨자들을 보호하는 데 성공했다는 점도 중요한 사실이다. 동시에 위의 실험 연구들은 공적으로 지원하는 건강보험을 통해 건강이 극적으로 향상되기를 기대해서는 안 된다는 점도 상기시킨다.

조시웨이 사부 : 간단하게 좀 말해 봐, 베짱이 군.

베짱이 : 인과적 추론은 다른 길을 택했을 때의 잠재적 성과들을 비교합니다. 그 세계들을 비교하여 설명하는 것이죠.

조시웨이 사부 : 그럼 이 길을 택한 사람들과 저 길을 택한 사람들을 비교하는 것인가?

베짱이 : 그러한 비교는 선택 편의, 즉 처치효과가 없는 경우에도 존재하는 처치집단과 통제집단 사이의 차이에 의해 오염되는 경우가 많습니다.

조시웨이 사부 : 선택 편의는 제거할 수 없나?

베짱이 : 처치 조건과 통제 조건을 무작위 배정하면 선택 편의를 제거할 수 있습니다. 하지만 무작위 시행에서도 균형 상태를 점검해야 합니다.

조시웨이 사부 : 모든 무작위 배정 실험들이 확실히 보여 주는 단 하나의 인과적 진실이 있을까?

베짱이 : 사부님, 여러 개의 진리가 있을 수 있음을 이제는 알겠습니다. 일부는 양립할 수 있고, 일부는 서로 모순됩니다. 따라서 2개 이상의 실험 결과가 서로 비슷할 경우에는 특별히 주목해서 살펴보아야 합니다.

계량의 고수들 : 다니엘에서 R. A. 피셔까지

통제집단의 가치는 구약 성경에서도 찾아볼 수 있다. 다니엘서에는 바빌로니아의 왕 느부갓네살이 다니엘과 다른 이스라엘 포로들을 단장시켜 자신의 시중을 들도록 하는 과정이 자세히 서술되어 있다. 노예의 입장에서 이것이 부당한 대우일 리는 없었다. 왕의 명령에 따라 이 포로들은 '왕의 식탁에서 음식을 먹고 포도주를 마실 수' 있었기 때문이다. 그러나 다니엘은 기름진 음식은 꺼려 하고 소박한 채식을 더 좋아했다. 그러한 식사가 왕을 섬기도록 부름 받은 자에게 적합하지 않을까 두려워하여 왕의 대신들은 처음에는 다니엘의 특별한 식사 주문을 거절했다. 다니엘은 대담하게도 통제된 실험을 제안했다. "우리를 10일 동안 시험해 보십시오. 우리에게 채소와 물만 주어 먹게 하고 그 후에 왕의 음식을 먹는 소년들과 비교하여 우리의 얼굴 모습을 보고 우리를 처분하십시오." (다니엘서 1장 12~13절, 현대인의 성경.) 성경은 이 실험이 육식에 비해 채식이 건강에 좋다는 다니엘의 추측을 뒷받침했다고 이야기한다. 그러나 우리가 아는 한 다니엘은 이 실험을 이용해 학술 논문을 쓰지는 않았다.

영양은 균형을 추구하는 과정에서 반복적으로 등장하는 테마이다. 비타민C 결핍이 유발하는 쇠약 질환인 괴혈병은 영국 해군의 재앙이었다. 1742년, HMS 솔즈베리의 외과 의사인 제임스 린드(James Lind)는 괴혈병 치료법을 실험했다. 린드는 괴혈병에 걸린 12명의 수병들을 골라 처음에는 동일한 식사를 제공했다. 이어 두 명씩 여섯 쌍으로 짝을 지어 각 쌍에 속한 두 사람의 배급 식량에 서로 다른 메뉴를 추가했다. 추가한 메뉴 중 한 가지는 오렌지 2개와 레몬 하나였다. (린드는 신 음식이 괴혈병을 치료할 수 있을 것이라고 믿었다.) 린드는 무작위 배정을 사용하지 않았고 오늘날의 기준으로 보면 표본의 크기가 작지만, 그는 '자신이 할 수 있는 한 가장 비슷한' 12명의 실험대상자를 골랐다는 점에서 선구자였다. 감귤류 과일을 먹은 사람들 – 영국 최초의 수병들 – 은 빠르고 확실하게 회복되었다. 비록 이론은 잘못되었지만 린드의 데이터에서 목숨을 좌우하는 실증적 발견이 도출된 것이다.[13)]

---

13) 린드의 실험은 Duncan P. Thomas, "Sailors, Scurvy, and Science," *Journal of the Royal Society of Medicine*, vol. 90, no. 1, January 1997, pages 50-54에 상세히 기술되어 있다.

과학적 진리를 향한
로날드 에일머 피셔 경의 헌신은
문자 그대로 열정적이었다.
그는 잘못된 것을 퍼뜨리는
우를 범하고 있다고
생각되는 사람들에게는
무자비한 적이었다.
(존 앨드리치)

린드 이후 거의 150년의 세월이 흐른 뒤에야 실험적 무작위 배정이 사용된 최초의 기록이 발견된다. 그 인물은 미국의 철학자이자 과학자인 찰스 피어스(Charles Peirce)로서 그는 실험대상자들이 체중의 미세한 차이를 감지할 수 있는지를 실험했다. 그다지 흥미진진하지는 않지만 방법론적으로는 유의미한 1885년의 발표 논문에서 피어스와 그의 제자 조지프 재스트로(Joseph Jastrow)는 트럼프 카드에서 무작위로 카드를 뽑아 실험 조건을 다양하게 변화시킨 과정을 설명했다.[14)]

무작위 통제 실험이라는 개념은 20세기가 시작되고 나서야 농업 실험 데이터를 분석한 통계학자이자 유전학자인 로널드 에일머 피셔(Ronald Aylmer Fisher) 경의 작업에서 본격적으로 등장했다. 실험적 무작위 배정은 피셔의 1925년 논문 “연구자를 위한 통계 방법”(*Statistical Methods for Research Workers*)에 등장하며 그의 기념비적인 1935년 출판물 “실험 설계”(*The Design of Experiments*)에 상세히 설명되어 있다.[15)]

피셔는 다수의 환상적으로 좋은 아이디어와 소수의 나쁜 아이디어를 가지고 있었다. 무작위 배정의 가치를 설명하는 것 이외에도 그는 최우추정법이라는 통계 방법을 창안했다. 계량의 대가 시월 라이트(Sewall Wright)와 J.B.S. 홀데인(J.B.S.

14) Charles S. Peirce and Joseph Jastrow, “On Small Differences in Sensation,” *Memoirs of the National Academy of Sciences*, vol. 3, 1885, pages 75-83.

15) Ronald A. Fisher, *Statistical Methods for Research Workers*, Oliver and Boyd, 1925, and Ronald A. Fisher, *The Design of Experiments*, Oliver and Boyd, 1935.

Haldane)과 더불어 그는 이론적 집단 유전학 분야를 개척했다. 그러나 그는 ('우생학'이라는 용어를 창안한 회귀분석의 대가 프랜시스 갈턴 경(Sir Francis Galton)과 마찬가지로) 열정적인 우생학자이자 강제 불임수술의 지지자이기도 했다. 피셔는 평생 파이프 담배를 피웠고, 흡연과 건강에 대한 논쟁에서 그릇된 편에 서 있었다. 이러한 입장은 흡연과 폐암이 공통의 유전적 기원을 공유한다는 그의 강한 믿음에 어느 정도 기인한다. 건강 연구에서 선택 편의를 염려한 피셔의 생각은 옳았지만 흡연이 건강에 미치는 부정적 영향은 오늘날 이론의 여지 없이 확립된 듯하다. 무작위 배정을 이용해 평가했을 때, 저지방 식이요법이나 비타민 등 여러 가지 생활방식의 선택은 건강 성과와는 무관한 것으로 밝혀졌다.

부록 : 추론 정복하기

젊은 케인 : 잘 모르겠습니다.
포 사부 : 그것이 지혜의 시작이라네.

–**쿵푸**, 시즌 2, 에피소드 25

이 절은 계량경제학과 통계학의 핵심적인 세부 내용들을 채우는 첫 번째 부록이다. 통계적 추론을 연구하며 일생을 보내는 사람도 있다. 많은 대가들이 그렇다. 여기에서 우리는 핵심 개념과 기초적인 통계 방법들에 대해 간략하게 설명한다. 이것들만으로도 이 장에 제시된 것과 같은 표들을 이해하기에 충분할 것이다.

HIE는 실험의 대상이 되는 모집단에서 (대체로) 무작위로 추출한 참가자들의 표본을 기반으로 한다. 동일한 모집단에서 상이한 표본을 추출하면 다소 상이한 결과를 얻겠지만, LLN이 힘을 발휘할 정도로 표본의 크기가 충분히 크면 전체적인 그림은 비슷하다. 통계 분석 결과가 강력한 증거인지, 아니면 운 좋은 당첨에 불과하여 반복 표본들에서는 재현될 가능성이 없는지 여부를 어떻게 결정할 수 있을까? 표집 과정에서 발생하는 변이는 어느 정도라고 생각해야 할까? 공식적인 통계적 추론 방법들이 이 질문들에 대한 답을 제공한다. 이 방법들은 우리가 관심을 두고 있는 모든 계량경제학 방법들에 적용된다. 표집의 불확실성을 수치화하는 것은 모든 실험 프로젝트에 필수적인 단계이며 다른 연구자들의 통계학적 주장을 이해하는 과정에도 필요하다. 여기서 우리는 HIE 처치효과의 맥락에서 기초적인 추론 개념을 설명하기로 한다.

우리의 당면 과제는 특정한 표본의 평균, 그리고 특히 일련의 평균들 및 이들 사이의 차이와 연관되어 있는 불확실성을 수치화하는 것이다. 예를 들어, 우리는 HIE 처치집단들 사이의 커다란 보건 의료비용 차이가 단지 우연한 결과라고 간주할 수 있는지 알고자 한다. HIE 표본들은 관심대상 모집단을 포괄하기에 충분한 크기의 대규모 데이터 셋에서 추출되었다. HIE 모집단은 실험에 참여할 자격이 있는 모든 가구들(예를 들어, 메디케어에 들어가기에는 나이가 어린 가구들)로 구성되어 있다. 그러한 수백만 개의 가구들을 모두 조사하는 대신 그보다는 규모가 훨씬 작은 2천 가구 정도의 집단(약 4천 명의 사람들로 구성됨)을 무작위로 선정한 뒤, 각 가구를 14개의 플랜 (즉, 처치집단들) 중 하나에 무작위로 배정한다. 여기에서는 두 종류의 무작위 배정이 사용되고 있음에 주목하자. 첫 번째는 실험 표본의 구축과 관련이 있고, 두 번째는 표본으로 추출된 사람들에게 처치를 배정하는 방법과 관련이 있다. **무작위 표집**(random sampling)과 **무작위 배정**(random assignment)은 서로 밀접한 관련이 있지만 서로 다른 별개의 개념이다.

편의(bias) 없는 세상

먼저 무작위 표집으로부터 발생하는 불확실성을 수치화하기 위해 하나의 표본 평균, 예를 들어 건강 지수로 측정한 우리의 표본에 속한 모든 사람들의 평균 건강 상태를 가지고 시작해 보자. 우리의 목표는 이 값에 대응하는 모집단 평균 건강 지수, 다시 말해 관심대상 모집단의 모든 사람에 대한 평균이다. 14쪽에서 살펴보았듯이, 변수의 모집단 평균을 **수학적 기댓값** 또는 줄여서 **기댓값**이라고 부른다. 변수 Y_i의 기댓값을 $E[Y_i]$라고 쓴다. 기댓값은 **확률**이라는 공식적인 개념과 밀접한 관련이 있다. 기댓값은 변수 Y_i가 취할 수 있는 모든 가능한 수치들의 가중 평균 — 이 수치들이 모집단에서 나타날 확률만큼의 가중치가 부여된다 — 으로 표기할 수 있다. 주사위 던지기의 예에서 이 가중치는 동일하며 ⅙ 확률로 주어진다. (1.1절을 참조하라.)

평균을 표기하는 경우와는 다르게 기댓값의 기호에는 표본 크기가 적혀 있지 않다. 이는 기댓값이 개인들의 특정한 표본에 근거하지 않고 정의되는 모집단 수치이기 때문이다. 하나의 주어진 모집단에는 단 하나의 $E[Y_i]$만 존재하는 반면, 우리가 n을 어떻게 고르는지, 우리가 고른 표본에 누가 속하게 되는지에 따라 $Avg_n[Y_i]$는 여러 개가 있을 수 있다. $E[Y_i]$는 특정한 한 모집단의 고정된 특성이기 때문에, 우리는 이를 **모수**(parameter)라고 부른다. 표본 평균처럼 표본에 따라 달라지는 수치들은 **표본 통계량**(sample statistics)이라고 부른다.

이 시점에서 평균을 $Avg_n[Y_i]$가 아니라 좀 더 간단하게 $\overline{Y}$로 표기하는 것이 좋겠다. 장황해지는 것을 피하기 위해 n이라는 하첨자도 생략하기로 한다. 따라서 지금부터는 표본 평균이 특정한 크기의 표본으로부터 계산된다는 점을 기억하자. 표본 평균 $\overline{Y}$는 $E[Y_i]$의 좋은 추정량이다. (통계학에서 **추정량**(estimator)이란 모수를 추정하는 데 사용된 표본 데이터의 임의의 함수이다.) 일단 LLN에 의하면, 대규모 표본에서 표본 평균은 대응하는 모집단 평균에 매우 가까울 가능성이 높다. 이와 관련이 있는 하나의 특성은 $\overline{Y}$의 기댓값 또한 $E[Y_i]$이라는 점이다. 다시 말해, 우리가 무한히 많은 무작위 표본을 추출할 수 있다면, 그때 도출되는 $\overline{Y}$의 모든 표본에 대한 평균값은 대응하는 모집단 평균이 된다. 표본 통계량의 기댓값이 대응하는 모집단의 모수와 같을 때, 우리는 그 통계량을 그 모수의 **불편 추정량**(unbiased estimator)이라고 부른다. 표본 평균의 불편성(unbiasedness)을 정식으로 표현하면 다음과 같다.

표본 평균의 불편성 $E[\overline{Y}] = E[Y_i]$

표본 평균이 그에 대응하는 모집단 평균과 정확히 똑같을 것이라고 기대해서는 안 된다. 한 표본의 표본 평균은 너무 클 수 있고, 다른 표본에서는 너무 작을 수 있다. 불편성이란 이러한 편차가 체계적으로 크거나 작지 않고, 반복 표본에서 그 편차들의 평균이 0으로 수렴함을 의미한다. 이러한 불편성은 표본 크기가 커질수록 표본 평균이 모집단 평균에 점점 더 가까워진다고 이야기하는 LLN과는 다른 개념이다. 표본 평균의 불편성은 표본의 크기와는 상관없이 적용된다.

변동성 측정하기

우리는 평균뿐만 아니라 변동성에도 관심이 있다. 변동성을 가늠하기 위해서는 일반적으로 평균으로부터의 편차를 제곱한 값의 평균값을 살펴본다. 이 경우 편차가 양인 경우와 음인 경우 모두 동일한 가중치를 갖는다. 변동성을 이와 같이 요약하는 수치를 우리는 **분산**(variance)이라고 부른다.

크기가 n인 표본에서 Y_i의 **표본 분산**은 다음과 같이 정의한다.

$$S(Y_i)^2 = \frac{1}{n}\sum_{i=1}^{n}\left(Y_i - \overline{Y}\right)^2$$

대응하는 **모집단 분산**은 평균을 기댓값으로 대체함으로써 다음과 같이 정의한다.

$$V(Y_i) = E\left[\left(Y_i - E[Y_i]\right)^2\right]$$

$E[Y_i]$와 마찬가지로 $V(Y_i)$라는 수치는 모집단의 고정된 특성 — 모수 — 이다. 따라서 $V(Y_i) = \sigma_Y^2$와 같이 그리스 문자로 표현하는 것이 관행이다. 이 식은 '시그마-제곱-y'라고 읽는다.16)

분산은 데이터를 제곱하기 때문에 매우 커질 수 있다. 변수에 10을 곱하면 분산은 100배가 된다. 따라서 우리는 보통 분산의 제곱근을 이용해 변동성을 기술하는데, 이 제곱근을 **표준 편차**(standard deviation)라고 부르며 σ_Y라고 쓴다. 변수에 10을 곱하면 표준 편차는 10배만큼 증가한다. 통상적으로 모집단 표준 편차 σ_Y에 대한 표본 대응치는 $S(Y_i)$, 즉 $S(Y_i)^2$의 제곱근이다.

분산은 Y_i의 분포에 관해 기술한 것이다. (여기서 잠깐 : 한 변수의 **분포**(distribution)는 그 변수가 취하는 일련의 값들과, 각 값이 모집단에서 관측되는 혹은 무작위 과정에 의해 생성되는 상대적인 빈도로 구성된다.) 어떤 변수들(예를 들어, 건강보험을 보유한 가구인지를 지시하는 더미변수)은 좁은 범위의 값들을 취하는 반면, 다른 변수들(예를 들어, 소득)은 넓게 흩어져 있는 경향이 있다. 따라서 매우 큰 일부의 수치들이 다수의 작은 수치들과 혼합되어 있을 수 있다.

---

16) 표본 분산은 모분산을 과소 추정하는 경향이 있다. 따라서 표본 분산은 아래와 같이 n 대신 $n-1$로 나누어 정의하기도 한다.

$$S(Y_i)^2 = \frac{1}{n-1}\sum_{i=1}^{n}\left(Y_i - \overline{Y}\right)^2$$

이 수정된 공식을 이용하면 대응하는 모분산의 불편 추정치를 구할 수 있다.

분석의 대상이 되는 변수의 변동성을 기록해 두는 것이 중요하다. 그러나 여기에서 우리의 목표는 이 수준을 넘어선다. 우리는 반복 표본에서 구한 표본 평균의 분산을 수치화하는 데 관심이 있다. 표본 평균의 기댓값이 (불편성 특성에 의하여) $E[Y_i]$이므로, 표본 평균의 모집단 분산은 다음과 같이 쓸 수 있다.

$$V(\overline{Y}) = E\left[\left(\overline{Y} - E[\overline{Y}]\right)^2\right] = E\left[\left(\overline{Y} - E[Y_i]\right)^2\right]$$

표본 평균 같은 통계량의 분산은 무엇을 기술할 목적으로 사용하는 분산과는 다르다. 표본 평균의 분산은 $V(\overline{Y})$라고 쓰지만, 기반을 이루는 원 데이터의 분산은 $V(Y_i)$(또는 σ_Y^2)라고 표시한다. $V(\overline{Y})$의 값은 (원 데이터의 변동성이 아니라) 반복 표본에서 표본 통계량의 변동성을 측정하기 때문에, $V(\overline{Y})$는 **표본 분산**(sampling variance)이라고 별도의 명칭으로 불린다.

표본 분산은 기술적인 분산과 관련은 있으나, 기술적인 분산과 달리 표본 분산은 표본 크기의 영향을 받는다. $V(\overline{Y})$에 대한 공식을 단순화해 이를 증명해 보자. 분산 표기의 내부에 있는 $\overline{Y}$에 대한 공식을 다음과 같이 치환하는 것에서부터 시작하자.

$$V(\overline{Y}) = V\left(\left[\frac{1}{n}\sum_{i=1}^{n} Y_i\right]\right)$$

이 표현식을 단순화하기 위해, 우선 무작위 표집에 의해 표본 내 개별 관측치들이 서로 체계적으로 관련을 갖지는 않는다는 사실, 다시 말해 이들이 통계적으로 독립적이라는 사실을 기억하자. 이 중요한 성질 덕분에 우리는 동일한 모집단에서 각각 무작위로 추출해 통계적으로 독립적인 관측치들의 총합의 분산이 각 관측치의 분산들의 총합이라는 사실을 활용할 수 있다. 또한 각 Y_i를 동일한 모집단에서 표집했기 때문에 각 추출치의 분산은 동일하다. 마지막으로, 상수(예를 들어, $1/n$) 곱하기 Y_i의 분산은 이 상수의 제곱 곱하기 Y_i의 분산이라는 성질을 이용하자. 이들 고려사항을 바탕으로 다음과 같은 공식을 구할 수 있다.

$$V(\overline{Y}) = V\left(\left[\frac{1}{n}\sum_{i=1}^{n} Y_i\right]\right) = \frac{1}{n^2}\sum_{i=1}^{n} \sigma_Y^2$$

이 식을 더 간단하게 정리하면 다음과 같다.

$$V(\overline{Y}) = \frac{1}{n^2}\sum_{i=1}^{n}\sigma_Y^2 = \frac{n\sigma_Y^2}{n^2} = \frac{\sigma_Y^2}{n} \qquad \text{(식 1.5)}$$

우리는 표본 평균의 표본 분산이 계산에 사용된 관측치들의 분산 σ_Y^2와 표본 크기 n에 의존한다는 사실을 보였다. 짐작했겠지만 데이터가 많을수록 반복 표본에서 표본 평균의 산포도(dispersion)는 줄어든다. 사실, 표본의 크기가 매우 크면 산포도가 거의 사라진다. n이 크면 σ_Y^2/n은 작기 때문이다. 바로 이것이 LLN이 작동하는 방식이다. n이 무한대로 접근함에 따라 표본 평균은 모집단 평균에 접근하고 표본 분산은 사라진다.

실제 분석에서는 표본 평균의 분산이 아니라 그것의 표준 편차를 이용해 작업하는 경우가 종종 있다. 표본 평균과 같은 어떤 통계치의 표준 편차를 **표준 오차**(standard error)라고 부른다. 표본 평균의 표준 오차는 다음과 같이 쓸 수 있다.

$$SE(\overline{Y}) = \frac{\sigma_Y}{\sqrt{n}} \qquad \text{(식 1.6)}$$

이 책에서 논의하는 모든 추정치들은 자신의 표준 오차를 가지고 있다. 이들 추정치로는 표본 평균(이에 대한 표준 오차의 공식은 식 (1.6)에 제시), 표본 평균의 차이(본 부록의 뒷부분에서 설명), 회귀계수(제2장에서 설명), 그리고 도구변수 추정치 및 기타 보다 정교한 추정치들이 있다. 표준 오차에 대한 공식은 복잡해질 수 있지만 아이디어는 간단하다. 표준 오차는 무작위 표집에 기인한 추정치의 변동성을 요약한 것이다. 이번에도 표준 오차를 원래 변수의 표준 편차와 혼동하지 않는 것이 중요하다. 2개의 수치는 밀접하게 관련되어 있지만 서로 다른 것을 측정한다.

표준 오차로 가는 길의 마지막 단계는 다음과 같다. 식 (1.6)의 분자의 표준 편차를 포함해 대부분의 모집단 수치들은 알지 못하기 때문에 추정해야만 한다. 따라서 실제 상황에서는 표본 평균의 표본 분산을 수치화할 때 **표준 오차의 추정치**(estimated standard error)를 가지고 작업한다. 이 수치는 $SE(\overline{Y})$에 대한 공식에서 σ_Y를 $S(Y_i)$로 대체하여 구한다. 구체적으로 말하면, 표본 평균의 표준 오차 추정치는 다음과 같이 쓸 수 있다.

$$\widehat{SE}(\overline{Y}) = \frac{S(Y_i)}{\sqrt{n}}$$

우리는 통계량과 그 표준 오차를 이야기할 때 '추정된(estimated)'이라는 수식어를 잊는 경우가 많지만 사실 무의식적으로는 염두에 두고 있다. 예를 들어, 〈표 1.4〉의 괄호 안의 숫자들은 평균의 차이에 대한 표준 오차 추정치들이다.

t-통계량과 중심 극한 정리

표준 오차를 이용해 변동성을 측정하는 간단한 도식을 살펴보았으므로, 이제 이 척도를 해석하는 일이 남았다. 가장 간단한 해석은 **t-통계량**(t-statistic)을 이용하는 것이다. 우리가 가지고 있는 데이터는 임의의 어떤 분포로부터 생성되었고, 우리는 그 분포의 모집단 평균 $E[Y_i]$가 특정한 값 μ(이 그리스 문자는 '뮤'라고 읽는다)라고 가정하자. 이 값을 이용해 작업 **가설**(hypothesis)을 구성한다. $E[Y_i]=\mu$라는 작업 가설하에서 표본 평균에 대한 t-통계량은 다음과 같이 구성된다.

$$t(\mu) = \frac{\overline{Y} - \mu}{\widehat{SE}(\overline{Y})}$$

이 작업 가설은 일반적으로 **귀무가설**(null hypothesis)이라고 불리는 기준점이다. 귀무가설이 $\mu = 0$일 때 t-통계량은 '표본 평균 나누기 표준 오차 추정치의 비율'이다.

많은 사람들이 통계적 추론의 과학이 지루하다고 생각하지만, 사실 그것은 하나의 기적과도 같은 작업이다. 한 가지 기적 같은 통계적 사실은 $E[Y_i]$가 실제로 μ와 동일할 경우, (표본이 충분히 크기만 하다면) 수치 $t(\mu)$의 표본 분포는 〈그림 1.1〉에 제시된 것과 같이 종 모양의 표준 정규 분포에 매우 가까워진다는 것이다. Y_i 자체가 정규분포를 따르는지의 여부와 무관하게 적용되는 이 성질은 **중심 극한 정리**(Central Limit Theorem, CLT)라고 부른다. CLT를 통해 우리는 우리가 이용할 수 있는 데이터가 $E[Y_i]=\mu$라는 가설을 지지하는지 또는 의문을 제기하는지의 여부에 대해 실증적으로 적절한 결정을 내릴 수 있게 된다.

CLT는 놀랍고 강한 영향력을 가진 결과다. 무엇보다도 CLT가 함축하는 바에 따

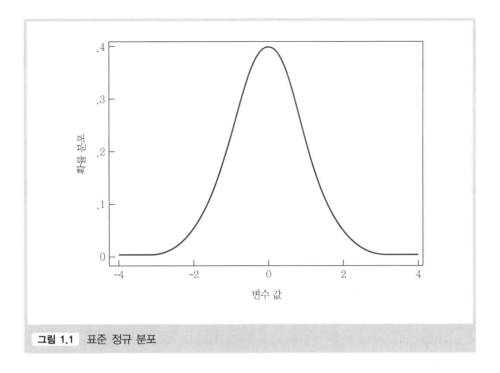

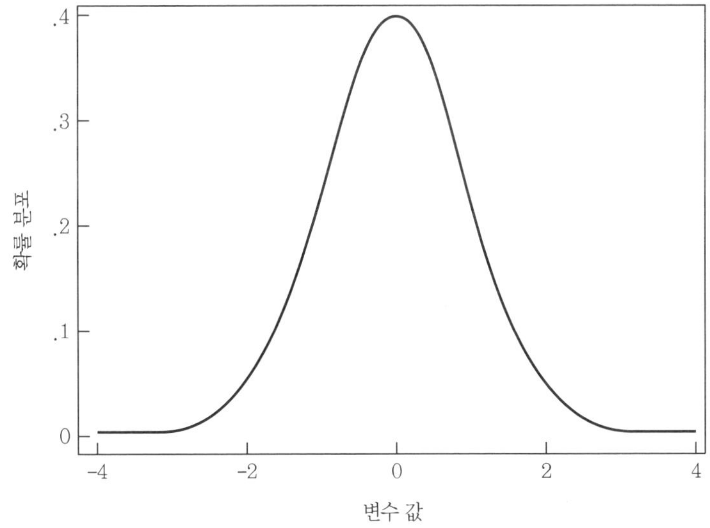

그림 1.1 표준 정규 분포

르면, (대규모 표본) t-통계량의 분포는 이를 계산하는 데 사용한 데이터의 분포와 독립적이다. 예를 들어, 우리가 건강한 사람과 아픈 사람을 구분하는 더미변수로 건강상태를 측정하고, 모집단의 20%는 아픈 사람들이라고 가정해 보자. 이 더미변수의 분포에는 2개의 뾰족한 부분이 있다. 하나는 수치 1에서 높이가 0.8이고, 다른 하나는 수치 0에서 높이가 0.2이다. CLT에 따르면, 데이터가 충분히 많을 경우 생성된 데이터의 수치가 단 2개뿐이라고 하더라도 t-통계량의 분포는 매끄러운 종 모양으로 나온다.

표본 추출 실험을 통해 우리는 CLT가 작동하는 것을 확인할 수 있다. 표본 추출 실험에서 우리는 컴퓨터의 난수 생성기를 이용해 서로 다른 크기의 무작위 표본을 반복적으로 추출한다. 우리는 1의 값을 취할 확률이 80%인 더미변수에 대해, 그리고 표본의 크기가 10, 40, 100이 되도록 표본 추출 실험을 진행하였다. 세 가지 표본 크기 각각에 대해 0.8을 μ값으로 정하여 50만 개의 무작위 표본을 이용해 t-통계량을 계산하였다.

〈그림 1.2～1.4〉에는 우리가 진행한 실험의 3개 크기 표본 각각에 대해 계산한

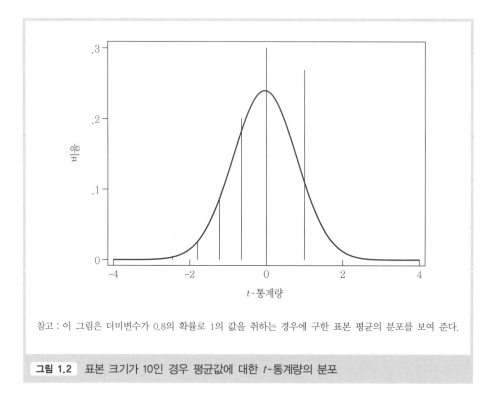

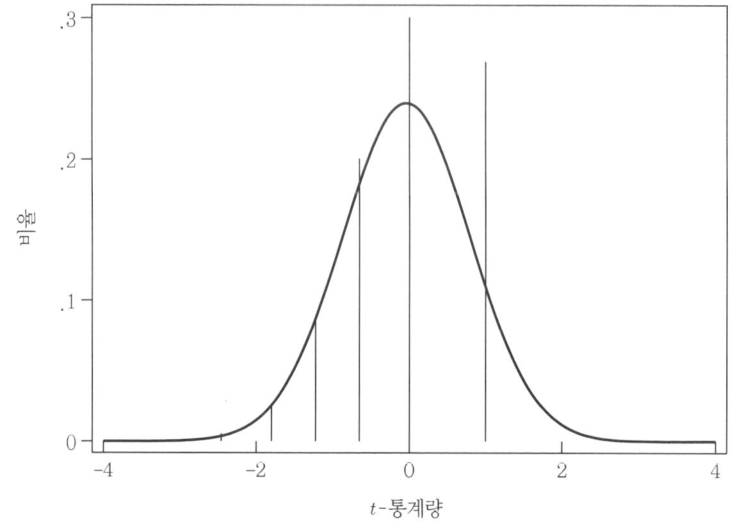

참고 : 이 그림은 더미변수가 0.8의 확률로 1의 값을 취하는 경우에 구한 표본 평균의 분포를 보여 준다.

그림 1.2 표본 크기가 10인 경우 평균값에 대한 t-통계량의 분포

50만 개 t-통계량들의 분포가 그래프로 제시되어 있다. 여기에 표준 정규 분포를 겹쳐 놓았다. 10개 관측치들의 경우에는 표본 분포가 뾰족뾰족하게 돌출되어 있지만 그래도 윤곽선을 연결하면 종 모양의 곡선이 드러난다. 표본의 크기가 증가함에 따라 정규 분포와 겹쳐지는 정도가 향상된다. 100개 관측치들의 경우에는 정규 분포와 거의 딱 맞게 겹쳐진다.

표준 정규 분포의 평균은 0이고, 표준 편차는 1이다. 어느 표준 정규 변수에서나 ±2보다 큰 수치가 나올 가능성은 별로 없다. 사실, 절댓값이 2보다 큰 경우는 약 5% 정도의 확률로 나타날 뿐이다. t-통계량이 정규 분포에 가까운 분포를 따르기 때문에, 우리는 t-통계량이 대부분의 경우 ±2 사이에 있을 것이라고 예상할 수 있다. 따라서 통상적으로 절댓값이 대략 2보다 큰 t-통계량은 이 값을 구축하는 데 사용한 귀무가설과 합치될 가능성이 거의 없다고 판단한다. 귀무가설이 $\mu=0$이고, t-통계량의 절댓값이 2를 초과하는 경우, 우리는 표본 평균이 '0과 유의하게 다르다'고 말한다. 그렇지 않은 경우에 표본 평균은 **0과 유의하게 다르지 않다**. μ가

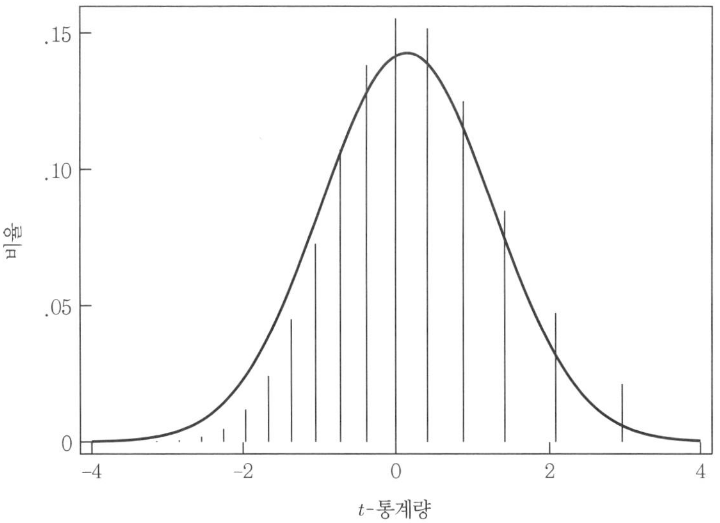

참고 : 이 그림은 더미변수가 0.8의 확률로 1의 값을 취하는 경우에 구한 표본 평균의 분포를 보여 준다.

그림 1.3 표본 크기가 40인 경우 평균값에 대한 *t*-통계량의 분포

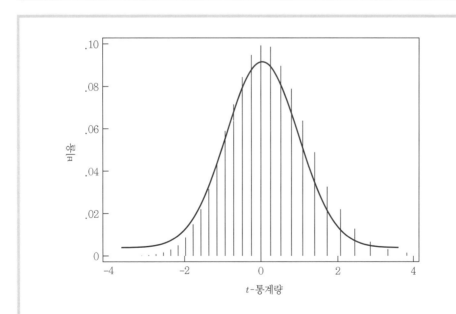

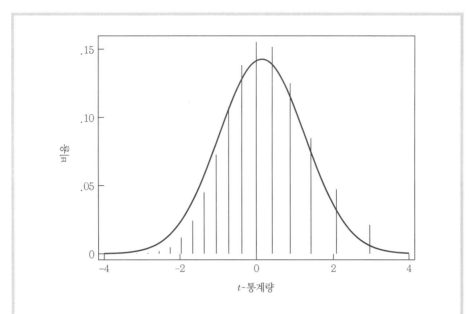

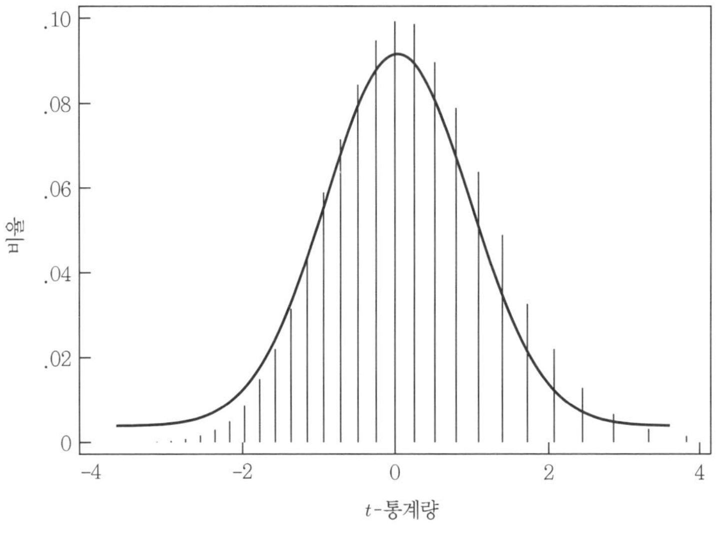

참고 : 이 그림은 더미변수가 0.8의 확률로 1의 값을 취하는 경우에 구한 표본 평균의 분포를 보여 준다.

그림 1.4 표본 크기가 100인 경우 평균값에 대한 *t*-통계량의 분포

다른 값을 갖는 경우에도 비슷한 표현을 사용할 수 있다.

여기서 통계적 유의성에 관한 질문을 약간 다른 관점에서 접근해 보자. 표본이 특정한 μ값과 일관성을 갖는지를 점검하는 대신에, 우리는 데이터와 일관성을 갖는 모든 μ값들의 집합을 구축할 수 있다. 이러한 수치들의 집합을 $E[Y_i]$에 대한 **신뢰구간**(confidence interval)이라고 부른다. 반복 표본에서 계산할 때, 아래와 같이 정의되는 신뢰구간은 약 95%의 확률로 $E[Y_i]$를 포함해야 한다.

$$[\overline{Y} - 2 \times \widehat{SE}(\overline{Y}),\ \overline{Y} + 2 \times \widehat{SE}(\overline{Y})]$$

그렇기 때문에 이 구간을 모집단 평균에 대한 95% **신뢰구간**이라고 부른다. 우리의 데이터와 일관성을 갖는 모수 값들의 집합을 표현하는 방법을 통해 신뢰구간은 표본이 추출된 모집단에 대해 이 데이터가 가지고 있는 정보를 간결하게 요약해 준다.

짝짓기

하나의 표본 평균은 우리가 다루는 것들 중에 가장 외로운 숫자다. 다행히 우리는 보통 2개의 평균에 관심을 갖는다. 특히 실험에서 생성하는 처치집단과 통제집단의 실험대상자들의 평균을 비교하는 데에 지대한 관심을 가지고 있다. 우리는 이들 평균을 간략하게 $Avg_n[Y_i \mid D_i = 1]$는 $\overline{Y}^1$로, $Avg_n[Y_i \mid D_i = 0]$는 $\overline{Y}^0$로 표기한다. 처치집단의 평균 $\overline{Y}^1$은 처치집단에 속하는 n_1 관측치들의 평균이고, $\overline{Y}^0$는 통제집단에 속하는 n_0개 관측치들의 평균이다. 전체 표본의 크기는 $n = n_0 + n_1$이다.

평균을 비교한다는 관점에서 생각해 보면, $\overline{Y}^1$과 $\overline{Y}^0$ 사이의 차이는 처치의 인과효과에 대한 추정치(Y_i가 성과변수인 경우)이거나 혹은 균형 상태를 점검하는 추정치(Y_i가 공변량인 경우)일 수 있다. 우리의 논의를 분산시키지 않기 위해 전자의 경우를 가정하자. 현재 맥락에서 가장 중요한 귀무가설은 처치의 효과가 존재하지 않다는 것이다. 이 경우에는 처치 평균과 통제 평균을 구축하기 위해 사용하는 2개의 표본이 동일한 모집단으로부터 추출된다. 반면, 처치가 결과를 변화시킨다면, 처치 관측치과 통제 관측치들이 생성되는 모집단은 다를 수밖에 없다. 특히 이들의 평균은 서로 다르다. 이들 평균을 μ^1과 μ^0이라고 표기하자.

가지고 있는 증거가 $\mu^1 = \mu^0$라는 가설을 지지하는지를 판단하기 위해, 우리는 서로 대응하는 표본 평균들에 통계적으로 유의한 차이가 있는지를 살펴본다. 통계적으로 유의한 결과는 처치효과에 대한 강력한 증거를 제공하는 반면, 통계적 유의성이 부족한 결과는 처치 평균과 통제 평균의 관측된 차이가 우연한 발견이라는 생각과 같다. 여기서 '우연한 발견(chance finding)'이라는 표현은 매우 큰 표본—너무 커서 표본 분산이 실질적으로 제거되어 있는 표본—에서 시행된 가상적 실험에서 우리는 처치 평균과 통제 평균이 서로 같음을 발견하게 된다는 뜻이다.

통계적 유의성은 해당하는 t-통계량에 의해 결정된다. 모든 t-통계량을 만드는 핵심 재료는 t-비율의 아래 부분에 있는 표준 오차다. 평균의 비교에 적용되는 표준 오차는 $\overline{Y}^1 - \overline{Y}^0$의 표본 분산의 제곱근이다. 통계적으로 독립적인 2개 변수 간 차이의 분산은 이들의 분산의 합이라는 사실을 이용하면, 다음의 관계를 구할 수 있다.

$$V\left(\overline{Y}^1 - \overline{Y}^0\right) = V\left(\overline{Y}^1\right) + V\left(\overline{Y}^0\right)$$
$$= \frac{\sigma_Y^2}{n_1} + \frac{\sigma_Y^2}{n_0} = \sigma_Y^2\left[\frac{1}{n_1} + \frac{1}{n_0}\right]$$

이 식에서 두 번째 등호는 평균 하나의 표본 분산을 표시하는 식 (1.5)를 이용하였다. 따라서 우리에게 필요한 표준 오차는 다음과 같다.

$$SE\left(\overline{Y}^1 - \overline{Y}^0\right) = \sigma_Y\sqrt{\frac{1}{n_1} + \frac{1}{n_0}}$$

이 표현식을 유도하는 과정에서 우리는 개별 관측치의 분산이 처치집단과 통제집단에서 서로 동일하다고 가정하였다. 이 가정을 통해 우리는 공통 분산에 대해 하나의 기호 σ_Y^2를 사용할 수 있었다. 이보다 약간 더 복잡한 공식을 이용하면 평균이 동일할 경우에도 분산이 집단에 따라 서로 상이하도록 설정할 수 있다. (이 개념은 제2장의 부록에서 강건한 회귀 표준 오차를 다룰 때 다시 한 번 살펴볼 것이다.)[17]

σ_Y^2를 추정해야 한다는 사실을 인식하고 있기 때문에, 우리는 실제 분석에서 다

---

17) 처치 관측치와 통제 관측치에 대해 서로 다른 분산을 사용하는 경우에는 아래와 같은 식이 도출된다.

$$SE\left(\overline{Y}^1 - \overline{Y}^0\right) = \sqrt{\frac{V^1(Y_i)}{n_1} + \frac{V^0(Y_i)}{n_0}}$$

여기서 $V^1(Y_i)$는 처치 관측치들의 분산이고, $V^0(Y_i)$는 통제 관측치들의 분산이다.

음과 같이 표준 오차 추정치를 이용해 작업한다.

$$\widehat{SE}\left(\overline{Y}^1 - \overline{Y}^0\right) = S(Y_i)\sqrt{\frac{1}{n_1} + \frac{1}{n_0}} \qquad \text{(식 1.7)}$$

여기서 $S(Y_i)$는 **통합 표본 표준 편차**(pooled sample standard deviation)다. 이 값은 처치집단과 통제집단 모두를 통합한 데이터를 사용해 계산한 표본 표준 편차다.

$\mu^1 - \mu^0$의 값이 μ라는 귀무가설 하에서 평균의 차이에 대한 t-통계량은 다음과 같다.

$$t(\mu) = \frac{\overline{Y}^1 - \overline{Y}^0 - \mu}{\widehat{SE}\left(\overline{Y}^1 - \overline{Y}^0\right)}$$

우리는 이 t-통계량을 이용해 $\mu_1 - \mu_0$에 대한 작업 가설을 검정하고, 이 차이에 대한 신뢰구간을 구축한다. 귀무가설이 하나의 동일한 평균인 경우($\mu = 0$), 통계량 $t(\mu)$는 표본 평균의 차이를 이 차이의 표준 오차 추정치로 나눈 값과 같다. t-통계량이 0의 차이를 기각할 만큼 충분히 클 경우, 우리는 차이의 추정치가 통계적으로 유의하다고 말한다. 평균의 차이에 대한 신뢰구간은 표본 평균의 차이에 표준 오차의 2배를 더하거나 뺀 값이다.

t-통계량과 신뢰구간은 도출된 결과가 실질적으로 큰지 혹은 작은지에 대해 아무런 함의도 갖지 않는다는 사실을 염두에 둘 필요가 있다. 관심대상 효과의 추정치가 크고 (대규모 표본의 축복을 받았을 때 그러하듯이) 대응하는 표준 오차가 작을 때 t-통계량은 큰 값을 갖는다. 마찬가지로 신뢰구간의 넓이 역시 표준 오차에 반영되어 있는 통계적 정밀성에 의해 결정되지, 우리가 발견하고자 하는 관계의 강도에 의해 결정되지는 않는다. 역으로, t-통계량이 작은 이유는 평균 차이의 추정치가 작기 때문일 수도, 혹은 이 차이의 표준 오차가 크기 때문일 수도 있다. 차이의 추정치가 0과 유의하게 다르지 않다는 사실이 반드시 우리가 연구 중인 관계가 미미하거나 사소하다는 것을 의미하지는 않는다. 통계적 유의성의 부족은 통계적 정밀성의 부족, 즉 높은 표본 분산을 반영하는 경우가 많다. 고수라면 계량경제학적 결과들을 논의할 때 이와 같은 사실을 염두에 두어야 한다.

제 2 장

회귀분석

콰이 창 케인 : 일꾼은 그의 연장을 보면 알 수 있습니다. 삽을 든 자는 땅을 파는 사람이고, 도끼를 든 자는 나무꾼이죠. 계량경제학자는 회귀모형을 돌립니다.

– **쿵푸**, 시즌 1, 에피소드 8

우리의 길

무작위 배정으로 가는 길이 막히면 인과관계를 이해할 수 있는 다른 길을 찾아야 한다. 무작위 배정 이외에 계량의 다른 도구들을 능숙하게만 사용하면 진짜 실험 못지않게 인과관계를 보일 수 있다. 이러한 도구들 중 가장 기본적인 것이 회귀모형이다. **회귀모형**에서는 동일한 관측 특성들을 보유한 처치집단 실험대상자와 통제집단 실험대상자들을 비교한다. 회귀모형의 개념은 후속하는 장들에서 사용할 보다 정교한 도구들을 위한 디딤돌을 놓는 기초 공사다. 회귀모형에 기반한 인과관계 추론에서는 핵심적인 관측 변수들을 처치집단과 통제집단 사이에 동일하도록 만들면 우리가 볼 수 없는 것들로부터 발생하는 선택 편의 역시 거의 제거할 수 있다고 가정한다. 우리는 이러한 아이디어를 엘리트 사립대학 재학의 경제적 수익률에 대한 실증연구를 통해 예시하고자 한다.

2.1 두 대학 이야기

미국의 4년제 사립대학에 다니는 학생들은 2012~2013학년도에 평균 2만 9천 달러 정도의 학비를 지불했다. 자기 고향 주에 위치한 공립대학에 진학한 학생들은 9천 달러 미만의 학비를 지불했다. 엘리트 사립 교육은 여러 가지 면에서 더 좋을 수 있다. 학급 규모는 작고, 운동 시설은 더 새 것이며, 교수진은 훌륭하고, 학생들은 더 똑똑하다. 하지만 한 학년에 2만 달러라면 큰 차이이다. 이 정도의 차이가 그만한 가치가 있는지 궁금해지지 않을 수 없다.

이 경우 사과와 사과를 비교하는 질문은 매사추세츠에서 태어난 40세의 하버드대학교 졸업생이 하버드 대신 매사추세츠대학교에 갔더라면 얼마를 벌었을까를 묻는 것이다. 돈이 전부는 아니지만, 그루초 막스(역주 : 미국 코미디언)가 이야기한 것처럼 "돈이 있으면 하기 싫은 것을 하지 않아도 된다. 나는 거의 모든 것이 하기 싫기 때문에 돈이 없으면 안 된다." 그러므로 사립학교의 높은 학비를 지불할 가치가 있는지를 물을 때는 엘리트 사립대학에 다녔던 사람들이 누리는 소득 상승분에 초점을 맞추어야 한다. 꼭 돈을 많이 벌 수 있기 때문에 지역의 주립대학이 아니라 엘리트 사립대학에 가는 것은 아니다. 많은 대학생들은 대학을 다니는 동안 미래의 배우자를 만나고, 오래도록 지속될 우정을 쌓는다. 하지만 부모님이 추가로 10만 달러 이상을 인적 자본에 투자할 때 더 높은 기대 소득을 염두에 두지 않았다면 그것은 말이 되지 않는다.

서로 다른 종류의 학교에 다닌 사람들의 소득을 비교할 경우에는 예외 없이 엘리트 대학 졸업생에게 유리한 큰 격차가 발견된다. 하지만 가만히 생각해 보면, 하버드를 다닌 학생들과 매사추세츠대학교를 다닌 학생들의 소득을 비교하는 것으로는 하버드 졸업장의 경제적 가치를 알기 어렵다는 것을 쉽게 알 수 있다. 이러한 비교에서는 하버드 졸업생들의 고등학교 성적이 일반적으로 더 뛰어나고, SAT 점수가 더 높으며, 이들이 좀 더 의욕적이고, 아마도 여타의 기술이나 재능까지 갖추었을 것이라는 사실을 구분하고 있지 않다. 매사추세츠대학교에 다니는 다수의 훌륭한 학생들을 깎아 내릴 생각은 전혀 없다. 다만 하버드에 들어가기는 끔찍하게 어렵고, 들어간 사람들은 선택받은 특별한 집단일 수밖에 없다. 이와 달리 매사추세츠대학교에서는 10학년 시험 성적이 웬만한 지원자는 거의 모두 받아들이고 심지어 장학금까지 지급한다. 따라서 출신 학교별 소득 비교는 앞 장에서 살펴본 보험상태별 건강 비교와 마찬가지로 선택 편의에 의해 오염되어 있다고 생각해야 한다. 우리는 이러한 종류의 선택 편의가 무작위 배정에 의해 제거된다는 사실을 알고 있다. 하지만 안타깝게도 하버드대학교의 입학사정관들은 난수 생성기에 입학 결정을 의뢰할 준비가 아직 되어 있지 않다.

대학의 순위가 중요한 요인으로 작용하는지에 대한 질문에 답하기 위해서는 다양한 유형의 학생들과 대학들이 지원 신청, 입학 허가 및 학교 등록의 통상적인 과정에서 내리는 결정들로부터 생성되는 데이터를 이용해야 한다. 이 데이터들을 이용해 현재 맥락에서 실행할 수 있는 무작위 배정 실험을 모방할 수 있을까? 물론 완벽하지는 않겠지만, 근처까지 갈 수는 있을 것이다. 이 작업의 열쇠가 되는 사실은 대학 진학과 연관되는 다수의 결정과 선택들에는 경제적 고려사항, 개인의 환경, 일의 전개 순서로부터 생성되는 일정한 양의 우연한 변동이 포함되어 있다는 점이다.

선택의 꼭지점에 위치하고 있어서 이쪽이나 저쪽 어느 방향으로도 쉽게 갈 수 있는 지원자들의 표본에 존재하는 우연성을 활용할 수 있다. 하버드에 합격했음에도 불구하고 이 학교를 마다하고 자기가 사는 지역의 주립대로 가는 사람이 있을까? MIT에서 박사학위를 받은 우리들의 친구 낸시가 그 예다. 낸시는 텍사스에서 자랐고, 텍사스대학교는 그녀의 고향 주립대학이다. 텍사스대학 본교인 오스틴 캠퍼스는 배런(역주 : 미국 경제 주간지) 순위에서 '입학하기 매우 어려운 대학(Highly Competitive)'에 속하지만 그래도 하버드 정도는 아니다. 하지만 텍사스대학교는 하버드보다 비용이 훨씬 덜 든다. ('프린스턴 리뷰'(*The Princeton Review*)는 최근 텍사스대학교 오스틴 캠퍼스를 '최고 가치의 대학(Best Value College)' 중 하나로 선정했다.) 하버드와 텍사스 대학교에 모두 합격한 낸시는 하버드가 아니라 텍사스대학교를 선택했다. 텍사스대학교 입학처에서 재학생들의 평균 SAT 점수를 높이고자 낸시를 비롯한 몇 명의 뛰어난 지원자들에게 특별히 관대한 재정 지원 패키지를 제안했고, 낸시는 이를 기꺼이 받아들인 것이다.

낸시가 텍사스대학교의 제안을 받아들이고 하버드대학교를 거절함으로써 뒤따르는 결과는 무엇일까? 낸시의 경우에는 하버드 대신 텍사스대학교를 선택했음에도 불구하고 일이 매우 잘 풀렸다. 현재 그녀는 뉴잉글랜드의 다른 아이비리그대학에 경제학과 교수로 재직하고 있다. 이것은 하나의 예에 불과하다. 그런 예가 하나 더 있다. 우리의 친구 맨디는 듀크, 하버드, 프린스턴, 스탠퍼드의 입학 제안을 모두 마다하고 고향의 주립대학인 버지니아대학교에서 학사 학위를 받았다. 현재 맨디는 하버드대학교에서 교편을 잡고 있다.

신뢰할 만한 인과관계를 추론하기에 두 표본은 너무 작다. 맨디나 낸시 같은 사람들을 이들과 비슷하지만 사립대학을 선택한 다수의 사람들과 비교해 보아야 한다. 더 큰 집단을 비교해야 일반적인 교훈이 도출될 것을 기대할 수 있다. 하지만 표본의 크기만 크다고 되는 것은 아니다. 학교 선택에서 우연적 요인을 분리해 내기 위한 우리의 노력에서 첫 번째 가장 중요한 단계는 사립학교에 진학한 학생들과 주립학교에 진학한 학생들 간의 가장 뚜렷하고 중요한 차이들을 일정하게 고정하는 것이다. 이러한 방식으로 우리는 **다른 조건이 모두 같도록** 만들기를 (약속은 할 수 없지만) 기대한다.

여기에서 우리는 소규모 표본을 이용한 수치 예를 통해 **다른 조건이 모두 같다면**이라는 개념을 설명하고자 한다. (진짜 실증 작업을 할 때가 되면 우리는 데이터를 더 많이 확보하게 될 것이다.) 당신의 소득에 관한 한 인생에서 중요한 유일한 요소가 SAT 점수와 출신 학교뿐이라고 가정해 보자. 유마와 하비는 둘 모두 SAT의 언어 점수와 수학 점수를 합쳐 1,400점을 받았다.[1]) 유마는 매사추세츠대학교에 진학했고, 하비는 하버드에 진학했다. 우선 유마와 하비의 소득을 비교해 보자. 소득 결정에서 중요한 것은 출신 학교 외에 SAT 점수뿐이라고 가정했기 때문에, 유마와 하비를 비교하는 것은 **다른 조건이 모두 같은 상태의 비교**다.

물론 실제 현실은 이보다 훨씬 복잡하다. 이 단순한 예에는 한 가지 중요하고 까다로운 문제가 숨어 있다. 유마는 젊은 여성이고, 하비는 젊은 남성이다. 여성은 교육수준이 비슷한 남성보다 소득이 적은 경우가 많다. 아마도 차별 때문이거나 자녀로 인해 노동시장 외부에서 보내는 시간이 많기 때문일 것이다. 하비의 소득이 유마보다 20% 높다는 사실은 하버드의 우월한 교육이 미친 영향일 수도 있지만, 다른 요인들로 인해 발생한 남녀 간의 임금 격차가 반영된 데 지나지 않을 수도 있다.

우리는 이들 다른 요인들로부터 순수한 하버드의 영향을 분리해보고자 한다. 다른 요인들 중 중요한 것이 오직 성별뿐이라면 이것은 쉬운 작업이다. 하비를 SAT 종합 점수 1,400점을 받은 하버드의 다른 여학생 한나로 대체하여, 유마와 한나를 비교하면 되기 때문이다. 마지막으로, 우리가 추구하는 것은 개인의 이야기를 넘어서는 보편적인 결론이기 때문에, 우리는 두 학교로부터 성별이 같고 SAT 점수가 동일하여 서로 유사한 많은 비교대상들을 찾아야 한다. 다시 말해, 성별과 SAT 점수가 동일한 하버드와 매사추세츠 대학교 학생들 사이에서 평균 소득의 차이를 계산해야 한다. 특정 집단에 대해 하버드와 매사추세츠 사이의 차이를 구하고, 이 집단별 차이의 평균을 구하는 것이 하버드 교육의 인과효과를 추정하는 첫 번째 단계다. 이것은 성별과 SAT 점수를 **통제**하는(다시 말해, 고정하는) 계량경제학의 **매칭 추정치**(matching estimator)다. 성별과 SAT 점수가 동일한 조건하에서 하버드와 매사추세츠대학교에 진학한 학생들의 소득 잠재력이 서로 비슷하다고 가정할 때, 이 추정치는 하버드 학위가 소득에 미치는 평균 인과효과를 잡아낸다.

짝을 지워주는 사람들

애석하게도 소득에는 성별과 학교, SAT 점수 말고도 다른 요인들이 영향을 미친

---

1) 여기서 SAT 점수는 2005년 이전 기준이다. 2005년 이전의 총점은 수학과 언어 점수를 합친 것이며, 각 과목의 점수는 0에서 800점 범위로서 두 과목의 만점은 1,600점이다.

다. 대학 진학 결정은 무작위로 배정되지 않았기 때문에, 우리는 진학 결정과 훗날의 소득 모두에 영향을 미치는 모든 요인을 통제해야 한다. 이들 요인에는 글 쓰는 능력, 근면성, 가족의 연줄과 같은 학생의 특성이 포함된다. 이처럼 넓은 범위의 요인들을 통제한다는 것은 만만치 않은 일이다. 통제할 필요가 있는 특성들은 사실상 무한하고, 대부분의 특성들이 정량화하기 어렵다. 하지만 데일과 크루거(Stacy Berg Dale and Alan Krueger)는 영리하고 설득력 있는 지름길을 생각해 냈다.[2] 이들은 대학 선택과 소득에 영향을 미칠 수 있는 모든 것을 식별하는 대신에 핵심적인 요약 지표로서 학생들이 지원하여 입학허가를 받은 대학의 특성들을 이용하였다.

유마와 하비의 이야기를 다시 생각해 보자. 이 두 사람은 모두 매사추세츠대학교와 하버드대학교에 지원해 두 학교로부터 모두 입학허가를 받았다. 유마가 하버드에 지원했다는 사실은 그녀에게 그곳에 가려는 의지가 있다는 뜻이고, 하버드에 합격했다는 것은 그녀에게 하비와 마찬가지로 그곳에서 성공할 능력이 있다는 뜻이다. 최소한 하버드 입학사정관의 생각은 그러했을 것이고, 그들은 쉽게 속아 넘어갈 사람들이 아니다.[3] 그럼에도 불구하고 유마는 학비가 더 싼 매사추세츠를 선택한다. 그녀의 선택은 자신의 소득 잠재력과 밀접한 관련이 없는 요인들 때문일 수 있다. 예를 들어, 삼촌이 매사추세츠대학교 출신으로 크게 성공했다든지, 가장 친한 친구가 매사추세츠대학교를 선택했다든지, 그것도 아니면 아이비리그의 학비를 대 줄 로터리 클럽의 회원 자격을 쉽게 획득할 수 있는 마감 시한을 놓쳐 버렸다는 등의 이유 때문일 수 있다. 그러한 우연적인 사건들이 유마와 하비에게 결정적인 영향을 미쳤다면, 이들 두 사람은 좋은 짝이 된다.

데일과 크루거는 College and Beyond(C&B)라는 이름을 가진 대규모 데이터 셋을 분석했다. C&B 데이터 셋에는 일군의 미국 중상위권 대학들에 등록한 수천 명의 학생들에 대한 정보와 이들이 대학에 입학하기 약 1년 전 SAT 시험을 치렀던 당시에 수집한 조사 정보, 그리고 이들이 대부분 대학을 졸업하고 오랜 시간이 지난

2) Stacy Berg Dale and Alan B. Krueger, "Estimating the Payoff to Attending a More Selective College: An Application of Selection on Observables and Unobservables," *Quarterly Journal of Economics*, vol. 117, no. 4, November 2002, pages 1491-1527.

3) 그렇다고 그들이 절대로 속지 않는다는 얘기는 아니다. 애덤 휠러는 2007년에 성적 증명서와 SAT 점수를 조작해 하버드에 입학했다. 날조로 입학하기는 했지만 애덤은 사기극이 들통나기 전까지 하버드에서 대체로 A와 B를 받았다(John R. Ellement and Tracy Jan, "Ex-Harvard Student Accused of Living a Lie," *The Boston Globe*, May 18, 2010).

표 2.1 대학 매칭 행렬

지원자 집단	지원자 학생	사립학교 Ivy	사립학교 Leafy	사립학교 Smart	공립학교 All state	공립학교 Tall State	공립학교 Altered state	1996 소득
A	1		불합격	합격		합격		110,000
	2		불합격	합격		합격		100,000
	3		불합격	합격		합격		110,000
B	4	합격			합격		합격	60,000
	5	합격			합격		합격	30,000
C	6		합격					115,000
	7		합격					75,000
D	8	불합격			합격	합격		90,000
	9	불합격			합격	합격		60,000

주 : 합격은 학생이 그 학교에 최종적으로 등록했음을 의미한다.

뒤인 1996년에 수집한 정보가 포함되어 있다. 이 분석은 1976년에 대학에 등록했고 1995년 현재 일자리를 가지고 있던 학생들을 중심으로 이루어졌다. (대부분의 성인 대졸자들은 일자리를 가지고 있다.) 분석의 대상이 된 대학들은 펜실베이니아대학교나 프린스턴, 예일 같은 유수의 사립대학들과 그보다 규모가 작은 스와스모어, 윌리엄즈, 오벌린 같은 몇몇 사립대학교, 그리고 4개의 공립대학교(미시건대학교, 노스캐롤라이나대학교, 펜실베이니아주립대학교, 오하이오의 마이애미대학교)였다. 이 학교들의 1978년도 SAT 점수 평균은 가장 낮은 툴레인의 1,020점으로부터 가장 높은 브린모어의 1,370점까지 분포되어 있다. 1976년도 등록금은 노스캐롤라이나대학교에서 540달러로 가장 낮았고, 터프트대학이 3,850달러로 가장 높았다. (아, 옛날이여!)

〈표 2.1〉에는 데일과 크루거의 매칭 전략을 설명하는 간단한 사례들이 '대학 매칭 행렬'이라는 이름으로 제시되어 있다. 이 표에는 가상의 학생 아홉 명이 대학에 지원하고, 입학 허가를 받고, 학교에 최종 등록하는 일련의 결정들이 제시되어 있다. 이 학생들 각자는 가상적인 6개의 학교 중에서 3개 학교에 입학 지원서를 제출한다. 표에 제시되어 있는 6개 학교 중 3개는 공립이고(All State, Tall State, Altered State), 3개는 사립이다(Ivy, Leafy, Smart). 아홉 명의 학생들 중 다섯 명(1,

2, 4, 6, 7번)은 사립학교에 진학했다. 이 학생들의 평균 소득은 92,000달러다. 그리고 나머지 네 명은 공립학교에 진학했고, 이들의 평균 소득은 72,500달러다. 거의 20,000달러에 이르는 이들 두 집단 사이의 차이는 사립학교의 이점이 크다는 것을 시사한다.

〈표 2.1〉에서 학생들은 자신이 지원하여 입학 허가를 받은 대학들을 기준으로 4개의 집단으로 구분되어 있다. 각 집단에 속한 학생들의 경력 포부 수준은 서로 유사할 가능성이 높고, 이들이 지원한 학교의 입학사정관들 또한 이들이 서로 비슷한 능력을 가지고 있다고 판단하였다. 따라서 각 집단 내에서의 비교는 모든 학생을 포괄하는 통제되지 않는 비교보다는 사과와 사과를 비교하는 것에 상당히 더 가깝다.

집단 A에 속한 세 명의 학생들은 2개의 사립학교(Leafy와 Smart)와 1개의 공립학교(Tall State)에 지원했다. 이 학생들은 Leafy로부터는 불합격 통지를 받았지만 Smart와 Tall State에는 합격했다. 학생 1과 2는 Smart에 진학했고, 학생 3은 Tall State를 선택했다. 집단 A에 속한 학생들의 소득은 대체로 높은데, 이는 아마도 이들이 중상위층 가구 출신인 것을 반영한다. (이들이 지원한 사립학교의 수가 공립학교의 수보다 많은 점으로부터 이를 유추할 수 있다.) 학생 3은 Smart에 합격했지만 학비가 더 저렴한 Tall State를 선택했다. 이는 아마도 (우리의 친구 낸시나 맨디처럼) 부모님의 금전적인 부담을 덜어 주려는 의도일 것이다. 집단 A에 속한 학생들은 높은 평균 소득과 높은 사립학교 진학률을 보임으로써 우수한 대학 진학 성과를 보이고 있지만, 집단 A 내에서 사립학교로 인한 소득 격차는 음수다. 즉, $(110+100)/2-110=-5$, 다시 말해 그 격차는 $-5{,}000$달러다.

집단 A에서의 비교는 〈표 2.1〉에 제시되어 있는 여러 개의 가능한 매칭 비교들 중 하나다. 집단 B에는 두 명의 학생이 포함되어 있고, 이들 각각은 1개의 사립학교(Ivy)와 2개의 공립학교(All State, Altered State)에 지원했다. 집단 B에 속한 두 학생들의 평균 소득은 집단 A 학생들의 평균 소득보다 낮다. 이들 두 학생은 자신들이 지원한 3개의 학교 모두로부터 입학 허가를 받았다. 4번은 Ivy에 등록했고, 5번은 Altered State를 선택했다. 이들의 소득 격차는 30,000달러$(60-30=30)$로서, 이 차이는 사립학교가 상당한 이점을 제공함을 시사한다.

집단 C에는 두 명의 학생이 포함되어 있고, 이들은 하나의 학교(Leafy)에 지원하고 합격해 이 학교에 등록했다. 집단 C에 속한 두 학생들이 모두 사립학교에 진학했기 때문에, 이 집단의 소득들은 사립학교 진학의 효과에 관해 아무것도 알려주지 않는다. 집단 D에 속한 두 명의 학생은 3개의 학교에 지원해 2개의 학교에 합격했고 서로 다른 학교를 선택했다. 하지만 두 학생 모두 공립학교인 All State와 Tall State를 선택했고, 따라서 이들의 소득 역시 사립학교 교육의 가치에 관해 아무것도 말해 주지 않는다. 즉, 집단 C와 집단 D는 유용한 정보를 제공하지 않는다. 사립학교의 처치효과를 추정하려는 우리의 노력의 관점에서 볼 때, 이들 집단은 모두가 처치집단으로 분류되거나 모두가 통제집단으로 분류되기 때문이다.

집단 A와 집단 B가 우리의 사례에서 사립학교 효과의 추정이 가능한 경우다. 집단 A와 B에서는 동일한 학교들에 지원해 합격한 후 최종적으로는 공립학교와 사립학교에 따로 진학한 학생들이 포함되어 있기 때문이다. 가용한 모든 데이터를 이용해 하나의 추정치를 만들어 내기 위해 우리는 집단에 고유한 추정치들의 평균을 구한다. 집단 A에서 구한 −5,000달러와 집단 B에서 구한 30,000달러의 평균값은 12,500달러다. 이 값은 사립학교 재학이 평균 소득에 미치는 효과에 대한 훌륭한 추정치다. 왜냐하면 이 추정치를 구하는 과정에서 우리는 상당한 정도로 지원자들의 선택과 능력을 통제했기 때문이다.

집단 A와 집단 B에서 처치집단과 통제집단 간 차이의 단순 평균을 구하는 것이 이들 두 집단으로부터 제대로 통제된 비교를 통해 추정치를 구하는 유일한 방법은 아니다. 예를 들어, 집단 B에 두 명, 그리고 집단 A에 세 명이 포함되어 있다는 사실을 반영하는 가중 평균을 구할 수도 있다. 이 경우 가중 평균은 다음과 같이 계산한다.

$$\left(\frac{3}{5}\times(-5{,}000)\right)+\left(\frac{2}{5}\times 30{,}000\right)=9{,}000$$

이와 같은 가중치 부여방식은 규모가 큰 집단에 더 큰 가중치를 부여함으로써 데이터를 보다 효율적으로 사용하고, 이를 통해 사립-공립 간 소득 차이를 요약하는 보다 통계적으로 정밀한 추정치를 만들어 낸다. 현재 맥락에서 가장 중요한 것은 추정치를 도출하는 데 사용하는 매칭 비교가 사과와 사과의 비교, 그리고 오렌지와 오렌지의 비교라는 특성을 갖는다는 점이다. 집단 A에 속한 사과들은 집단 A의 다른 사과들과 비교되고, 집단 B에 속한 오렌지들은 집단 B의 다른 오렌지들과만 비교된다. 이와는 달리, 사립학교 학생들과 공립학교 학생들의 소득을 단순히 비교하는 단순 비교에서는 〈표 2.1〉의 학생 아홉 명 모두를 이용해 계산함으로써 19,500달러라는 훨씬 큰 격차를 도출한다. 집단 A와 집단 B에 속한 학생 다섯 명으로만 제한했을 때에도, 통제되지 않은 비교에서는 20,000달러(20＝(110 + 100 + 60)/3 − (110 + 30)/2)라는 격차가 도출된다. 이와 같이 통제되지 않은 비교에서 도출되는 훨씬 큰 수치는 선택 편의가 존재함을 반영한다. 즉, 사립학교들에 지원해 입학 허가를 받은 학생들의 소득수준은 그들이 종국적으로 어느 학교를 선택하든 상관없이 다른 학생들에 비해 더 높다.

선택 편의의 증거는 (각 집단 내에서가 아니라) 집단 A와 집단 B 간에 평균 소득을 비교하는 데서 나타난다. 2/3가 사립학교에 지원한 집단 A의 평균 소득은 대략 107,000달러이다. 반면, 2/3가 공립학교에 지원한 집단 B의 평균 소득은 45,000달러에 불과하다. 집단 내 비교를 통해 우리는 이와 같은 차이의 상당 부분이 학생들의 대학 진학 결정과는 무관하다는 점을 알 수 있다. 오히려 집단 간 차이는 학생들의 지원 결정과 입학을 허가한 학교들에 반영되어 있듯이 학생들의 포부와 능력의 조합으로서 설명할 수 있다.

2.2 매칭과 회귀모형 돌리기

회귀모형은 보다 정교한 실증 전략을 위한 기준을 제공하기 위해 고수들이 가장 먼저 꺼내드는 도구다. 회귀모형은 분명 찬란히 빛나는 무엇이지만 우리는 이것을 자동화된 짝짓기 기계로 생각하기로 한다. 구체적으로 회귀모형 추정치는 위에서 살펴본 짝짓기 행렬에 있는 집단들을 대상으로 구축한 것과 같은 여러 개의 짝짓기 비교들을 가중 평균한 값이다. (이 장 부록에서 우리는 회귀모형과 수학적 기댓값 사이의 밀접한 연관성에 대해 살펴볼 것이다.)

이와 같은 회귀모형의 핵심 구성요소는 다음과 같다.

- **종속변수**(dependent variable) : 우리의 사례에서는 학생 i의 생애 후반기 소득으로서 **성과변수**(outcome variable)라고도 부른다. (Y_i로 표시한다.)

- **처치변수**(treatment variable) : 우리의 사례에서는 사립대학에 진학한 학생을 지시하는 더미변수다. (P_i로 표시한다.)
- **통제변수들의 집합**(a set of control variable) : 우리의 사례에서는 학생이 지원해 입학 허가를 받은 학교들의 집합을 식별하는 변수들이다.

우리의 짝짓기 행렬에서 집단 A와 B에 속한 학생 5명(표 2.1)은 유용한 데이터를 제공하는 반면, 집단 C와 D에 속한 학생들은 버려도 무방하다. 집단 C와 D를 버리고 남은 학생들을 포함하고 있는 데이터 셋에서 집단 A의 학생들을 지시하는 하나의 변수가 남은 학생들이 두 집단 중 어디에 속하는지를 알려 준다. 집단 A에 속하지 않는 사람은 당연히 집단 B에 속하기 때문이다. A_i라고 부르는 이 변수는 우리의 유일한 통제변수다. P_i와 A_i는 모두 더미변수임을 기억하자. 즉, 이들은 관측치가 특정한 상태 또는 조건에 있으면 1을, 그렇지 않으면 0을 취한다. 더미(바보)라는 명칭으로도 알 수 있듯이(능력에 대해 특별한 의미를 두는 것은 아니다), 더미변수는 데이터를 단순하게 2개의 범주(0 또는 1)로 분류한다. 그렇다 하더라도 우리는 여러 개의 더미변수를 생성함으로써 우리가 원하는 만큼 자세한 일군의 통제

변수들을 얻을 수 있다.[4)]

우리의 사례에서 회귀모형은 처치변수를 종속변수와 연결시키는 동시에 통제변수들을 모형에 포함시킴으로써 이 변수들을 고정시키는 방정식이다. 통제변수는 A_i 하나뿐이므로 관심대상 회귀모형은 다음과 같이 쓸 수 있다.

$$Y_i = \alpha + \beta P_i + \gamma A_i + e_i \qquad \text{(식 2.1)}$$

식 (2.1)에서 처치변수 P_i와 통제변수 A_i 사이의 차이는 형식적인 것이 아니라 개념적인 것이다. 즉, 식 (2.1)에서 각 변수가 무엇을 의미하는지를 지시하는 정보는 아무것도 없다. 우리의 연구 주제와 실증 전략이 변수들의 선택을 정당화하고 이들이 담당하는 역할을 결정한다.

앞 장에서와 마찬가지로 여기에서도 우리는 모수들에 대해 그리스 문자를 사용함으로써 모형 내에서 모수들과 변수들을 구별한다. 회귀 모수들 — **회귀계수**들이라고도 부른다 — 은 다음과 같다.

- **절편 : α('알파')**
- **처치의 인과효과 : β('베타')**
- **학생이 집단 A에 속하는 것의 효과 : γ('감마')**

식 (2.1)의 마지막 구성요소는 **잔차** e_i다. (오차항이라고도 부른다.) 잔차는 관측된 Y_i와 우리가 염두에 두고 있는 특정한 회귀모형으로부터 생성된 **예측치** 사이의 차이로서 정의된다. 이 예측치는 다음과 같이 나타낸다.

$$\hat{Y}_i = \alpha + \beta P_i + \gamma A_i$$

이에 대응하는 잔차는 다음과 같이 구한다.

$$e_i = Y_i - \hat{Y}_i = Y_i - (\alpha + \beta P_i + \gamma A_i)$$

회귀분석은 $\hat{Y}_i$이 Y_i에 최대한 가까워지도록 모형의 모수들(α, β, γ)의 값을 정한

---

4) 데이터가 J개의 집단들 중 하나에 속하는 경우 집단들 전체를 규정하기 위해서는 $(J-1)$개의 더미변수가 필요하다. 이때 더미변수로 만들지 않는 범주를 **기준집단**(reference group)이라고 말한다.

다. 이 값을 정하는 작업은 잔차의 제곱합을 최소화하는 값들을 선택함으로써 완결되기 때문에, 이들 추정치를 구하는 방법을 **보통 최소제곱법**(ordinary least squares, OLS)이라고 부른다.[5] 특정 표본에서 이와 같은 최소화를 실행할 때 우리는 회귀모수들을 **추정한다**고 말한다. 날마다 회귀모형을 추정하는 계량의 고수들은 이따금씩 '회귀모형을 돌린다'고도 말한다. 종종 우리가 회귀모형을 돌리는 게 아니라 회귀모형이 우리를 돌리는 것 같지만 말이다. 회귀모형을 추정하는 정해진 방법들과 이에 동반하는 통계 이론은 이 장의 부록에 간략히 소개되어 있다.

집단 A와 B에 속한 학생 다섯 명에 대한 데이터를 이용해 회귀모형 (2.1)을 돌린 결과 다음의 추정치들이 도출되었다. (이들 추정치는 휴대용 계산기를 이용해 계산할 수도 있지만, 실제 실증 작업에서는 전문적인 회귀모형 소프트웨어를 이용한다.)

$$\alpha = 40,000$$
$$\beta = 10,000$$
$$\gamma = 60,000$$

우리의 사례에서 사립학교의 계수는 10,000이고, 이는 사립학교와 공립학교의 소득 차이가 10,000달러임을 의미한다. 이 값은 사실 2개의 집단별 효과의 가중 평균이다. (집단 A의 효과는 −5,000, 그리고 집단 B의 효과는 30,000이었다는 점을 기억하자.)

이 값은 단순한 비가중 평균(12,500)도 아니고, 집단의 크기에 따른 가중치를 부여한 가중 평균(9,000)도 아니지만, 이들 두 값 중 어느 것에서도 크게 떨어져 있지는 않다. 우리의 사례에서 회귀모형은 집단 A에 4/7, 집단 B에 3/7의 가중치를 부여한다. 앞에서 구한 다른 평균값들과 마찬가지로, 회귀-가중 평균은 사립학교 졸업생과 공립학교 졸업생들 사이의 통제되지 않은 소득 격차보다는 상당히 작다.[6]

회귀 추정치들(그리고 표본 분산을 구하는 데 사용되는 표준 오차들)은 컴퓨터와

---

5) 여기서 '보통(ordinary-ness)'이라는 수식어는 OLS가 이 제곱합을 계산할 때 각 관측치에 동일한 가중치를 부여함을 의미한다. 우리는 제5장에서 가중 최소제곱 추정법에 대해서 살펴본다.

6) 우리의 다른 책인 '대체로 해롭지 않은 계량경제학'(경문사 2014; *Mostly Harmless Econometrics*, Princeton University Press, 2009)에서는 회귀모형-가중 방법들에 대해 보다 자세히 다루고 있다.

계량경제학 소프트웨어를 이용해 쉽게 구할 수 있다. 계산이 쉽고, 회귀 추정치를 개념적으로 집단별 차이들의 가중 평균으로서 해석한다는 두 가지 이유 때문에 우리는 회귀모형을 애용한다. 회귀모형에는 칭찬할 만한 점이 두 가지 더 있다. 첫째, 3개 이상의 값을 취하는 처치변수의 인과효과를 포함해 인과효과를 구하는 거의 모든 계량경제학 분석에서 회귀모형 추정치를 보고하는 것은 고수들 사이의 관행이다. 회귀모형 추정치는 보다 환상적인 기법들을 적용하기 전에 확인하는 간단한 기준을 제공한다. 둘째, 몇몇 조건들이 만족되는 상황에서 회귀모형 추정치는 효율적이다. 효율적이라는 것은 주어진 표본에서 우리가 바랄 수 있는 통계적으로 가장 정밀한 평균 인과효과의 추정치를 제공한다는 의미이다. 이와 같은 기술적인 이슈들은 이 장의 부록에서 간략하게 설명한다.

공립과 사립의 맞대결

C&B 데이터 셋에는 14,000명 이상의 졸업생들이 포함되어 있다. 이 학생들은 여러 개 다양한 조합의 학교들에 합격하거나 불합격했다. (C&B에서는 학생들이 진학한 학교 이외에 학생이 진지하게 고려했던 학교들의 이름을 최소 3개 이야기하도록 요청했다.) 이 데이터 셋에서 사용가능한 지원/합격의 조합들 중 많은 수는 단 한 명의 학생으로부터 도출된 결과다. 게다가 두 명 이상의 학생들로부터 도출된 조합들 중 일부는 모든 학교가 공립이거나 사립이다. 〈표 2.1〉의 집단 C와 D의 경우와 마찬가지로, 이와 같이 완벽하게 동질적인 집단들은 사립학교 교육의 가치를 구하는 데 필요한 어떠한 유용한 정보도 제공하지 않는다.

동일한 학교들끼리의 짝 맞춤을 고집하는 대신에 학교들의 수준이 동등하면 서로 짝이 되도록 학교들을 짝 지움으로써 유용한 비교의 숫자를 늘릴 수 있다. 이러한 방식으로 생산된 집단들의 크기를 키우기 위해, 우리는 배런(Barron)의 기준에서 동일한 범주에 속한 학교들을 서로 수준이 동일한 학교로 간주하기로 한다.[7] 우리가 구조화한 짝짓기 행렬로 돌아가서, All State와 Tall State는 중위권, Altered State와 Smart는 상위권, Ivy와 Leafy는 최상위권으로 분류된다고 가정하자. 배런

7) 배런에서는 대학들을 최상위권(Most Competitive), 상위권(Highly Competitive), 중상위권(Very Competitive), 중위권(Competitive), 중하위권(Less Competitive), 하위권(Noncompetitive)으로 분류한다. 이와 같은 분류는 등록한 학생들의 고등학교 성적과 지원자들의 합격 비율을 바탕으로 이루어진다.

의 방식에서는 Tall State, Smart, Leafy에 지원해 Tall State와 Smart에 합격한 학생을 All State, Smart, Ivy에 지원해 All State와 Smart에 합격한 학생과 비교할 수 있다. 양 집단에 속한 학생들은 중위권 대학 하나와 상위권 대학 하나, 그리고 최상위권 대학 하나에 지원했고, 중위권 대학 하나와 상위권 대학 하나에 합격했다.

C&B 데이터에서 9,202명의 학생을 이와 같은 방식으로 짝을 지을 수 있다. 그러나 우리의 관심사는 공립과 사립 사이의 비교이기 때문에, 우리가 생성한 배런의 짝짓기 표본은 공립학교와 사립학교 학생 모두를 포함하는 지원자 짝들의 집단으로 제한된다. 이에 따라 분석에 사용되는 짝짓기 표본은 5,583명의 학생들로 구성된다. 이와 같이 짝이 지워진 학생들은 공립학교와 사립학교 학생 모두를 포함하고 있는 151개의 유사-대학순위 집단들 중 하나의 집단에 속한다.

배런의 대학순위-짝짓기 표본에 대해 우리가 적용하는 회귀모형은 〈표 2.1〉의 짝짓기 행렬을 분석하는 데 사용했던 회귀모형 식 (2.1)과는 여러 가지 면에서 다르다. 첫째, 적용하는 모형의 좌변에는 소득 자체가 아니라 소득의 자연로그를 사용한다. 이 장의 부록에서 설명하듯이, 로그를 취한 종속변수를 사용하면 회귀 추정치를 퍼센트 변화로 해석할 수 있다. 예를 들어, 모형에 포함되어 있는 통제변수들이 주어진 조건하에서, β의 추정치 0.05는 사립학교 졸업생의 소득이 공립학교 졸업생보다 약 5% 더 높음을 의미한다.

우리의 실증 모형과 〈표 2.1〉의 사례 사이의 또 다른 중요한 차이는 우리의 실증모형에는 여러 개의 통제변수가 포함되어 있는 반면, 〈표 2.1〉의 사례에서는 집단 A에 속한 학생들을 지시하는 더미변수 A_i만이 통제되어 있는 점이다. 우리의 실증모형에서 핵심 통제변수는 표본에 포함되어 있는 모든 배런 짝들을 지시하는 여러 개 더미변수들의 집합이다. (하나의 집단은 기준범주로서 제외된다.) 이들 통제변수는 다양한 학교들의 조합이 가능한 실제 세상에서 학생들이 지원하여 합격한 학교들의 상대적 순위를 포착한다. 이로부터 도출되는 회귀모형은 다음과 같다.

$$\ln Y_i = \alpha + \beta P_i + \sum_{j=1}^{150} \gamma_j GROUP_{ji} + \delta_1 SAT_i + \delta_2 \ln PI_i + e_i \quad \text{(식 2.2)}$$

이 모형의 모수 β는 여전히 관심대상 처치효과로서, 사립학교 재학의 인과효과 추정치이다. 그러나 이 모형은 우리 예에서처럼 2개의 집단이 아니라 151개의 집단을 통제한다. $J=1$부터 150까지의 모수 γ_j는 $GROUP_{ji}$로 표현된 150개의 대학순위 집단 더미들의 계수다.

식 (2.2)의 기호들은 앞으로 다시 사용할 것이기 때문에 좀 더 자세히 살펴볼 필요가 있다. 더미변수 $GROUP_{ji}$는 학생 i가 집단 j에 속하면 1, 그렇지 않으면 0을 취한다. 예를 들어, 이 더미들 중 첫 번째인 $GROUP_{1i}$는 3개의 상위권 대학에 지원해 합격한 학생들을 가리킨다. 두 번째 $GROUP_{2i}$는 2개의 상위권 대학과 1개의 최상위권 대학에 지원해 각 유형에 하나씩 합격한 학생들을 가리킨다. 우리가 모든 가능한 조합들에 대해 더미변수를 부여하는 한, 범주를 코드화하는 순서는 중요하지 않다. 이때 집단 하나는 기준집단으로서 제외한다. 집단 더미가 1개에서 150개로 늘어나기는 했지만, 기본적인 아이디어는 이전과 동일하다. 학생들이 지원해 합격한 학교들의 집합을 통제함에 따라 우리는 사립학교 학생들과 공립학교 학생들 사이의 **다른 조건이 모두 동일한 비교**에 성큼 가까이 다가갈 수 있다.

모형을 적용하기 위해 필요한 마지막 한 가지 수정사항으로서 우리는 두 종류의 통제변수들, 즉 개인의 SAT 점수(SAT_i), 부모 소득(PI_i)의 로그값, 그리고 주(state)에서 자세히 열거하는 몇 가지 변수들을 추가한다.[8] 개인의 SAT와 부모 소득의 로그값 통제변수의 계수는 모형에서 각각 δ_1과 δ_2(각각 '델타-1', '델타-2'라고 읽는다)이다. 학생의 SAT 점수 같은 개인의 재능에 대한 직접적인 지표와 부모 소득 같은 가족 배경 지표들을 통제함에 따라, 우리는 모형에서 실행하는 핵심적인 비교인 사립 대 공립의 비교를 그 어느 것보다 훨씬 더 사과 대 사과, 그리고 오렌지 대 오렌지 비교에 가깝게 가져갈 수 있다. 그와 동시에, 대학순위 집단 더미들이 주어진 조건하에서는 이 통제변수들이 더 이상 의미를 갖지 않을 수 있다. 이 점에 대해서는 다음에서 상세히 살펴본다.

회귀모형 돌리기

우리의 출발점은 통제변수가 없는 모형을 이용해 사립학교가 가져다주는 소득 상

8) 실증 모형에 포함되는 여타의 통제변수들로는 여학생 여부, 학생의 인종, 운동선수 여부를 지시하는 더미변수들, 그리고 학생의 고등학교 졸업 내신성적이 상위 10% 이내인지를 지시하는 더미변수가 있다. 이 변수들이 식 (2.2)에는 명시적으로 표현되어 있지 않다.

이득의 회귀모형 추정치를 구하는 것이었다. 다른 변수들(우변의 변수들)을 통제하지 않고 로그 소득(1995년)을 사립학교 재학 더미에만 회귀시키는 모형의 계수는 사립학교에 재학한 사람들과 여타의 모든 사람들 사이의 로그 소득의 원 차이를 보여준다. (이 장의 부록에서 우리는 왜 하나의 더미변수에 대한 회귀모형이 더미로 정의되는 집단들 사이의 평균의 차이를 도출하는지를 설명한다.) 당연한 얘기지만, 〈표 2.2〉의 첫 번째 열에 제시되어 있는 이 원 차이는 사립학교가 상당한 프리미엄을 가지고 있음을 보여 준다. 구체적으로 말해, 사립학교 학생들의 소득은 다른 학생들의 소득보다 약 14% 정도 더 높은 것으로 추정된다.

〈표 2.2〉에서 회귀 추정치들 아래 괄호 안에 제시된 수치들은 추정치와 짝을 이루는 표준 오차 추정치들이다. 1장 부록에서 살펴본 평균 차이의 표준 오차들과 마찬가지로, 이들 표준 오차는 여기에 제시되어 있는 회귀 추정치들의 통계적 정밀성을 수치로 표현한다. (1)열의 추정치에 대응하는 표준 오차는 0.055다. 추정치 0.135가 자신의 표준 오차 0.055의 2배가 넘는 크기이므로, 양의 사립학교 격차 추정치가 우연한 발견에 지나지 않을 가능성은 거의 없다. 사립학교의 계수는 통계적으로 유의하다.

〈표 2.2〉의 (1)열에 제시되어 있는 큰 사립학교 프리미엄은 흥미로운 사실 기술이지만, 우리가 계산 예시에서 보여 준 바와 같이 이러한 격차 중 일부는 거의 틀림없이 선택 편의에 기인한다. 아래에서 확인할 수 있듯이, 사립학교 학생들은 공립학교 학생들에 비해 SAT 점수가 더 높고 집안이 더 부유하기 때문에, 어느 대학에 재학했는지와는 무관하게 소득이 더 높을 것이라고 예상할 수 있다. 따라서 사립학교의 프리미엄을 추정할 때 우리는 능력과 가정 배경의 지표들을 통제해야 한다. 개인의 SAT 점수가 통제변수로 포함된 회귀모형으로부터 구한 사립학교 프리미엄의 추정치는 〈표 2.2〉의 (2)열에 제시되어 있다. SAT 점수 100점은 매번 약 5퍼센트 포인트의 소득 증가와 연관되어 있다. 학생의 SAT 점수를 통제하면 사립학교 프리미엄의 측정치가 약 0.1 수준으로 감소한다. 인종이나 성별과 관련된 인구학적 특성, 고등학교 석차, 그리고 졸업생이 대학 운동선수였는지 여부뿐만 아니라 부모의 소득을 추가로 통제하는 경우, 사립학교 프리미엄은 표의 (3)열에 제시된 바와 같이 0.086으로 조금 더 떨어지지만, 이 값은 여전히 상당히 큰 수치이고 통계적으로도 유의하다.

표 2.2 사립학교의 효과 : 배런식 짝짓기

	대학순위 통제하지 않음			대학순위 통제함		
	(1)	(2)	(3)	(4)	(5)	(6)
사립학교	.135 (.055)	.095 (.052)	.086 (.034)	.007 (.038)	.003 (.039)	.013 (.025)
자신의 SAT 점수÷100		.048 (.009)	.016 (.007)		.033 (.007)	.001 (.007)
로그 부모 소득			.219 (.022)			.190 (.023)
여성			−.403 (.018)			−.395 (.021)
흑인			.005 (.041)			−.040 (.042)
히스패닉			.062 (.072)			.032 (.070)
아시아인			.170 (.074)			.145 (.068)
기타 인종 및 인종 누락			−.074 (.157)			−.079 (.156)
고등학교 석차 상위 10% 이내			.095 (.027)			.082 (.028)
고등학교 석차 누락			.019 (.033)			.015 (.037)
운동선수			.123 (.025)			.115 (.027)
대학순위-집단 더미	미통제	미통제	미통제	통제	통제	통제

주 : 이 표에는 사립대학 재학이 소득에 미치는 효과의 추정치들이 제시되어 있다. 각 열에는 로그 소득을 사립대학 재학 더미와 다른 통제변수들에 회귀시키는 회귀모형의 계수가 제시되어 있다. (4)~(6)열 결과는 지원자의 대학순위-집단 더미를 포함하는 모형으로부터 도출된 추정치들이다. 표본의 크기는 5,583명이다. 표준 오차는 괄호 안에 제시되어 있다.

이것은 사실 상당히 큰 효과이지만 아마도 너무 커 보인다. 즉, 양의 선택 편의에 오염되어 있는 것으로 보인다. (4)열에는 능력, 가정 배경, 또는 인구학적 특성들이 통제되지 않은 모형으로부터 구한 추정치들이 제시되어 있다. 그러나 여기서 중요한 것은 이 열에 제시된 추정치를 구축하는 데 사용한 회귀모형에는 표본 내의 대학순위 짝 집단 각각에 대한 더미변수가 포함되어 있다는 사실이다. 다시 말해,

이 추정치를 구축하는 데 사용한 모형은 $j=1$부터 150까지의 더미변수 $GROUP_{ji}$가 포함되어 있다. (〈표 2.2〉에는 이 모형에서 생성된 다수의 γ_j 추정치가 제외되어 있으나, '대학순위 통제함'이라고 표시된 행에는 이 변수들이 포함되었음이 명시적으로 나타나 있다.) 대학순위-집단들의 통제변수가 포함된 경우의 사립학교 프리미엄 추정치는 거의 정확하게 0이고 표준 오차는 약 0.04다. 게다가 이게 전부가 아니다. 대학순위-집단 더미들이 사립학교 프리미엄을 다 잡아먹었기 때문에, (5)열과 (6)열을 보면 능력과 가정 배경 통제변수들이 모형에 추가될 때 사립학교 프리미엄이 거의 변화하지 않는다. 이는 곧 대학 지원 및 합격 과정에서 대학순위-집단을 통제함에 따라, 인과적 추론을 위한 모든 믿을 만한 회귀모형 전략의 핵심인 사과 대 사과의 비교, 그리고 오렌지 대 오렌지의 비교에 우리가 한층 더 가까이 접근했음을 시사한다.

〈표 2.2〉의 (4)~(6)열의 결과는 배런식의 짝을 구축해 공립학교와 사립학교 학생들의 집단 내 비교가 가능한 5,583명 학생들 부분 표본을 이용해 구하였다. C&B 응답자 전체의 절반 미만을 포함하고 있는 이 제한적인 표본에는 아마도 특수한 무엇인가가 있을 수 있다. 이러한 우려로 인해 저자들은 덜 엄격한 통제변수들을 사용하는 전략을 채택하였다. 이 전략에서는 150개의 전체 대학순위-집단 더미들 대신에 학생들이 지원한 학교들 집합의 평균 SAT 점수와 지원한 학교들의 수를 지시하는 더미들(즉, 2개 학교에 지원한 학생에 대한 더미, 3개 학교에 지원한 학생에 대한 더미 등)만을 포함한다. 전체 C&B 표본을 대상으로 적용할 수 있는 이 회귀모형 추정법은 '자기-표출 모형(self-revelation model)'이라는 이름이 부여되었다. 왜냐하면 이 방법은 지원자들은 자신의 능력과 합격할 가능성이 높은 학교들에 대해 상당히 정확하게 알고 있으리라는 생각에 기반을 두고 있기 때문이다. 이와 같은 자기 평가는 자신이 지원한 학교들의 수와 평균 대학순위에 반영되어 있다. 대체로, 약한 지원자들일수록 강한 지원자들에 비해 지원하는 학교들의 수는 적고 그 학교들의 순위는 낮다.

자기-표출 모형에서는 배런식 짝짓기를 통해 구한 것과 놀라울 정도로 비슷한 결과가 도출된다. 14,238명 학생들의 표본에서 계산한 자기-표출 모형 추정치는 〈표 2.3〉에 제시되어 있다. 이전과 마찬가지로 표의 첫 3개 열에 따르면, 능력과 가정 배경이 통제변수로서 모형에 추가되면 최초의 사립학교 프리미엄은 현저히 하락하지만 여전히 상당한 수준을 유지한다. (이 경우에는 0.21에서 0.14로 하락한다.) 그와 동시에 (4)~(6)열에 따르면, 학생들이 지원한 학교들의 수와 평균 순위를 통제한 모형에서는 0.03 정도의 작고 통계적으로 유의하지 않은 효과가 도출된다. 게다가 배런식 짝들을 통제한 모형과 마찬가지로, 평균 순위를 통제한 모형의 추정치들은 능력과 가정 배경을 통제변수로서 포함하든 그렇지 않든 크게 달라지지 않는다.

선택 편의를 통제하는 경우 사립대학 재학은 미래의 소득과 관련이 없는 것으로 보인다. 그러나 공립 대 사립에 초점을 맞춘 우리의 비교는 핵심을 놓쳤을 수도 있다. Ivy나 Leafy, Smart 같은 학교에 재학한 학생들은 이들 학교에서 만나는 동창들이 매우 우수하다는 이유만으로도 혜택을 볼 수 있다. 훌륭한 동료집단이 만들어 내는 상승작용이 사립학교의 가격표를 정당화하는 특성일 수 있다.

자기-표출 모형에서 사립학교 더미를 동료집단의 자질을 보여 주는 지표로 대체함으로써 이 가설을 검토해 볼 수 있다. 구체적으로 이야기하면, 우리의 분석에 영감을 준 데일과 크루거의 최초 연구에서와 마찬가지로, 우리는 식 (2.2)의 P_i를 재학한 대학 동창생들의 평균 SAT 점수로 대체한다.[9] 〈표 2.4〉의 (1)~(3)열에 의하면, 보다 순위가 높은 학교에 진학한 학생일수록 노동시장에서 뛰어난 성과를 올린다. 대학순위 효과의 추정치에 따르면, 평균 순위 지표가 100점 증가할 때마다 소득이 약 8% 정도 상승한다. 그러나 이러한 영향 역시 순위가 높은 학교에 진학한 학생들이 더 높은 포부와 능력을 가지고 있기 때문에 발생하는 선택 편의의 가공물인 것처럼 보인다. 표의 (4)~(6)열에 제시되어 있는 바와 같이, 자기-표출 통제변수들을 보유한 모형의 추정치들은 평균적인 대학순위가 실질적으로 소득과는 관련이 없음을 보여 준다.

---

9) Dale and Krueger, "Estimating the Payoff to Attending a More Selective College," *Quarterly Journal of Economics*, 2002.

표 2.3 사립학교의 효과 : 평균 SAT 점수를 통제함

	대학순위 통제하지 않음			대학순위 통제함		
	(1)	(2)	(3)	(4)	(5)	(6)
사립학교	.212 (.060)	.152 (.057)	.139 (.043)	.034 (.062)	.031 (.062)	.037 (.039)
자신의 SAT 점수÷100		.051 (.008)	.024 (.006)		.036 (.006)	.009 (.006)
로그 부모 소득			.181 (.026)			.159 (.025)
여성			−.398 (.012)			−.396 (.014)
흑인			−.033 (.031)			−.037 (.035)
히스패닉			.027 (.052)			.001 (.054)
아시아인			.189 (.035)			.155 (.037)
기타 인종 및 인종 누락			−.166 (.118)			−.189 (.117)
고등학교 석차 상위 10% 이내			.067 (.020)			.064 (.020)
고등학교 석차 누락			.003 (.025)			.008 (.023)
운동선수			.107 (.027)			.092 (.024)
지원한 학교들의 평균 SAT 점수÷100				.110 (.024)	.082 (.022)	.077 (.012)
2개교 지원				.071 (.013)	.062 (.011)	.058 (.010)
3개교 지원				.093 (.021)	.079 (.019)	.066 (.017)
4개교 이상 지원				.139 (.024)	.127 (.023)	.098 (.020)

주 : 이 표에는 사립대학 재학이 소득에 미치는 효과의 추정치들이 제시되어 있다. 각 열에는 로그 소득을 사립대학 재학 더미와 다른 통제변수들에 회귀시키는 회귀모형의 계수가 제시되어 있다. 표본의 크기는 14,238명이다. 표준오차는 괄호 안에 제시되어 있다.

표 2.4 대학순위의 효과 : 평균 SAT 점수를 통제함

	대학순위 통제하지 않음			대학순위 통제함		
	(1)	(2)	(3)	(4)	(5)	(6)
대학 평균 SAT 점수÷100	.109 (.026)	.071 (.025)	.076 (.016)	.021 (.026)	.031 (.026)	.000 (.018)
자신의 SAT 점수÷100		.049 (.007)	.018 (.006)		.037 (.006)	.009 (.006)
로그 부모 소득			.187 (.024)			.161 (.025)
여성			−.403 (.015)			−.396 (.014)
흑인			−.023 (.035)			−.034 (.035)
히스패닉			.015 (.052)			.006 (.053)
아시아인			.173 (.036)			.155 (.037)
기타 인종 및 인종 누락			−.188 (.119)			−.193 (.116)
고등학교 석차 상위 10% 이내			.061 (.018)			.063 (.019)
고등학교 석차 누락			.001 (.024)			−.009 (.022)
운동선수			.102 (.025)			.094 (.024)
지원한 학교들의 평균 SAT 점수÷100				.138 (.017)	.116 (.015)	.089 (.013)
2개교 지원				.082 (.015)	.075 (.014)	.063 (.011)
3개교 지원				.107 (.026)	.096 (.024)	.074 (.022)
4개교 이상 지원				.153 (.031)	.143 (.030)	.106 (.025)

주 : 이 표에는 모교의 대학순위가 소득에 미치는 효과의 추정치들이 제시되어 있다. 각 열에는 로그 소득을 재학한 대학의 평균 SAT 점수와 다른 통제변수들에 회귀시키는 회귀모형의 계수가 제시되어 있다. 표본의 크기는 14,238명이다. 표준 오차는 괄호 안에 제시되어 있다.

2.3 다른 조건이 모두 같다면?

주제 : 당신이 어떤 사람인지 명확히 알 수 있는 경험, 도전, 성취들을 간략히 설명하시오.

소개서 : 나는 벽을 타고 오르거나 얼음을 깨는 모습이 자주 목격되곤 하는 활동적인 사람이다. 나는 30분 걸리는 브라우니 요리를 20분에 끝낸다. 나는 석회 바르기의 전문가이고, 연애의 고수이며, 페루의 무법자다. 수요일이면 학교가 끝난 뒤 나는 무료로 가전제품을 수리해 준다.

나는 추상적인 예술가이고, 구체적인 분석가이며, 인정사정없는 도박꾼이다. 나는 물결을 타고, 요리조리 빠지고, 까불지만 돈을 못 내서 문제가 되는 일은 없다. 나는 산 후안에서 열린 투우 경기, 스리랑카에서 열린 절벽 뛰어내리기 대회, 그리고 크레믈린에서 열린 철자 알아맞히기 대회에서 승리했다. 나는 햄릿 역으로 연극 무대에 올랐고, 심장 절개 수술에 참여했으며, 엘비스와 이야기를 나누었다.

하지만 아직 대학에는 가지 않았다.

–**휴 갤러거**(Hugh Gallagher)가 열아홉 살에 작성한 자기 소개서
(휴는 후에 뉴욕대학교에 들어갔다.)

합격 통지서가 발부되는 날의 하비와 유마를 상상해 보자. 둘 다 하버드에 들어갈 수 있어 무척 기뻐하고 있다. (이것은 20분 만에 구운 브라우니와 같다!) 하비는 즉시 하버드의 제안을 받아들인다. (누군들 안 그러겠는가?) 하지만 유마는 어려운 결단을 내려 하버드 대신 매사추세츠대학교에 진학한다. 유마에게는 무슨 일이 있는 것일까? 그녀의 **다른 조건들**은 정말 모두 **동일**한 것일까?

유마가 하버드에 비해 명성이 낮은 매사추세츠대학교를 선택하는 타당한 이유들이 있다. 학비는 틀림없는 고려 대상의 하나이다. (유마는 매사추세츠 애덤스 장학금을 받았다. 이것은 그녀 같은 우수한 학생들에게 주립대학의 등록금을 대신 지불해주는 제도다. 그러나 사립학교에 가면 이 같은 혜택을 누릴 수 없다.) 가격이 하비보다 유마에게 더 중요한 문제라면, 유마의 환경은 하비와는 여타의 다른 방면에서도 차이가 있을 것이다. 아마도 유마가 더 가난할 것이다. 우리의 회귀모형들 중에는 부모의 소득을 통제하는 경우도 있지만, 이것만으로 가족의 생활수준을 측정하기는 불완전하다. 무엇보다도 C&B 표본에서는 학생의 형제자매가 몇 명이나 되는지 알 길이 없다. 동일한 소득 수준이라도 가족규모가 크면 모든 자녀의 교육에 돈을 대기가 어려울 수 있다. 만약 가족규모가 미래의 소득과도 관련이 있다면(이 이슈에 대한 보다 자세한 내용은 제3장을 참조하라), 사립대학의 프리미엄에 대한

우리의 회귀 추정치는 결국 사과 대 사과의 비교가 아닐 수 있다.

이것은 그저 해 보는 말이 아니다. 회귀모형은 다른 조건들을 동일하게 만드는 방법이지만, 이 동일성은 모형 우변에 통제변수로서 포함된 변수들에 대해서만 성립한다. 충분한 통제변수들이나 올바른 통제변수들이 포함되지 않는 경우, 우리에게는 여전히 선택 편의가 남는다. 부적절한 통제변수로 인해 야기되는 선택 편의를 회귀모형에서는 **누락변수 편의**(omitted variables bias, OVB)라고 부르며, 이는 계량의 계율에서 가장 중요한 개념들 중 하나다.

OVB를 자세히 살펴보기 위해 다섯 학생들에 관한 우리의 사례로 돌아가 보자. 그리고 지원자 집단 A에 속함을 표시하는 통제변수가 누락된 경우에 발생하는 편의를 생각해 보자. 여기서 '긴 회귀모형(long regression)'은 집단 A에 속한 학생들을 가리키는 더미변수 A_i를 포함하고 있다. A_i를 포함하는 회귀모형을 우리는 다음과 같이 표현할 수 있다.

$$Y_i = \alpha^l + \beta^l P_i + \gamma A_i + e_i^l \qquad \text{(식 2.3)}$$

위 식은 식 (2.1)의 모수와 잔차에 상첨자를 붙여 절편과 사립학교 계수가 긴 모형으로부터 도출된 것임을 다시 상기시켜 주고 있으며, 뒤에 나올 짧은 모형과 쉽게 비교할 수 있도록 식 (2.1)을 다시 쓴 것이다.

위의 회귀모형에서 A_i를 포함시키는 것은 사립학교 효과의 추정치에 중요한 의미를 가질까? 통제변수가 없는 짧은 회귀모형(short regression)을 임시로 사용한다고 가정해 보자. 이 경우 식을 다음과 같이 쓸 수 있다.

$$Y_i = \alpha^s + \beta^s P_i + e_i^s$$

여기서 유일한 회귀변수는 더미변수이기 때문에 이 모형의 기울기 계수는 P_i가 1인 사람들과 0인 사람들 사이의 평균 Y_i의 차이다. 2.1절에서 살펴보았듯이, 짧은 회귀모형에서 β^s가 20,000인 반면, 긴 회귀모형의 모수 β^l은 10,000에 불과하다. β^s와 β^l의 차이는 짧은 회귀모형에서 A_i가 누락되었기 때문에 발생하는 OVB다. 여기서 OVB는 10,000달러에 달하며 이는 우려할 만한 수치다.

집단 A 더미를 누락함에 따라 사립대학의 효과가 그처럼 크게 달라지는 이유는 무엇일까? 집단 A에 속한 학생들의 평균 소득이 집단 B에 속한 학생들의 평균 소득을 초과한다는 점을 기억하자. 게다가 소득이 높은 집단 A 학생들의 2/3는 사립학교에 진학한 반면, 소득이 낮은 집단 B에서는 절반의 학생들만이 사립학교에 진학했다. 사립학교 졸업생과 공립학교 졸업생들 사이의 소득의 차이는 부분적으로 집단 A에 속한 대부분의 사립학교 학생들은 어느 학교에 등록했는지와는 무관하게 어차피 더 높은 소득을 벌게 된다는 사실에 기인한다. 긴 회귀모형에 집단 A 더미를 포함시킴으로써 이와 같은 차이를 통제할 수 있다.

이 논의가 시사하는 바와 같이 짧은 회귀계수와 긴 회귀계수 사이의 공식적인 연결고리에는 두 가지 요소가 존재한다.

(i) **누락변수(A_i)와 처치변수(P_i) 사이의 관계** : 우리는 곧 추가적인 회귀모형을 이용해 이 관계를 정량화하는 방법에 대해 살펴볼 것이다.
(ii) **누락변수(A_i)와 성과변수(Y_i) 사이의 관계** : 이 관계는 긴 회귀모형에서 누락변수의 계수(이 경우에는 식 (2.3)의 모수 γ)를 통해 확인할 수 있다.

이 조각들이 모두 합쳐져 **OVB 공식**을 만들어 낸다. 우리는 다음과 같은 사실로부터 출발한다.

짧은 회귀모형에서 P_i의 효과 = 긴 회귀모형에서 P_i의 효과
+ {(누락변수와 포함되어 있는 변수 사이의 관계)
× (긴 회귀모형에서 누락변수의 효과)}

구체적으로 말하면, 누락변수가 A_i이고 처치변수가 P_i일 때 위의 관계는 다음과 같다.

짧은 회귀모형에서 P_i의 효과 = 긴 회귀모형에서 P_i의 효과
+ {(A_i와 P_i 사이의 관계)
× (긴 회귀모형에서 A_i의 효과)}

짧은 모형과 긴 모형 사이에 존재하는 P_i의 계수의 차이로서 정의되는 누락변수 편의는 다음 방정식을 단순히 재배열한 것이다.

$$\text{OVB} = \{A_i\text{와 } P_i \text{ 사이의 관계}\} \times \{\text{긴 회귀모형에서 } A_i\text{의 효과}\}$$

위 공식의 두 항이 모두 회귀계수라는 사실을 이용해 우리는 OVB 공식을 다듬을 수 있다. 첫 번째 항은 누락변수 A_i를 사립학교 더미에 회귀시키는 회귀모형의 계수다. 다시 말해, 이 항은 다음의 회귀모형의 계수 π_1('파이-1'이라고 읽는다)이다.

$$A_i = \pi_0 + \pi_1 P_i + u_i$$

여기서 u_i는 잔차다. 이제 OVB 공식을 그리스어로 간결하게 표현해 보자.

$$\begin{aligned} \text{OVB} &= \text{짧은 회귀모형에서 } P_i\text{의 효과} - \text{긴 회귀모형에서 } P_i\text{의 효과} \\ &= \beta^s - \beta^l = \pi_1 \times \gamma \end{aligned}$$

여기서 γ는 긴 회귀모형에서 A_i의 계수다. 이 중요한 공식을 도출하는 방법은 이 장의 부록에 제시되어 있다.

사립학교에 진학한 학생들 중 두 명은 집단 A, 그리고 한 명은 집단 B에 속한 반면, 공립학교에 진학한 학생들 중에는 한 명이 집단 A, 그리고 한 명이 집단 B에 속해 있다. 따라서 다섯 명의 학생들에 관한 우리의 예시에서 계수 π_1은 $2/3-1/2=0.1667$이다. 2.2절에서 살펴보았듯이, 계수 γ는 60,000으로서 이 값은 집단 A의 높은 소득을 반영한다. 이것들을 종합해 보면 다음의 관계가 도출된다.

$$\begin{aligned} \text{OVB} &= \text{짧은 모형의 계수} - \text{긴 모형의 계수} \\ &= \beta^s - \beta^l \\ &= 20{,}000 - 10{,}000 = 10{,}000 \end{aligned}$$

그리고

$$\begin{aligned} \text{OVB} &= \{\text{누락변수를 포함된 변수에 회귀시키는 회귀모형}\} \\ &\quad \times \{\text{긴 회귀모형에서 누락변수의 효과}\} \\ &= \pi_1 \times \gamma = 0.1667 \times 60{,}000 = 10{,}000 \end{aligned}$$

다행스럽게도, OVB 공식에서 제시한 계산 수치가 짧은 회귀모형 계수와 긴 회귀모형 계수를 직접 비교한 결과와 정확히 일치한다.

OVB 공식은 회귀 모수의 인과적 해석과는 무관하게 모든 짧은 모형의 회귀계수와 긴 모형의 회귀계수 사이의 차이를 설명하는 수학적 결과다. '짧은'과 '긴'이라는 수식어는 순전히 상대적인 것이다. 짧은 회귀모형이라고 특별히 짧을 필요는 없지만 긴 회귀모형은 항상 더 길다. 긴 회귀모형에는 동일한 회귀변수들 외에 최소 1개의 변수가 더 포함되기 때문이다. 긴 회귀모형을 길게 만드는 추가적인 변수는 가상적인 변수로서, 우리의 데이터에는 존재하지 않는다. OVB 공식이라는 도구를 이용해 우리는 가지고 있으면 좋겠다고 소망하는 변수들을 통제하는 것의 효과를 고려해 볼 수 있다. 이 식은 또한 **다른 조건들이 실제로 동일한지** 여부를 평가할 수 있도록 도움을 준다. 이제 유마와 하비의 상황으로 되돌아가 보자.

식 (2.2)에서 누락변수를 가족규모 FS_i라고 가정하자. 우리는 부모의 소득을 통제변수로서 포함시켰지만, 대학에 들어갈 수도 있는 형제자매의 수는 포함시키지 않았다. 이 변수는 C&B 데이터 셋에는 존재하지 않기 때문이다. 누락변수가 FS_i인 경우 공식은 다음과 같다.

OVB = 짧은 회귀모형 − 긴 회귀모형

= { FS_i와 P_i 사이의 관계 }

× { 긴 회귀모형에서 FS_i의 효과 }

가족규모를 누락하는 것이 사립대학 효과의 회귀 추정치를 편향시키는 이유는 무엇일까? 하버드와 매사추세츠대학교 졸업자들의 소득 격차는 부분적으로 두 집단의 학생들 사이의 가족규모의 차이(다시 말해, FS_i와 P_i의 관계), 그리고 짧은 회귀모형에 포함된 변수들을 통제한 이후에도 작은 가족규모는 높은 소득과 연관되어 있다는 사실(즉, 이것은 동일한 통제변수들을 포함하고 있는 긴 회귀모형에서 FS_i의 효과이다)로부터 발생한다. 긴 회귀모형은 하버드에 진학하는 학생들이 매사추세츠대학교에 진학하는 학생들에 비해 가족규모가 (평균적으로) 더 작다는 사실을 통제하는 반면, FS_i를 누락한 짧은 회귀모형에서는 이것을 통제하지 못한다.

이러한 OVB 공식의 적용에서 첫 번째 항은 누락된 변수(FS_i)를 포함된 변수(P_i)

와 식 (2.2)의 우변에 제시된 나머지 모든 변수들에 회귀시키는 회귀모형의 계수다. 이 회귀모형 — 우리가 다루고 있는 회귀모형을 해석하는 데 도움을 주기 때문에, 때때로 이 회귀모형을 '보조(auxiliary)' 회귀모형이라고도 부른다 — 은 다음과 같이 나타낼 수 있다.

$$FS_i = \pi_0 + \pi_1 P_i + \sum_j \theta_j GROUP_{ji} + \pi_2 SAT_i + \pi_3 \ln PI_i + u_i \qquad (\text{식 } 2.4)$$

식 (2.4)의 대부분의 계수들은 전혀 관심의 대상이 아니다.[10] 여기서 중요한 계수는 π_1이다. 왜냐하면 이 계수가 바로 짧은 회귀모형과 긴 회귀모형에 모두 등장하는 여타의 변수들을 통제한 이후에 누락변수 FS_i와 우리가 그 효과를 알고자 하는 변수 P_i 사이의 관계를 잡아내기 때문이다.

우리의 사례에서 OVB 공식을 완결시키기 위해 긴 회귀모형을 다음과 같이 써보자. 이번에도 '긴 모형'을 표시하기 위해 상첨자 l을 사용하자.

$$\ln Y_i = \alpha^l + \beta^l P_i + \sum_j \gamma_j^l GROUP_{ji} + \delta_1^l SAT_i + \delta_2^l \ln PI_i + \lambda FS_i + e_i^l \quad (\text{식 } 2.5)$$

여기에서 회귀변수 FS_i는 계수 λ와 함께 등장한다.[11] 따라서 OVB 공식은 다음과 같다.

$$\text{OVB} = \textbf{짧은 회귀모형} - \textbf{긴 회귀모형} = \beta - \beta^l = \pi_1 \times \lambda$$

여기서 β는 식 (2.2)로부터 온 것이다.

식 (2.2)를 계속 짧은 회귀모형이라고 생각하고, 긴 회귀모형은 짧은 모형에 등장한 통제변수들 외에 가족규모를 포함하고 있다고 생각하면, 이때 도출되는 OVB는 아마도 양수일 것이다. 사립학교 학생들은 가구 소득을 통제한 이후에도 여전히 평균적으로 더 작은 규모의 가정 출신인 경향이 있다. 만일 그렇다면, 가족규모와 사립대학 재학을 연결시키는 회귀계수는 음수다. (즉 식 (2.4)에서 $\pi_1 < 0$.) 작은 규모의 가정 출신 학생들은 어느 대학에 진학했는지와는 무관하게 높은 소득을 올

10) 식 (2.4)에서 집단 더미 θ_j는 '쎄타 제이'라고 읽는다.

11) λ는 '람다'라고 읽는다.

릴 가능성 또한 높다. 따라서 긴 회귀모형에서 가족규모 통제변수를 누락하는 것의 효과는 또한 음수다. (즉, 식 (2.5)에서 $\lambda < 0$.) 이들 2개 음수 항의 곱은 양수다.

OVB에 대해 주의 깊게 생각해 보는 것은 계량 분석에 있어 꼭 필요한 일이다. 우리는 관측하지 못하는 변수들을 누락시켰을 때의 결과를 데이터를 이용해 점검할 수 없다. 하지만 우리는 OVB 공식을 이용해 이 변수들을 누락했을 때 발생할 결과에 대해 근거 있는 추측을 할 수는 있다. 식 (2.2)에 누락되어 있을지 모르는 대부분의 통제변수들은 이들이 누락될 때의 OVB의 부호가 아마도 양수일 것이라는 점에서 가족규모와 비슷하다. 이로부터 우리는 〈표 2.2〉~〈표 2.3〉의 (4)~(6)열에서 사립학교 재학 효과의 추정치들이 아무리 작게 나타나더라도 진정한 효과는 이보다 더 작을 수 있다는 결론을 얻는다. 따라서 이들 추정치는 사립학교가 소득에 상당한 이점을 제공한다는 가설과는 상반되는 강력한 증거를 제시한다.

회귀모형 민감도 분석

주어진 일련의 통제변수들이 선택 편의를 제거하기에 충분한지에 대해 우리가 확신할 수 없기 때문에, 회귀 결과가 통제변수들의 목록이 달라짐에 따라 얼마나 민감하게 달라지는지를 질문하는 것은 중요하다. 몇 개의 핵심적인 통제변수들이 항상 모형에 포함되어 있는 한, 특정한 변수를 더하든 빼든 처치효과가 크게 달라지지 않을 때 — 고수들은 이를 '**강건하다**(robust)'고 말한다 — 인과효과의 회귀모형 추정치에 대한 우리의 믿음은 더 강해진다. 이런 바람직한 패턴이 〈표 2.2〉~〈표 2.3〉의 (4)~(6)열에 나타나 있다. 이에 따르면, 학생들이 지원한 학교들의 특성을 통제한 상태에서 사립학교 프리미엄의 추정치들은 학생의 능력(자신의 SAT 점수로 측정됨), 부모의 소득, 그리고 몇 가지 다른 통제변수들을 포함시키든 그렇지 않든 크게 달라지지 않는다.

OVB 공식을 이용해 이 주목할 만한 발견을 설명할 수 있다. 먼저, 식 (2.4)와 같은 회귀모형의 계수들을 제시하고 있는 〈표 2.5〉를 살펴보자. 이 표에서는 식 (2.4)의 FS_i 대신에 SAT_i를 좌변에 사용해 (1)~(3)열의 추정치들을 도출하였고, 또한 $\ln PI_i$를 좌변에 사용해 (4)~(6)열을 도출하였다. 이들 보조 회귀모형은 모형의 다른 통제변수들이 주어져 있는 조건하에서 사립학교 재학과 우리의 두 통제변수들인 SAT_i 및 $\ln PI_i$ 사이의 관계를 평가한다. 당연한 얘기지만 사립학교 재학

표 2.5 사립학교의 효과 : 누락변수 편의

	종속변수					
	자신의 SAT 점수 ÷ 100			로그 부모소득		
	(1)	(2)	(3)	(4)	(5)	(6)
사립학교	1.165 (.196)	1.130 (.188)	.066 (.112)	.128 (.035)	.138 (.037)	.028 (.037)
여성		−.367 (.076)			.016 (.013)	
흑인		−1.947 (.079)			−.359 (.019)	
히스패닉		−1.185 (.168)			−.259 (.050)	
아시아인		−.014 (.116)			−.060 (.031)	
기타 인종 및 인종 누락		−.521 (.293)			−.082 (.061)	
고등학교 석차 상위 10% 이내		.948 (.107)			−.066 (.011)	
고등학교 석차 누락		.556 (.102)			−.030 (.023)	
운동선수		−.318 (.147)			.037 (.016)	
지원한 학교의 평균 SAT 점수 ÷ 100			.777 (.058)			.063 (.014)
2개교 지원			.252 (.077)			.020 (.010)
3개교 지원			.375 (.106)			.042 (.013)
4개교 이상 지원			.330 (.093)			.079 (.014)

주 : 이 표에는 사립학교 재학과 개인의 특성변수들 사이의 관계가 제시되어 있다. (1)~(3)열의 종속변수는 응답자의 SAT 점수(100으로 나눈 값)이고, (4)~(6)열의 종속변수는 로그 부모 소득이다. 각 열에는 종속변수를 사립학교 재학 더미와 다른 통제변수들에 회귀시키는 회귀모형의 계수가 제시되어 있다. 표본의 크기는 14,238명이다. 표준오차는 괄호 안에 제시되어 있다.

은 학생 자신의 SAT 점수와 가구 소득의 강력한 예측 변수이다. 이와 같은 관계는 표의 (1)열과 (4)열에 제시되어 있다. (2)열과 (5)열에서 확인할 수 있듯이, 인구학적 통제변수들, 고등학교 석차, 운동부 참여 더미를 추가하는 경우에도 이 관계는 거의 변화하지 않는다. 그러나 자기-표출 모형에서와 마찬가지로, 지원한 학교들의 수와 그 학교들의 평균 SAT 점수를 통제하면 사립학교 재학과 이들 중요 배경 변수들 사이의 관계는 실질적으로 사라진다. 이로부터 우리는 〈표 2.3〉의 (4), (5), (6)열에 제시되어 있는 사립학교 계수의 추정치들이 실질적으로 동일한 이유를 알 수 있게 된다.

OVB 공식은 응용 계량경제학의 제1원칙(Prime Directive)이기 때문에, 수치를 이용해 이 공식이 어떻게 작동하는지를 확인해 볼 필요가 있다. 예를 통해 설명하기 위해, 로그 임금을 (다른 통제변수들은 없고) 오직 P_i에만 회귀시키는 짧은 회귀모형과, 학생 자신의 SAT 점수가 통제변수로서 추가된 긴 회귀모형을 생각해 보자. 〈표 2.3〉의 (1)열에 제시되어 있는 (통제변수가 없는) 짧은 모형에서 P_i 계수는 0.212인 반면, 그에 대응하는 (SAT_i를 통제하고 있는) 긴 모형의 계수는 (2)열에 제시되어 있듯이 0.152다. 표의 (2)열에서 확인할 수 있는 바와 같이, 긴 회귀모형에서 SAT_i의 효과는 0.051이다. 〈표 2.5〉의 첫 번째 열에 따르면, 누락된 SAT_i를 포함된 P_i에 회귀시키는 경우 도출되는 계수 추정치는 1.165다. 이를 종합하여 OVB를 두 가지 방식으로 나타낼 수 있다.

OVB = **짧은 모형 추정치** − **긴 모형 추정치** = 0.212 − 0.152 = 0.06

OVB = **{누락된 변수를 포함된 변수에 회귀시키는 모형의 추정치}**

× **{긴 회귀모형에서 누락변수의 효과}**

= 1.165 × 0.051 = 0.06

위의 내용을 〈표 2.3〉의 (4)열부터 (5)열에 제시되어 있는 수치들과 비교해 보자. (4)열과 (5)열에는 자기-표출 통제변수들이 포함되어 있는 모형의 결과가 제시되어 있다. 여기에서 짧은 모형 추정치와 긴 모형 추정치의 차이는 그리 크지 않다. 정확히 말하면, 0.034−0.031=0.003이다. 학생 자신의 SAT 점수를 P_i에 회귀시키는 보조 회귀모형의 경우와 마찬가지로, 이들 짧은 회귀모형과 긴 회귀모형에는 모두 자기-표출 모형에 사용된 대학순위 통제변수가 포함되어 있다. 이들 두 모형에 자기-표출 통제변수가 포함되어 있는 경우 다음과 같은 관계가 성립한다. 즉,

$$
\begin{aligned}
\text{OVB} &= \{\textbf{누락된 변수를 포함된 변수에 회귀시키는 모형의 추정치}\} \\
&\quad \times \{\textbf{긴 회귀모형에서 누락변수의 효과}\} \\
&= 0.066 \times 0.036 = 0.0024.
\end{aligned}
$$

(작은 수치들에 대해 반올림을 취하면 목표치인 0.003에서 약간 더 멀어진다.) 위의 예에서 긴 회귀모형에 있는 누락변수 SAT_i의 효과는 0.051에서 0.036으로 하락하는 반면, 누락변수를 포함된 변수에 회귀시키는 모형의 추정치는 무려 1.165에서 0.066(〈표 2.5〉의 (3)열 참조) 정도의 작은 어떤 값으로 바뀐다. 이로부터 우리는 지원한 학교들의 수와 평균 순위가 동일한 조건하에서는 사립학교와 공립학교를 선택한 학생들이 최소한 그들의 SAT 점수의 측면에서는 서로 크게 다르지는 않다는 점을 알 수 있다. 그에 따라 짧은 모형의 추정치와 긴 모형의 추정치 사이의 차이는 사라진다.

우리가 추정한 사립학교의 효과는 자기-표출 통제변수가 포함되기만 하면 능력이나 가정 배경 변수들이 포함되든 그렇지 않든 크게 달라지지 않기 때문에, 우리가 데이터를 보유하지 않은 변수들을 비롯해 여타의 통제변수들 역시 그리 중요하지 않다. 다시 말해, 통제되지 않은 차이 때문에 OVB가 어느 정도 남아 있다고 하더라도 그것은 아마도 미미한 크기일 것이다.[12] OVB가 미미하다는 이러한 정황적 증거가 이 장에서 논의한 회귀분석 결과가 무작위 시행의 결과들과 동일한 인과적 영향력을 가지고 있다는 것을 보장하지는 않는다. (인과적 해석을 위해서는 여전히 진짜 실험이 필요하다.) 하지만 최소한 위에서 발견한 결과들은 값비싼 사립학교 재학이 상당한 소득 상의 이득을 가져다준다는 주장에 대해서는 의문을 제기한다.

---

12) Joseph Altonji, Todd Elder, Christopher Taber는 연구자가 사용가능한 회귀변수들과 관련된 OVB는 연구자들이 통제할 수 없는 변수들에 의해 발생하는 OVB에 대한 지침을 줄 수 있다는 생각을 공식화하였다. 이것의 자세한 내용에 대해서는 그들의 연구논문("Selection on Observed and Unobserved Variables: Assessing the Effectiveness of Catholic Schools," *Journal of Political Economy*, vol. 113, no. 1, February 2005, pages 151-184)을 참조하라.

스티브푸 사부 : 베짱이야, 알아듣기 쉽게 좀 말해 봐.

베짱이 : 인과적 비교란 비슷한 것들끼리 비교하는 것입니다. 대학 선택의 효과를 평가할 때 비슷한 특성을 가진 학생들에 초점을 맞추는 것이죠.

스티브푸 사부 : 한 사람, 한 사람은 천 가지 방면으로 다르잖아. 모든 방면에서 비슷해야 한다는 거야?

베짱이 : 좋은 비교란 한 길을 선택한 사람과 다른 길을 선택한 사람 사이의 체계적인 차이들을 제거하는 비교입니다. 그러한 차이들이 결과와 연관되어 있기 때문입니다.

스티브푸 사부 : 어떻게 하면 그렇게 할 수 있지?

베짱이 : 매칭 방법은 능력이나 가정 배경 지표 같은 통제변수들의 수치가 동일한 집단들로 사람들을 분류합니다. 이들 집단 안에서 짝을 지어 비교를 하고, 그 차이들의 평균값을 구해 하나의 전체 효과를 구합니다.

스티브푸 사부 : 그러면 회귀모형은?

베짱이 : 회귀모형은 자동으로 짝을 지어주는 기계죠. 인과효과의 회귀모형 추정치 역시 집단 내 비교의 평균값입니다.

스티브푸 사부 : OVB의 원리는 무엇인가?

베짱이 : OVB는 짧은 회귀계수와 긴 회귀계수 간의 차이입니다. 긴 회귀모형에는 짧은 회귀모형에서는 누락된 통제변수들이 추가적으로 포함됩니다. 짧은 모형 추정치는 '긴 모형 추정치 + 긴 모형에서 누락변수의 효과×누락변수를 포함된 변수에 회귀시키는 회귀모형의 추정치'입니다.

조시웨이 사부 : 베짱이야, 네 말에는 누락된 것이 없구나.

계량의 고수들 : 갈턴 그리고 율

'회귀모형'이라는 용어는 찰스 다윈(Charles Darwin)의 반사촌인 프랜시스 갈턴(Francis Galton) 경이 1886년에 처음 고안하였다. 갈턴은 다방면으로 흥미가 있었지만, 다윈의 걸작 "종의 기원"(*The Origin of Species*)에 사로잡혀 있었다. 갈턴은 다윈의 진화론을 인간 특징의 변이에 적용해 보고자 했다. 연구 과정에서 그는 지문에서 미모에 이르기까지 다양한 속성들을 공부하였다. 그는 우생학을 정당화하기 위해 다윈을 불순하게 이용한 영국의 여러 지식인들 중 한 사람이기도 했다. 그러나 이런 유감스러운 일탈에도 불구하고 이론 통계학에서 그의 작업은 사회과학에 지속적이고 유익한 영향을 미쳤다. 갈턴은 우리가 붙들고 있는 종류의 정량적 사회과학을 위한 통계적인 기반을 구축하였다.

갈턴은 아버지와 아들의 평균 신장이 회귀모형 식에 의해 연결되어 있음을 발견

프란시스 갈턴 경
영국 왕립 지리 학회의 정회원이자
여행의 기술의 저자

했다. 또한 그는 이 특별한 회귀모형이 가지고 있는 흥미로운 함의, 즉 아들의 평균 신장은 그의 아버지의 신장과 이들 부자가 표집된 모집단의 평균 신장을 가중평균한 값이라는 점도 밝혀냈다. 따라서 평균보다 키가 큰 부모의 자녀는 부모만큼 크지 않은 반면, 평균보다 작은 부모의 자녀는 부모보다 조금 더 크게 된다. 구체적으로 말해, 키가 187.5센티미터인 스티브푸 사부는 키가 큰 자녀를 기대할 수 있지만, 자기만큼 키가 크지는 않을 것이다. 하지만 한창 때의 키가 165센티미터였던 조시웨이 사부는 감사하게도 자녀들이 자신보다는 좀 더 큰 신장을 갖게 되리라고 기대할 수 있다.

갈턴은 이와 같은 평균화 현상을 그의 유명한 1886년 논문 "유전적 신장이 중간 정도로 회귀하는 현상"에서 설명했다.[13] 오늘날 우리는 이 성질을 '평균으로의 회귀현상(regression to the mean)'이라고 부른다. 평균으로의 회귀현상은 인과관계가 아니다. 오히려 그것은 아버지와 아들의 신장과 같은 서로 상관관계를 갖는 변수들 쌍이 가진 통계적인 성질이다. 아버지와 아들의 신장이 정확히 같을 수는 없지만, 이들의 빈도 분포는 기본적으로 변화하지 않는다. 이와 같은 분포의 안정성이 갈턴의 회귀모형을 낳는다.

우리가 회귀모형을 이해하는 방식은 그것이 처치효과 모형에 통제변수들을 포함

13) Francis Galton, "Regression towards Mediocrity in Hereditary Stature," *Journal of the Anthropological Institute of Great Britain and Ireland,* vol. 15, 1886, pages 246-263.

조지 유드니 율
영국 왕립 통계 학회의 정회원이자
학회장으로서 동 학회의
1911년도 최우수상 수상자,
1931년에는 비행사 자격증 취득

시킴으로써 보다 더 동등한 비교를 할 수 있도록 만드는 힘을 가진 통계적 절차라는 것이다. 그러나 갈턴은 회귀모형을 하나의 통제 전략으로 생각하는 데는 관심이 없었던 것으로 보인다. 통계적인 통제방법으로서 회귀모형을 사용하는 방법을 개척한 사람은 조지 유드니 율(George Udny Yule)로서, 그는 갈턴의 후배 통계학자인 칼 피어슨(Karl Pearson)의 제자다. 율은 갈턴의 회귀분석법을 확장하면 여러 개의 변수를 포함시킬 수 있음을 깨달았다. 1899년 논문에서 율은 이러한 확장법을 활용해 특정 지역에서 영국 구빈법(Poor Laws)의 시행 여부를 그 지역 주민들이 빈곤에 처할 확률과 연결시켰다. 이때 그는 각 지역의 인구 성장률과 연령 분포를 통제하였다.[14] 영국의 구빈법은 일반적으로 구빈원이라고 불리는 기관에서 거처와 일자리를 제공하는 방식으로 궁핍한 사람들에게 생활 수단을 제공했다. 율은 가난한 사람들이 구빈원까지 오지 않고도 소득 보조금을 받을 수 있도록 하는 원외 구호제도가 빈곤을 덜 힘겹게 만듦으로써 빈곤률을 증가시키는지의 여부에 특별한 관심을 가지고 있었다. 이것은 오늘날의 사회과학자들이 고민하는 질문들과 매우 유사한 잘 정의된 인과적 질문이다.

14) George Udny Yule, "An Investigation into the Causes of Changes in Pauperism in England, Chiefly during the Last Two Intercensal Decades," *Journal of the Royal Statistical Society*, vol. 62, no. 2, June 1899, pages 249-295.

부록 : 회귀모형 이론

조건부 기대 함수

제1장에서 우리는 '기댓값'이라고 줄여서 부르는 수학적 기댓값의 개념을 소개하였다. 변수 Y_i의 기댓값은 $E[Y_i]$라고 쓴다. 우리는 또한 **조건부 기댓값**, 즉 두 번째 변수에 의해 정의되는 집단들('셀'이라고도 부름) 내에서 첫 번째 변수의 기댓값에도 관심을 가진다. 이따금 이 두 번째 변수는 2개의 값만을 취하는 더미변수일 때도 있지만, 반드시 그럴 필요는 없다. 이 장에서와 같이, 비더미변수의 값들로 정의되는 집단 내의 조건부 기댓값(예를 들어, 최종 학력이 16년인 사람들의 소득의 기댓값)이 관심대상인 경우도 많다. 이러한 종류의 조건부 기댓값은 다음과 같이 쓸 수 있다.

$$E[Y_i|X_i = x]$$

그리고 이것은 'X_i가 특정한 수치 x와 같을 때 Y_i에 대한 조건부 기댓값'이라고 읽는다.

조건부 기댓값은 조건부 변수가 취할 수 있는 수치들을 변화시킬 때 한 변수의 모집단 평균이 어떻게 변화하는지를 보여 준다. 우리는 조건부 변수의 모든 수치들에 대해 종속변수 Y_i의 서로 다른 평균값을 얻을 수 있다. 그러한 모든 평균들의 집합체를 **조건부 기대 함수**(conditional expectation function, CEF)라고 부른다. $E[Y_i|X_i]$는 (특정한 수치가 지정되지는 않았지만) X_i가 주어졌을 때 Y_i의 CEF이다. 반면, $E[Y_i|X_i = x]$는 이 함수의 범위 내에 있는 한 지점이다.

우리가 가장 좋아하는 CEF가 〈그림 2.1〉에 제시되어 있다. 이 그림의 점들은 (최고 이수 학년으로 측정된) 학력 수준이 서로 다른 남성들의 로그 주당 임금의 평균값을 표시한다. 이 그림의 X축은 학력 수준을 표시한다. (이 데이터는 미국의 1980년도 인구총조사로부터 도출되었다.) 오르내림이 있기는 하지만, 소득-학력의 CEF는 강하게 우상향하는 모양을 가지며, 평균 기울기는 약 0.1이다. 다시 말해, 1년의 추가적인 교육은 평균 약 10% 정도 높은 임금과 연관되어 있다.

우리가 관심을 가지는 많은 CEF들은 2개 이상의 조건부 변수를 가지고 있고, 이 조건부 변수들 각각은 2개 이상의 값들을 취한다. K개의 조건부 변수들을 가지고

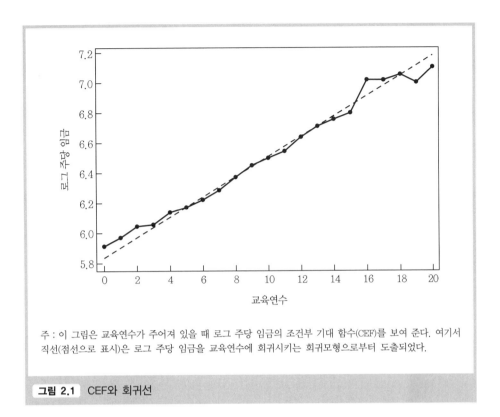

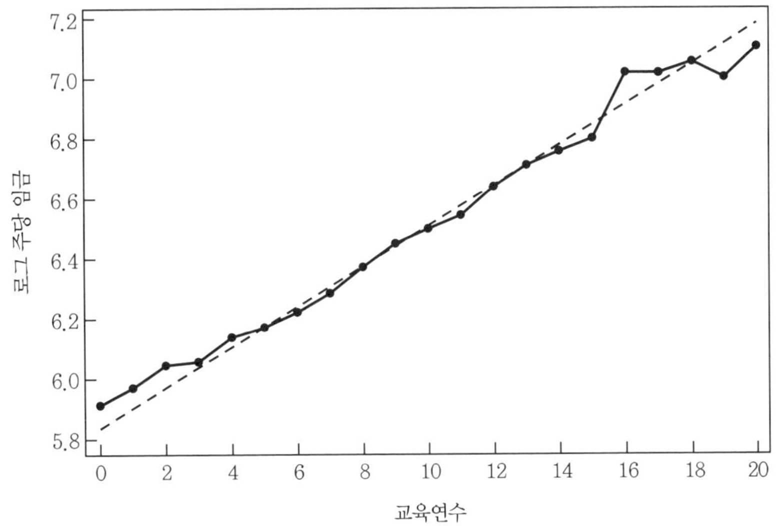

주 : 이 그림은 교육연수가 주어져 있을 때 로그 주당 임금의 조건부 기대 함수(CEF)를 보여 준다. 여기서 직선(점선으로 표시)은 로그 주당 임금을 교육연수에 회귀시키는 회귀모형으로부터 도출되었다.

그림 2.1 CEF와 회귀선

있는 CEF는 다음과 같이 쓴다.

$$E[Y_i|X_{1i},\ldots,X_{Ki}]$$

조건부 변수가 여러 개인 경우에는 CEF를 그림으로 나타내기가 보다 어렵지만, 기본적인 아이디어는 동일하다. $E[Y_i|X_{1i}=x_1,\ldots,X_{Ki}=x_K]$는 이들 K개의 변수들이 특정한 값에 고정되어 있을 때 Y_i의 모집단 평균을 표시한다. 예를 들어, 학력만을 조건부 변수로 사용해 평균 임금을 살펴보는 대신에, 연령, 인종, 성별에 의해 정의되는 셀들로 조건부 변수를 바꿀 수도 있다.

회귀모형과 CEF

〈표 2.1〉에서 우리는 지원해 합격한 대학들을 기준으로 학생들을 셀로 분류한 후 공립대학과 사립대학에 재학한 학생들을 비교하는 방식으로 짝짓기 개념을 설명하였다. 이 장의 본문에서 우리는 회귀모형이 어떻게 그러한 짝짓기 비교를 자동적으

로 행하는 빠르고 간편한 방법이 될 수 있는지를 설명하였다. 여기에서는 CEF를 이용해 회귀모형을 보다 엄밀하게 해석해 보자.[15)]

〈표 2.3〉에 제시되어 있는 식 (2.2)의 회귀 추정치들에 따르면, 개인의 SAT 점수, 부모의 소득, 그리고 지원해 합격한 대학들의 순위를 고정시키는 경우 사립학교 재학은 평균 소득과 연관성을 갖지 않는다. 단순화를 위해 로그 임금의 CEF가 이 조건부 변수들의 선형 함수라고 가정하자. 구체적으로 다음과 같이 가정하자.

$$E\left[\ln Y_i | P_i, GROUP_i, SAT_i, \ln PI_i\right] = \alpha + \beta P_i + \sum_j \gamma_j GROUP_{ji} + \delta_1 SAT_i + \delta_2 \ln PI_i \qquad \text{(식 2.6)}$$

여기서 그리스 문자는 언제나 그렇듯이 모수들이다. $\ln Y_i$의 CEF가 식 (2.6)에서와 같이 조건부 변수의 선형 함수인 경우, $\ln Y_i$를 이 조건부 변수들에 회귀시키는 회귀모형은 이 선형 함수를 복원시킨다. (이 사실에 대한 상세한 증명은 어렵지는 않지만 생략한다.) 특히 선형관계가 주어져 있을 때 식 (2.2)의 P_i에 대한 계수는 식 (2.6)의 P_i에 대한 계수와 동일하다.

CEF가 선형인 경우 식 (2.2)를 바탕으로 추정한 사립학교 효과의 회귀 추정치는 (i) $GROUP_i$, SAT_i, $\ln PI_i$값에 의해 학생들의 짝을 만들고, (ii) 그 조건부 변수들의 가능한 각 조합에 대해 사립학교($P_i = 1$)와 공립학교($P_i = 0$)에 재학한 학생들 짝의 평균 소득을 비교해, (iii) 이들 셀에 고유한 차분값들 모두를 평균해 하나의 평균값을 산출하는 전략으로부터 도출된 값과 동일하다. 이것을 확인하기 위해서는, 식 (2.6)을 이용해 다음과 같이 각 셀에 고유한 차분값을 써보는 것으로 충분하다.

$$E\left[\ln Y_i | P_i = 1, GROUP_i, SAT_i, \ln PI_i\right] - E\left[\ln Y_i | P_i = 0, GROUP_i, SAT_i, \ln PI_i\right] = \beta$$

CEF에 대한 선형 모형에서 우리는 사립학교 재학의 효과가 모든 셀에서 상수 β와

15) 이에 대한 보다 자세한 내용은 '대체로 해롭지 않은 계량경제학'(경문사 2014; *Mostly Harmless Econometrics*, Princeton University Press, 2009)의 3장에 제시되어 있다.

같다고 가정하기 때문에, 셀에 고유한 사립학교 재학 효과의 어떠한 가중 평균도 마찬가지로 β와 같다.

선형 모형은 우리가 회귀모형을 이해할 수 있도록 도움을 준다. 하지만 회귀모형은 놀라울 정도로 유연한 도구이기 때문에, 바탕을 이루는 CEF가 선형인지의 여부와는 상관없이 회귀모형은 유용하다. 회귀모형은 다음과 같은 한 쌍의 밀접하게 연관되어 있는 이론적 성질들로부터 이와 같은 유연성을 물려받았다.

- 어떤 상수들 a와 $b_1, \ldots, b_K$에 대해 $E[Y_i \mid X_{1i}, \ldots, X_{Ki}] = a + \sum_{k=1}^{K} b_k X_{ki}$가 성립한다면, Y_i를 $X_{1i}, \ldots, X_{Ki}$에 회귀시키는 회귀모형의 절편은 a이고 그것의 기울기는 $b_1, \ldots, b_K$이다. 다시 말해, $X_{1i}, \ldots, X_{Ki}$에 대한 Y_i의 CEF가 선형일 경우, Y_i를 $X_{1i}, \ldots, X_{Ki}$에 회귀시키는 회귀모형이 곧 그 CEF이다.
- $E[Y_i \mid X_{1i}, \ldots, X_{Ki}]$가 조건부 변수들의 비선형 함수일 경우, Y_i를 $X_{1i}, \ldots, X_{Ki}$에 회귀시키는 회귀모형은 이 비선형 CEF에 대한 최적의 선형 근사치를 제공한다. 이때 최적이란 선형 모형의 예측치들과 CEF 사이의 편차의 제곱의 기댓값이 최소화된다는 것을 의미한다.

요약하면, CEF가 선형일 경우 회귀모형으로 그것을 찾아낼 수 있다. 만약 비선형일 경우에는 회귀모형으로 좋은 근사치를 찾아낼 수 있다. 우리는 방금 첫 번째 이론적 성질을 이용해 CEF가 선형일 경우 사립학교 효과의 회귀 근사치를 해석했다. 두 번째 성질에 따르면, CEF가 선형이 아닐지라도 처치효과의 회귀 추정치는 공변량을 이용해 짝을 맞춘 후 셀 내의 처치-통제의 차이들을 평균해 구한 추정치에 가까울 것으로 기대할 수 있다.

〈그림 2.1〉에는 회귀모형이 학력이 조건부 변수일 때의 로그 임금의 비선형 CEF에 근사하는 방식이 제시되어 있다. 이 CEF가 회귀선 주위를 오르내리기는 하지만, 이 회귀선은 학력과 임금 사이에 강한 양의 관계가 있음을 포착한다. 게다가 회귀선의 기울기는 $E\{E[Y_i \mid X_i] - E[Y_i \mid X_i - 1]\}$에 가깝다. 다시 말해, 회귀선의 기울기는 X_i의 1단위 변화가 $E[Y_i \mid X_i]$에 미치는 효과의 기댓값에 근접한다.[16]

16) 여기서 괄호 안 내용 $E[Y_i|X_i] - E[Y_i|X_i - 1]$은 X_i의 함수이며, 따라서 변수 X_i와 마찬가지로 기댓값을 갖는다.

2변량 회귀모형과 공분산

회귀모형은 공분산(covariance)이라는 통계적 개념과 밀접한 관련이 있다. 2개의 변수 X_i와 Y_i 사이의 공분산은 다음과 같이 정의한다.

$$C(X_i, Y_i) = E[(X_i - E[X_i])(Y_i - E[Y_i])]$$

공분산에는 다음과 같은 세 가지 중요한 성질이 있다.

(i) 한 변수와 자기 자신의 공분산은 그것의 분산이다. 즉, $C(X_i, X_i) = \sigma_X^2$.

(ii) X_i나 Y_i의 기댓값이 0인 경우, 이 변수들 사이의 공분산은 변수들 곱의 기댓값이다. 즉, $C(X_i, Y_i) = E[X_i Y_i]$.

(iii) 변수 X_i와 Y_i의 선형 함수들 — 상수 a, b, c, d가 주어져 있을 때 $W_i = a + bX_i$와 $Z_i = c + dY_i$라고 쓴다 — 사이의 공분산은 다음과 같이 구한다.

$$C(W_i, Z_i) = bdC(X_i, Y_i)$$

회귀모형과 공분산 사이의 밀접한 관계는 **2변량 회귀모형**에서 확인할 수 있다. 2변량 회귀모형이란 하나의 회귀변수 X_i에 절편을 더한 회귀모형이다.[17] 2변량 회귀모형의 기울기와 절편은 아래와 같이 표현되는 **잔차 제곱합**(residual sum of squares, RSS)을 최소화시키는 a와 b의 값이다.

$$RSS(a, b) = E[Y_i - a - bX_i]^2$$

RSS라는 용어는 제곱들의 합을 표현한다. 특정한 표본에서 이 최소화를 실행할 때 우리는 기댓값을 표본 평균이나 총합으로 대체한다. 위와 같이 2변량일 경우에 있어 그 해는 다음과 같다.

$$b = \beta = \frac{C(Y_i, X_i)}{V(X_i)} \qquad \text{(식 2.7)}$$

17) '2변량(bivariate)'이라는 용어는 2개의 변수가 관련되어 있다는 사실에서 비롯되었다. 한 변수는 종속변수로서 좌변에, 다른 하나는 회귀변수로서 우변에 위치한다. **다변량**(multi-variate) **회귀모형**은 이와 같은 기본 구조에 회귀변수들을 추가한 모형이다.

$$a = \alpha = E[Y_i] - \beta E[X_i]$$

식 (2.7)이 함의하는 바에 따르면, 2개의 변수가 서로 **상관성을 갖지 않는 경우**(즉, 공분산이 0인 경우) 한 변수를 다른 변수에 회귀시키는 회귀모형의 기울기 계수는 0이다. 마찬가지로, 2변량 회귀모형의 기울기가 0이라는 것은 해당하는 2개의 변수가 서로 상관성을 갖지 않음을 의미한다.

예측치와 잔차

회귀모형은 종속변수를 2개의 조각으로 쪼갠다. 구체적으로 살펴보면, 종속변수 Y_i를 다음과 같이 쓸 수 있다.

$$Y_i = \hat{Y}_i + e_i$$

첫 번째 항은 예측치 $\hat{Y}_i$로 구성된다. 이 값은 때때로 모형에 의해 설명된 Y_i의 부분이라고 부른다. 두 번째 부분인 잔차 e_i는 설명되지 않고 남아 있는 것이다.

모형에 포함되어 있는 회귀변수들과 회귀 잔차는 서로 상관성을 갖지 않는다. 다시 말해, e_i가 $X_{1i}, \ldots, X_{Ki}$를 회귀변수로 갖는 회귀모형의 잔차라면, e_i를 이 회귀변수들에 회귀시키는 모형에서 구한 계수들은 모두 0이다. 예측치는 회귀변수들의 선형 조합이기 때문에, 예측치 또한 잔차와 상관성을 갖지 않는다. 이 중요한 성질들은 아래와 같이 요약할 수 있다.

잔차의 성질 : α 및 $\beta_1, \ldots, \beta_K$가 각각 Y_i를 $X_{1i}, \ldots, X_{Ki}$에 회귀시키는 회귀모형의 절편과 기울기 계수들이라고 가정하자. 이 회귀모형의 **예측치**(fitted values)는 다음과 같다.

$$\hat{Y}_i = \alpha + \sum_{k=1}^{K} \beta_k X_{ki}$$

또한 해당 **회귀 잔차**(residuals)는 다음과 같다.

$$e_i = Y_i - \hat{Y}_i = Y_i - \alpha - \sum_{k=1}^{K} \beta_k X_{ki}$$

회귀 잔차는 다음과 같은 성질을 갖는다.

(i) 회귀 잔차의 기댓값과 표본 평균은 0이다 : $E[e_i] = \frac{1}{n}\sum_{i=1}^{n} e_i = 0$

(ii) 회귀 잔차는 모집단과 표본 모두에서 그 자신을 만들어 낸 회귀변수들, 그리고 상응하는 예측치들과 상관성을 갖지 않는다. 다시 말해, 각 회귀변수 X_{ki}에 대해 다음의 관계가 성립한다.

$$E[X_{ki}\, e_i] = \frac{1}{n}\sum_{i=1}^{n} X_{ki} e_i = 0\text{이고,}\quad E[\widehat{Y}_i\, e_i] = \frac{1}{n}\sum_{i=1}^{n} \widehat{Y}_i\, e_i = 0.$$

이러한 성질들을 무조건 믿음으로 받아들일 수도 있지만, 미적분학을 어느 정도 아는 사람이라면 이 관계들을 쉽게 도출할 수 있다. 일단 회귀모형의 모수와 추정치들은 잔차의 제곱 합을 최소화한다는 사실로부터 시작하자. 이 최소화 문제의 1계 조건들은 (i)와 (ii)에서 기술된 내용과 같다.

더미변수 회귀모형

회귀모형의 중요한 특수 사례는 하나의 더미 회귀변수를 가진 2변량 회귀모형이다. 더미변수 Z_i가 주어졌을 때 Y_i의 조건부 기댓값은 2개이다. 이를 그리스 문자로 나타내면 다음과 같다.

$$E[Y_i \mid Z_i = 0] = \alpha$$
$$E[Y_i \mid Z_i = 1] = \alpha + \beta$$

그리하여 다음의 관계가 성립한다.

$$\beta = E[Y_i \mid Z_i = 1] - E[Y_i \mid Z_i = 0]$$

β는 더미 회귀변수 Z_i의 값이 1과 0일 때 Y_i의 기댓값의 차이다.

이 표기법을 이용하면 다음과 같이 쓸 수 있다.

$$\begin{aligned} E[Y_i \mid Z_i] &= E[Y_i \mid Z_i = 0] + (E[Y_i \mid Z_i = 1] - E[Y_i \mid Z_i = 0])Z_i \\ &= \alpha + \beta Z_i \end{aligned} \qquad \text{(식 2.8)}$$

이는 $E[Y_i|Z_i]$가 Z_i의 선형 함수로서, 기울기는 β이고 절편은 α임을 보여 준다. 하나의 더미변수를 가진 CEF는 선형이므로, 회귀모형은 이 CEF를 완벽하게 예측한다. 그 결과 회귀모형의 기울기 역시 $\beta = E[Y_i \mid Z_i = 1] - E[Y_i \mid Z_i = 0]$, 즉 Z_i의 값이 1과 0일 때 Y_i의 기댓값의 차이가 된다.

더미변수에 대한 회귀모형은 중요한데, 그 이유는 건강 보험이나 재학한 대학의 유형에 대한 분석에서와 같이 더미 회귀변수가 자주 등장하기 때문이다.

회귀모형의 구조와 OVB 공식

가장 흥미로운 회귀모형은 다중 회귀모형으로서, 이 모형에는 관심대상 인과변수 하나와 하나 이상의 통제변수들이 포함되어 있다. 예를 들어, 식 (2.2)는 로그 소득을 사립학교 재학 더미에 회귀시키면서 학생의 능력, 가정 배경, 그리고 학생이 지원해 합격한 학교들의 순위를 통제하는 모형이다. 우리는 회귀모형에서 공변량들을 통제하는 것이 매칭과 유사한 것이라고 주장해 왔다. 다시 말해, 통제변수들을 갖는 모형에서 사립학교 더미의 회귀계수는 이들 통제변수를 바탕으로 학생들을 셀로 나누고, 각 셀 내에서 공립학교와 사립학교 학생들을 비교한 뒤 여기서 도출되는 조건부 비교 값들의 평균을 냈을 때 얻을 수 있는 값과 비슷하다. 아래에서 우리는 보다 상세하게 "회귀모형의 구조식(regression anatomy)"을 다룬다.

관심 인과변수는 X_{1i}(예를 들어, 사립학교 더미), 통제변수는 X_{2i}(예를 들어, SAT 점수)라고 가정하자. 약간의 작업을 통해, 우리는 X_{2i}를 통제한 회귀모형에서 X_{1i}의 계수를 다음과 같이 쓸 수 있다.

$$\beta_1 = \frac{C(Y_i, \widetilde{X}_{1i})}{V(\widetilde{X}_{1i})}$$

여기서 $\widetilde{X}_{1i}$는 X_{1i}를 X_{2i}에 회귀시키는 모형으로부터 도출한 잔차다. 즉, 다음과 같다.

$$X_{1i} = \pi_0 + \pi_1 X_{2i} + \widetilde{X}_{1i}$$

언제나 그렇듯이, 잔차는 자신을 만들어 낸 회귀변수들과는 상관성을 갖지 않는다.

그리고 이는 잔차 $\widetilde{X}_{1i}$에 대해서도 마찬가지다. 따라서 X_{2i}를 통제한 다변량 회귀모형에서 X_{1i}의 계수가 X_{2i}와 상관성을 갖지 않는 X_{1i}의 부분만을 포함하는 2변량 회귀모형의 계수임은 놀라운 사실이 아니다. 이 중요한 회귀모형의 구조식은 세상에서 만들어지는 많은 회귀계수들을 이해하는 기초를 제공한다.

회귀모형의 구조식에 대한 아이디어는 회귀변수가 2개를 넘는 모형들로 확장된다. 다변량 모형에서 임의의 한 회귀변수의 계수는 이 회귀변수를 나머지 모든 변수들에 회귀시키는 모형으로부터 구한 잔차를 설명변수로 사용하는 2변량 회귀모형의 계수로서 나타낼 수 있다. 아래에는 K개의 회귀변수를 가진 모형에서 k번째 계수에 대한 구조식이 제시되어 있다.

회귀모형의 구조식

$$\beta_k = \frac{C(Y_i, \widetilde{X}_{ki})}{V(\widetilde{X}_{ki})}$$

여기서 $\widetilde{X}_{ki}$는 X_{ki}를 모형에 포함되어 있는 $(K-1)$개의 다른 공변량들에 회귀시키는 모형으로부터 구한 잔차다.

회귀모형의 구조식은 식 (2.2)에서와 같이 통제변수들이 더미변수로 구성되어 있을 때 보다 흥미롭다. 이에 대해 논의하기 위해 관심 모형을 단순화해, 아래와 같이 통제변수가 모두 더미변수인 모형을 생각해 보자.

$$\ln Y_i = \alpha + \beta P_i + \sum_{j=1}^{150} \gamma_j GROUP_{ji} + e_i \qquad \text{(식 2.9)}$$

회귀모형의 구조식에 따르면, 150개 $GROUP_{ji}$ 더미변수들을 통제하는 모형에서 P_i의 계수는 $\ln Y_i$를 $\widetilde{P}_i$에 회귀시키는 2변량 모형에서 $\widetilde{P}_i$의 계수와 같다. 여기서 $\widetilde{P}_i$는 P_i를 상수항과 150개의 $GROUP_{ji}$ 더미변수들에 회귀시키는 모형으로부터 구한 잔차다.

여기서 개인뿐만 아니라 집단을 표시하기 위해 두 번째 하첨자를 추가하면 편리하다. 이 표기 방식에 따르면, $\ln Y_{ij}$는 대학순위 집단 j에 속하는 대학 졸업자 i의 로그 소득이고, P_{ij}는 이 졸업자가 사립학교에 등록했는지의 여부를 표시한다. 이때 P_{ij}를 150개의 대학순위-집단 더미변수들에 회귀시키는 보조 회귀모형에서 구한 잔차 $\widetilde{P}_{ij}$는 무엇일까? $\widetilde{P}_{ij}$를 생성하는 보조 회귀모형은 바탕을 이루는 CEF의 모든 가능한 값에 대해 하나의 모수를 가지기 때문에, 이 회귀모형은 순위-집단이 조건부로 주어졌을 때의 P_{ij}의 CEF를 완벽하게 포착해 낸다. (여기에서 우리는 식 (2.8)에 표현되어 있는 더미변수 결과를 2개가 아니라 여러 개의 값을 취하는 범주 변수를 표시하는 더미변수들에 회귀시키는 회귀모형으로 확장한다.) 결과적으로, P_{ij}를 모든 종류의 순위-집단 더미들에 회귀시키는 모형으로부터 구한 예측치는 각 집단의 평균 사립학교 재학률이다. 따라서 집단 j의 지원자 i의 경우 보조 회귀모형 잔차는 $\widetilde{P}_{ij} = P_{ij} - \overline{P}_j$이다. 이때 $\overline{P}_j$는 i가 속한 순위 집단의 평균 사립학교 재학률을 나타내는 약어이다.

마지막으로 이 조각들을 한데 맞춤으로써 회귀모형의 구조식은 식 (2.9)로 표현된 모형에서 다변량 β가 다음과 같다고 말한다.

$$\beta = \frac{C(\ln Y_{ij}, \widetilde{P}_{ij})}{V(\widetilde{P}_{ij})} = \frac{C(\ln Y_{ij}, P_{ij} - \overline{P}_j)}{V(P_{ij} - \overline{P}_j)} \qquad \text{(식 2.10)}$$

이 표현식에 따르면, 학생들을 손수 집단들로 분류해 각 집단 내에서 공립학교와 사립학교 학생들을 비교하는 것과 마찬가지로, 대학순위-집단 더미들을 통제한 상태에서 사립학교 재학의 효과를 분석하는 회귀모형 역시 집단 내 관측치들을 비교하는 방법이다. 즉, 집단들 간의 변이는 잔차 $\widetilde{P}_{ij}$를 구축하기 위해 $\overline{P}_j$를 차감하는 과정에서 제거된다. 게다가 〈표 2.1〉의 집단 C와 D의 경우와 마찬가지로, 식 (2.10)은 모든 학생이 공립학교 혹은 사립학교에 재학한 지원자들의 집단은 사립학교 재학의 효과에 대한 정보를 가지고 있지 않음을 시사한다. 이 집단의 모든 사람에 대해 $P_{ij} - \overline{P}_j$는 0이기 때문이다.

이 장의 마지막(2.3절)에서 사용된 OVB 공식은 서로 다른 집합의 통제변수들을 가진 모형으로부터 도출된 추정치들을 해석하기 위한 것으로서, 회귀모형 구조식의 또 다른 점을 보여 준다. 아래와 같이 X_{2i}를 통제한 다변량 회귀모형에서 X_{1i}의 계수를 긴 회귀모형 계수 β^l이라고 부르자.

$$Y_i = \alpha^l + \beta^l X_{1i} + \gamma X_{2i} + e_i^l$$

그리고 아래와 같은 2변량 회귀모형(즉, X_{2i}가 없는 회귀모형)에서 X_{1i}의 계수를 짧은 회귀모형 계수 β^s라고 부르자.

$$Y_i = \alpha^s + \beta^s X_{1i} + e_i^s$$

OVB 공식은 짧은 모형의 계수와 긴 모형의 계수 간의 관계를 다음과 같이 표현한다.

누락변수 편의(OVB) 공식

$$\beta^s = \beta^l + \pi_{21}\gamma$$

여기서 γ는 긴 회귀모형에서 X_{2i}의 계수이고, π_{21}은 X_{2i}를 X_{1i}에 회귀시키는 모형에서 X_{1i}의 계수다. 다시 말해, **짧은 모형의 계수는 긴 모형의 계수 더하기 누락변수의 효과 곱하기 누락변수를 포함된 변수에 회귀시키는 모형의 회귀계수다.**

이 공식은 핵심적이므로 공식을 유도해 볼 필요가 있다. 짧은 모형의 기울기 계수는 다음과 같다.

$$\beta^s = \frac{C(Y_i, X_{1i})}{V(X_{1i})} \qquad \text{(식 2.11)}$$

긴 모형을 식 (2.11)의 Y_i에 대입하면 다음과 같다.

$$\frac{C(\alpha^l + \beta_1^l X_{1i} + \gamma X_{2i} + e_i^l,\ X_{1i})}{V(X_{1i})}$$

$$= \frac{\beta_1^l V(X_{1i}) + \gamma C(X_{2i}, X_{1i}) + C(e_i^l, X_{1i})}{V(X_{1i})}$$

$$= \beta_1^l + \frac{C(X_{2i}, X_{1i})}{V(X_{1i})}\gamma = \beta_1^l + \pi_{21}\gamma$$

첫 번째 등호가 성립하는 이유는 변수들의 선형 결합의 공분산은 각 항에 분포를 적용해 구한 공분산들의 선형 결합이라는 사실 때문이다. 또한 상수와 다른 어떤 변수 간의 공분산은 0이고, 한 변수와 그 자신 사이의 공분산은 그 변수의 분산이다. 두 번째 등호는 $C(e_i^l, X_{1i}) = 0$이라는 사실에 의해 성립한다. 잔차는 자신을 생성한 회귀변수들과는 상관성을 갖지 않기 때문이다. (e_i^l은 X_{1i}를 포함하고 있는 회귀모형에서 나오는 잔차다.) 세 번째 등호는 X_{2i}를 X_{1i}에 회귀시키는 모형에서 X_{1i}의 계수를 π_{21}이라고 정의하는 식이다.[18)]

식 (2.2)와 (2.5)에 대한 논의에서와 같이, 우리는 종종 동일한 통제변수들을 포함하고 있는 회귀모형을 대상으로 짧은 회귀모형과 긴 회귀모형을 비교하는 것에 관심을 가진다. 이와 같은 경우에 적용되는 OVB 공식은 위에서 다룬 공식의 직접적인 확장이다. X_{2i}와 X_{3i}를 통제하는 다변량 회귀모형에서 X_{1i}의 계수를 긴 회귀계수 β^l이라고 부르자. X_{3i}만을 통제하는(즉 X_{2i}는 없음) 다변량 회귀모형에서 X_{1i}의 계수를 짧은 회귀계수 β^s라고 부르자. 이 경우에도 OVB 공식은 다음과 같이 쓸 수 있다.

$$\beta^s = \beta^l + \pi_{21}\gamma \qquad \text{(식 2.12)}$$

여기서 γ는 긴 회귀모형에서 X_{2i}의 계수이지만, 이 회귀모형에는 이제 X_{2i}뿐 아니라 X_{3i}도 포함되어 있다. π_{21}은 X_{2i}를 X_{1i}과 X_{3i}에 회귀시키는 모형에서 X_{1i}의 계수이다. 이번에도 우리는 다음과 같이 말할 수 있다. 즉, **짧은 모형의 계수는 긴 모형의 계수 더하기 누락변수의 효과 곱하기 누락변수를 포함된 변수에 회귀시키는 모형의 회귀계수**다. 식 (2.12)를 유도하는 방법은 독자들에게 맡긴다. 이 식을 유도하는 것을 통해 여러분의 이해도를 시험해 볼 수 있다. (또한 이것은 훌륭한 시험 문제도 될 수 있다.)

로그변수를 포함하고 있는 모형 구축하기

이 장에서 설명한 회귀모형들은 다음과 같이 식 (2.2)의 반복인 것처럼 보인다.

$$\ln Y_i = \alpha + \beta P_i + \sum_j \gamma_j GROUP_{ji} + \delta_1 SAT_i + \delta_2 \ln PI_i + e_i$$

---

18) 회귀모형의 구조 공식도 비슷하게 유도하기 때문에, 우리는 OVB를 도출하는 단계들만을 제시한다.

좌변의 $\ln Y_i$는 어떻게 된 것일까? 어째서 변수 Y_i 자체를 사용하지 않고 로그형식을 사용한 것일까? 그 답은 다음과 같은 2변량 회귀모형에서 쉽게 확인할 수 있다.

$$\ln Y_i = \alpha + \beta P_i + e_i \tag{식 2.13}$$

여기서 P_i는 사립학교 재학을 나타내는 더미다. 이 모형은 더미 회귀모형의 경우이므로 다음과 같이 쓸 수 있다.

$$E[\ln Y_i \mid P_i] = \alpha + \beta P_i$$

다시 말해, 이 경우의 회귀모형은 CEF를 완벽하게 예측한다.

학생 i에 대해 **다른 조건이 모두 동일한 상태**에서 P_i가 변화하는 경우를 생각해 보자. 이 경우에서 $P_i = 0$일 때의 잠재적 성과는 Y_{0i}이고, $P_i = 1$일 때의 잠재적 성과는 Y_{1i}이다. 이제 식 (2.13)을 이들 잠재적 성과의 로그값에 대한 모형이라고 가정하면, 우리는 다음과 같은 식을 얻는다.

$$\ln Y_{0i} = \alpha + e_i$$
$$\ln Y_{1i} = \alpha + \beta + e_i$$

따라서 잠재적 성과의 차이는 다음과 같다.

$$\ln Y_{1i} - \ln Y_{0i} = \beta \tag{식 2.14}$$

이를 다시 정리하면 다음과 같다.

$$\begin{aligned}\beta &= \ln \frac{Y_{1i}}{Y_{0i}} = \ln\left\{1 + \frac{Y_{1i} - Y_{0i}}{Y_{0i}}\right\} \\ &= \ln\{1 + \Delta\% Y_p\} \\ &\approx \Delta\% Y_p\end{aligned}$$

여기서 $\Delta\% Y_p$는 P_i가 야기하는 잠재적 성과의 퍼센트 변화의 약자다. 약간의 계산을 통해 우리는 $\Delta\% Y_p$가 작을 때 $\ln\{1 + \Delta\% Y_p\}$는 $\Delta\% Y_p$에 근사함을 알 수 있다. 이로부터 우리는 좌변이 $\ln Y_i$인 회귀모형의 기울기 계수는 대응하는 회귀변수의 변화가 야기하는 Y_i의 퍼센트 변화의 근사치라는 결론을 얻는다.

P_i의 변화가 야기하는 정확한 퍼센트 변화를 계산하기 위해, 식 (2.14)의 양변에 다음과 같이 지수를 취해 보자.

$$\frac{Y_{1i}}{Y_{0i}} = \exp(\beta)$$

따라서 아래의 관계가 성립한다.

$$\frac{Y_{1i} - Y_{0i}}{Y_{0i}} = \exp(\beta) - 1$$

β가 대략 0.2보다 작을 때 $\exp(\beta) - 1$과 β는 거의 같기 때문에, 우리는 β를 퍼센트 변화로서 해석할 수 있다.[19)]

여러분은 아마 고수들이 로그-선형 모형의 회귀계수들을 '로그 포인트(log points)'로 측정한다고 설명하는 것을 들어본 적이 있을 것이다. 로그 포인트로 측정했다는 것은 퍼센트 변화의 근사치라는 것이다. 일반적으로 로그 포인트를 퍼센트 변화로 이해한다. 즉, 다음의 관계가 성립한다.

$$\beta < \exp(\beta) - 1$$

β가 증가함에 따라 이들 두 수치 사이의 차이도 증가한다. 예를 들어, $\beta = 0.05$일 때 $\exp(\beta) - 1 = 0.051$이지만, $\beta = 0.3$이면 $\exp(\beta) - 1 = 0.35$이다.

회귀 추정치의 표준 오차와 신뢰 구간

회귀모형에 관한 우리의 논의는 대체로 데이터가 표본으로부터 도출되었다는 사실을 명시적으로 고려하지 않았다. 제1장의 부록에서 언급했듯이, 표본 회귀 추정치는 표본 평균과 마찬가지로 표집 분산의 영향을 받는다. 회귀모형을 통해 정량화하는 근본적인 관계가 고정되어 있고 확률적이지 않다고 가정하더라도, 우리는 동일

---

19) 로그변수를 이용해 구축한 회귀모형을 퍼센트 변화로서 해석하는 데에 잠재적 성과들과의 연결고리가 필요하지는 않다. 그러나 이와 같은 연결고리를 가진 모형의 맥락에서 설명하면 이 해석을 더 이해하기 쉽다.

한 모집단에서 새로운 표본을 추출해 계산할 때 이 관계의 추정치는 달라질 것이라고 예상한다. 우리가 규명하고자 하는 관계가 대학 졸업자의 소득과 이들이 재학한 대학의 유형 사이의 관계라고 가정해 보자. 우리가 졸업자들의 전체 모집단에 대한 데이터를 보유할 가능성은 거의 없다. 따라서 실제 분석에서 우리는 관심대상 모집단에서 추출한 표본을 이용해 작업한다. (어떤 한 연도의 학생들 모집단 전체의 데이터를 우리가 가지고 있다고 하더라도, 학생들은 서로 다른 해에 학교에 진학할 수 있을 것이다.) 〈표 2.2〉~〈표 2.5〉의 추정치를 도출하기 위해 분석한 데이터 셋은 그와 같은 표본들 중 하나다. 우리는 여기에서 이들 추정치와 관련되는 표본 분산을 정량화하고자 한다.

표본 평균의 경우와 마찬가지로, 회귀계수의 표본 분산은 그것의 표준 오차로 측정한다. 제1장의 부록에서 우리는 표본 평균의 표준 오차를 다음과 같이 설명하였다.

$$SE(\overline{Y}_n) = \frac{\sigma_Y}{\sqrt{n}}$$

2변량 회귀모형에서 기울기 추정치($\hat{\beta}$)의 표준 오차는 비슷한 모양으로서 다음과 같이 쓸 수 있다.

$$SE(\hat{\beta}) = \frac{\sigma_e}{\sqrt{n}} \times \frac{1}{\sigma_X}$$

여기서 σ_e는 회귀 잔차들의 표준 편차이고, σ_X는 회귀변수 X_i의 표준 편차이다.

표본 평균의 표준 오차와 마찬가지로, 회귀 표준 오차는 표본의 크기에 따라 감소한다. 잔차의 분산이 클 때 표준 오차는 증가한다. (다시 말해, 회귀모형 추정치가 덜 정밀해진다.) 잔차의 분산이 크다는 것은 곧 회귀선의 예측력이 떨어진다는 것을 의미하기 때문에, 이것은 당연한 결과다. 반면, 회귀변수의 변동성은 좋은 것이다. σ_X가 증가하면 기울기 추정치는 더 정밀해지기 때문이다. 이러한 내용이 〈그림 2.2〉에 제시되어 있다. 이 그림을 통해 우리는 X_i의 변동성 증가(즉, 회색으로 표시된 관측치들의 증가)가 Y_i와 X_i를 연결시키는 선분의 기울기를 찾아내는 데 어떠한 도움을 주는지를 확인할 수 있다.

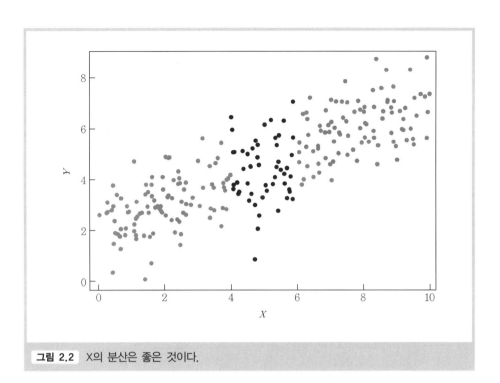

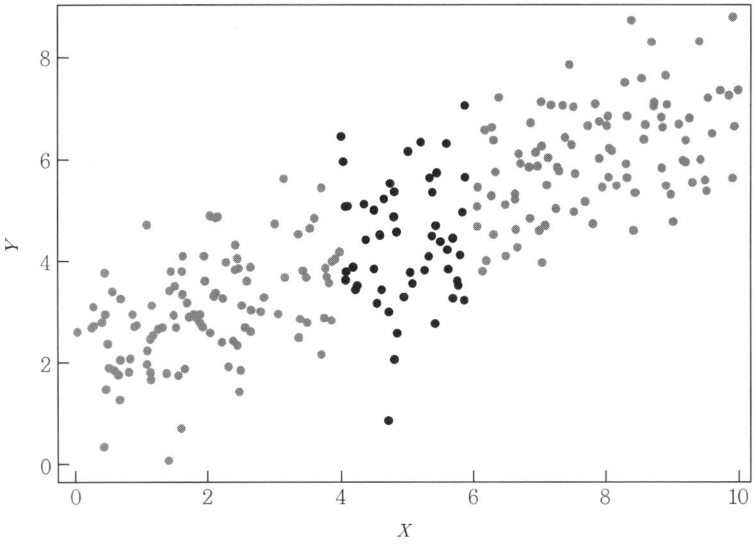

그림 2.2 X의 분산은 좋은 것이다.

다중 회귀모형에 대한 회귀모형 구조 공식은 표준 오차에도 적용된다. 다음과 같은 다변량 모형에서

$$Y_i = \alpha + \sum_{k=1}^{K} \beta_k X_{ki} + e_i$$

k번째 변수의 기울기에 대한 표본 추정치 $\widehat{\beta_k}$의 표준 오차는 다음과 같다.

$$SE(\hat{\beta}_k) = \frac{\sigma_e}{\sqrt{n}} \times \frac{1}{\sigma_{\widetilde{X}_k}} \quad \text{(식 2.15)}$$

여기서 $\sigma_{\widetilde{X}_k}$는 X_{ki}를 다른 모든 회귀변수들에 회귀시키는 모형의 잔차 $\widetilde{X}_{ki}$의 표준 편차다. 통제변수를 추가하는 것은 $SE(\hat{\beta}_k)$에 두 가지 상반되는 영향을 미친다. Y_i를 예측하는 공변량이 회귀모형에 추가될 때, 잔차의 분산(즉, 표준 오차 공식의 분자에 있는 σ_e)은 하락한다. 반면, 표준 오차 공식의 분모에 있는 $\widetilde{X}_{ki}$의 표준 편차는 X_{ki}의 표준 편차보다 작기 때문에 추정치의 표준 오차는 증가한다. 추가적인

공변량이 다른 회귀변수들의 변이를 부분적으로 설명해 주고, 후자의 변이는 회귀모형 구조식을 통해 제거된다. 이와 같이 분자와 분모에서의 변화는 결국 정밀도를 증가시킬 수도 혹은 감소시킬 수도 있다.

식 (2.15)를 이용해 계산하는 표준 오차는 지금은 구식으로 여겨지고, 공식적인 자리에서는 찾아볼 수 없는 경우가 많다. 이 구식(old-fashioned) 공식은 잔차의 분산이 회귀변수와 상관성을 갖지 않는다는 가정 — 고수들이 **등분산성**(homoskedasticity)이라고 부르는 시나리오 — 하에서 도출된다. 잔차가 등분산성을 만족하는 경우, 회귀 추정법은 통계적으로 효율적인 짝짓기 기계가 된다. 그러나 등분산성 가정이 충족되지 않을 수도 있기 때문에, 요즘 학생들은 **강건한 표준 오차**(robust standard errors)라고 알려져 있는 좀 더 복잡한 계산법을 사용한다.

강건한 표준 오차의 공식은 다음과 같이 쓸 수 있다.

$$RSE(\hat{\beta}) = \frac{1}{\sqrt{n}} \frac{V(\widetilde{X}_{ki}, e_i)}{(\sigma^2_{\widetilde{X}_k})^2} \qquad \text{(식 2.16)}$$

강건한 표준 오차는 회귀선이 서로 다른 X_i의 값들에서 예측력에 차이가 있을 가능성을 허용한다. 이와 같은 시나리오를 **이분산성**(heteroskedasticity)이라고 부른다. 잔차가 결과적으로 등분산성을 보이는 경우 강건한 표준 오차의 분자는 다음과 같이 간단해진다.

$$V(\widetilde{X}_{ki} e_i) = V(\widetilde{X}_{ki}) V(e_i) = \sigma^2_{\widetilde{X}_k} \sigma^2_e$$

이 경우에는 $RSE(\hat{\beta})$ 추정치는 $SE(\hat{\beta})$ 추정치에 가까워야 한다. 이론적 표준 오차가 서로 동일하기 때문이다. 하지만 잔차가 이분산성을 보이는 경우, $RSE(\hat{\beta})$ 추정치는 일반적으로 표본 분산의 보다 정밀한 (보통은 조금 더 큰) 측정치를 제공한다.[20]

20) 회귀모형 추정치의 강건한 표준 오차와 구식 표준 오차 사이의 차이는 처치집단과 통제집단 데이터를 이용해 2개 평균의 차이에 대한 표준 오차 추정치를 구할 때 σ^2_Y의 분산으로서 서로 다른 추정치를 사용할지 또는 공통의 추정치를 사용할지의 문제와 비슷하다.

제 3 장

도구변수

콰이 창 케인 : 한 번의 움직임으로 전 우주를 그리다니.

– **쿵푸**, 시즌 1, 에피소드 1

우리의 길

회귀분석을 통해 통계적으로 통제하는 방법으로는 설득력 있는 인과 효과 추정치를 산출하지 못할 수 있다. 다행히 다른 길을 통해 **다른 조건들을 모두 같도록** 만들어 줄 수도 있다. 무작위 시행에서와 같이, 인간을 포함한 자연의 힘은 때로는 통제의 필요성을 제거해 버리는 방식으로 처치를 조작한다. 그러한 힘이 처치 변이의 유일한 원천인 경우는 거의 없지만, 이는 쉽게 극복할 수 있는 장애물이다. **도구변수**(instrumental variable, IV)법은 부분적인 또는 불완전한 무작위 배정을 활용한다. 무작위 배정이 자연적으로 발생했든 혹은 연구자에 의해 생성되었든 상관없다. 이 중요한 개념을 우리는 세 가지 방식으로 살펴보고자 한다. 첫 번째로 우리는 무작위 입학 추첨을 활용한 기초적인 IV 분석을 이용해 미국의 교육개혁 ― 헌장학교(charter school, 역주 : 일종의 자율형 공립학교) ― 을 평가한다. 우리가 살펴볼 두 번째 IV 적용 사례는 가정폭력에 대응하는 최선의 방법이라는 문제이다. 처치집단에 무작위 배정된 피실험자들이 자유롭게 참여를 중단할 수도 있는 현장실험의 경우에 IV를 이용해 어떻게 분석하는지를 살펴본다. 세 번째 적용 사례는 대규모 가정 혹은 소규모 가정에서 성장하는 것의 장기적인 효과를 조사하는 것이다. 이 적용 사례들을 통해 우리는 **2단계 최소제곱법**(two-stage least squares, 2SLS)을 살펴본다. 2SLS은 IV법을 정교하게 만든 추정방법으로서 우리의 가장 강력한 도구들 중 하나다.

3.1 헌장학교 수수께끼

인터뷰어 : 부모님께서 추첨(lottery)에 대해 너에게 말씀해주셨니?

데이지 : 복권(lottery)요?... 사람들이 게임하고 돈 따는 그거 아니에요?

―**슈퍼맨을 기다리며**(Waiting for Superman, 2010)

뉴욕과 캘리포니아의 헌장학교에 지원한 학생들의 이야기를 담은 다큐멘터리 영화 '슈퍼맨을 기다리며'(역주 : 2010년 미국에서 제작) 방영으로 미국의 교육 정책에 대한 열띤 논쟁이 한층 고조되었다. 영화에서 슈퍼맨은 헌장학교가 가난한 소수

인종 학생들을 위한 최선의 희망을 제공한다고 주장한다. 이 학교마저 없다면 그들은 우수한 학생이 거의 없고 자퇴가 비일비재한 도심의 공립학교에 계속 다닐 수밖에 없기 때문이다.

헌장학교는 미국의 일반적인 공립학교보다 훨씬 자율적으로 운영되는 공립학교다. 공립학교를 운영할 수 있는 권리를 의미하는 헌장(charter)은 보통 제한된 기간 동안 독립적인 운영자(대부분 민간 비영리 관리 단체들)에게만 부여되는데, 실적이 우수해야 그 권리가 갱신된다. 헌장학교는 커리큘럼과 학교 환경을 자유롭게 구성할 수 있다. 다수의 헌장학교는 하루의 수업 시간을 길게 설정하고 주말과 여름에도 학교를 계속 운영하는 방식으로 교육 시간을 연장한다. 헌장학교와 전통적인 공립학교의 가장 중요하고도 논란의 여지가 많은 차이는 아마도 헌장학교의 교사와 교직원들이 거의 노동조합에 소속되어 있지 않다는 사실일 것이다. 이와는 대조적으로 대부분의 대도시 공립학교 교사들은 보수와 근무 조건을 (종종 매우 상세하게) 규제하는 교원 노조에 가입되어 있다. 이런 노조 계약들은 교사들의 근무 조건을 개선시킬 수도 있지만, 반대로 훌륭한 교사들을 보상하고 자질 없는 교사를 해임하는 것을 어렵게 만들 수도 있다.

'슈퍼맨을 기다리며'에 등장하는 학교 중에 KIPP LA 대학 준비반 고등학교가 있다. 이 학교는 '아는 것이 힘이다' 프로그램(Knowledge Is Power Program, KIPP)에 가입되어 있는 140여 개 학교들 중 하나다. KIPP 학교들은 공교육에 대한 '무관용(No Excuses)' 접근법을 대표하는 학교들로서, 규율과 품행을 강조하고 하루의 수업 시간과 수업일수가 길고 교원들을 선택적으로 채용하고 전통적인 읽기와 수학 능력을 강조하는 헌장학교의 모범을 보여 준다. 이 모범을 많은 학교들이 따르고 있다. KIPP은 1995년 휴스턴과 뉴욕 시에서 '미국을 위한 교육(Teach for America)' 프로그램 — 미국에서 가장 들어가기 어려운 대학들을 최근에 나온 수천 명의 졸업생들을 채용해 성적이 좋지 않은 지역의 학교들에서 아이들을 가르치도록 하는 프로그램 — 의 지지자들에 의해 시작되었다. 현재 KIPP 네트워크에 속해 있는 학교들에서 흑인과 히스패닉의 비중은 95% 정도이고, KIPP 학생의 80% 이상은 연방정부의 급식 지원 대상에 속할 만큼 저소득층에 속한다.[1)]

---

1) 제이 매튜스(Jay Mathews)의 책(*Work Hard, Be Nice*, Algonquin Books, 2009)은 KIPP의 역사에 대해 상세하게 설명하고 있다. 2012년에 Teach for America는 애리조나주립대학교에서 예일대학교에 이르기까

미국에서 교육 개혁에 대한 논쟁은 주로 학업 성취도의 차이에 초점이 맞추어져 있다. 이 성취도 차이는 인종과 민족에 따라 시험 점수가 부자연스러울 만큼 크게 차이가 나는 현실을 단적으로 드러낸다. 흑인과 히스패닉계 아이들은 대체로 표준화된 시험에서 백인이나 아시아계 아이들보다 점수가 훨씬 낮다. 인종 간 성취도의 격차가 이처럼 크고 지속적인 데 대해 정책 입안자들이 어떻게 대응해야 할 것인가 하는 질문에 대한 대답은 크게 두 갈래로 나뉜다. 첫 번째 입장은 더 나은 결과를 생산하기 위해 학교에 주목한다. 두 번째 입장은 학교만을 통해서는 성취도의 격차를 좁힐 가능성이 거의 없으므로 광범위한 사회적 변화가 필요하다고 주장한다. 소수 계열 학생들에 초점을 맞추고 있다는 사실 때문에 KIPP은 이러한 논쟁의 중심에 서게 되는 경우가 많다. KIPP 지지자들은 KIPP의 유색 인종 학생들이 주변 학교들의 유색 인종 학생들에 비해 평균 시험 점수가 현저히 높다는 점을 강조한다. 반면, KIPP에 대해 회의적인 입장을 가진 이들은 KIPP의 표면적인 성공이 애초부터 성공할 가능성이 높은 자녀를 둔 가정들만을 KIPP이 끌어들인다는 사실을 반영할 뿐이라고 주장한다.

> 하나의 집단으로서 KIPP 학생들이 KIPP에 들어올 때의 성취도는 그들이 원래 속해 있던 학교의 평균 성적보다 상당히 높다. 교사들의 말에 따르면, 동료 학생들보다 능력이 뛰어난 아이들을 KIPP에 보냈고, 매우 의욕적이며 자녀 교육에 관심이 많은 부모들이 먼저 나서서 KIPP에 등록하는 경우가 많았다고 한다.2)

이러한 주장은 KIPP 학생들을 다른 공립학교 아이들과 비교할 때 '다른 조건들'이 '동일하게 유지되었는가'라는 중요한 질문을 제기한다.

제비뽑기

뉴잉글랜드에 설립된 최초의 KIPP 학교는 매사추세츠 보스턴 북쪽에 인접한 도시 린(Lynn)에 있는 중학교이다. 이런 옛날 노래가 있다. "린, 린, 죄악의 도시, 들어갈 때와 똑같은 모습으로는 절대 나올 수 없다네." 애석하게도 오늘날의 린은 죄악이

지 미국 내 55개 대학의 졸업반 학생들을 가장 많이 고용하는 단일 고용주였다.

2) Martin Carnoy, Rebecca Jacobsen, Lawrence Mishel, and Richard Rothstein, The *Charter School Dust-Up: Examining Evidence on Student Achievement*, *Economic Policy Institute Press*, 2005, p. 58.

든 다른 무엇이든 내세울 만한 게 별로 없다. 린은 한때 제화업의 중심지였으나 근래에는 높은 실업률과 범죄율, 빈곤율로 두각을 나타내고 있을 뿐이다. 2009년 현재 린에서 공립학교를 다니는 학생들 대부분은 유색 인종이고 3/4이 급식 지원을 받을 만큼 저소득층 출신이다. 린에 있는 KIPP 학교 5학년 코호트의 빈곤율은 유난히 높다. 도시 지역에 있는 헌장학교에는 일반적으로 다수의 가난한 흑인 학생들이 등록하지만, KIPP 린은 영어를 자유롭게 구사하지 못하는 히스패닉계 아동들이 높은 비율로 등록되어 있다는 점이 특징적이다.

KIPP 린은 2004년 가을에 문을 열었지만 정원 미달을 기록하며 느리게 출발했다. 1년 뒤 정원보다 많은 지원자들이 있기는 했지만 정원보다 약간 많은 정도였다. 그러나 2005년 이후 수요가 가속적으로 증가하여 매년 90명 정원의 5학년에 200명 이상의 학생들이 지원했다. 지원자가 많을 경우 헌장학교의 입학은 매사추세츠 주법에 따라 추첨을 통해 배정된다. 상세한 제도적 세부 규정들이 있지만, 이 추첨은 헌장학교의 인과효과 수수께끼를 풀어갈 수 있게 해 준다. IV라는 우리의 연장은 이 입학 추첨을 이용해 자연발생적인 무작위 시행의 틀을 구축한다.

헌장학교에 다니겠다는 결정은 결코 전적으로 무작위일 수 없다. 지원자들 중에는 학교에 합격했는데도 다른 곳을 선택하는 사람도 있고, 추첨에서 탈락했어도 다른 방법을 통해 기어이 들어오는 사람도 있다. 그러나 무작위 입학 추첨의 결과에 따라 입학 자격을 부여받은 지원자들과 그 자격을 부여받지 못한 지원자들을 비교하는 것은 본질적으로 사과 대 사과의 비교를 충분히 만족한다. 추첨에 당첨됨으로써 발생하는 유일한 차이가 헌장학교에 등록할 가능성뿐이라고 가정하면(이러한 가정을 **배제 제약**(exclusion restriction)이라고 부른다), IV는 무작위적인 자격 부여의 효과를 헌장학교 재학의 효과의 인과적 추정치로 전환시킨다. 구체적으로 설명하면, IV 추정치는 추첨에서 입학 자격을 부여받으면 KIPP 학교에 등록하지만 그렇지 않으면 KIPP 학교에 입학하지 않을 그런 유형의 아이들에게 미치는 인과효과를 포착한다. 아래에서 설명하겠지만 이러한 집단을 KIPP 추첨의 **순응자들**(compliers)의 집단이라고 부른다.

조시웨이 사부를 위시한 연구진은 2005년 가을부터 2008년 가을까지 KIPP 린에 지원한 학생들의 데이터를 수집했다.[3] 일부 지원자들은 추첨을 하지 않았다. 그 이유는 형제자매가 이미 KIPP에 다니고 있는 아동들에게는 (대체로) 입학이 보장

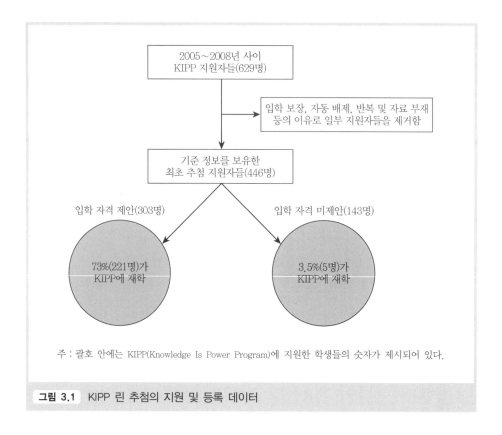

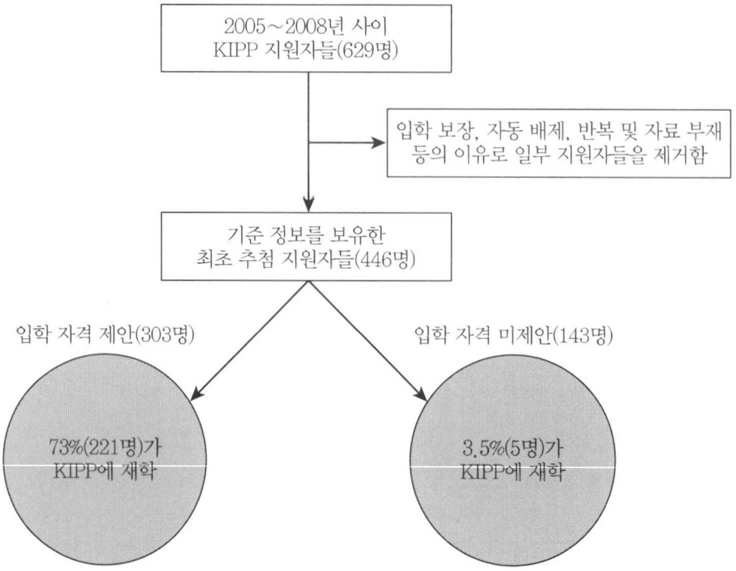

주 : 괄호 안에는 KIPP(Knowledge Is Power Program)에 지원한 학생들의 숫자가 제시되어 있다.

그림 3.1 KIPP 린 추첨의 지원 및 등록 데이터

되기 때문이다. 몇몇 지원자들(예를 들어, 중학교에 다닐 연령을 초과한 지원자들)은 애초부터 추첨에서 배제되었다. 2005년부터 2008년까지 진행된 4회의 KIPP 추첨에서 무작위 배정의 대상이 된 5학년 입학 지원자 446명 중 303명(68%)에게 입학 자격이 부여되었다. 하지만 놀랍게도 이 학생들 중 상당수가 오는 9월 학기에 등록하지 않았다. 일부는 이사를 나갔고, 일부는 근처의 동네 학교를 최종적으로 선택했다. 입학 자격을 부여받은 사람 중 221명(73%)이 이듬해에 KIPP에 모습을 드러냈다. 그와 동시에 입학 자격을 부여받지 못한 일부(약 3.5%)는 다른 수단을 동원해서 KIPP에 비집고 들어왔다. (추첨에서 탈락한 일부 지원자들에게 추후에 또는 추가적인 추첨을 통해 입학 자격이 제안되었다.) 〈그림 3.1〉에 이와 같은 중

3) Joshua D. Angrist et al., "Inputs and Impacts in Charter Schools : KIPP Lynn," *American Economic Review Papers and Proceedings*, vol. 100, no. 2, May 2010, pages 239-243, and Joshua D. Angrist et al., "Who Benefits from KIPP?" *Journal of Policy Analysis and Management*, vol. 31, no. 4, Fall 2012, pages 837-860.

요한 정보가 정리되어 있다.

KIPP 추첨은 현장학교의 입학자격 제안 여부를 무작위로 배정한다. 제안의 무작위 배정을 통해 입학 자격을 제안받은 지원자들과 그렇지 못한 지원자들의 인구학적 특성은 균형을 이루어야 한다. 〈표 3.1〉의 A에서 확인할 수 있는 바와 같이, 제안 여부별 균형 정도는 상당히 좋아 보인다. 하나의 기준으로서, (1)열에는 린에 있는 모든 공립학교 5학년 학생들의 인구학적 특성과 초등학교 시험 점수가 제시되어 있다. (2)열과 (3)열에는 KIPP 추첨 당첨자들의 평균과, 당첨자와 탈락자 사이의 평균 차이가 정리되어 있다. 이에 따르면, 당첨자와 탈락자들이 흑인이거나 히스패닉계일 가능성이나 무료 급식 대상이 될 만큼 저소득층일 가능성은 거의 동일하다.

〈표 3.1〉에서 특히 중요한 특징은 처치 전 결과, 즉 추첨 지원자들의 KIPP 등록 이전 4학년 시험 점수(이 표에는 '기준 점수(baseline scores)'로 표시되어 있음)가 균형이 잡혀 있는지를 점검하는 것이다. 학생의 성취도를 연구할 때의 관행에 따라 이 점수는 **표준화** 점수로서, 이것은 개인의 점수에서 대상 모집단(이 경우에는 매사추세츠의 4학년 집단) 점수의 평균을 빼고 그 차이를 표준 편차로 나누어 구한다. 표준화 점수를 사용하는 경우, 점수는 대상 모집단의 표준 편차로 정의되는 단위에 의해 측정된다. 매사추세츠에 있는 여러 가난한 도시나 농촌의 경우와 마찬가지로, 린의 평균 수학 점수는 주 평균에 비해 표준 편차의 약 3/10 정도 낮다. 이 수준의 점수는 -0.3σ라고 표현한다(제1장과 제2장의 부록에서와 같이 표준 편차는 그리스 문자 '시그마'로 표시한다). 〈표 3.1〉의 (3)열에 제시되어 있듯이, KIPP 추첨 당첨자와 탈락자들 사이에 존재하는 통계적으로 유의하지 않은 기준 점수의 작은 차이는 우연에 기인한 것일 가능성이 높다.

〈표 3.1〉의 마지막 2개 열에는 KIPP에 등록한 5학년생들의 평균과, KIPP에 등록한 KIPP 지원자들과 미등록한 지원자들 간의 차이가 함께 제시되어 있다. 등록은 무작위로 배정하지 않았기 때문에, 등록 학생들과 미등록 학생들 간의 차이는 선택 편의를 반영할 가능성이 있다. 추첨에 당첨되었으나 다른 곳으로 가기로 결정한 학생들은 KIPP 등록 기회를 받아들인 학생들에 비해 학교에 대한 관심이 적을 수 있다. 이것이 바로 KIPP에 회의적인 사람들이 제시하는 선택 편의 시나리오다. 그러나 결과적으로 (5)열에 나타나 있는 격차는 소폭이며 통계적 유의성에 접근하는

표 3.1 KIPP 추첨들에 대한 분석

		KIPP 지원자			
	린 공립학교 5학년생 (1)	KIPP 린 추첨 당첨자 (2)	당첨자 vs. 탈락자 (3)	KIPP 재학생 (4)	KIPP 재학생 vs. 미재학생 (5)
A. 기준 특성					
히스패닉계	.418	.501	−.058 (.058)	.539	.012 (.054)
흑인	.173	.257	.026 (.047)	.240	−.001 (.043)
여성	.480	.494	−.008 (.059)	.495	−.009 (.055)
무상/보조 급식	.770	.814	−.032 (.046)	.828	.011 (.042)
기준 점수(수학)	−.307	−.290	.102 (.120)	−.289	.069 (.109)
기준 점수(언어)	−.356	−.386	.063 (.125)	−.368	.088 (.114)
B. 성과변수					
KIPP 재학	.000	.787	.741 (.037)	1.000	1.000 –
수학 점수	−.363	−.003	.355 (.115)	.095	.467 (.103)
언어 점수	−.417	−.262	.113 (.122)	−.211	.211 (.109)
표본 크기	3,964	253	371	204	371

주 : 이 표에는 린 5학년생들의 기준 특성들과 KIPP 린의 지원자들에 대한 입학 자격 제안 효과의 추정치들이 제시되어 있다. 평균값들이 (1), (2), (4)열에 제시되어 있다. (3)열에는 추첨 당첨자와 탈락자들 간의 차이가 제시되어 있다. 이 수치는 동일 부류 집합을 통제한, 즉 지원한 연도와 학년 그리고 지원자의 형제자매가 이미 KIPP에 다니고 있는지 여부에 대한 더미변수들을 통제한 회귀모형으로부터 구한 계수들이다. (5)열에는 KIPP 재학생들과 KIPP에 다니지 않는 지원자들 간의 차이가 제시되어 있다. 괄호 안에는 표준 오차가 제시되어 있다.

것은 하나도 없다. 따라서 이러한 점들을 고려할 때, 선택 편의가 크게 문제시되지 않는다는 것을 알 수 있다.

대부분의 KIPP 지원자들은 정규 중학교 과정이 시작되기 1년 전인 5학년에 KIPP에 들어가기 위해 지원했으나 일부는 6학년으로 들어가기 위해 지원하기도

했다. 여기에서 우리는 지원한 학년의 다음 학년 말에 치른 시험의 점수에 대해 KIPP 재학이 미친 영향을 살펴본다. 이 점수는 4학년 때 KIPP에 지원한 학생의 5학년 말 점수이고, 5학년 때 KIPP에 지원한 학생의 6학년 말 점수다. 이에 따라 도출된 표본에는 371명의 지원자가 포함되어 있고, 3학년을 마치고 입학을 지원한 연령 미달 지원자들과 기준 점수나 성과 점수가 누락되어 있는 몇몇 지원자들은 제외되어 있다.[4)]

〈표 3.1〉의 B에 따르면, 입학 자격 제안을 받은 KIPP 지원자들의 표준화 수학 점수는 0에 근접해 주(state) 평균값에 가깝다. KIPP 지원자들의 4학년 점수의 평균은 처음부터 주 평균보다 대략 0.3σ 정도 낮았기 때문에, 주 평균 수준의 성취도는 높은 평가를 받을 만한 일이다. 이와는 달리, 입학 자격을 제안받지 못한 학생들의 평균 성적은 약 -0.36σ로서 4학년 시작 시의 성적보다 약간 더 낮다.

추첨을 통한 입학 제안은 무작위로 배정되었기 때문에, (3)열에 제시되어 있는 0과 -0.36의 차이는 평균 인과효과다. 즉, KIPP 린에 입학할 자격을 제안하는 것은 수학 점수를 0.36σ만큼 끌어올리는데 이는 큰 상승분이다. (KIPP 제안이 언어 점수에 미친 효과는 양이기는 하지만 크기가 작고 통계적으로도 유의하지 않다.) 기술 측면에서 덧붙여 말하면, 여기에서의 분석은 평균들의 단순 비교와 아이디어는 동일하지만 그보다는 약간 더 복잡하다. (3)열의 결과는 점수를 KIPP 입학 제안을 지시하는 더미, 지원한 연도 및 학년 더미, 그리고 지원자의 형제자매가 이미 KIPP에 다니고 있는지를 지시하는 더미에 회귀시키는 회귀모형으로부터 구한 값이다. 이 통제변수들이 필요한 이유는 추첨에 당첨될 확률이 해마다 그리고 학년마다 달라지고, KIPP 형제자매들의 경우에는 그 확률이 훨씬 높기 때문이다. 여기에서 사용한 통제변수들은 추첨을 통한 제안 확률이 동일한 학생들의 집단(**동일 부류 집합**(risk sets)이라고 부르기도 한다)을 표현한다.[5)]

0.36σ라는 입학 자격 제안의 효과가 KIPP 린 재학의 효과에 대해 우리에게 말해 주는 것은 무엇일까? IV 추정치는 KIPP 제안의 효과를 KIPP 재학의 효과로 전환시

---

4) 제1장에서 살펴보았듯이, 표본 탈락(데이터 누락)은 무작위 시행에서도 걱정거리다. 데이터 누락이 있는 무작위 배정 디자인을 쓸모 있도록 만드는 열쇠는 처치집단과 통제집단에서 데이터가 누락될 확률을 동일하게 만드는 것이다. 〈표 3.1〉을 작성하는 데 사용한 KIPP 표본에서 당첨자와 탈락자는 실제로 온전한 데이터를 가질 확률이 거의 동일했다.

5) IV 추정에서 공변량의 역할에 대해서는 3.3절에 자세히 설명되어 있다.

킨다. 이 경우에서 **도구변수**(또는 줄여서 IV)는 입학 자격을 제안받은 KIPP 지원자를 지시하는 더미변수다. 일반적으로 도구변수는 다음과 같은 세 가지 조건을 충족한다.

(i) 도구변수는 그 영향을 파악하고자 하는 변수(이 경우에는 KIPP 등록)에 인과적인 영향을 미친다. 잠시 후 그 이유를 분명하게 알 수 있겠지만, 이 인과효과를 우리는 **1단계**(first-stage)라고 부른다.

(ii) 도구변수는 무작위적으로 또는 '무작위 배정과 거의 마찬가지로' 배정된다. 이것은 우리가 통제하고자 하는 누락변수들(이 경우에는 가정 배경이나 동기부여 수준 같은 변수들)과 도구변수가 상관관계를 갖지 않음을 의미한다. 우리는 이 조건을 **독립성 가정**(independence assumption)이라고 부른다.

(iii) 마지막으로, IV의 논리는 **배제 제약**(exclusion restriction)을 필요로 한다. 배제 제약은 도구변수가 성과변수에 영향을 미치는 유일한 경로임을 표현한다. 여기서 배제 제약은 추첨 당첨자와 탈락자 사이에 관측되는 0.36σ의 점수 차이가 순전히 〈표 3.1〉의 (3)열(B의 상단)의 참여율에서 나타나는 0.74라는 (당첨-탈락)의 차이 때문이라고 주장한다.

IV 방법에서는 이들 세 가정을 이용해 도구변수에서 학생의 성취도로 이어지는 연쇄 반응을 묘사한다. 이와 같은 인과관계의 사슬에서 첫 번째 고리 — 1단계 — 는 무작위 배정된 입학 제안을 KIPP 재학과 연결시킨다. 두 번째 고리 — 우리가 추정하고자 하는 것 — 는 KIPP 재학과 성취도를 연결시킨다. 독립성 가정과 배제 제약 덕분에 이들 2개 연결고리의 곱은 입학 제안이 시험 점수에 미치는 효과를 도출한다. 즉, 다음과 같다.

입학 제안이 점수에 미치는 효과
= ({입학 제안이 재학에 미치는 효과}
× {재학이 점수에 미치는 효과})

이 식을 다시 배열하면 KIPP 재학의 인과효과는 다음과 같다.

$$\text{재학이 점수에 미치는 효과} = \frac{\{\text{입학 제안이 점수에 미치는 효과}\}}{\{\text{입학 제안이 재학에 미치는 효과}\}} \quad (\text{식 } 3.1)$$

〈그림 3.2〉의 좌변에서 볼 수 있는 바와 같이, 이 효과의 크기는 0.48σ이다.

식 (3.1)을 도출한 논리는 다음과 같이 쉽게 요약된다. KIPP 입학 제안은 KIPP 재학을 통해서만 시험 점수에 영향을 미친다고 가정한다. 입학 제안은 약 75퍼센트 포인트(정확히는 0.74) 정도 재학률을 증가시키므로, 입학 제안이 점수에 미치는 효과에 약 4/3(≈1/0.74)을 곱하면 재학의 효과가 도출된다. 이와 같은 조정에 의해, KIPP 입학 제안을 받았던 사람들 중 약 1/4이 다른 곳으로 가기로 선택했고, 제안을 받지 못한 소수의 사람이 제안을 받지 못했음에도 불구하고 KIPP에 들어왔다는 사실이 보정된다.

KIPP 재학의 효과에 대한 또 다른 추정치가 〈표 3.1〉의 (4)열과 (5)열에 제시되어 있다. (4)열에는 KIPP 학생들의 평균이, 그리고 (5)열에는 KIPP 학생들과 그외 나머지 지원자들 사이의 비교 결과가 제시되어 있다. (5)열의 차이는 무작위로 추첨한 입학 제안을 무시한 것으로서, 학교 등록 이후의 수학 점수를 KIPP 재학 더미변수에 회귀시키는 회귀모형으로부터 도출되었다. 이 회귀분석은 (3)열에서 당첨/탈락의 차이를 계산할 때 사용한 것과 동일한 통제변수들을 사용한다. 이 회귀분석에서 KIPP 재학의 변이는 (전부는 아니지만) 대부분 추첨으로부터 생성된다. KIPP 등록에는 무작위 배정뿐만 아니라 개인의 선택(예를 들어, 당첨자가 학교에 등록하지 않기로 결정하는 선택)이 수반되기 때문에, 등록한 사람들과 미등록한 사람들을 비교하는 것은 선택 편의에 의해 오염될 수 있다. 그러나 (5)열에 제시되어 있는 수학 점수에 대한 추정치(약 0.47σ)는 〈그림 3.2〉의 IV 추정치에 가까워 선택 편의가 위의 사례에서는 그다지 중요하지 않을 것이라고 우리가 이전에 추측한 바를 확증해 준다.

1년 학교생활 후 수학 점수가 표준 편차의 절반만큼 향상되는 놀라운 결과가 나타났다. KIPP에 다니는 행운을 누릴 수 있었던 린 거주자들은 학교에 들어올 때와 나갈 때 전혀 다른 모습이 된다.

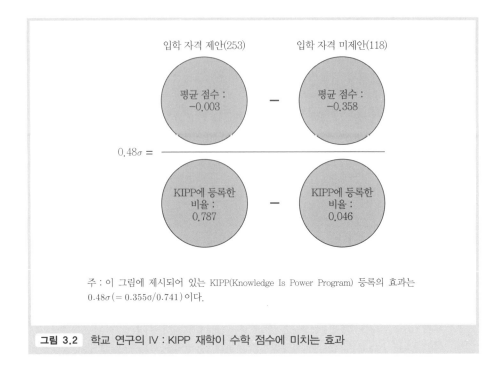

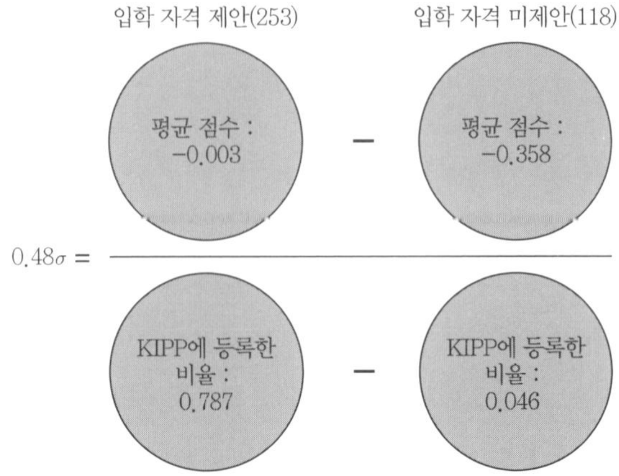

주 : 이 그림에 제시되어 있는 KIPP(Knowledge Is Power Program) 등록의 효과는 $0.48\sigma(=0.355\sigma/0.741)$이다.

그림 3.2 학교 연구의 IV : KIPP 재학이 수학 점수에 미치는 효과

현장학교의 LATE

KIPP 추첨은 IV 연쇄 반응의 실례를 제공한다. 이러한 반응의 구성 요소에는 이름이 붙어 있기 때문에, 고수들은 이에 대해 효율적으로 논의할 수 있다. 원래의 무작위 배정 장치(이 경우에는 KIPP 입학 제안)를 도구변수 또는 줄여서 IV라고 부른다는 사실은 이미 언급했다. 앞서 살펴보았듯이, 도구변수로부터 관심 원인변수로의 연결고리(이 경우에는 추첨에 의해 배정된 입학 제안이 KIPP 재학에 미치는 효과)는 연쇄 반응의 첫 번째 연결고리이기 때문에 **1단계**(first-stage)라고 부른다. 연쇄 반응의 처음과 끝을 전체적으로 연결하는 것으로서 도구변수가 성과에 미치는 직접적인 효과(이 경우에는 입학 제안이 점수에 미치는 효과)는 **축약형**(reduced-form)이라고 부른다. 마지막으로, 관심대상 인과효과(즉, 연쇄 반응의 두 번째 연결고리)는 축약형 나누기 1단계 추정치의 비율에 의해 결정된다. 이 인과효과는 **국지적 평균 처치효과**(local average treatment effect, LATE)라고 부른다.

IV 사슬의 연결 고리들은 조건부 기댓값들 사이의 차이, 즉 상이한 집단들에 대해 모집단 평균을 비교하는 것으로 구성된다. 실제 분석에서 모집단 평균들은 표본

평균들(보통은 무작위 표본에 의해 구성된 데이터)을 이용해 추정한다. 필요한 데이터는 다음과 같다.

- **도구변수**(instrument) Z_i : 현재 사례의 경우에 KIPP 입학 자격을 무작위적으로 제안받은 지원자에게는 1을 부여하는 더미변수. (이 변수는 추첨에 참여한 사람들에 대해서만 정의된다.)
- **처치변수**(treatment variable) D_i : 현재 사례의 경우에 KIPP에 재학한 사람에게는 1을 부여하는 더미변수. (역사적인 이유로 인해 이 변수는 때때로 내생변수라고 부른다.)
- **성과변수**(outcome variable) Y_i : 현재 사례의 경우에 5학년 수학 점수.

이 변수들 간의 핵심적인 관계, 즉 IV 사슬의 연결 고리들이 바로 모수들이다. 따라서 우리는 이들 모수에게 (이제는 짐작하시겠지만) 그리스어로 된 세례명을 붙여줄 것이다.

1단계 : $E[D_i|Z_i=1]-E[D_i|Z_i=0]$. 이를 ϕ라고 부른다.

KIPP에 관한 연구에서 ϕ('파이')는 추첨에서 입학 자격을 제안받은 사람들과 제안받지 못한 사람들 사이에 나타나는 KIPP 재학률의 차이다. (〈그림 3.2〉의 0.74에 해당된다.)

축약형 : $E[Y_i|Z_i=1]-E[Y_i|Z_i=0]$. 이를 ρ라고 부른다.

KIPP에 관한 연구에서 ρ('로우')는 추첨에서 입학 자격을 제안받은 사람들과 제안받지 못한 사람들 사이에 나타나는 평균 시험 점수의 차이다. (〈그림 3.2〉에서 0.36에 해당한다.)

국지적 평균 처치효과(LATE)

$$\lambda=\frac{\rho}{\phi}=\frac{E[Y_i|Z_i=1]-E[Y_i|Z_i=0]}{E[D_i|Z_i=1]-E[D_i|Z_i=0]} \quad \text{(식 3.2)}$$

여기서 λ('람다')로 표시하는 LATE는 축약형 나누기 1단계의 비율이다.

KIPP에 관한 연구에서 LATE는 추첨 당첨자들과 탈락자들 간 점수의 차이를 당첨자들과 탈락자들 간 KIPP 재학률의 차이로 나눈 값이다. (〈그림 3.2〉의 0.48에 해당한다.)

식 (3.2)의 우변에 있는 4개의 모집단 기댓값을 대응하는 각각의 표본 평균으로 대체함으로써 λ를 추정할 수 있다. 이 추정치를 고수들은 IV 추정치라고 부른다. 그러나 실제 분석에서는 '**2단계 최소제곱법**(two stage least squares, 2SLS)'이라는 방법을 선호한다. 이 방법에 대해서는 3.3절에서 자세히 설명한다. 2SLS는 동일한 아이디어를 실행하되 유연성을 더한 것이다. 어느 방법이든 표본을 이용해 모수를 추정한다는 사실 때문에, 우리는 추정치들의 표본 분산을 적절한 표준 오차를 이용해 정량화해야 한다. IV 표준 오차에 대한 공식은 당연히 존재하고, 우리의 계량경제학 소프트웨어는 이 공식을 알고 있다. 문제 해결!

λ의 해석과 관련된 문제는 조금 더 흥미롭다. 헌장학교의 경우에 도대체 누가 LATE에 해당하는지를 한번 알아보자. KIPP으로부터 혜택을 누리는 정도는 아이들마다 다르다. 일부 학생들, 아마도 가정환경이 우호적인 학생들의 경우에는 KIPP린을 선택하든 린의 공립학교를 가든 크게 중요하지 않다. 이러한 지원자들에게 KIPP 재학의 인과효과는 0이다. 다른 학생들의 경우에는 KIPP 재학이 대단히 중요할 수 있다. LATE는 이와 같이 상이한 개별 인과효과들의 평균값이다. 구체적으로 말해, LATE는 KIPP 등록 여부가 오직 KIPP 추첨에 의해서만 영향을 받는 아이들에 대한 평균 인과효과이다.

성경의 유월절 이야기는 네 가지 유형의 아이들이 있다고 설명한다. 오늘날도 마찬가지다. 일단 세 가지 유형에 대해 시작하자. 알바로 같은 지원자는 KIPP에 가고 싶어 죽을 지경이다. 이런 아이가 추첨에서 떨어지면 그 부모는 어떤 방법을 써서라도 그 아이를 KIPP에 들여보낸다. 카밀라 같은 아이는 추첨에 당첨되면 기쁘게 KIPP에 가겠지만 떨어지더라도 담담하게 그 결정을 받아들인다. 마지막으로 노르만도 같은 지원자는 학교 수업이 너무 길고 숙제가 많은 것을 걱정한다. 노르만도는 KIPP에 가고 싶은 마음은 솔직히 없으므로, 추첨에 당첨되었다는 얘기를 듣고도 KIPP에 가지 않겠다고 거절한다. 노르만도는 **항시 불참자**(never-taker)라고 부른다. 이 아이의 학교 선택은 추첨의 영향을 받지 않기 때문이다. (아이를 추첨에 참여시킨 사람은 사회복지사다.) KIPP에 대한 결정의 다른 극단에 있는 알바로는 **항시 참여자**(always-taker)이다. 알바로는 입학 제안을 받으면 냉큼 받아들이고, 추첨에서 떨어졌을 경우라도 알바로의 엄마가 당첨자 중에 형제자매가 있다고 거짓말을 해서라도 KIPP에 들여보낼 것이다. 알바로 역시 학교 선택이 추첨의 영향을 받지 않는다.

카밀라는 추첨에서 당첨되면 KIPP에 다니지만 떨어지면 아쉬워하면서도 동네의 다른 학교에 다닐 것이다. (카밀라의 양어머니는 몹시 바쁘다. 딸에게 최선의 것을 해주고 싶지만 현실적으로 허용되는 한도 내에서 움직일 수밖에 없다.) 카밀라는 IV에 힘을 부여하는 유형의 지원자다. 도구변수가 그녀의 처치 상태를 변화시키기 때문이다. $Z_i=0$일 때 카밀라의 $D_i=0$이고, $Z_i=1$일 때 카밀라의 $D_i=1$이다. IV 전략은 카밀라 같은 지원자들에게 의존하며 이들은 **순응자**(complier)라고 부른다. 이 집단을 우리는 더미변수 C_i로 표시한다. '순응자'라는 용어는 무작위 시행의 세계에서 나온 말이다. 새로운 약을 평가하는 데 사용하는 것과 같은 많은 무작위 시행에서 무작위 처치 배정에 순응하는 결정은 자발적이며 무작위가 아니다. (예를 들어, 무작위로 처치를 제안받은 실험 참가자들은 이 처치를 거절할 수 있다.) 이러한 시행에서 순응자는 처치를 (무작위로) 제안받은 경우에는 처치를 받고, 제안받지 않은 경우에는 처치를 받지 않는 사람이다. 추첨 도구변수의 경우에 LATE는 카밀라와 같이 추첨에 당첨되었을 때에만 KIPP에 등록하는 순응자들에게 KIPP 재학이 미치는 평균 인과효과이다. IV 방법은 알바로 같은 항시 참여자나 노르만도 같은 항시 불참자의 경우에는 아무런 정보도 제공하지 않는다. 도구변수가 그들의 처치 상태와는 관련성을 갖지 않기 때문이다.

〈표 3.2〉의 분류에서는 알바로, 노르만도, 카밀라 같은 아이들 외에 네 번째 유형으로서 **반항자**(defier)가 제시되어 있다. 각 열은 $Z_i=0$일 때 내린 학교 재학 여부의 선택을, 그리고 각 행은 $Z_i=1$일 때 내린 학교 재학 여부의 선택을 표시한다. 이 표에는 우리가 관측한 사람들뿐만 아니라 모든 지원자에 대해 가능한 모든 시나리오가 제시되어 있다. (예를 들어, 이 표에는 입학 제안을 받은 지원자가 당첨되지 않았더라면 취했을 행동까지도 표시되어 있다.) 노르만도 같은 항시 불참자나 알바로 같은 항시 참여자는 서로 대각선에 배치되어 있다. 당첨되든 탈락하든 이들의 학교 선택은 달라지지 않는다. 하단의 왼편을 보면 카밀라는 추첨 결과에 순응하므

표 3.2 아이들의 네 가지 유형

<table>
<tr><td colspan="2"></td><td colspan="2">추첨 탈락자
$Z_i = 0$</td></tr>
<tr><td colspan="2"></td><td>KIPP 미재학
$D_i = 0$</td><td>KIPP 재학
$D_i = 1$</td></tr>
<tr><td rowspan="2">추첨 당첨자
$Z_i = 1$</td><td>KIPP 미재학
$D_i = 0$</td><td>항시 불참자
(노르만도)</td><td>반항자</td></tr>
<tr><td>KIPP 재학
$D_i = 1$</td><td>순응자
(카밀라)</td><td>항시 참여자
(알바로)</td></tr>
</table>

주 : KIPP = Knowledge Is Power Program.

로 당첨된 경우에만 KIPP에 재학한다. 1단계, 즉 $E[D_i \mid Z_i = 1] - E[D_i \mid Z_i = 0]$는 이러한 지원자들에 의해 유도된 것이며, LATE는 이 집단의 평균 처치효과를 반영한다.

〈표 3.2〉의 반항자는 추첨에서 자리를 제안받지 못한 경우에만 KIPP에 등록하는 사람이다. 성경은 이러한 반항자들을 '사악'하다고 이야기하지만, 여기서 우리는 도덕적 판단을 하지 않는다. 하지만 이 같은 비뚤어진 행동이 IV 추정치에 대한 해석을 어렵게 만든다는 사실은 알아두어야 한다. 데이터에 반항자들과 순응자들이 함께 있는 경우에는 모든 사람들이 KIPP 재학으로부터 혜택을 누리더라도 KIPP 입학 제안의 평균 효과는 0으로 나타날 수 있다. 다행스럽게도, 반항 행동은 헌장학교 추첨을 비롯한 다수의 IV 세팅에서 잘 나타나지 않는다. 따라서 우리는 반항 행동이 극히 드물거나 존재하지 않는다고 가정한다. 이와 같은 반항자 부재의 가정을 **단조성**(monotonicity)이라고 부른다. 이 가정은 지원자들이 도구변수로부터 오직 한 방향으로만 영향을 받는다는 것을 의미한다.

우리는 지금까지 도구변수 Z_i가 관심 변수 D_i를 변화시키고 그것이 다시 성과 Y_i에 영향을 미치는 인과관계 사슬의 시작점이라는 관점에서 도구변수를 이해할 수 있다고 주장해 왔다. 각 도구변수에 연결되어 있는 순응자 모집단이라는 개념이 이러한 연쇄 반응에 대한 해석에서 핵심 역할을 한다. LATE 정리에 따르면, 단조성과 배제 제약을 모두 만족시키면서 1단계가 0이 아닌 모든 무작위 배정 도구변수의 경우에서 축약형 나누기 1단계의 비율은 LATE이고, 이 값은 처치가 순응자들에게 미치는 평균 인과효과이다.[6] 1.1절을 상기해 보자. Y_{1i}는 처치가 적용되었을 때 i의 성과이고, Y_{0i}는 처치가 적용되지 않았을 때 같은 사람 i의 성과이다. 이러한 개념과 위에서 정의한 모수들을 이용하면 LATE를 다음과 같이 쓸 수 있다.

$$\lambda = \frac{\rho}{\phi} = E[Y_{1i} - Y_{0i} | C_i = 1]$$

모든 사람에게 동일한 인과효과(이것은 제1장에서 식 (1.3)이 기술하는 모형이다)와 같이 보다 강한 가정이 없다면, LATE는 항시 불참자나 항시 참여자에 대한 인과효과를 표현하지 못한다.

당연한 얘기지만, 도구변수는 이 변수를 조작함으로써 처치 상태를 바꿀 수 없는 사람들에 대한 인과효과를 파악하는 데는 크게 도움이 되지 못한다. 여기서 한 가지 좋은 소식은 우리가 알고자 하는 집단이 바로 순응자들의 모집단이라는 점이다. KIPP의 예에서 순응자는 네트워크가 확장되어 추첨에서 추가로(아마도 그 지역 내에 새로운 학교를 여는 방식으로) 입학 자격을 제안할 수 있게 되면 KIPP에 참여할 가능성이 높은 아동들이다. 매사추세츠는 헌장학교 입학생 수의 상한을 법으로 설정하고 있기 때문에, 헌장학교의 확대가 초래하는 결과는 당대의 중요한 교육 정책적 문제이다.

연구자들과 정책 입안자들은 이따금 LATE뿐만 아니라 처치를 받은 전체 모집단에 대한 평균 인과효과에도 관심을 갖는다. 이 평균 인과효과는 **피처치자에 대한 처치효과**(treatment effect on the treated, TOT)라고 부른다. TOT는 $E[Y_{1i} - Y_{0i} | D_i = 1]$라고 쓴다. 처치를 받는 방법, 다시 말해 D_i가 1의 값을 취하는 방법으로는 대체로 두 가지가 있다. 하나는 도구변수가 0을 취하든 1을 취하든 상관없이 처치를 받는 경우다. 앞에서 살펴보았듯이 이는 알바로, 즉 항시 참여자의 이야기다. 처치집단의 나머지 사람들은 무작위 배정변수 Z_i가 1인 순응자들로 구성된다. KIPP 연구에서 처치집단 표본에는 입학 자격을 제안받은 순응자들(카밀라)과 무슨

6) 이 정리는 Guido W. Imbens and Joshua D. Angrist, "Identification and Estimation of Local Average Treatment Effects," *Econometrica*, vol. 62, no. 2, March 1994, pages 467-475로부터 도출된다. 순응자, 항시 참여자, 항시 불참자의 구분에 대한 자세한 내용은 Joshua D. Angrist, Guido W. Imbens, and Donald B. Rubin, "Identification of Causal Effects Using Instrumental Variables," *Journal of the American Statistical Association*, vol. 91, no. 434, June 1996, pages 444-455를 참조하라.

일이 있어도 결국 KIPP에 진학하는 항시 참여자들(알바로)이 포함되어 있다. 입학 자격을 무작위로 제안받은 순응자 모집단은 모든 순응자들의 모집단(추첨에서 탈락하고 공립학교에 간 순응자들을 포함함)을 대표한다. 그러나 항시 참여자들에 대한 효과가 순응자들에 대한 효과와 반드시 동일할 필요는 없다. 예를 들어, 알바로가 항시 참여자인 이유는 알바로의 어머니가 KIPP이 아들의 인생을 바꿔 주리라고 생각하기 때문이라고 가정해 보자. 이 경우 알바로가 경험하는 인과효과는 KIPP에 대한 열성도는 낮지만 처치를 받은 지원자들(즉, 보통의 처치 순응자들)이 경험하는 것보다 더 크다.

처치집단에는 항시 참여자들이 포함되어 있기 때문에, LATE와 TOT는 일반적으로 동일하지 않다. 게다가 이들 평균 인과효과 중 어느 것도 시간이 경과함에 따라 혹은 상이한 환경(예를 들어, 소수 인종 지원자들의 수가 더 적은 헌장학교)에서 동일하게 유지될 필요는 없다. 특정한 인과효과 추정치가 그것을 도출한 연구에서 대표하는 수준을 넘어서 다른 시간, 다른 장소, 그리고 다른 사람들에 대해 예측력을 가지고 있는가의 문제는 **외적 타당성**(external validity)이라고 부른다. 외적 타당성을 평가할 때 고수라면 어떤 특정한 LATE 추정치가 어째서 크거나 작은지에 대해 자문해 보아야 한다. 예를 들어, KIPP이라는 교육방법은 다수의 아동들—전부는 아니라 하더라도—이 쉽게 배울 수 있도록 구조화된 교육 환경을 제공함으로써 성취도를 끌어올린다고 생각할 수 있다. 특별히 똑똑하고 독립적인 아이라면 KIPP에서 성공하지 못할 수도 있다. 특정한 LATE의 외적 타당성을 검토하기 위해, 우리는 하나의 도구변수를 사용해 서로 다른 유형의 학생들(예를 들어, 기준 점수가 높거나 낮은 학생들)에 대한 추정치들을 살펴볼 수 있다. 또한 서로 다른 종류의 순응자들에게 영향을 미치는 추가적인 도구변수를 찾아볼 수도 있다(이 주제는 3.3절에서 다룬다). 무작위 시행에서 도출된 추정치들과 마찬가지로, IV 추정치들의 외적 타당성에 대한 최상의 증거는 서로 다른 모집단에 동일하거나 유사한 처치를 시행해 구한 LATE들을 서로 비교하는 방법으로부터 나온다.

3.2 가정폭력 뿌리 뽑기

O.J. 심슨이 니콜 브라운 심슨과 결혼한 뒤 그의 로스앤젤레스 저택으로 경찰이 9회 이상 출동했다. 하지만 'The Juice'라는 별명을 가진 전 내셔널 풋볼리그(NFL) 슈퍼스타는 1989년에 단 한 차례 체포되었을 뿐이다. 당시 그는 니콜을 병원에 입원시킨 사건에서 배우자 학대 혐의에 대해 유죄를 인정했다. 심슨은 소액의 벌금을 물었고, 사회봉사를 이수했고, 자신이 선택한 정신과 전문의로부터 상담을 받으라는 명령을 받았다. 1989년의 사건을 담당했던 로버트 핑글 검사는 니콜이 심한 구타를 당한 여파 때문에 당국에 그다지 협조적이지 않았다고 말했다. 5년 뒤 니콜 브라운 심슨과 그녀의 동반자 로널드 골드먼은 정체불명의 침입자에게 살해당했고, 많은 이들은 범인이 니콜의 전남편 O.J. 심슨이라고 생각했다.[7)]

경찰은 가정폭력에 어떻게 대응해야 할까? 니콜 브라운 심슨처럼 학대의 피해자들은 소송을 꺼리는 경우가 많다. 피해자의 협조 없이 가해자를 체포하는 것은 무의미하고, 이미 좋지 않은 상황을 오히려 더욱 악화시킬 수 있다. 다수의 논객과 경찰에게는 사회봉사 기관이 가정폭력에 대응할 수 있는 최선의 방책인 듯이 보인다. 그와 동시에, 피해자를 옹호하는 이들은 가해자를 체포하지 않는 것은 폭력 행위에 대해 사회적으로 관용을 베푸는 신호가 된다고 염려한다. 동일한 폭력 행위가 서로 모르는 사람들 사이에서 발생했다면 엄격한 법 집행을 통한 대응이 이루어졌을 것이다.

열띤 정책적 논쟁의 와중에서 미니애폴리스의 시장과 경찰국장은 1980년대 초에 혁신적인 실험에 착수했다. 미니애폴리스 가정폭력 실험(Minneapolis Domestic Violence Experiment, MDVE)은 가해자를 체포하는 조치가 어느 정도의 가치가 있는지를 평가하기 위해 디자인되었다.[8)] MDVE 연구 디자인에는 다음의 세 가지 처

---

7) 심슨은 형사 재판에서 살인 혐의를 벗었으나 민사 재판에서는 그에게 사망의 책임을 물었다. 그는 후에 '만일 내가 했다면: 살인자의 고백'(*If I Did It: Confessions of the Killer*, Beaufort Books, 2007)이라는 제목의 책을 썼다. 심슨의 집으로 여러 차례 경찰이 출동했다는 얘기는 Sara Rimer, "The Simpson Case: The Marriage; Handling of 1989 Wife-Beating Case Was a 'Terrible Joke,' Prosecutor Says,"(*The New York Times*, June 18, 1994)에 근거를 두고 있다.

8) MDVE에 대한 최초의 분석은 Lawrence W. Sherman and Richard A. Berk, "The Specific Deterrent Effects of Arrest for Domestic Assault,"(American Sociological Review, vol. 49, no. 2, April 1984, pages 261-272)에 제시되어 있다.

치가 포함되어 있다. 첫째는 체포이고, 둘째는 가해 혐의자에 대한 8시간 접근 금지 명령(격리)이며, 셋째는 현장에 출동한 경찰의 중재(조언)를 포함한 상담 조치다. 이 디자인에 따르면, 이 실험에 참가하는 미니애폴리스 경찰의 경찰관은 실험 기준을 충족하는 상황(구체적으로, 동거인 또는 배우자가 지난 4시간 이내에 파트너에게 단순 폭력을 행사했다고 믿을 수 있는 타당한 이유가 있는 상황)에 맞닥뜨릴 때마다 위의 세 가지 처치 중 하나를 무작위 선택하도록 요청받았다. 생명을 위협하는 상해나 심각한 상해(강력 폭력)의 경우들은 이 실험에서 제외되었고, 경찰이 출동했을 때 용의자와 피해자가 모두 현장에 있어야 했다. MDVE의 분석을 통해 발견한 중요한 결과는 최초의 무작위 배정 후 6개월 이내에 동일한 주소에서 가정폭력이 재발한다는 점이었다.

MDVE에서는 무작위 배정을 위해 세 가지 가능한 대응방법(즉 체포, 격리, 상담)에 대해 각기 서로 다른 색깔이 칠해진 보고서를 작성하는 패드를 사용하였다. 실험 기준을 충족하는 상황을 접한 경찰관은 패드 위에 있는 서류의 색깔에 따라 다른 조치를 취한다. 실험에 참가한 경찰관들은 자발적으로 참여했으며, 따라서 연구 디자인을 그대로 수행했을 것으로 예상된다. 그와 동시에, 연구에 관여한 모든 사람들은 무작위 배정 행동 수칙을 엄격히 따르는 것이 비현실적이고 적절하지 않다는 점을 이해하고 있었다.

실제 상황에서 경찰관들은 사건 당시 뽑힌 보고서 양식의 색깔에 따른 대응 방식을 그대로 따르지 않은 경우가 많았다. 어떤 경우에는 무작위 배정에 의해 격리나 상담 방식이 지정되었더라도 용의자를 체포했다. 이 경우 대부분의 체포는 용의자가 경찰관에게 폭력을 시도하거나, 피해자가 지속적으로 체포를 요구하거나, 양측이 모두 상해를 입은 상황에서 이루어졌다. 경찰관이 보고서 양식의 색깔을 잊어버린 경우도 가끔 있었다. 이와 같은 실험 프로토콜 위반으로 인해 실행된 처치는 무작위적으로 배정되지 않았다. 이와 같은 사실은 배정받은 처치와 실행된 처치를 도표화한 〈표 3.3〉에서 확인할 수 있다. 체포로 배정된 거의 모든 경우들은 체포로 귀결되었으나(체포로 배정된 92건 중 91건), 격리 또는 상담 처치로 배정된 다수의 사례들 또한 체포로 귀결되었다.

보통 하룻밤 구금으로 귀결되는 체포와 그보다 가벼운 대안적인 방식들을 비교한 결과, MDVE에서 대단히 흥미롭고도 논란의 여지가 많은 결과들이 나타났다.

표 3.3 MDVE의 배정받은 처치와 실행된 처치

	실행된 처치			
		온건한 처치		
배정받은 처치	**체포**	**상담**	**격리**	**총합**
체포	98.9 (91)	0.0 (0)	1.1 (1)	29.3 (92)
상담	17.6 (19)	77.8 (84)	4.6 (5)	34.4 (108)
격리	22.8 (26)	4.4 (5)	72.8 (83)	36.3 (114)
총합	43.3 (136)	28.3 (89)	28.3 (89)	100.0 (314)

주 : 이 표에는 MDVE(Minneapolis Domestic Violence Experiment)의 배정받은 처치와 전달된 처치의 분포에 대한 백분율과 실제 수치들이 제시되어 있다. 첫 번째 3개의 열은 행의 백분율이다. 마지막 열은 열의 백분율이다. 괄호 안에는 사건의 건수가 제시되어 있다.

따라서 〈표 3.3〉에서는 '2개의 비체포 처치들(상담과 격리)'을 합쳐 '온건한 처치'라는 제목 아래 제시했다. 무작위 배정은 가해 혐의자가 온건한 처치를 받을 확률에 크지만 확정적이지는 않은 영향을 미쳤다. 온건한 처치로 배정된 경우가 온건한 처치를 받을 확률은 0.797([(84 + 5) + (5 + 83)] / (108 + 114) = 177/222)인 반면, 온건한 처치로 배정되지 않은 케이스(즉, 체포로 배정)가 온건한 처치를 받을 확률은 0.011(1/92)이었다. 온건한 처치가 무작위로 실행되지 않았기 때문에 MDVE는 불완전한 실험처럼 보인다. 그러나 IV 방법으로 이를 쉽게 바로잡을 수 있다.

LATE가 피처치자에 대한 효과와 같아지는 경우

LATE 분석틀에 동기를 부여하는 것은 IV와 무작위 시행 사이의 유사성이다. 실제로 일부 도구변수는 무작위 시행으로부터 도출된다. IV 방법을 통해 우리는 MDVE 같은 실험에서 참여자들이 순응 결정을 무작위적으로 내리지 않는 상황에서도 피처치자들에 대한 처치의 인과효과를 포착할 수 있다. 사실 이러한 실험들에서는 일반적으로 IV를 사용하는 것이 필요하다. 실행된 처치에 기반하여 순진하게 MDVE 데이터를 분석하면 엉뚱한 결론을 얻을 수 있다.

실행된 처치를 기반으로 한 MDVE 분석이 엉뚱한 결론으로 이어지는 이유는 경찰관들이 가해 혐의자를 온건하게 처치하도록 지정되어 있는 상황에서 실제로 그렇게 한 사례들은 온건한 처치로 배정된 모든 사례들 중에서 무작위적이지 않은 부분 집합이기 때문이다. 따라서 온건한 처치를 받은 사람들을 온건하지 않은 처치

를 받은 사람들과 비교하는 것은 선택 편의에 의해 오염된다. 온건한 처치로 배정되었음에도 불구하고 체포를 당한 가해자들은 매우 공격적이거나 흥분 상태에 빠져 있는 경우가 많다. 무작위 배정된 처치 의도를 실행된 처치에 대한 도구변수로 사용하면 선택 편의의 이와 같은 원천을 제거할 수 있다.

여느 때와 마찬가지로, IV 연쇄 반응은 1단계로부터 시작한다.[9] MDVE의 1단계는 온건한 처치로 배정되었을 때 온건한 처치를 받을 확률과 체포로 배정되었을 때 온건한 처치를 받을 확률 사이의 차이다. Z_i를 온건한 처치로의 배정 여부를, 그리고 D_i를 온건한 처치가 실행된 사건을 지시한다고 정의하자. 이와 같은 상황에서 1단계는 다음과 같다.

$$E[D_i|Z_i=1]-E[D_i|Z_i=0]=0.797-0.011=0.786$$

위의 차이는 큰 값이지만, 순응이 완벽했을 경우에 우리가 구하게 될 값인 1과는 여전히 거리가 멀다.

안타깝게도 가정 학대는 반복적인 폭력인 경우가 많다. 이는 MDVE 표본에 포함되어 있는 주소들 중 18%의 가정에서 두 번째 가정폭력이 일어나 이에 개입하기 위해 경찰이 출동했다는 사실을 통해 알 수 있다. MDVE 연구진의 관점에서 가장 중요한 것은 체포로 배정된 용의자들보다도 온건한 처치로 배정된 용의자들의 경우에 재범의 가능성이 더 컸다는 사실이다. 이와 같은 사실은 아래와 같이 온건한 처치로의 무작위 배정이 처치 이후 1건 이상의 학대 의심 사례가 일어났는지를 지시하는 성과변수 Y_i에 미친 효과를 계산해 봄으로써 확인할 수 있다.

$$E[Y_i|Z_i=1]-E[Y_i|Z_i=0]=0.211-0.097=0.114 \qquad \text{(식 3.3)}$$

전체 재범률이 18%인 점을 감안할 때, 위의 11퍼센트 포인트라는 차이의 추정치는 상당한 수준이다.

배정된 처치와 실행된 처치가 상이해 불완전한 순응이 발생하는 무작위 시행에서 식 (3.3)으로 계산된 것과 같은 **무작위 배정의 효과**를 우리는 **처치 의도**(intention-

9) MDVE에 대한 우리의 IV 분석은 Joshua D. Angrist, "Instrumental Variables Methods in Experimental Criminological Research : What, Why and How," Journal of Experimental Criminology, vol. 2, no. 1, April 2006, pages 23-44에 근거를 두고 있다.

to-treat, ITT) **효과**라고 부른다. ITT 분석은 처치 배정의 인과효과를 포착한다. 하지만 ITT 분석은 온건한 처치로 배정된 사람들 중 일부는 체포되었다는 사실을 고려하지 않는다. ITT 효과는 이러한 미순응을 고려하지 않기 때문에, 온건한 처치가 실제로 온건한 처치를 받은 사람들에게 미치는 평균 인과효과를 과소평가한다. 그러나 이러한 문제는 쉽게 해결된다. ITT 효과를 처치집단과 통제집단 간 순응률의 차이로 나누면, 실험의 결과로 온건한 처치가 온건한 처치를 받은 순응자들에게 미치는 인과효과를 포착할 수 있다.

무작위 시행으로부터 도출한 ITT 추정치를 그에 대응하는 순응률의 차이로 나누어 봄으로써 또한 우리는 IV가 작동하는 상황을 확인할 수 있다. 우리는 ITT를 무작위로 배정된 도구변수(구체적으로 온건한 처치로의 무작위 배정)에 대한 축약형으로서 인식한다. 이미 살펴보았듯이, 온건한 처치로 배정된 다수의 가해 용의자들은 배정 내용과는 상관없이 체포를 당했다. 온건한 처치를 실제로 받았는지를 표시하는 더미변수를 온건한 처치로 무작위 배정되었는지를 표시하는 더미변수에 회귀시키는 회귀모형은 1단계로서, 위의 축약형과 짝을 이룬다. IV 인과 사슬은 처치의 무작위 배정으로 시작해 실행된 처치로 이어지고 궁극적으로 성과에 영향을 미친다.

MDVE 데이터에서 구한 LATE 추정치 0.114 / 0.7860 = .145는 인상적이다. 이 값은 대응되는 ITT 추정치와 비교해도 규모가 큰 온건한 처치의 효과를 나타낸다. 게다가, 실험 프로토콜에 따를지 여부에 대한 현장 경찰관의 결정이 매우 선택적이었지만, 이 LATE 추정치는 실행된 처치의 인과효과에 대한 훌륭한 측정치일 가능성이 높다.

늘 그렇듯이 LATE에 대한 인과적 해석은 부분적으로 배제 제약의 성립 여부에 의존한다. 배제 제약에 따르면, 관심 처치변수는 도구변수가 결과에 영향을 미치는 유일한 통로이어야 한다. MDVE에서 IV 연쇄 반응은 경찰관의 사건 보고서 양식의 색깔로부터 시작한다. 여기에서 배제 제약은 무작위 배정된 양식의 색깔이 가해 용의자를 체포하거나 온건하게 처리하는 결정을 통해서만 재범 가능성에 영향을 미칠 것을 요구한다. 이 조건은 타당한 가정처럼 보인다. 더구나 가해자와 피해자들이 실험 연구에 참여하고 있다는 사실을 모른다는 점을 감안하면 더욱 그러하다.

IV 분석을 약간 더 복잡하게 만드는 것이 정말 필요할까? 무작위 배정에 순응할지에 대한 결정이 무작위적이지 않다는 특성을 무시하고, 실행된 처치에 대한 정보를 이용해 MDVE를 분석한다고 가정하자. 이런 경우의 분석에서는 추가적인 복잡화 과정이나 보정 없이 온건한 처치를 받은 사람들과 그렇지 않은 사람들의 재범 확률을 비교한다. 즉 다음과 같다.

$$E[Y_i|D_i=1]-E[Y_i|D_i=0]=0.216-0.129=0.087$$

여기서 효과의 추정치는 IV 추정치인 15퍼센트 포인트에 비해 훨씬 작다.

제1장의 내용에 따르면, 무작위 배정이 아닌 상황에서 처치를 받은 피실험자들과 처치를 받지 않은 피실험자들을 비교하면 그 추정치는 '관심대상 인과효과+선택 편의'와 같게 된다. MDVE에 대한 순수한 분석을 오염시키는 선택 편의는 온건한 처치를 받은 가해자와 그렇지 않은 가해자 사이에 존재하는 잠재적 재범 가능성의 차이(즉 Y_{0i}의 차이)이다. 무작위 배정에 의해 온건한 처치의 큰 변이가 생성되었지만 현장에 출동한 경찰관 또한 제반 상황을 고려해 결정을 내릴 수 있었다. 온건한 처치로 무작위 배정되었음에도 불구하고 체포된 가해자들은 보통 매우 폭력적이거나 흥분한 상태인 반면, 경찰관이 온건한 처치 배정에 순응한 경우의 용의자들은 대체로 고분고분했다. 다시 말해, 온건한 처치를 받은 가해자들은 처치와 무관하게 다시 학대를 저지를 가능성이 상대적으로 낮았다. 이에 따른 선택 편의는 실행된 처치를 바탕으로 한 계산이 온건한 처치의 효과를 과소평가하도록 만든다. (3.1절에서 다루었던) KIPP 연구와는 달리 여기에서는 선택 편의가 중요하다.

MDVE에 대한 IV 분석은 선택 편의를 제거하고 순응자들에 대한 평균 인과효과를 포착한다(이 경우에 그것은 경찰관이 무작위 배정된 온건한 처치에 기꺼이 순응할만한 사건에서 가해자에게 온건한 처치를 실행하는 것의 효과를 의미한다). MDVE의 흥미롭고도 중요한 특성은 처치를 실행할 때 미순응이 발생하는 경우 그것이 거의 한 방향으로만 발생한다는 점이다. 체포로 무작위 배정되었을 때 경찰은 지침에 따라 충실하게 체포했다(92건 중 예외는 단 한 건이었다). 이와는 달리 온건한 처치로 배정된 사람들 중 20% 이상은 오히려 체포되었다.

온건한 처치에 순응하는 경향의 비대칭성은 MDVE에 항시 참여자가 거의 없음을 의미한다. MDVE에 대한 우리의 IV 분석에서 항시 참여자는 배정된 처치와 상관없이 온건한 처치를 받은 가해 용의자들이다. 이 집단의 크기는 체포로 배정되었을 때 온건한 처치를 받을 확률(이 경우에는 단 1/92)에 의해 결정된다. 3.1절에서 살펴보았듯이, 모든 처치 모집단은 두 집단, 즉 처치집단으로 무작위 배정된 순응자들 집단과 항시 참여자들 집단의 합집합이다. 항시 참여자들이 없으면 처치를 받은 모든 사람들은 순응자들이고, 이 경우 LATE는 TOT와 같다. 즉

$$\lambda = E[Y_{1i} - Y_{0i} | C_i = 1] = E[Y_{1i} - Y_{0i} | D_i = 1]$$

항시 참여자들이 없는 경우의 성질을 MDVE에 적용하면, LATE는 온건한 처치가 온건한 처치를 받은 사람들에게 미치는 평균 인과효과가 된다. 구체적으로 말해, MDVE에서 도출된 TOT 추정치는 온건한 처치를 받은 사람들의 재범 확률($E[Y_{1i} | D_i = 1]$)과 온건한 처치를 받은 가해자가 만일 체포되었을 경우의 가상적인 세상에서 우리가 관측하게 될 재범 확률($E[Y_{0i} | D_i = 1]$)을 비교한다. 일반적인 LATE의 특성에 대한 이와 같은 중요한 단순화는 항시 참여자들이 존재하지 않는 모든 IV 분석에서 나타난다. 그리고 이것은 미순응이 한 방향으로만 나타나는 여타 다수의 무작위 시행들에도 적용된다. 처치로 무작위 배정된 사람들 중 일부가 처치를 받지 않고, 통제집단으로 무작위 배정된 사람들 모두가 처치를 받지 않는 경우에, 실행된 처치에 대한 도구변수로서 무작위 처치 의도를 사용하는 IV 분석법은 TOT를 포착한다.[10)]

좋은 계량분석이 얼마나 중요한지에 대해 마지막으로 사족을 붙이자면, MDVE가 미국의 법 집행에 미친 영향은 아무리 과대평가해도 지나치지 않다. 단순 가정폭력 사건의 가해자들은 현재 기본적으로 체포를 당한다. 많은 주들에서 가정 학대 의심 사례에 대해서는 체포가 의무사항으로 규정되어 있다.

---

10) 이 이론적 결과의 출처는 Howard S. Bloom, "Accounting for No-Shows in Experimental Evaluation Designs," Evaluation Review, vol. 8, no. 2, April 1984, pages 225-246이다. Bloom의 결과에 대한 LATE 관점에서의 해석은 Imbens and Angrist, "Identification and Estimation," *Econometrica*, 1994에 제시되어 있다. 또한 Section 4.4.3, Joshua D. Angrist and Jörn-Steffen Pischke, *Mostly Harmless Econometrics: An Empiricist's Companion*, Princeton University Press, 2009[강창희 · 박상곤 역, '대체로 해롭지 않은 계량경제학', 경문사, 2014]도 참조하라. 우리가 전공한 노동경제학 분야의 예제로는 JTPA(Job Training Partnership Act)가 있다. JTPA 실험에서는 연방정부가 재정을 지원하는 직업훈련 프로그램에 참여할 수 있는 기회를 무작위로 배정하였다. 훈련을 제안받은 사람들 중 약 60% 정도가 JTPA 서비스를 받았으나, 통제집단에 속한 사람들 중 누구도 JTPA 훈련 서비스를 받지 않았다. 실행된 처치에 대한 도구변수로서 배정받은 처치를 사용하는 JTPA에 대한 IV 분석은 훈련이 훈련을 받은 사람들에게 미치는 효과를 포착한다. 이에 대한 자세한 내용은 Larry L. Orr et al., *Does Training for the Disadvantaged Work? Evidence from the National JTPA Study*, Urban Institute Press, 1996을 참조하라.

베짱이 : 사부님, O.J. 사건은 MDVE 이후 10년이 지나서 터졌습니다. 혁신적인 MDVE 연구 디자인으로도 니콜 브라운과 론 골드먼을 구하지 못했군요.

조시웨이 사부 : 베짱이야, 사회 변화는 천천히 일어난단다. 그리고 최초의 MDVE 분석가들은 실행된 처치를 이용한 순진한 추정치들과 처치 의도의 효과를 보고했어. 나의 2006년 연구에 있는 IV 추정치들은 그 효과들보다 훨씬 크단다.

베짱이 : 최초의 분석가들이 도구변수를 사용했었다면 니콜과 론은 목숨을 보전했을까요?

조시웨이 사부 : 세상에는 우리가 절대로 알 수 없는 것들이 있느니라.

3.3 인구 폭탄

인구를 억제하느냐, 인류가 멸종하느냐?

–**파울 에를리히**, 1968

전 세계 인구는 1960년에서 1999년 사이 30억에서 60억으로 증가해 39년 동안 2배가 늘어났다. 39년은 15억에서 30억으로 느는 데 걸린 시간의 절반 정도에 해당한다. 그로부터 겨우 12년이 지났을 뿐인데 현재 세계 인구는 70억을 향해 가고 있다. 하지만 현대의 인구학자들은 인구 증가가 극적으로 둔화되었다는 데 동의한다. 현재의 출산율을 이용한 예상에 따르면, 인구가 2배로 느는 데 걸리는 시간은 100년이나 그 이상, 또는 어쩌면 영원히 2배가 되지 않을 수도 있다. 널리 인용되는 추정치에 따르면, 인구는 2070년 무렵 90억으로 정점에 달한다.[11] 지속 가능한 성장을 바라는 현대인들의 조바심의 원천이기는 하지만, 인구 폭탄은 그 뇌관이 제거되었다. 한숨 놓았다!

인구 증가가 생활수준에 어떤 영향을 미치는가라는 문제에는 거시적인 측면과 미시적인 측면이 동시에 존재한다. 거시 인구학의 뿌리는 18세기 영국의 학자 토머스 맬서스(Thomas Malthus)로 거슬러 올라간다. 그는 식량 생산이 증가할 때 인

11) David Lam, "How the World Survived the Population Bomb: Lessons from 50 Years of Extraordinary Demographic History," *Demography*, vol. 48, no. 4, November 2011, pages 1231-1262와 Wolfgang Lutz, Warren Sanderson, and Sergei Scherbov, "The End of World Population Growth," *Nature*, vol. 412, no. 6846, August 2, 2001, pages 543-545를 참조하라.

구수가 증가하는 데 그 증가 속도가 너무 크기 때문에 생산성 증대가 생활수준을 높여 주지 못할 것이라고 주장했다. 맬서스의 우울한 결과는 대부분의 사람들이 영구적으로 최저 생존 수준에 머물게 된다는 특징을 갖는다. 경제 성장에 대한 이와 같은 비관적인 견해는 역사를 통해 반복적으로 거짓임이 판명되었으나, 현대판 비관론자들 사이에서 인기를 끄는 것까지는 막지 못하고 있다. 생물학자 폴 에를리히(Paul Ehrlich)의 1968년 베스트셀러 "인구 폭탄"(*The Population Bomb*)은 맬서스적 시나리오에 따라 인도에 대규모 기아가 임박했다고 주장한 것으로 유명하다. 그때 이후 인도의 인구는 3배가 늘었지만 인도의 생활수준은 현저하게 상승하였다.[12)]

경제학자들은 가족규모와 생활수준 사이의 관계에 관해 미시적인 분석을 시도하였다. 여기에서 관심의 초점은 각기 다른 규모를 가진 가구들이 어느 정도 안락한 생활수준을 뒷받침할 수 있는지의 여부에 있다. 우리는 가족규모의 증가가 빈곤 심화나 교육 축소 – 먹여 살려야 할 입이 많다는 것은 각자에게 돌아갈 양이 적음을 의미한다 – 와 연관되어 있음을 예상할 수 있고, 이것은 단순 상관관계가 보여주는 점이다. 이 강력한 관계에 대한 보다 정교한 이론적 합리화는 고인이 되신 게리 베커(Gary Becker)와 그의 동료들의 연구에서 찾아볼 수 있다. 그들의 연구는 '양과 질의 상충관계(quantity-quality trade-off)'라는 개념, 즉 가족규모가 줄면 자녀에 대한 부모의 투자가 늘어난다는 개념을 도입했다. 예를 들어, 자녀수가 적은 부모는 아이들의 건강을 좀 더 꼼꼼히 보살피고, 교육에 더 많이 투자할 수 있다.[13)]

정책적인 측면을 생각해 볼 때, 생활수준을 향상시키려면 작은 규모의 가족이 필수적이라는 견해를 바탕으로 국제기구들과 많은 정부들에서는 소규모 가족을 장려했고 때로는 강제하기도 하였다. 1979년에 실시되어 논란의 중심이 된 한 자녀 정책을 통해 중국이 이런 방식을 선도했다. 그 밖에 공격적인 정부 주도 가족계획 정책으로는 인도의 강제 불임 수술 프로그램과 멕시코와 인도네시아의 공공 가족

---

12) 인도의 생활수준이 얼마나 높아졌는지에 대해서는 의견이 분분하다. 하지만 학자들은 1970년 이후 상황이 극적으로 개선되었다는 데 대체로 동의한다(예를 들어, *Angus Deaton, The Great Escape: Health, Wealth, and the Origins of Inequality,* Princeton University Press, 2013을 참조하라).

13) Gary S. Becker and H. Gregg Lewis, "On the Interaction between the Quantity and Quality of Children," Journal of Political Economy, vol. 81, no. 2, part 2, March/April 1973, pages S279-288와 Gary S. Becker and Nigel Tomes, "Child Endowments and the Quantity and Quality of Children," *Journal of Political Economy,* vol. 84, no. 4, part 2, August 1976, pages S143-S162를 참조하라.

계획 장려 정책이 있다. 1990년 무렵에는 개발도상국 국민들의 85%가 높은 출산율이 빈곤을 영속화하는 주된 힘이라고 생각하는 정부를 가진 나라에 살고 있었다.[14)]

평균 가족규모와 학력수준 등의 개발 지표 사이에 존재하는 음의 상관관계에 대해서는 이론의 여지가 없다. 그런데 가족규모와 자녀의 교육수준 사이에는 인과적 관련성이 존재할까? 이 질문에 대한 답을 구하는 과정에서 어려운 점은 늘 그렇듯이 **다른 조건이 동일한지**의 여부이다. 대체로 출산은 부모가 내린 선택에 의해 결정된다.[15)] 따라서 당연한 얘기지만, 대가족 여성과 소가족 여성은 여러 가지 면에서 다를 수밖에 없다. 예를 들어, 대가족 여성은 교육수준이 낮은 경향이 있다. 교육수준이 낮은 엄마의 자녀들 역시 교육수준이 낮은 편이다. 상이한 규모의 가족들 사이에 존재하는 관측된 특성의 현저한 차이는 선택 편의라는 주의사항을 환기시킨다. 자녀수가 서로 다른 여성은 서로 확연히 다르기 때문에, 가족규모와 연관되어 있는 관측되지 않은 중요한 차이가 존재할 가능성을 인정할 수밖에 없다.

늘 그렇듯이 누락변수 문제의 이상적인 해법은 무작위 배정이다. 이 경우 실험은 다음과 같이 진행될 수 있다. (i) 한 자녀 가정들의 표본을 추출한다. (ii) 이 가구들 중 일부에 추가적인 자녀를 무작위로 배정한다. (iii) 20년 동안 기다렸다가 추가적인 형제자매를 배정받은 가구의 첫째들과 그렇지 않은 가구의 첫째들의 교육수준에 대한 데이터를 수집한다. 물론 이런 실험이 조만간 실시될 수 있을 것 같지는 않다. 그러나 영리한 고수들은 진짜 실험의 힘을 빌리지 않고도 가족규모와 교육수준 사이의 인과관계를 드러내는 변이의 근원을 찾아낸다.

이와 같은 방법은 아기가 어디서 오느냐라는 질문을 제기한다. 대부분의 독자들이 잘 알고 있듯이, 사람의 아기를 집에 데려다주는 것은 황새라고 불리는 부리가 길고 목이 기다란 새다. (아기를 굴뚝으로 떨어뜨린다는 얘기는 거짓말이다. 굴뚝에는 통풍 조절 밸브가 있어서 아기가 통과할 수 없다.) 아기는 우리가 '엄마'라고

---

14) John Bongaarts, "The Impact of Population Policies: Comment," *Population and Development Review*, vol. 20, no. 3, September 1994, pages 616-620.

15) 여러분이 이것은 피임용 알약이나 페니(필요할 때 두 무릎 사이에 끼운다) 같은 현대적인 피임법을 이용할 수 있는 사회들에만 해당하는 이야기라고 생각할지도 모르겠다. 하지만 인구학자들은 현대적인 피임법을 이용하지 않고도 잠재적 부모들이 상당한 수준까지 임신을 통제할 수 있음을 입증했다. 예를 들어, 앤슬리 코울(Ansley Coale)은 방대한 저작을 통해 19세기와 20세기 유럽에서 기혼 부부의 출산이 극적으로 감소했음을 보고하였다(http://opr.princeton.edu/archive/pefp/를 참조하라). 이 패턴은 세계 대부분의 지역에서 반복되었으므로 '인구 변천(demographic transition)'이라고 불린다.

부르게 될 여성이 아기를 갖고 싶다고 선언한 후 9개월이 지나 배달된다. 황새는 남성의 소원에는 응답하지 않는다. (이 소원이 여성을 통해 전달되는 경우에는 예외이지만.) 따라서 여기에서 우리는 엄마와 첫째 자녀의 시각에서 이 개념적인 실험에 초점을 맞추기로 한다.

우리가 염두에 두고 있는 실험은 아이가 이미 하나 있는 가정에 아이들을 추가하는 것이다. 첫째 자녀가 우리 실험의 피실험자다. 이 피실험자들에게 가족규모의 변이를 어떻게 하면 '무작위 배정과 다를 바 없게' 만들어 주는가가 계량 분석의 과제다. 유감스럽게도 황새 산파 협회에서는 무작위 배정을 부자연스러운 것이라 하여 거부하고 있다. 하지만 황새들은 이따금 쌍둥이 형태로 둘 이상의 아이들을 배달함으로써(황새는 크고 아기는 작다 보니, 황새들이 신생아 보관 창고에서 아기를 집어 올릴 때 여럿을 퍼내기도 하기 때문이다), 정황적으로 판단할 때 무작위적인 가족규모의 변이를 만들어 낸다. 쌍둥이가 가족규모 실험을 유도한다는 사실을 최초로 인식한 것은 마크 로젠쯔바이그(Mark Rosenzweig)와 케네스 울핀(Kenneth Wolpin)의 선구적인 연구에서다. 이들은 소규모 쌍둥이 표본을 이용해 인도를 대상으로 양과 질 상충관계를 연구하였다.[16)]

쌍둥이 실험을 활용하기 위해 조시웨이 사부가 그의 동료 빅터 레비(Victor Lavy)와 아날리아 슐로서(Analia Schlosser)와 진행한 양과 질의 상충관계 연구(줄여서 'ALS 연구'라고 부르자)에서 분석한 이스라엘의 대규모 표본으로 눈을 돌려보자.[17] 이스라엘이 흥미로운 사례 연구의 대상이 되는 이유는 그 인구가 매우 다양한 집단으로 구성되어 있기 때문이다. 이들 집단에는 개발도상국에서 대가족의 일원으로 태어난 많은 사람들이 포함되어 있다. 이스라엘 유태인 인구의 절반 정도는 유럽 혈통이고, 나머지 절반은 아시아나 아프리카에 뿌리를 두고 있다. 상당수의 아랍인들도 이스라엘에 살지만, 이스라엘에 사는 비유태인에 대한 데이터는 유태인의 경우에 비해 불완전한 편이다. 인종의 다양성 그리고 대부분의 선진국과 비교해 가족규모가 크다는 사실 이외에, 이스라엘 유태인 표본이 가진 매력적인 특성은 형제자매의 연령이나 성별을 포함해 응답자들의 원 가족에 대한 정보를 이용할 수 있다는 점이다. 이 흔치 않은 데이터 구조가 ALS가 사용한 실증분석 전략의 토대가 된다.

여기서 우리는 2명 이상의 자녀를 가진 어머니에게서 태어난 남성과 여성의 무작위 표본 중 첫째로 태어난 성인들의 집단에 초점을 맞추고자 한다. 이 첫째들에게는 최소 한 명의 동생이 있으며, 다수의 경우 동생이 2명 이상이다. 두 번째 자녀가 (쌍둥이가 아닌) 외둥이인 가족을 생각해 보자. 평균적으로 이러한 가정에는 3.6명의 자녀가 있다. 하지만 두 번째가 쌍둥이라면 평균 가족규모는 0.32(약 1/3 자녀)만큼 늘어난다. 어째서 쌍둥이의 탄생은 가족규모를 솔로몬이 아이를 나누었던 것처럼 증가시키는 것일까? 다수의 이스라엘 부모들은 세 자녀, 또는 네 자녀를 선호한다. 이들의 가족규모는 다둥이 출생이 일어나더라도 별다른 영향을 받지 않는다. 어느 쪽이든 두 명이 넘는 자녀를 둘 것이기 때문이다. 반면 일부 가정은 단 두 명의 아이들로 만족한다. 후자의 집단은 황새가 쌍둥이를 배달하면 가족규모를 둘에서 셋으로 늘릴 수밖에 없다. 가족규모에 있어 1/3 쌍둥이 자녀만큼의 차이는 확률의 차이를 반영한다. 즉, 세 번째 아이를 가질 가능성은 두 번째 출생이 외둥

16) Mark R. Rosenzweig and Kenneth I. Wolpin, "Testing the Quantity-Quality Fertility Model: The Use of Twins as a Natural Experiment," *Econometrica*, vol. 48, no. 1, January 1980, pages 227-240.

17) Joshua D. Angrist, Victor Lavy, and Analia Schlosser, "Multiple Experiments for the Causal Link between the Quantity and Quality of Children," *Journal of Labor Economics*, vol. 28, no. 4, October 2010, pages 773-824.

이일 때는 약 0.7이지만 두 번째 출생이 다둥이일 때는 1로 증가한다. 0.3이라는 수치는 1이라는 확률과 0.7이라는 확률 사이의 차이가 0.3이라는 사실 때문에 나타난다.

성인이 된 첫째 자녀가 이수한 최종 학력을 가족규모에 회귀시키는 단순 회귀분석에 의하면, 추가되는 한 명의 동생은 첫째 자녀 교육연수의 약 1/4년 감소와 연관되어 있다. (이 결과는 연령과 성별을 통제한 모형으로부터 도출된다.) 반면 ALS 연구가 보여주듯이, 바로 아래에 쌍둥이 동생들이 있는 성인 맏이는 규모가 큰 가족에서 자라긴 했지만, 바로 아래에 외둥이 동생이 있는 성인 맏이보다 교육수준이 낮지 않다. 동생이 쌍둥이인 맏이와 외둥이인 맏이들 사이의 학력 비교는 가족규모에 대한 도구변수로서 쌍둥이 출생을 사용한 IV 추정치의 축약형을 구성한다.

IV 추정치는 축약형 추정치 나누기 1단계 추정치의 비율을 이용해 계산하기 때문에, 0이라는 축약형 추정치는 곧 형제자녀 수의 인과효과가 0임을 시사한다. 쌍둥이 축약형 추정치와 그에 대응하는 IV 추정치가 0에 가깝다는 사실은 가족규모가 클수록 자녀의 학력이 낮아진다는 견해에 대한 반례를 제공한다. 다시 말해, 쌍둥이 실험은 양과 질의 상충관계를 지지하는 증거를 만들어 내지 않는다.

다둥이의 출생은 가족규모에 지대한 영향을 미치지만 쌍둥이 실험이 완벽한 것은 아니다. 황새 산파 협회에서 무작위 배정의 사용을 거부하기 때문에 쌍둥이 발생에는 어느 정도의 불균형이 존재한다. 쌍둥이 출산은 나이가 많은 여성과 일부 인종 집단의 여성에게서 더 빈번하게 나타난다. 그에 따라 쌍둥이 실험 분석에서 누락변수 편의가 발생할 가능성이 존재한다. 특히 쌍둥이 출생을 촉진하는 특성 중 일부가 관측하거나 통제하기 어려울 경우에는 더욱 그러하다.[18] 다행히 두 번째로 살펴보는 출산 실험은 양과 질의 상충관계가 있는지에 대한 증거를 제공한다.

여러 나라들에서 형제자매의 성별 구성은 출산에 영향을 미친다. 일단 부모는 아들을 바라는 경우가 많다. 남아 선호는 아시아 지역에서 특히 강하다. 유럽, 남북 아메리카, 이스라엘에서 부모들은 자식이 아들이든 딸이든 그다지 신경 쓰지 않는 듯하다. 오히려 많은 부모들은 아들딸이 골고루 섞이기를 희망한다. 손위 두

---

18) 불임에 대한 치료법인 시험관 체외 수정의 확산으로 말미암아 보다 최근의 표본에서는 쌍둥이 도구변수가 훼손되고 있다. 쌍둥이 출생률을 급격히 증가시키는 체외 수정을 사용하는 엄마들은 다른 엄마들보다 나이가 많고 교육수준이 높은 경향이 있다.

자녀가 모두 아들이거나 딸인 가정은 세 번째 자녀를 가질 확률이 더 높다. 신생아의 성별은 기본적으로 무작위 배정되기 때문에(아들이 태어날 확률은 절반 정도이고, 성 감별 낙태가 없다면 이를 바꾸기 위해 할 수 있는 일은 거의 없다), 자녀들의 성별이 섞이기를 바라는 부모의 선호는 자녀의 성별 구성 도구변수를 만들어 낸다.

이스라엘에서 손아래 동생의 성별이 자신과는 다른 맏이 성인은 자녀수가 약 3.60명인 가정에서 성장했다. 하지만 손아래 동생의 성별이 자신과 같은 맏이는 자녀수가 3.68명인 가정에서 자랐다. 다시 말해, 이스라엘 맏이들에 대한 동일-성별 1단계 추정치는 약 0.08이다. 쌍둥이를 이용한 1단계의 경우와 마찬가지로, 이러한 차이는 도구변수에 의해 유도된 출산 확률의 변화를 반영한다. 이 경우 도구변수는 더미변수로서, 이 변수는 손위 두 자녀가 모두 아들이거나 모두 딸인 가정에 대해서는 1, 그리고 하나는 딸, 하나는 아들인 가정에 대해서는 0의 값을 취한다. 성별 구성 1단계 추정치는 쌍둥이를 이용하는 경우보다 작은 반면, 자녀의 성별 구성으로부터 영향을 받은 가정들의 숫자는 쌍둥이의 영향을 받은 가정들의 숫자보다 훨씬 크다. 자녀가 두 명 이상인 전체 가구의 약 절반에서 손위 두 아이의 성별이 모두 아들이거나 모두 딸이다. 이와 대조적으로, 약 1% 정도의 엄마들만이 쌍둥이를 낳았을 뿐이다. 또한 형제자매의 성별 구성은 출산 시 연령이나 인종과 같은 어머니의 특성들과 무관하다는 점에서 쌍둥이 출산보다 더 좋은 특성을 갖는다. (이는 ALS 그리고 그에 앞서 조시웨이 사부와 윌리엄 에번스의 연구에서 입증되었다.[19])

연구의 결과에 따르면, 이스라엘 맏이 성인들의 교육수준은 형제자매의 성별 구성의 영향을 받지 않는 것으로 나타났다. 예를 들어, 자녀 성별이 혼합되어 있는 가정의 맏이나 성별이 단일한 가정의 맏이나 그들이 이수한 최고 학력은 약 12.6년으로서 동일하다. 따라서 동일-성별 축약형, 그리고 그에 상응하는 IV 추정치는 모두 0이다. 쌍둥이 실험과 마찬가지로 자녀의 성별 구성 차이로 유발된 출산의 변화는 양과 질의 상충관계를 지지하는 증거를 제시하지 않는다.

---

19) Joshua D. Angrist and William Evans, "Children and Their Parents' Labor Supply: Evidence from Exogenous Variation in Family Size," *American Economic Review*, vol. 88, no. 3, June 1998, pages 450-477.

성별 구성 IV 추정치를 인과적으로 해석하기 위해 필요한 배제 제약에 따르면, 자녀의 성별 구성은 그것이 가족규모를 변화시키는 방식을 통해서만 성인의 결과에 영향을 미쳐야 한다. 손위 두 자녀의 성별 구성은 다른 이유 때문에 자녀들의 교육성과에 영향을 미칠 수 있을까? 예를 들어, 두 아들과 두 딸은 아들딸이 섞인 형제자매보다 방을 같이 쓰는 기간이 더 길 확률이 높고, 성별이 동일하면 옷 같은 것도 물려 입을 수 있다. 이러한 가사 측면의 효율성 덕분에 형제자매의 성별이 동일한 가정은 조금 더 형편이 넉넉하다는 느낌을 받을 수 있고, 이것이 결국 자녀의 교육에 대한 부모의 투자 증가로 이어질 수도 있다.

배제 제약을 검증할 수 있을까? 직접적으로는 할 수 없지만 적지 않은 경우에 그 질문에 대한 간접적인 증거는 제시할 수 있다. 일부 엄마들의 경우에는 성별 조합이 출산에 거의 영향을 미치지 않는다. 예를 들어, 이스라엘 표본에서 깊은 신앙심으로 인해 자녀를 셋 이상 낳겠다고 결심한 여성들은 성별 구성 도구변수에 대한 항시 참여자들이다. 반면 교육수준이 높은 여성들은 대부분 소가족을 계획하기 때문에 그들의 출산 행동이 성별 혼합에 의해 변화하지 않는다면 항시 불참자들이 된다. 항시 참여자들과 항시 불참자들의 출산은 자녀의 성별 구성에 의해 달라지지 않기 때문에, 순응자들이 거의 존재하지 않는 표본에서 성별 구성 도구변수와 성과변수 사이에 어떤 관계가 존재한다면 그것은 배제 제약이 만족되지 않는다는 신호일 수 있다.

식 (3.2)에 제시되어 있는 LATE의 식을 사용해 이 아이디어를 보다 형식을 갖추어 표현할 수 있다. 이 식에서는 LATE를 다음과 같이 축약형 모수 나누기 1단계 모수의 비율로 정의한다.

$$\lambda = \frac{\rho}{\phi}$$

이 식은 또한 축약형 ρ가 1단계 모수 곱하기 LATE임을 의미한다. 즉,

$$\rho = \phi\lambda$$

이로부터 우리는 1단계 ϕ가 0인 표본에서는 축약형 역시 0이 되어야 한다는 결론을 얻을 수 있다. 한편 해당하는 1단계에서는 증거가 없으면서도 축약형 추정치가

통계적으로 유의한 경우는 걱정스럽다. 이는 곧 처치변수(이 경우에는 가족규모)가 아닌 어떤 다른 통로를 통해 도구변수와 성과변수가 연결되어 있음을 암시하기 때문이다. 이와 같은 아이디어에 의거해 ALS는 쌍둥이 또는 성별 구성 도구변수가 가족규모에 미치는 영향이 작고 0과 유의하게 다르지 않은 인구집단들을 식별하였다. 이 '1단계가 무의미한 표본'에서 축약형 효과에 대한 유의한 증거가 발견되지 않기 때문에, 배제 제약이 만족되지 않는다는 신호 또한 발견되지 않는다.

2단계 최소제곱법을 이용한 원스톱 쇼핑

인과효과의 IV 추정치는 궁극적으로 도구변수가 정의하는 집단들 사이의 축약형 비교를 적절한 1단계를 이용해 환산하는 계산법을 통해 도출된다. 이것이 IV의 보편적인 원칙이지만 세부적인 내용은 적용 사례에 따라 달라진다. 자녀수와 질에 관한 연구는 동일한 인과관계에 대해 2개의 도구변수를 이용할 수 있다는 점에서 KIPP의 이야기와는 다르다. 쌍둥이 도구변수와 성별 구성 도구변수가 모두 필요한 가정들을 충족하고, 비슷한 평균 인과효과를 포착한다고 가정하면, 우리는 통계적 정밀성을 향상시키기 위해 이들로부터 도출된 2개의 IV 추정치를 결합하고자 한다. 그와 동시에, 쌍둥이 출산은 출산시 연령이나 인종 같은 모친의 특성과 상관관계를 갖기 때문에 쌍둥이 IV 추정치에서는 편의가 발생할 수 있다. 따라서 우리는 모친의 연령이나 기타 혼동요인들을 통제하는 단순한 IV 방법을 원한다. 이는 IV 아이디어를 제2장에서 살펴본 회귀분석 방법과 통합할 경우 이득이 있음을 시사한다.

2단계 최소제곱법(two-stage least squares, 2SLS)은 IV를 두 가지 방면으로 일반화한다. 첫째, 2SLS 추정치는 여러 개의 도구변수를 효율적으로 사용한다. 둘째, 2SLS 추정치는 공변량들을 통제함으로써 불완전한 도구변수로부터 야기되는 OVB를 완화시킨다. 2SLS가 어떻게 작동하는지를 살펴보기 위해 우선 1단계 모수(ϕ)와 축약형 모수(ρ)를 평균 차이가 아니라 회귀계수들로서 다시 써 보자. 일단 하나의 도구변수, 예를 들어 두 번째 출산이 다둥이였는지를 표시하는 더미변수 Z_i로부터 시작해 보자. 이때 축약형 효과는 다음과 같이 회귀식의 계수 ρ로 쓸 수 있다.

$$Y_i = \alpha_0 + \rho Z_i + e_{0i} \qquad \text{(식 3.4)}$$

제2장의 부록에서 언급했던 바와 같이, 상수항과 하나의 더미변수를 갖는 회귀모형의 추정치는 더미변수가 1일 때와 0일 때 종속변수의 조건부 평균의 차이로서 표현된다. 따라서 식 (3.4)에서 Z_i의 계수는 다음과 같다.

$$\rho = E[Y_i | Z_i = 1] - E[Y_i | Z_i = 0]$$

마찬가지로, Z_i의 1단계 효과는 다음과 같은 1단계 식의 계수 ϕ이다.

$$D_i = \alpha_1 + \phi Z_i + e_{1i} \qquad \text{(식 3.5)}$$

여기서 $\phi = E[D_i \mid Z_i = 1] - E[D_i \mid Z_i = 0]$. $\lambda = \rho/\phi$이므로 우리는 LATE가 회귀모형 (3.4)와 (3.5)의 기울기 계수들의 비율이라고 결론 내린다.

2SLS 추정법은 ρ/ϕ를 계산하는 대안적인 방법을 제안한다. 2SLS라는 명칭은 2개의 회귀모형을 순차적으로 적용함으로써 LATE를 구할 수 있다는 사실에서 유래한다. 2SLS의 1단계에서 우리는 식 (3.5)를 추정해 예측치 $\widehat{D}_i$를 저장한다. 이 '1단계 예측치'는 다음과 같이 정의된다.

$$\widehat{D}_i = \alpha_1 + \phi Z_i \qquad \text{(식 3.6)}$$

2SLS의 2단계에서는 다음과 같이 Y_i를 $\widehat{D}_i$에 회귀시킨다.

$$Y_i = \alpha_2 + \lambda_{2SLS} \widehat{D}_i + e_{2i}$$

이 두 번째 단계에서 도출된 λ_{2SLS}의 값은 축약형 계수 나누기 1단계 회귀계수의 비율, 즉 ρ/ϕ와 정확히 같다. 이와 같은 이론적 관계는 이 장의 부록에서 도출할 것이다.

모친의 연령 같은 통제변수들은 이 2단계 회귀모형의 틀 내에서 적절히 고려할 수 있다.[20] A_i로 표시한 모친의 연령을 추가하면, 축약형과 1단계는 다음과 같이 표시된다.

---

20) 우리는 공변량들을 고려하는 IV 버전을 이미 살펴보았다. 〈표 3.1〉의 (3)열에 제시된 KIPP 제안의 효과는 동일 부류 지원자 집합(risk sets) 더미변수들의 형태로 공변량을 포함하고 있는 1단계 회귀모형과 축약형 회귀모형으로부터 도출되었다.

$$\text{축약형 : } Y_i = \alpha_0 + \rho Z_i + \gamma_0 A_i + e_{0i} \quad \text{(식 3.7)}$$

$$\text{1단계 : } D_i = \alpha_1 + \phi Z_i + \gamma_1 A_i + e_{1i} \quad \text{(식 3.8)}$$

여기서 1단계 예측치는 통제변수 A_i를 포함하는 다음의 모형으로부터 도출된다.

$$\widehat{D}_i = \alpha_1 + \phi Z_i + \gamma_1 A_i$$

2SLS 추정치는 이번에도 Y_i를 $\widehat{D}_i$와 A_i에 회귀시키는 방법을 통해 구한다. 따라서 2SLS의 2단계식은 다음과 같이 A_i를 포함하고 있다.

$$Y_i = \alpha_2 + \lambda_{2SLS}\widehat{D}_i + \gamma_2 A_i + e_{2i} \quad \text{(식 3.9)}$$

2SLS 세팅은 필요한 만큼 많은 수의 통제변수들을 허용한다. 단, 이들 변수는 1단계와 2단계에 모두 등장해야 한다. 부록에서 논의하는 바와 같이, 위의 추정치에 대응하는 공변량-보정 LATE는 축약형 계수 나누기 1단계 계수의 비율, 즉 ρ/ϕ로부터 여전히 계산할 수 있다. 사실 이 비율의 분자와 분모를 따로따로 점검해 두 수치가 적절하게 처리되었는지 확인해야 한다. 하지만 대중에게 결과를 발표하는 시점에서는 이처럼 비교적 간단한 시나리오에서조차 갈 길은 2SLS뿐이다. 계량경제학 소프트웨어 패키지로 2SLS 추정치를 직접 계산하면, 실수할 여지를 줄이고 추가적인 수고 없이 적합한 표준 오차를 구할 수 있다.[21)]

가족규모에 대한 우리의 두 번째 도구변수인 동일-성별 자녀구성 더미는 어떻게 될까? 이 변수를 W_i라고 부르자. (여기서 둘 다 딸 혹은 둘 다 아들이면 $W_i = 1$, 그렇지 않으면 $W_i = 0$로 표시한다.) 여기에서도 통제변수들이 필요하다. 특히 맏이의 성별을 통제할 필요가 있는데, 맏이가 아들인 경우를 표시하는 더미변수를

21) 예리한 독자라면 여기에서의 처치변수인 가족규모가 KIPP 등록 같은 더미변수가 아니라 자녀수를 표시하는 순서 처치변수(ordered treatment)라는 사실을 알아차렸을 것이다. 가족규모와 같은 변수의 효과에 대한 2SLS 추정치를 LATE라고 설명해도 괜찮은지 여러분이 궁금해할지도 모르겠다. 세부적인 내용은 다를지라도, 현재 맥락에서 2SLS 추정치는 순응자들에 대한 인과효과를 포착한다고 여전히 말할 수 있다. LATE를 순서 처치로 확장하는 작업은 Joshua D. Angrist와 Guido W. Imbens의 "Two Stage Least Squares Estimation of Average Causal Effects in Models with Variable Treatment Intensity," *Journal of the American Statistical Association*, vol. 90, no. 430, June 1995, pages 431-442에서 이루어졌다. 동일한 논리에 따라 2SLS는 더미가 아닌 도구변수들도 쉽게 수용한다. 이러한 예는 제6장에서 살펴보기로 한다.

B_i로 정의하자. (일반적으로 아들이 태어날 확률이 딸이 태어날 확률보다 약간 높기 때문에, 두 자녀의 성별이 동일할 확률은 맏이가 아들일 때 약간 더 높다.) 2개의 도구변수 W_i와 Z_i, 그리고 추가적인 통제변수 B_i가 주어져 있을 때 2SLS의 1단계는 다음과 같다.

$$D_i = \alpha_1 + \phi_t Z_i + \phi_s W_i + \gamma_1 A_i + \delta_1 B_i + e_{1i} \qquad \text{(식 3.10)}$$

쌍둥이 도구변수와 성별 구성 도구변수의 1단계 효과는 쌍둥이에는 t, 성별 구성에는 s라는 하첨자를 붙여 표시한다. 즉 ϕ_t와 ϕ_s라고 쓰자. 이들 두 도구변수는 아래의 축약형에서도 비슷한 하첨자가 붙은 계수들과 함께 등장한다.

$$Y_i = \alpha_0 + \rho_t Z_i + \rho_s W_i + \gamma_0 A_i + \delta_0 B_i + e_{0i}$$

이제 재료들을 모두 갖추었으니 요리할 시간이다!

2개의 도구변수와 2개의 공변량이 있는 경우 2단계 추정치는 다음의 회귀식으로부터 도출된다.

$$Y_i = \alpha_2 + \lambda_{2SLS} \widehat{D}_i + \gamma_2 A_i + \delta_2 B_i + e_{2i} \qquad \text{(식 3.11)}$$

여기서 예측치 $\widehat{D}_i$는 1단계 식 (3.10)으로부터 도출된다. 동일한 공변량들이 모든 식, 즉 1단계, 2단계 그리고 축약형에서 등장한다는 사실을 염두에 두자. 식 (3.11)로부터 우리는 구한 값은 공변량 A_i와 B_i를 통제한 상태에서 도구변수 Z_i와 W_i를 각기 하나씩 사용해 구한 추정치들의 가중 평균이다. 도구변수를 한 번에 하나씩 사용할 때 비슷한 결과가 도출되는 경우, 2SLS 가중 평균은 일반적으로 이 공통적인 인과효과에 대한 보다 정밀한 추정치가 된다.

2SLS는 IV 추정을 위한 놀랍도록 유연한 틀을 제공한다. 이 틀은 여러 개의 통제변수들을 포함하고 여러 개의 도구변수들을 효율적으로 사용할 뿐만 아니라 더미변수를 포함해 온갖 형태와 크기의 도구변수들을 수용한다. 하지만 실제 분석에서 고수들은 식 (3.11)과 같이 예측치에 회귀시키는 모형을 추정하는 대신 특수한 통계 소프트웨어를 이용해 2SLS 추정치를 계산한다. 식 (3.11)을 추정하는 방법은 '수동 2SLS'라고 알려져 있는데, 이 방법을 통해서는 표본 분산을 측정하는 데 필

표 3.4 자녀수와 질의 1단계

	쌍둥이 도구변수		동일-성별 도구변수		쌍둥이와 동일-성별 도구변수
	(1)	(2)	(3)	(4)	(5)
둘째가 쌍둥이인 경우	.320 (.052)	.437 (.050)			.449 (.050)
동일-성별 형제자매			.079 (.012)	.073 (.010)	.076 (.010)
남성		−.018 (.010)		−.020 (.010)	−.020 (.010)
통제변수들	미통제	통제	미통제	통제	미통제

주 : 이 표에는 자녀수를 도구변수와 공변량들에 회귀시키는 모형의 계수들이 제시되어 있다. 표본의 크기는 89,445이다. 괄호 안은 표준 오차다.

요한 올바른 표준 오차를 구하지 못한다. 그 이유는 이 장의 부록에서 설명할 것이다.

공변량들이 있는 경우와 없는 경우에 대해, 쌍둥이 1단계와 성별 구성 1단계의 추정치들이 〈표 3.4〉에 제시되어 있다. 표의 (2)열에 제시된 바와 같이 통제변수들이 있는 경우의 1단계 모형의 추정치에 따르면, 이스라엘 성인 맏이가 손아래 동생이 쌍둥이인 가정에서 자란 경우 평균 자녀수는 두 번째 출생한 자녀가 외둥이인 경우보다 약 0.44 더 크다. 이 1단계 추정치는 통제변수들이 없는 경우에 계산한 추정치 0.32((1)열에 제시)보다 더 크다. 따라서 OVB 공식은 쌍둥이 출생이 산모의 높은 연령과 같이 가족규모를 감소시키는 요인들과 연관되어 있음을 말해 준다. 산모의 연령 및 기타 가능한 혼동 요인들을 보정하는 경우 쌍둥이 1단계 추정치는 상승한다. 반면, 공변량들이 있는 모형으로부터 도출된 동일-성별 1단계 추정치 0.073은 통제변수들이 없는 모형의 추정치 0.079와 유사하다. 왜냐하면 성별 구성은 포함되어 있는 통제변수들과 실질적으로 무관하기 때문이다. (이들 추정치는 (3)열과 (4)열에서 확인할 수 있다.) 맏이가 아들이라는 사실 역시 가족규모에 거의 영향을 미치지 않는다. 이는 마지막 행에 제시되어 있는 남성 계수가 작고 미미하게 유의하다는 사실을 통해 확인할 수 있다. (이 수치가 표에 제시되어 있는 유일한 공변량 계수다. 다른 통제변수들의 존재 여부는 맨 아래 행에 표시되어 있다.[22])

표 3.5 자녀수와 질의 상충관계에 대한 OLS 및 2SLS 추정치들

		2SLS 추정치		
	OLS 추정치	쌍둥이 도구변수	동일-성별 도구변수	쌍둥이 및 동일-성별 도구변수
종속변수	(1)	(2)	(3)	(4)
교육연수	−.145	.174	.318	.237
	(.005)	(.166)	(.210)	(.128)
고등학교 졸업	−.029	.030	.001	.017
	(.001)	(.028)	(.033)	(.021)
대학 중퇴	−.023	.017	.078	.048
(24세 이상인 경우)	(.001)	(.052)	(.054)	(.037)
대학 졸업	−.015	−.021	.125	.052
(24세 이상인 경우)	(.001)	(.045)	(.053)	(.032)

주 : 이 표에는 가족규모가 교육에 미치는 영향에 대한 OLS 및 2SLS 추정치가 제시되어 있다. OLS 추정치는 (1)열에 제시되어 있다. (2), (3), (4)열은 열 제목으로 표시된 도구변수를 이용해 구한 2SLS 추정치들이다. 표본의 크기는 (1)과 (2)행의 경우 89,445, (3)행의 경우 50,561, (4)행의 경우 50,535다. 괄호 안의 수치는 표준 오차다.

자녀수와 질의 상충관계를 보여주는 2단계 추정치들이 〈표 3.5〉에 제시되어 있다. 또한 표에는 다음과 같은 형태의 통상적인(다시 말해 도구변수가 없는) OLS 회귀모형의 추정치들도 함께 제시되어 있다.

$$Y_i = \alpha_3 + \beta D_i + \gamma_3 A_i + \delta_3 B_i + e_{3i}$$

(1)열의 통상적인 회귀 추정치들은 인종과 출산 시 모친의 연령과 같은 가족 배경 변수들을 통제한 이후에도 가족규모와 교육성과 사이에는 강한 음의 관계가 존재함을 보여 준다. 이와 대조적으로, 표의 (2)열에 제시된 바와 같이 쌍둥이 도구변수로부터 도출된 2SLS 추정치들의 방향은 정반대이다. 다만, 이 경우 2SLS 추정치들은 0과 유의하게 다르지 않다. 성별 구성 도구변수를 이용한 추정방법은 쌍둥이를 이용한 결과를 보강한다. (3)열의 2SLS 추정치는 가족규모가 교육에 한결같이 양의 영향을 미침을 보여 준다. 다만, 이들 중 하나만이 0과 유의하게 다르다.

---

22) 남성 더미 외에 기타 공변량으로는 인구센서스 연도, 부모의 인종, 연령, 출생 월 누락 여부, 모친의 연령, 초산 당시 모친의 연령, 이민 시 모친의 연령(해당 사항이 있는 경우)에 대한 지시변수들이 있다. 자세한 내용은 이 책의 끝에 나오는 실증분석 노트를 참조하라.

쌍둥이 및 성별 구성 2단계의 중요한 특징은 이들의 정밀성, 또는 낮은 정밀성이다. IV 방법은 도구변수가 생산하는 것 이외의 다른 모든 출산 변이를 사용하지 않는다. 이로 인해 통계적으로 확실한 결론에 이르는 결과물을 내기에는 너무 적은 변이만이 남게 된다. 하지만 여러 도구변수들을 통합함으로써 정밀도를 향상시킬 수 있다. 특히 한 번에 하나씩 취했을 때 비슷한 결과가 도출되는 경우에는 더욱 그러하다. (이 경우 쌍둥이와 성별 구성 도구변수 모두 자녀수와 질의 상충관계의 증거를 전혀 보여 주지 않는다.) 이와 같이 도구변수들을 통합한 1단계 추정치들이 〈표 3.4〉의 (5)열에 제시되어 있다. 대응하는 2단계 결과는 〈표 3.5〉의 (4)열에 제시되어 있다.

두 도구변수를 동시에 사용한 2단계 추정치는 도구변수를 한 번에 하나씩 사용해 구한 값들과 크게 다르지 않다. 그러나 표준 오차는 현저히 작다. 예를 들어, 2개의 도구변수를 사용해 가족규모가 최종 교육연수에 미치는 영향을 추정한 경우의 추정치는 0.24, 표준 오차는 0.13으로서, 이 값은 쌍둥이와 동일-성별 도구변수를 한 번에 하나씩 사용했을 때 구한 표준 오차인 0.17과 0.21보다 훨씬 작다. 중요한 것은 최종 교육연수에 대한 (1)열의 회귀 추정치, 즉 매우 정밀한 수치 −0.15가 (4)열의 2SLS 추정치로부터 도출되는 신뢰구간에서 완전히 벗어나 있다는 사실이다.[23] 이는 가족규모와 교육수준 사이의 강한 음의 연관성이 대부분, 어쩌면 전적으로 선택 편의에 의해 발생한 것임을 시사한다.

조시웨이 사부 : IV의 집을 지어보게, 베짱이 군.

베짱이 : 기초는 세 층으로 구성됩니다. (i) 1단계에는 관심대상의 인과적인 경로에 영향을 미치는 도구변수들이 필요합니다. (ii) 독립성 가정에 따르면 도구변수는 무작위 배정된 것이나 다름없는 것이어야 합니다. (iii) 배제 제약에서는 단 하나의 인과적인 경로가 도구변수와 성과를 연결해야 한다고 주장합니다.

조시웨이 사부 : 이 가정들을 검증할 수 있을까?

베짱이 : 1단계를 검증하려면 도구변수와 제안된 인과 경로 사이에 강한 관계가 있는지를 체크해 보면 됩니다. 독립성을 검증하기 위해서는 무작위 시행에서와 같이 도구변수가 0과 1을 취할 때 사이에 공변량의 균형이 있는지를 살펴보면 됩니다.

---

23) 구체적으로, 회귀 추정치 −0.145는 2개의 도구변수를 이용해 구한 2SLS 신뢰구간 0.237±(2×0.128)=[−0.02, 0.49]의 외부에 위치한다. 어떤 경우에는 도구변수가 너무 많을 수도 있다. 특히 1단계의 설명력이 거의 없는 경우에 그렇다. 이 장의 부록에서 우리는 이 문제를 상세히 살펴볼 것이다.

조시웨이 사부 : 배제 제약은?

베짱이 : 배제 제약은 쉽게 검증할 수 없습니다. 하지만 가끔씩 1단계가 아주 약한 표본이 발견될 때도 있습니다. 배제 제약은 그러한 표본들에서 작은 축약형 추정치가 도출되어야 함을 의미합니다. 가설상의 인과적인 경로가 존재하지 않기 때문입니다.

조시웨이 사부 : IV 추정치는 어떻게 계산하지?

베짱이 : 통계 소프트웨어를 이용해 2단계 최소제곱 추정치를 계산합니다. 이를 통해 공변량들을 추가하고, 한 번에 2개 이상의 도구변수를 이용할 수 있습니다. 하지만 1단계와 축약형 추정치도 살펴보아야 합니다.

계량의 고수들 : 놀라운 라이트 부자

IV 방법을 발명한 사람은 경제학자 필립 라이트(Philip G. Wright)와 곁에서 그를 도운 그의 아들이자 유전학자인 슈왈 라이트(Sewall Wright)이다. 필립은 농산물 시장에 대해 자주 글을 썼다. 1928년 그는 "동물성 기름과 식물성 기름에 대한 관세"(*The Tariff on Animal and Vegetable Oils*)라는 책을 출판했다.[24] 이 책의 대부분은 1920년대 초 농산물에 부과되었던 터무니없는 관세가 국내 생산업자들에게 도움이 되는가의 문제와 관련된 것이었다. 1929년 한 논객은 다음과 같이 평했다. "이 장에서는 특별히 버터에 적용했지만, 수요와 공급의 탄력성에 대한 복잡한 계산의 실질적인 가치가 무엇이든 간에 이에 대한 논의는 높은 이론적 가치를 갖는다."[25]

경쟁시장에서 수요 곡선과 공급 곡선이 동시에 이동하면 새로운 균형 가격과 균형 수량이 도출된다. 이렇게 관측된 균형 가격과 균형 수량으로부터 이것들을 만들어 낸 기저의 공급 곡선과 수요 곡선으로 이어지는 길은 뚜렷하지 않다. 가격과 거래량 사이의 관측된 관계로부터 어떻게 공급 탄력성과 수요 탄력성을 도출할 것인가라는 과제를 **식별 문제**(identification problem)라고 부른다. 필립이 글을 쓰던 당시 계량경제학적 식별에 대한 이해도는 일천했다. 경제학자들은 가격과 거래량 사이의 관측된 관계는 수요나 공급을 포착하지는 못하지만 그 관계는 어떤 식으로든 수요와 공급에 의해 결정된다는 사실만은 분명히 알고 있었다.

24) Philip G. Wright, *The Tariff on Animal and Vegetable Oils,* Macmillan Company, 1928.

25) G. O. Virtue, "*The Tariff on Animal and Vegetable Oils* by Philip G. Wright," *American Economic Review,* vol. 19, no. 1, March 1929, pages 152-156. 위의 인용구는 155쪽으로부터 따온 것이다.

'동물성 기름과 식물성 기름에 대한 관세'의 부록 B는 연립 방정식 모형의 식별 문제에 대한 세련된 설명으로 시작한다. 이어 부록은 한 식에는 존재하고 다른 식에서는 배제되어 있는 변수들이 식별 문제를 어떻게 푸는지를 설명한다. 필립은 이 배제된 변수들을 '외부 요인(external factor)'이라고 불렀다. 왜냐하면 이 변수들은 자신들이 포함되어 있는 식을 이동시킴으로써 자신들이 배제되어 있는(다시 말해 식의 외부에 존재함) 식의 자취를 추적할 수 있도록 만들기 때문이다. 오늘날 우리는 그와 같은 이동 변수를 도구변수라고 부른다. 필립은 IV를 유도한 뒤 이를 이용해 버터와 플랙시드 시장의 수요 곡선과 공급 곡선을 추정하였다. (플랙시드를 이용해 페인트의 한 성분인 린시드 기름을 만든다.) 플랙시드 시장에 대한 필립의 분석에서는 대체재들의 가격을 수요를 이동시키는 변수로 사용했고, 주로 날씨 상태에 따라 달라지는 농장의 에이커당 수확량을 공급을 이동시키는 변수로 사용했다.

부록 B는 예상치 못한 놀라운 계량적 사고의 돌파구였다. 필립이 정말 이 부분을 작성했는지 의문을 품는 사람이 있을 정도다. 아마도 부록 B를 쓴 사람은 자신의 분야에서 뛰어난 학자였던 슈왈일 것이다. 제1장과 제2장의 말미에 소개했던 계량의 고수인 골턴이나 피셔와 마찬가지로, 슈왈은 유전학자이자 통계학자였다. 부록 B가 세상의 빛을 보기 오래전에 이미 슈왈은 누락변수 편의와 관련된 문제들을 해결하기 위해 '경로 분석(path analysis)'이라는 통계 방법을 개발했다. 오늘날 경로 분석은 제2장에서 논의한 다변량 회귀분석법의 하나의 응용으로 인식되고 있다. 경로 분석은 연립 방정식 모형에서 제기되는 식별 문제를 해결하지는 못한다. 부록 B 일부분에 슈왈의 '경로 계수' 아이디어가 언급되어 있지만, 외부 요인들을 사용하는 필립의 방법은 완전히 새로운 것이었다.

제임스 스톡(James Stock)과 프랜시스코 트레비(Francesco Trebbi)는 슈왈의 저작 문제를 계량문체학(stylometrics)을 이용해 검토하였다.[26] 계량문체학은 단어 사용이나 문장 구조의 통계적 규칙성을 바탕으로 진짜 저자를 가려낸다. 계량문체학을 통해 부록 B의 저자가 필립인 것으로 확증되었다. 그러나 최근 스톡과 그의 제자 케리 클락(Kerry Clark)은 이들 부자가 주고받은 편지들을 발견했다. 이에 따르면, 부록 B의 아이디어는 부자 간 자신을 내세우지 않는 주고받기를 통해 공동으로

26) James H. Stock and Francesco Trebbi, "Who Invented Instrumental Variables Regression?" *Journal of Economic Perspectives*, vol. 17, no. 3, Summer 2003, pages 177-194.

1926년 2월에 필립 라이트는 그의 아들 슈왈 라이트에게 다음과 같은 편지를 보냈다.
"내가 머리가 좋지 않은 것은 알지만, 내가 예전에 했던 것만큼 빠르게
수학의 새로운 분야를 이해할 수 있을 것 같지 않다."

개발되었다. 이 서신 교환에서 필립은 IV의 힘과 단순성에 대해 설명한다. 하지만 그는 이 방법을 얼마나 쉽게 응용할 수 있는지에 대해서는 전혀 깨닫지 못하고 있었다. 1926년 3월 슈왈에게 보낸 편지에서 필립은 외부 요인들을 발견할 가망성에 대해 이렇게 적었다. "그러한 요인들을, 특히 수요 조건들의 경우에는, 쉽게 발견할 수 없을 것 같아 걱정이다."[27] 식별에 대한 탐색은 이후 몇십 년 동안에도 좀처럼 쉬워지지 않았다.

필립의 여정은 지적이면서 동시에 개인적인 것이었다. 그는 여러 해 동안 일리노이 게일스버그의 이름 없는 롬바드대학에서 교사로서 일했다. 롬바드대학은 대공황의 와중에 살아남지 못했지만 필립이 그곳에서 보낸 시간은 놀라운 열매를 맺었다. 롬바드에서 그는 후에 느슨한 구조의 도발적인 시를 써 미국의 우상이 된 젊은 시절의 칼 샌드버그(Carl Sandburg)를 지도했다. 여기에 경험을 통해 개척한 길을 묘사한 샌드버그의 글을 소개한다.[28]

---

27) 이 인용구와 그림에 있는 인용구는 James H. Stock과 Kerry Clark이 발견한 미공개 서한에서 뽑은 것이다. "Philip Wright, the Identification Problem in Econometrics, and Its Solution," presented at the Tufts University Department of Economics Special Event in honor of Philip Green Wright, October 2011 (http://ase.tufts.edu/econ/news/documents/wrightPhilipAndSewall.pdf)과 Kerry Clark's 2012 Harvard senior thesis, "The Invention and Reinvention of Instrumental Variables Regression."를 참조하라.

28) "Experience." 이 시는 Philip Green Wright가 편집하고 서문을 쓴 *In Reckless Ecstasy*(Asgard Press, 1904)로부터 뽑은 것이다.

오늘 아침 나는 오늘의 지도를 보았다.
그리고 내게 말했다. "바로 이 길이야! 이것이 내가 갈 길이야.
성취의 길을 샅샅이 밟아봐야지.
길이 정말 또렷하군. 표시된 선들 위에 서면 얼마나 신날까."
그리고 나는 낯선 장소에 도달했다, -
그곳은 지도에 없었던 곳이야!
나는 비틀거리다 넘어져 풀숲에 누웠다,
그리고 상심하여 하루를 바라보았다.

나는 조금씩 - 확실하지는 않지만 - 배우고 있어
지나간 것에 대해서 긍정하는 법을,
그리고 다가올 것들을 때때로 엿보는 법을.
밤을 헤매는 방랑자로서
미로 같은 별들이 방향도 신호도 되어주지 못할 때,
그리고 그 많은 길들 중에 어느 길도 확실하지 않을 때

나는 지도를 든 남자들을 바라보며 말한다.
어떻게 가야 하는지, 어디로 가야 하는지, 왜 가야 하는지 누가 말해주겠느냐고.
그들의 입에서 나오는 소리를 내 귀로 듣는다.
그들의 손가락이 망설임 없이 지도 위의 표시를 가리키므로
그리고 한 사람은 강인하고, 고독하고, 불만스러워 보이므로,
마치 그가 머나먼 나라로 가서
자신을 위해 혼자 힘으로 지도를 만든 것처럼,
나는 그에게 소리친다, "당신의 지도를 보겠습니다!
당신이 지닌 그 지도를 따라가겠습니다!"

부록 : IV 이론

IV, LATE, 2SLS

도구변수가 하나 있고 공변량은 없는 IV 설정의 경우에 대해 먼저 표현방식을 다시 떠올려 보자. 1단계는 다음과 같이 도구변수와 처치변수를 연결시킨다.

$$D_i = \alpha_1 + \phi Z_i + e_{1i}$$

축약형은 다음과 같이 도구변수와 성과변수를 연결시킨다.

$$Y_i = \alpha_0 + \rho Z_i + e_{0i}$$

2SLS의 2단계는 다음과 같이 성과변수를 1단계 예측치에 회귀시키는 회귀모형이다.

$$Y_i = \alpha_2 + \lambda \widehat{D}_i + e_{2i}$$

LATE 공식 (3.2)를 1단계 회귀계수들과 축약형 회귀계수들의 관점에서 다음과 같이 쓸 수 있음을 기억하자.

$$\lambda = \frac{\rho}{\phi} = \frac{C(Y_i, Z_i)/V(Z_i)}{C(D_i, Z_i)/V(Z_i)} = \frac{C(Y_i, Z_i)}{C(D_i, Z_i)} \qquad \text{(식 3.12)}$$

여기서 우리는 식 (3.2)의 분모와 분자에 있는 평균의 차이는 각각 회귀계수 ϕ 및 ρ와 동일하다는 사실을 이용했다. 이처럼 공분산의 비율로 쓰여 있을 때 λ를 IV 공식이라고 부른다. 이 식의 표본 대응식이 **IV 추정량**이다.

위의 간단한 설정에서는 Y_i를 $\widehat{D}_i$에 회귀시키는 회귀모형(2SLS의 2단계)은 식 (3.12)와 동일하다. 2SLS의 2단계를 다음과 같이 써보면 이러한 사실이 분명해진다.

$$\lambda_{2SLS} = \frac{C(Y_i, \widehat{D}_i)}{V(\widehat{D}_i)} = \frac{C(Y_i, \alpha_1 + \phi Z_i)}{V(\alpha_1 + \phi Z_i)}$$

$$= \frac{\phi C(Y_i, Z_i)}{\phi^2 V(Z_i)} = \frac{\rho}{\phi} = \lambda$$

이를 도출하면서 우리는 제2장의 부록에서 상세히 설명한 분산과 공분산에 관한 규칙들을 사용했다.

1단계와 2단계에 공변량들 — 예를 들어, 인구폭탄에 대한 우리의 연구에서 변수 A_i — 이 포함되어 있는 경우 2SLS의 2단계는 식 (3.9)다. 여기에서도 2SLS 공식과 IV 공식은 정확히 같다. IV 공식은 이번에도 축약형 계수 나누기 1단계 계수의 비율에 의해 주어진다. 이 경우 이들 계수들은 식 (3.7)과 (3.8)에서와 같이 A_i를 포함한 상태에서 추정한다.

$$\frac{\rho}{\phi} = \frac{C(Y_i, \widetilde{Z}_i)/V(\widetilde{Z}_i)}{C(D_i, \widetilde{Z}_i)/V(\widetilde{Z}_i)} = \lambda_{2SLS}$$

여기에서 $\widetilde{Z}_i$는 Z_i를 A_i에 회귀시키는 모형으로부터 구한 잔차이다. (우리는 이것을 회귀모형 해부학으로부터 알 수 있다.) 두 번째 등호의 이면에 있는 세부적인 사항들은 여러분이 직접 채워 주기를 바란다.

2SLS 표준 오차

표본 평균이나 회귀 추정치들의 경우와 마찬가지로, IV 추정치와 2SLS 추정치들은 표본마다 다를 수 있다. 우리는 주어진 일련의 추정치들이 유의미한지 그렇지 않은지를 결정하기 위해 표본 변이의 정도를 측정해야 한다. 2SLS 추정치들의 표본 분산은 적합한 표준 오차에 의해 정량화된다.

A_i를 통제한 상태에서 D_i에 대한 도구변수로서 Z_i를 사용하는 모형의 경우, 2SLS 표준 오차는 다음과 같이 계산한다. 첫째, 다음의 식을 이용해 2SLS 잔차를 구한다.

$$\eta_i = Y_i - \alpha_2 - \lambda_{2SLS} D_i - \gamma_2 A_i$$

이 경우 $\hat{\lambda}_{2SLS}$의 표준 오차는 다음과 같이 주어진다.

$$SE(\hat{\lambda}_{2SLS}) = \frac{\sigma_\eta}{\sqrt{n}} \times \frac{1}{\sigma_{\hat{D}}} \qquad \text{(식 3.13)}$$

여기서 σ_η는 η_i의 표준 편차이고, $\sigma_{\hat{D}}$은 1단계 예측치 $\widehat{D}_i = \alpha_1 + \phi Z_i + \gamma_1 A_i$의 표준 편차다.

η_i가 2SLS의 2단계인 식 (3.9)를 직접 추정해 도출한 잔차가 아니라는 점에 유의해야 한다. 이 부정확한 잔차는 다음과 같다.

$$e_{2i} = Y_i - \alpha_2 - \lambda_{2SLS}\widehat{D}_i - \gamma_2 A_i$$

e_{2i}의 분산은 식 (3.13)에서 아무런 역할도 하지 않기 때문에, 2SLS의 2단계를 손수 계산하면 부정확한 표준 오차가 도출된다. 원칙은 다음과 같이 분명하다. 자신의 컴퓨터라는 사적인 공간에서는 마음껏 탐색할 수 있지만, 대중 앞에서 추정치와 표준 오차들을 발표하고자 한다면 당신은 전문적인 소프트웨어를 이용해 이것들을 계산해야 할 것이다.

2SLS 편의

IV는 강력하고 유연한 도구지만 고수들은 자신의 가장 강력한 도구를 현명하게 사용한다. 앞에서 보았듯이, 2SLS는 한 인과효과의 정밀한 추정치를 도출하기 위해 여러 개의 도구변수들을 결합한다. 일반적으로 많은 수의 도구변수의 축복을 받은 연구자는 어떤 도구변수는 다른 것들보다 강력한 1단계를 산출한다는 것을 안다. 따라서 그것들 모두를 어쨌든 사용하고 싶은 유혹에 빠진다. (그런다고 계량경제학 소프트웨어에 추가적인 부담을 주는 것은 아니다.) 이 경우 여러 개의 약한 도구변수들을 이용해 구한 2SLS 추정치들이 잘못된 것이 될 위험이 있다. 약한 도구변수란 대응하는 회귀변수와의 상관관계가 강하지 않아, 자신과 연관된 1단계 계수가 작거나 부정확하게 추정되는 그런 도구변수를 말한다. 다수의 이와 같은 도구변수들을 이용한 2SLS 추정치는 동일한 모형의 OLS 추정치와 유사한 경향이 있다. 2SLS가 OLS에 가까울 때는 OLS의 선택 편의에 대해 걱정할 필요가 없다는 결론을 내리는 것이 자연스럽지만, 이러한 결론은 부당할 수도 있다. **유한 표본 편의**(finite sample bias)로 인해 여러 개의 약한 IV 상황에서 구한 2SLS 추정치는 관심대상 인과관계에 대해 거의 말해 주는 것이 없다.

언제 유한 표본 편의에 대해 걱정해야 할까? 고수들은 일반적으로 여러 개의 도구변수 세팅에서 1단계 계수들이 모두 0이라는 결합 가설을 검정하는 1단계 F-통계량에 초점을 맞춘다. (F-통계량은 t-통계량을 여러 개의 가설을 단번에 검정하는 경우로 확장시킨다.) 널리 통용되는 어림법칙에 따르면, F값이 최소 10은 되어야 여러 개의 약한 도수변수에 대한 우려를 잠재울 수 있다. 2SLS에 대한 하나의 대안인 '제한 정보 최우추정량(limited information maximum likelihood estimator,

LIML)'은 유한 표본 편의의 영향을 덜 받는다. LIML 추정치와 2SLS 추정치가 서로 가까우면 좋다. 전자는 여러 개의 약한 도구변수가 있는 경우에도 편의를 가질 가능성이 낮기 때문이다. (다만, LIML 추정치는 대응하는 2SLS 추정치에 비해 표준 오차가 더 큰 편이다.)

여러 개의 약한 도구변수 문제는 하나의 도구변수를 이용해 하나의 인과효과를 추정할 경우에는 더 이상 문제가 되지 않는다. 따라서 가족규모의 도구변수로서 다둥이 출생을 표시하는 하나의 더미변수 또는 동일-성별 형제자매를 표시하는 하나의 더미변수를 이용해 구한 자녀수와 질의 상충관계 추정치는 유한 표본 편의에 의해 오염되어 있을 가능성이 낮다. 이들 추정치는 〈표 3.5〉의 (2)열과 (3)열에 제시되어 있다. 마지막으로, 축약형 추정치는 언제나 세심하게 살펴볼 필요가 있다. 이들은 OLS 추정치로서 유한 표본 편의로부터 영향을 받지 않기 때문이다. 축약형 추정치의 크기가 작고 0과 유의하게 다르지 않으면, 이것은 관심대상 인과관계가 (최소한 현재 다루고 있는 데이터에서는) 약하거나 또는 존재하지 않을 가능성을 시사한다. (여러 개의 축약형 계수들은 F-검정을 이용해 모두 함께 검증한다.) 우리는 늘 학생들에게 이야기한다. "**축약형에서 그것이 보이지 않으면 그것은 없는 것입니다.**"

제 4 장

회귀단절모형

젊은 케인 : 사부님, 운명의 힘에 대해 더 이야기를 나누어 보고 싶습니다.

포 사부 : 얘기해 보게.

케인 : 두 갈래 길 앞에 서 있을 때 왼쪽 길과 오른쪽 길 중에 어느 길이 우리의 운명으로 이어지는 길인지 어떻게 알 수 있을까요?

포 사부 : 우연을 말하는군, 베짱이 군. 그런 것이 틀림없이 존재한다는 듯이 말이야. 말이 나왔으니 말인데 운명에는 우연이라는 것이 없다네.

– **쿵푸**, 시즌 3, 에피소드 62

우리의 길

인간의 행위는 규칙의 통제를 받는다. 캘리포니아 주는 초등학교 한 학급의 크기를 32명으로 제한하고 있다. 따라서 33명은 단 한 명이 초과된 숫자이다. 사회보장부(Social Security Administration)는 당신의 연령이 62세가 되기 전까지는 단 한 푼의 퇴직연금도 지급하지 않는다. 시험점수가 50점 미만인 신병 후보는 미 육군에 복무할 자격이 주어지지 않는다. 이런 많은 규칙들은 과학적 근거나 경험적 바탕이 없이 자의적으로 만들어진 것처럼 보이기는 하지만, 우리는 그것들이 필요하다고 말한다. 인간사에서 우연의 역할에 제약을 가하는 규칙들은 흥미로운 실험을 만들어 내는 일이 자주 있기 때문이다. 계량의 고수들은 **회귀단절**(regression discontinuity, RD) 디자인이라는 도구를 이용해 이 흥미로운 실험들을 활용한다. RD가 모든 인과적인 의문들에 대해 작동하는 것은 아니지만, 많은 경우에 작동하기도 한다. 그리고 그것이 작동할 때 그 결과는 무작위 시행의 결과와 동일한 인과적 위력을 갖는다.

4.1 생일과 장례식

케이티 : 정말 평생 이렇게 살 거니?

부운 : 무슨 소리에요?

케이티 : 짐승들하고 어울려 다니며 주말마다 술이나 퍼 마실 거냐고.

부운 : 아니요! 졸업하고 나면 매일 밤마다 퍼 마실 건데요.

–*Animal House*, 1978 . . . of course

스물 한 살 생일은 중요한 날이다. 미국에서는 만 21세가 ('마침내'라는 부사를 이 자리에 넣는 사람도 있을 것이다) 넘으면 법적으로 음주가 허용된다. 물론 그 나이 전에도 술을 마시는 사람들은 있다. 부운이라는 학생과 그의 동아리 친구들의 영웅적 행위가 말해 주듯이, 모든 미성년자가 절제하며 술을 마시는 것은 아니다. 미성년자 음주와 관련된 사회 문제와 공공 보건 문제를 해결하기 위해, 일군의 미국 대학 총장들은 법적 최소 음주 연령(minimum legal drinking age, MLDA)을 베트남

전 시절의 임계치인 18세로 되돌리도록 주 정부들에 로비를 벌여 왔다. 이러한 노력(역주 : 자수정 운동(Amethyst Initiative)으로 알려져 있다. 고대 그리스인들은 자수정으로 만든 술잔이 술에 취하는 것을 막아준다고 생각했다고 한다.)을 뒷받침하는 이론은 18세에 음주를 합법화하는 것이 폭음을 방지하고 성숙한 음주 문화를 조성한다는 주장이다. 이는 21세 MLDA가 거칠고 불완전한 방법이기는 하지만 청소년들이 술에 접근하지 못하도록 만듦으로써 어느 정도 피해를 방지할 수 있다는 일반적인 견해와는 정면으로 배치되는 이론이다.

다행히도 MLDA의 역사에서 2개의 자연실험이 이루어졌고, 이를 이용해 우리는 음주 정책을 온전한 정신상태에서 평가해 볼 수 있다. 이 장에서는 첫 번째 실험에 대해, 그리고 다음 장에서는 두 번째 실험에 대해 이야기할 것이다.[1] 첫 번째 MLDA 실험은 연령의 작은 변화(월 단위 또는 일 단위로 측정됨)가 합법적 접근성에 있어 큰 차이로 귀결된다는 사실로부터 출발한다. 하루가 만들어 내는 차이는 생일과 장례일 사이의 관계를 나타낸 〈그림 4.1〉로부터 확인할 수 있다. 이 그림은 1997년에서 2003년 사이에 일어난 20～22세 미국인들의 사망자수를 보여준다. 여기서 사망자수는 일 단위로 표시되어 있고, 0일은 사망자의 생일을 의미한다. 예를 들어, 1990년 9월 18일에 태어난 사람이 2012년 9월 19일에 사망했다면, 그는 1일에 발생한 연령 22세 사망자들 중 한 명이다.

21세 생일 당일과 그날 직후에 사망 위험이 가파르게 치솟는다는 사실은 이들 날짜에 하루 사망자 수가 현저하게 솟아오른 것으로부터 확인할 수 있다. 이러한 급상승 현상은 하루 약 150건이라는 기준 수치에 약 100건을 더한 수준이다. 21세 연령에서의 급상승 현상은 일반적인 파티광들의 생일효과인 것 같지는 않다. 이 급상승이 생일파티만을 반영한다면 20세와 22세 생일 뒤에도 사망자수가 증가하는 현상이 관측되어야 할 테지만 그런 일은 일어나지 않는다. 21세 생일에 특별한 무언가가 있는 것이다. 하지만 21세 연령의 효과를 MLDA로 귀결시킬 수 있을지, 그리고 〈그림 4.1〉에서 나타난 바와 같이 높아진 사망 위험이 우려스러울 만큼 오

---

1) MLDA에 관한 우리의 논의는 Christopher Carpenter and Carlos Dobkin, "The Effect of Alcohol Consumption on Mortality: Regression Discontinuity Evidence from the Minimum Drinking Age," *American Economic Journal-Applied Economics*, vol. 1, no. 1, January 2009, pages 164-182와 "The Minimum Legal Drinking Age and Public Health," *Journal of Economic Perspectives*, vol. 25, no. 2, Spring 2011, pages 133-156에 바탕을 두고 있다.

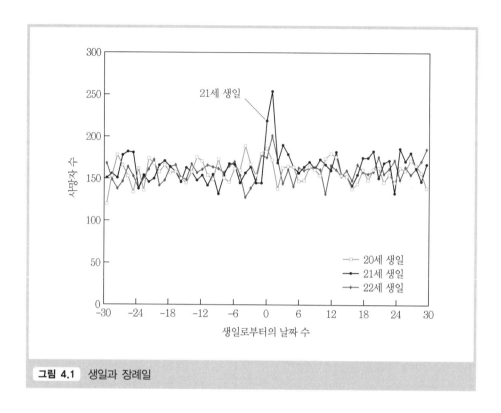

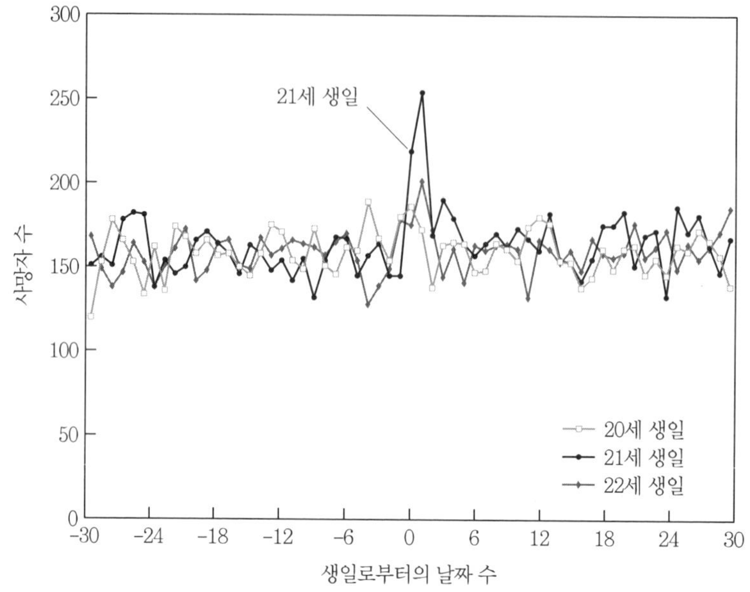

그림 4.1 생일과 장례일

랫동안 지속될지의 여부는 좀 더 두고 보아야 한다.

계단형 RD

〈그림 4.2〉에서는 MLDA를 가파르고 지속적인 사망률 상승과 연결시키는 이야기를 찾아볼 수 있다. 이 그림은 사망률(100,000명당 연간 사망자수로 측정함)을 월 단위(30일을 1개월로 정의함)로 표시한 나이와 대비시켜 그린 그래프이다. 21세 생일이 가운데 위치해 있다. X축은 양방향으로 2년까지 뻗어 나가며, 그림의 각 점은 1개월 동안의 사망률이다. 사망률은 월에 따라 오르내림이 있지만, 21세 연령 임계치의 왼쪽에서는 사망률이 95를 넘는 경우가 별로 없다. 하지만 21세를 초과하는 연령에서는 사망률이 위쪽으로 이동해 21세 연령 임계치의 오른쪽에서는 95보다 낮은 경우가 거의 없다.

다행히 젊은 사람이 사망할 확률은 연령에 따라 감소하며, 이 사실은 〈그림 4.2〉의 사망률 예측치 직선이 우하향하는 것으로부터 확인할 수 있다. 한편, 임계치의 왼편에 그어진 직선을 외삽함으로써 우리는 21세 연령의 사망률이 약 92 정도일

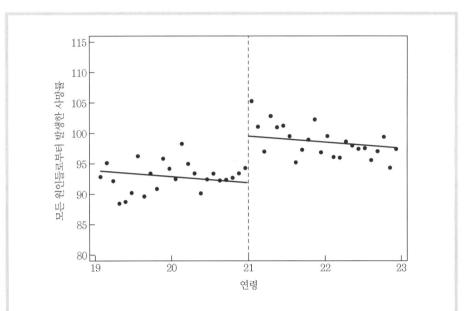

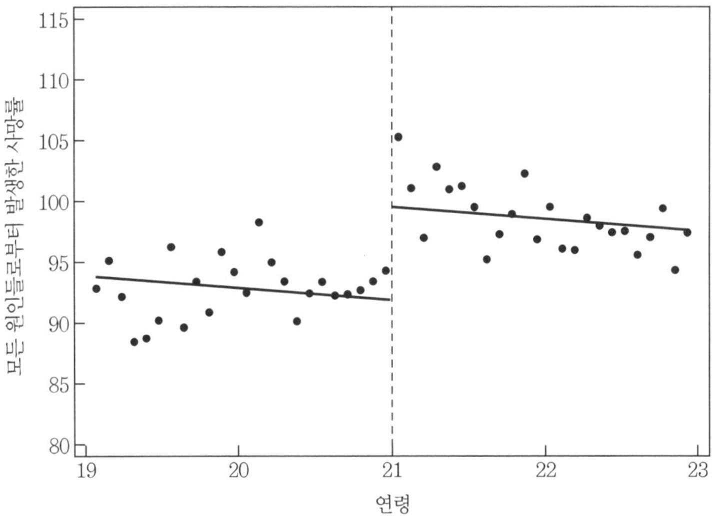

주 : 이 그림은 모든 원인들로부터 발생한 사망률을 월단위로 표시한 나이와 대비시켜 그린 그래프다. 그림의 두 직선은 사망률을 21세 이상을 표시하는 더미와 월단위로 표시한 연령에 회귀시키는 회귀모형으로부터 도출한 예측치들이다. (수직의 점선은 법적 최소 음주 연령(MLDA)의 임계치를 표시한다.)

그림 4.2 MLDA가 사망률에 미치는 효과를 보여주는 계단형 RD 추정치

것으로 예상했다. 그러나 21세의 오른편에 그어진 추세선은 훨씬 더 높은 99 언저리에서 시작한다. 21세 연령에서 나타난 추세선의 급상승은 이 장의 주제인 '**회귀단절모형**(regression discontinuity design, RDD)'을 그림으로 설명해준다. RD는 경직적인 규칙이 귀중한 실험을 만들어 낸다는 일견 역설적으로 보이는 아이디어에 기반을 두고 있다. 이 아이디어가 역설적인 이유는 경직적인 규칙이 언뜻 보기에는 무작위성의 범위를 축소하거나 더 나아가 없애 버리는 것처럼 보이기 때문이다.

〈그림 4.2〉에서 다루고 있는 인과적인 질문은 알코올 접근의 법적 권리가 사망률에 미치는 효과에 관한 것이다. 이 경우 처치변수는 D_a로 쓸 수 있고, $D_a=1$은 음주가 합법적인 경우를, $D_a=0$은 그렇지 않은 경우를 표시한다. D_a는 연령 a의 함수다. MLDA에 의해 21세인 사람은 미성년자로부터 합법적인 알코올 소비자로 전환된다. 이 전환을 수학 기호로 표시하면 다음과 같다.

$$D_a = \begin{cases} 1, & a \geq 21 \\ 0, & a < 21 \end{cases} \qquad \text{(식 4.1)}$$

이 식은 RD 모형의 두 가지 중요한 특징을 단적으로 보여 준다.

- 처치상태는 a에 의해 결정되는 함수이므로 a를 알면 D_a도 알 수 있다.
- 처치상태는 a의 불연속 함수다. a가 아무리 임계치에 가까이 근접하더라도 그 임계치에 도달할 때까지 D_a는 변화하지 않고 그대로 있기 때문이다

처치를 결정하는 변수(이 경우에는 연령)를 **배정변수**(running variable)라고 부른다. 배정변수는 RD 이야기에서 핵심 역할을 담당한다. **계단형 RD**(Sharp RD) 디자인에서 처치는 배정변수가 임계치를 통과함에 따라 깔끔하게 0에서 1로 바뀐다. MLDA는 연령의 계단형 함수이기 때문에 MLDA가 사망률에 미치는 효과를 분석하는 것은 계단형 RD 연구가 된다. 이 장의 후반부에서는 **경사형 RD**(Fuzzy RD)라고 알려져 있는 두 번째 RD 시나리오를 살펴볼 것이다. 경사형 RD에서는 처치 확률 혹은 처치 강도가 임계치에서 급격히 변한다.

사망률은 MLDA와는 무관한 이유로 배정변수 a에 따라 뚜렷하게 달라진다. 암 등의 질병 관련 원인들(역학자들에게는 내적 원인들이라고 알려져 있다)에 따른 사망률은 10대 후반이나 20대 초반에는 낮지만 연령에 따라 증가한다. 반면, 주로 교통사고, 살인, 자살 등의 외적 원인에 따른 사망률은 연령에 따라 감소한다. 이와 같은 추세적인 변동을 존재 가능한 MLDA의 효과와 분리하기 위해, RD 분석에서는 a에 의해 생성되는 사망률의 매끄러운 변동을 통제한다. RD에 이런 이름이 붙여진 이유는 회귀모형을 사용해 이와 같은 통제를 실행하는 관행 때문이다.

MDLA에 대한 간단한 RD 분석에서는 다음의 회귀모형을 이용해 인과효과를 추정한다.

$$\overline{M}_a = \alpha + \rho D_a + \gamma a + e_a \qquad \text{(식 4.2)}$$

여기서 $\overline{M}_a$는 a월의 사망률이다. (이번에도 월은 21세 생일로부터 30일 간격으로 계산한 개월 수를 의미한다.) 식 (4.2)에는 처치 더미 D_a와 월단위로 표시한 나이의 선형 통제변수가 포함되어 있다. 〈그림 4.2〉의 두 선은 식 (4.2)로부터 구한 예

측치들을 표시한 것이다. γ에 의해 포착되는 음의 기울기는 젊은 사람들이 나이를 먹어 감에 따라 사망률이 매끄럽게 감소하는 현상을 반영한다. 모수 ρ는 21세에서 나타나는 사망률의 급격한 변동을 포착한다. 회귀식 (4.2)에서 도출된 ρ의 추정치는 7.7이다. 95 정도의 평균 사망률과 대비했을 때 이 추정치는 MLDA 임계치에서 사망 위험이 상당히 증가하는 현상을 보여 준다.

이것은 MLDA의 인과효과에 대한 신뢰할 만한 추정치일까? 다른 것들도 통제해야 하는 건 아닌가? OVB 공식에 따르면, 이 짧은 회귀모형의 ρ 추정치와 더 긴 회귀모형에서 도출된 결과 사이의 차이는 긴 회귀모형에 추가된 변수들과 D_a 사이의 상관관계에 달려 있다. 그러나 식 (4.1)에 따르면 D_a는 a에 의해서만 결정된다. a가 사망률에 미치는 영향이 선형 함수에 의해 포착된다고 가정할 때, 우리는 어떤 OVB도 이 짧은 회귀모형에 손상을 가하지 않는다고 확신할 수 있다.

식 (4.2)에 OVB가 존재하지 않는다는 점은 내부 정보를 이용함으로써 누리는 혜택이다. 처치가 무작위로 배정되지는 않았지만, 우리는 처치가 어디에서 비롯되었는지를 알고 있다. 구체적으로, 처치는 배정변수에 의해 결정되었다. 이것이 바로 위에서 언급한 결정적 연결고리가 의미하는 바다. 따라서 인과관계의 문제는 이제 배정변수와 성과변수 사이의 관계가 연령의 선형함수를 통제하는 회귀모형에 의해 정확히 표현될 수 있느냐의 여부에 달려 있다.

RD가 회귀분석 방법을 이용해 인과효과를 추정하기는 하지만, RD 모형은 제2장에서 살펴본 회귀분석 방법과는 중요한 차이를 가진 독특한 추정방법이라고 생각해야 한다. 제2장에서 우리는 여러 변수들을 통제한 상태에서는 처치가 무작위 배정된 것과 다름없을 것이라는 희망을 가지고 통제변수의 특정한 값들에서 처치 결과치와 통제 결과치를 비교했다. 그러나 이 장에서는 처치 관측치와 통제 관측치 모두를 동시에 관측할 수 있는 배정변수의 값은 존재하지 않는다. 놀랍지, 베짱이야! 제2장에서 살펴본 바와 같이 공변량 값이 주어져 있을 때 처치 결과치와 통제 결과치를 비교하는 매칭이나 회귀분석 방법과는 달리, RD의 타당성은 배정변수의 여러 값들(최소한 처치가 0에서 1로 변하는 임계치 주변의 값들)에 대해 우리가 어느 정도로 외삽할 용의가 있는지에 달려 있다.

이와 같이 임계치 주변의 값들을 비교한다는 국지적 특성은 〈그림 4.2〉에 뚜렷하게 드러나 있다. MLDA 임계치에서 발생하는 추세선의 급격한 변동은 21세 생일의 (근접한) 양쪽 편에 있는 사람들의 사망률을 암묵적으로 비교한 결과다. 다시 말해, 이 개념적 실험에서는 성인들이 얼마든지 술을 마실 수 있는 세상에서 젊은 이들의 술에 대한 접근성이 변화하는 상황을 상정한다. 이 실험으로부터 도출된 결과는 음주 정책에 대한 현재의 논의와 관련이 있기는 하지만 '금주법' 같은 보다 극적인 정책 변화의 결과에 대해 우리에게 많은 것을 얘기해 줄 필요는 없다.

RD 세부사항

RD 방법을 통해 반드시 신뢰할 수 있는 인과관계 추정치가 도출되는 것은 아니다. 〈그림 4.3〉에서 그 이유를 확인할 수 있다. A에서 배정변수 X와 성과변수 Y의 관계는 선형이고 0.5라는 임계치에서 $E[Y|X]$의 뚜렷한 급상승이 존재한다. 평균 Y와 X의 관계가 비선형이라는 점을 제외하면 B도 A와 비슷해 보인다. 여전히 $X=0.5$에서 급상승이 있음을 쉽게 확인할 수 있다. 〈그림 4.3〉의 C는 RD 설계자들이 직면하는 어려움을 확실하게 보여 준다. 여기에서 그림은 특이한 비선형의 추세를 보인다. 즉 임계치의 왼쪽과 오른쪽에서 급격하게 방향을 바꾸지만 단절은 일어나지 않는다. 식 (4.2)와 같은 선형 모형을 이용해 구한 추정치들은 이 비선형성을 단절로 잘못 인식한다.

두 가지 방법을 통해 잘못된 RD의 가능성을 줄일 수 있다. 다만, 어느 쪽도 완벽한 보장수단을 제공하지는 않는다. 첫 번째는 비선형성을 직접 모형화하는 방법이고, 두 번째는 임계치 근처에 있는 관측치들에만 초점을 맞추는 방법이다. 우리는 일단 비선형 모형화 전략으로부터 출발하고, 이 절의 끝부분에서 두 번째 접근법에 대해 간단히 살펴볼 것이다.

RD 분석틀에서 비선형성은 일반적으로 배정변수의 다항 함수를 이용해 모형화한다. 이상적으로 말하면, 이 접근법으로부터 도출된 결과는 모형이 허용하는 비선형성의 정도에 영향을 받지 않는다. 하지만 〈그림 4.3〉의 C에서 볼 수 있듯이, 그렇지 않은 경우가 때때로 있다. 어느 정도의 비선형성이 충분한 수준인가의 문제는 개인적인 판단에 따르는 수밖에 없다. 여기에서 문제는 가장 마음에 드는 결과, 즉 아마도 자신의 선입견에 가장 부합하는 결과를 산출하는 모형을 연구자가 선택할 위험이 있다는 점이다. 따라서 RD를 적용하는 연구자는 자신의 RD 추정치들이 그것을 구하는 데 사용한 회귀 모형의 세부 사항들이 변함에 따라 어떻게 달라지는지

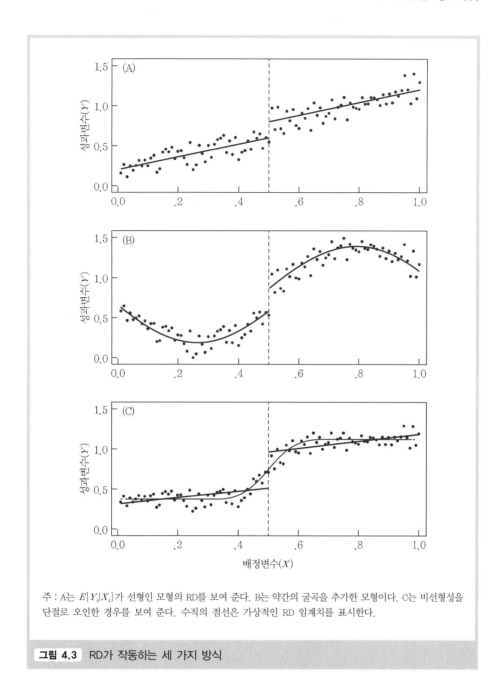

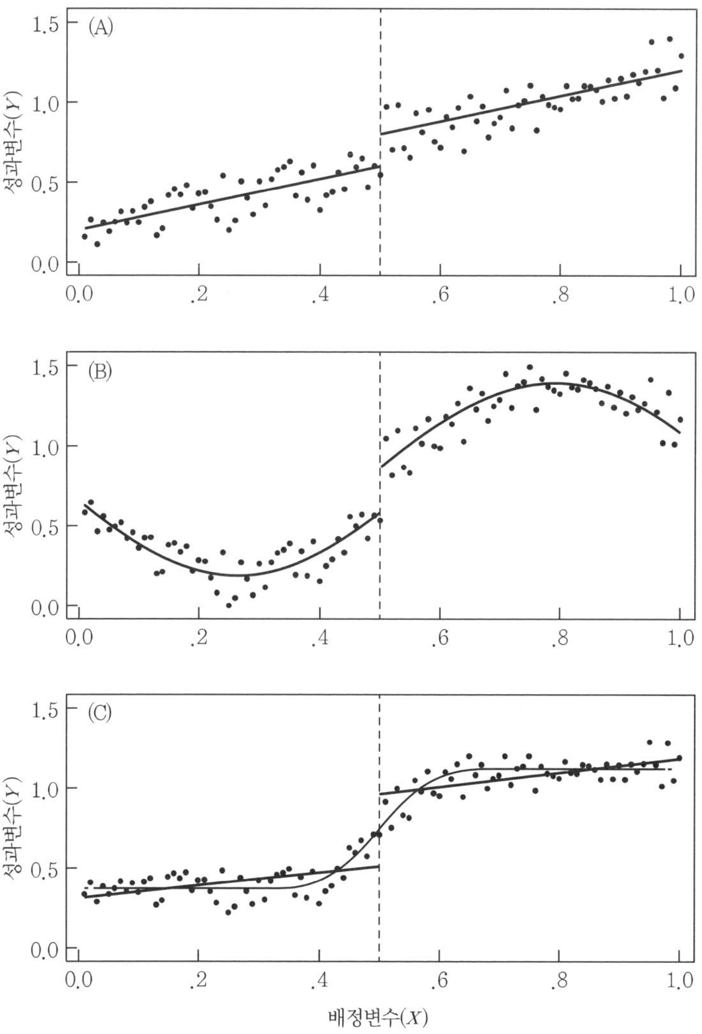

주 : A는 $E[Y_i|X_i]$가 선형인 모형의 RD를 보여 준다. B는 약간의 굴곡을 추가한 모형이다. C는 비선형성을 단절로 오인한 경우를 보여 준다. 수직의 점선은 가상적인 RD 임계치를 표시한다.

그림 4.3 RD가 작동하는 세 가지 방식

를 독자에게 보고할 의무가 있다.

〈그림 4.2〉는 적어도 임계치의 오른편에 있는 점들의 경우 $\overline{M}_a$와 a 사이의 관계는 완만한 곡선일 가능성을 시사한다. 이 곡선을 포착하는 간단한 확장 모형은 배

정변수에 대해 선형이 아니라 2차형 통제변수를 사용하는 모형이다. 배정변수가 2차형인 RD 모형은 다음과 같다.

$$\overline{M}_a = \alpha + \rho D_a + \gamma_1 a + \gamma_2 a^2 + e_a$$

여기서 $\gamma_1 a + \gamma_2 a^2$이 연령의 2차 함수이고, γ_1과 γ_2는 추정해야 하는 모수들이다.

위의 모형을 약간 더 수정하면, 임계치의 왼편과 오른편에 서로 다른 배정변수 계수들을 설정할 수도 있다. 이와 같이 변형된 모형에서는 a와 D_a의 교차항이 등장한다. 교차항이 있는 모형을 쉽게 해석하기 위해, 우리는 배정변수에서 임계치 a_0를 빼는 방식으로 변수를 재정의한다. a를 $a - a_0$(이때 $a_0 = 21$)로 바꾸고, 교차항 $(a - a_0)D_a$를 추가하면 RD 모형은 다음과 같이 변한다.

$$\overline{M}_a = \alpha + \rho D_a + \gamma(a - a_0) + \delta[(a - a_0)D_a] + e_a \qquad (식\ 4.3)$$

배정변수를 차분 형식으로 설정하더라도, 식 (4.3)의 ρ는 여전히 임계치에서 발생한 성과변수 평균값의 급변동분이다. (위 식에서 $a = a_0$를 설정함으로써 이를 확인할 수 있다.)

나이와 사망률 사이의 추세적 관계가 임계치에서 달라져야 하는 이유는 무엇일까? 임계치 왼편에 위치한 데이터는 음주 행동이 MLDA에 의해 제한을 받는 표본에서 나타나는 연령과 사망률 사이의 관계를 반영한다. 이 표본에서 우리는 젊은 사람들이 나이를 먹으면서 위험한 행동을 적게 함에 따라 사망률이 꾸준히 감소할 것이라고 예상할 수 있다. 하지만 21세 이후에는 술에 대한 접근 제약이 없는 상황이 이러한 과정에 변화를 야기해 애초의 감소 추세를 둔화시킬 수도 있다. 반면, 자수정 운동을 지지하는 대학 총장들이 옳다면, 책임성 있는 합법적 음주가 성숙한 행동의 발달을 가속화시킬 것이다. 기울기의 측면에서 그러한 변화의 방향은 단지 가설에 불과하다. 식 (4.3)에서는 어느 쪽으로든 기울기의 변화가 허용된다는 것이 요점이다.

교차항이 있는 모형이 갖는 미묘한 함의는 임계치 a_0로부터 멀어지면 MLDA 처치효과는 $\rho + \delta(a - a_0)$로 주어진다는 점이다. 우리는 이것을 아래의 식과 같이 $D_a = 1$인 관측치들에 대한 회귀 예측선으로부터 $D_a = 0$인 관측치들에 대한 예측선을 빼 봄으로써 확인할 수 있다.

$$[\alpha+\rho+(\gamma+\delta)(a-a_0)]-[\alpha+\gamma(a-a_0)]=\rho+\delta(a-a_0)$$

임계치로부터 떨어진 추정치들은 과감한 외삽을 통해 도출되기 때문에, 이 값들은 매우 신중하게 받아들여져야 한다. 21세보다 상당히 높은 연령까지 음주가 금지되어 있는 세상에서 나타날 가상적 사망률에 대한 데이터는 존재하지 않는다. 마찬가지로 임계치의 한참 왼편, 즉 매우 어린 나이에 음주가 허용되는 세상에서 사망률이 어떻게 될 것인지에 대해서도 말하기 어렵다. 반면에 21세에 약간 못 미친 사람들이 21세를 이제 막 지난 사람들의 좋은 가상적 비교치를 제공한다고 말하는 것은 합리적인 듯하다. 그리하여 우리는 모수 ρ의 추정치들(임계치에서의 인과효과)을 가장 신뢰할 수 있게 된다. 이것은 추정에 사용한 모형이 임계치에서의 인과효과 이상의 것을 우리에게 암묵적으로 말해 주는 경우에도 마찬가지다.

비선형적 추세와 임계치에서 기울기의 변화는 또한 다음과 같은 모형을 통해 통합할 수 있다.

$$\begin{aligned}\overline{M}_a &= \alpha+\rho D_a+\gamma_1(a-a_0)+\gamma_2(a-a_0)^2 \\ &\quad +\delta_1[(a-a_0)D_a]+\delta_2[(a-a_0)^2D_a]+e_a\end{aligned} \qquad \text{(식 4.4)}$$

위의 모형설정에서는 나이가 임계치를 넘어설 때 선형 항과 2차 항이 모두 바뀐다. 앞에서와 마찬가지로, MLDA 임계치에서 나타난 사망률의 급격한 상승은 MLDA 처치효과 ρ에 의해 포착된다. 임계치와 떨어진 곳에서의 처치효과는 이제 $\rho+\delta_1(a-a_0)+\delta_2(a-a_0)^2$이다. 다만, 이번에도 이 수치에 대한 인과적 해석은 ρ 자체에 대한 인과적 해석보다는 더 추측성이 강하다.

〈그림 4.4〉로부터 우리는 식 (4.4)를 통해 구한 추세 함수 추정치가 약간의 곡면을 가지고 있어서 21세 왼편에서는 약간 오목하고 그 이후부터는 상당히 볼록하다는 것을 알 수 있다. 이 모형으로부터 도출되는 10만 명당 약 9.5명의 사망률이라는 임계치에서의 MLDA 효과 추정치는 선형 모형으로부터 도출되는 추정치보다 더 크다. 또한 〈그림 4.4〉에는 식 (4.2)를 이용해 구한 선형 추세선이 제시되어 있다. 보다 정교한 모형이 단순한 모형보다 더 나은 예측치를 만드는 것처럼 보인다. 사

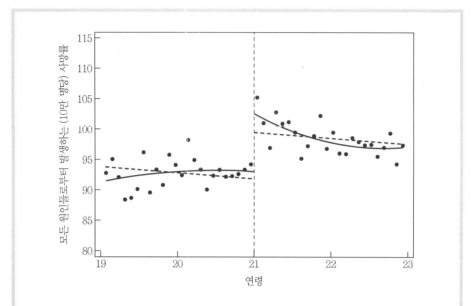

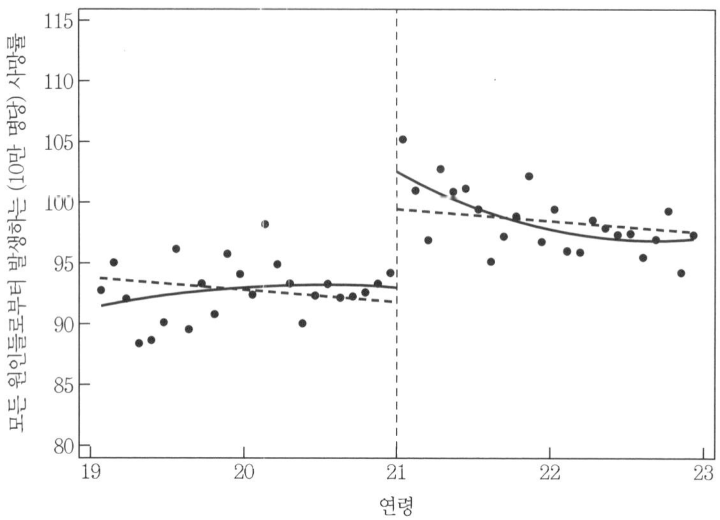

주 : 이 그림은 모든 원인들로부터 발생하는 사망률을 연령(월 단위)과 대비시켜 표현하고 있다. 그림에서 점선은 사망률을 21세 이상 더미와 월 단위 연령에 회귀시키는 회귀모형의 예측치를 나타낸다. 실선은 사망률을 21세 이상 더미, 월 단위 연령의 2차형, 그리고 그 2차형과 21세 이상 더미와의 교차항에 회귀시키는 회귀모형의 예측치를 나타낸다. (수직의 점선은 합법적 최소 음주 연령(MLDA)의 임계치를 표시한다.)

그림 4.4 RD 디자인에서 2차 형식 통제변수

망률은 21세에서 급격하게 뛰었다가 21세 생일 이후 몇 개월이 지나면 어느 정도 원상태로 되돌아온다. 이것은 〈그림 4.1〉에서 볼 수 있었듯이 21세 생일 당일과 그 주변에서 하루 사망률이 급격하게 상승하는 현상을 상기시킨다. 부운이나 그의 동창생들과는 다르게, 새롭게 합법적인 음주를 할 수 있게 된 다수의 술꾼들은 밤마다 개차반이 되는 생활에 결국에는 싫증을 내는 듯하다. 식 (4.4)의 모형설정에서는 이와 같은 급상승 ― 그리고 하락 ― 을 보기 좋게 표현하고 있다. 다만, 이 모형에서는 기술적인 화려함이라는 비용이 수반된다.

화려한 모형과 단순한 모형 중 어느 모형이 더 나은가? 여기에 일반적인 규칙은 존재하지 않는다. 생각을 깊이 하면서 데이터를 자세히 살펴보는 것이 가장 좋은 방법이다. 〈그림 4.4〉에서 확인할 수 있는 바와 같이, 특별히 운이 좋게도 우리의 추정 결과는 모형화하면서 선택하는 세부사항들에 따라 크게 달라지지 않았다. 단순한 RD 모형은 임계치(이 경우에는 21세 생일 무렵)에서의 효과를 포착할 수 있을

만큼 충분히 유연해 보인다. 보다 화려한 모형은 21세 생일 근처에서 사망률의 급격한 상승을 잘 추정하면서도 후속하는 사망률의 부분적인 회복 또한 포착하고 있다.

임계치에서의 효과가 가장 중요한 것은 아니다. 음주 연령을 22세로 높인다고 가정해 보자. 과도한 음주로 인한 사망이 전적으로 MLDA 생일날의 파티 때문에 발생하는 세상에서 이러한 변화는 일부 사람들의 수명을 1년 정도 연장할 뿐 그 외에는 거의 영향을 미치지 못할 것이다. 따라서 〈그림 4.4〉에 나타나 있는 사망률의 지속적인 증가가 중요하다. 이는 알코올에 대한 접근을 제한하는 조치가 지속적인 편익을 가져옴을 시사하기 때문이다. 임계치에서 떨어져 있는 지점에서의 효과에 대한 증거는 임계치 근처에서의 급격한 상승으로부터 발견되는 증거보다 객관적이지 않다는 사실은 이미 이야기했다. 한편 배정변수와 성과변수 사이의 추세적 관계가 거의 선형일 때에는 외삽을 제한적으로 사용하더라도 괜찮은 듯하다. 임계치에서 사망률의 가파른 상승은 음주 행위가 알코올 접근성에 반응하고 그것이 사망률에 반영됨을 보여 준다. 이는 중요한 원칙이다. 한편 23세에까지 외삽한 처치효과는 10만 명당 약 5건 정도의 추가 사망으로서, 여전히 상당한 수준이고 신뢰할 만한 듯이 보인다. 이와 같은 경향은 '시각적 RD', 다시 말해 〈그림 4.4〉와 같은 그래프를 주의 깊게 평가하는 것의 가치를 강조한다.

〈그림 4.4〉에 나타나 있는 급상승이 진실로 음주에 기인한다는 주장은 얼마나 설득력이 있을까? 사망 원인별 사망률 데이터가 이 주장을 뒷받침하는 데 도움을 준다. 알코올에 독성이 있기는 하지만 알코올 중독만으로 사망하는 사람은 거의 없고, 알코올 관련 질병에 따른 사망은 고령층에서만 발생한다. 그러나 알코올은 젊은이들의 사망원인 1위인 자동차 사고(motor vehicle accidents, MVA)와 밀접한 관련이 있다. 음주운전이 알코올 관련 사망원인 중 1위라면, 우리는 자동차 사고 사망률이 급상승하면서도 동시에 내적 원인에 따른 사망률에는 거의 차이가 발생하지 않는 현상을 관측할 수 있어야 한다. 〈표 1.3〉의 RAND HIE 실험이나 〈표 3.1〉 A의 KIPP 제안 도구변수에 대해 제시한 균형상태 검사와 마찬가지로, 처치에 의해 변화하지 않아야 하는 성과변수들에 대한 효과가 0인 현상은 우리가 찾고자 하는 인과효과에 대해 신뢰감을 더해 준다.

특정한 사망 원인들과 관련된 결과를 보여 주는 기준점으로서, 〈표 4.1〉의 첫째

표 4.1 MLDA가 사망률에 미치는 효과에 대한 계단형 RD 추정치

종속변수	연령 19~22세		연령 20~21세	
	(1)	(2)	(3)	(4)
모든 원인의 사망	7.66 (1.51)	9.55 (1.83)	9.75 (2.06)	9.61 (2.29)
자동차 사고	4.53 (.72)	4.66 (1.09)	4.76 (1.08)	5.89 (1.33)
자살	1.79 (.50)	1.81 (.78)	1.72 (.73)	1.30 (1.14)
살인	.10 (.45)	.20 (.50)	.16 (.59)	−.45 (.93)
기타 외적 원인	.84 (.42)	1.80 (.56)	1.41 (.59)	1.63 (.75)
모든 내적 원인	.39 (.54)	1.07 (.80)	1.69 (.74)	1.25 (1.01)
알코올 관련 원인	.44 (.21)	.80 (.32)	.74 (.33)	1.03 (.41)
통제변수	연령	연령, 연령 제곱, 21세 이상과의 교차항	연령	연령, 연령 제곱, 21세 이상과의 교차항
표본 크기	48	48	24	24

주 : 이 표에는 사망 원인별로 월단위 연령별 사망률을 21세 이상 더미와 연령의 1차형이나 2차형, 그리고 그것들의 교차항 통제변수에 회귀시키는 회귀모형에서 구한 21세 이상 더미 계수의 추정치가 제시되어 있다. 표준 오차는 괄호 안에 제시되어 있다.

행은 단순 RD 식 (4.2)와 정교한 RD 식 (4.4) 모두를 사용해 모든 사망 원인에 대해 구한 추정치들을 보여 준다. 이 값들은 (1)열과 (2)열에 제시되어 있다. 〈표 4.1〉의 둘째 행은 합법적 음주가 자동차 사고 사망률에 미치는 강력한 효과를 보여준다. 이 효과는 MLDA와 관련된 초과 사망의 대부분을 차지할 만큼 큰 효과다. 여기서 추정치는 그것을 구하고자 사용한 모형이 정교한 모형인지 단순한 모형인지와 관계없이 크게 달라지지 않는다. 음주의 영향을 받을 수 있을 것으로 예상되는 다른 사망 원인은 자살과 기타 외적 원인으로서, 후자에는 차량 충돌 이외의 사고들이 포함된다. 실제로 자살과 기타 외적 원인(살인 제외)에 따른 사망에 미치는 효과의 추정치들은 MLDA 임계치에서 크기는 작지만 통계적으로 유의한 정도로 증가한다.

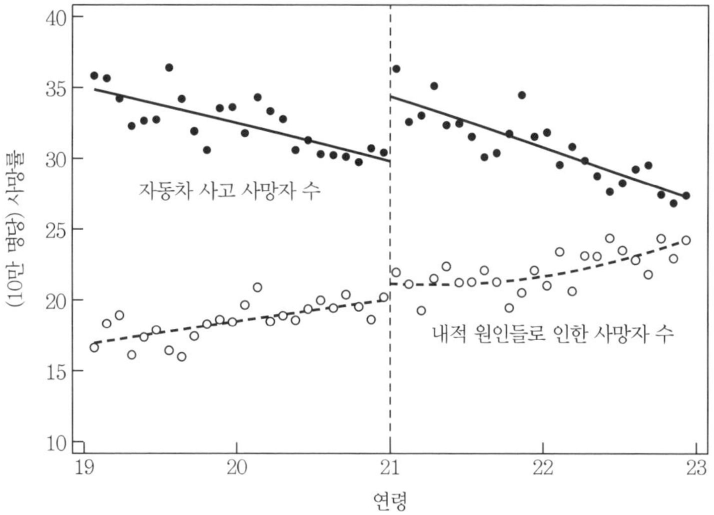

주 : 이 그래프는 자동차 사고와 내적 원인으로 인한 사망률을 월단위 연령에 대비시켜 표시한 그림이다. 그래프의 선분은 원인별로 사망률을 21세 이상 더미, 월단위 연령의 2차 함수, 그리고 이 함수와 21세 이상 더미의 교차항에 회귀시키는 모형으로부터 구한 예측치를 표시한 것이다. (수직의 점선은 합법적 최소 음주 연령(MLDA)의 임계치를 표시한다.)

그림 4.5 사망 원인별로 MLDA가 사망률에 미치는 효과를 보여주는 RD 추정치

중요한 사실은 모든 내적 원인들에 따른 사망(여기에는 암, 그리고 다른 질환들로부터의 사망이 포함된다)에 대해 제시된 (1)열과 (2)열의 추정치들이 크기가 작고 0과 유의하게 다르지 않다는 점이다. 표의 마지막 행에서 볼 수 있듯이, 직접적인 알코올 중독의 효과는 그다지 크지 않으며 내적 원인에 기인한 효과들과 대체로 그 크기가 비슷하다. 다만, 알코올 중독에 따른 사망률이 급상승함을 보여 주는 추정치는 0과 유의하게 다르다. 따라서 종합적으로 판단할 때 〈표 4.1〉은 MLDA 시나리오를 지지하는 증거를 제시하고 있다. 즉, 알코올에 기인할 가능성이 매우 높은 원인의 경우에 효과가 분명히 있음을 보여 주지만 동시에 내적 원인 때문에 사망률이 증가했다는 증거는 거의 보여 주지 않는다.

또한 이러한 결론을 뒷받침하는 것으로서, 〈그림 4.5〉는 〈표 4.1〉 (2)열의 추정치들을 만들어 낸 모형을 이용해 구한 MVA 사망률의 예측치를 표시한다. 이 그림은 MLDA 임계치에서 뚜렷한 단절을 보여 준다. 그러나 비선형 추세라고 잘못 인식할

만한 것의 증거는 거의 없다. 또한 내적 원인에 기인하는 사망의 급상승도 거의 없다. 〈표 4.1〉의 표준 오차에 따르면, 그림에 나타나 있는 내적 원인에 따른 사망률의 소폭 상승은 우연에 기인할 가능성이 높다.

고수들이 **모수적 RD**라고 부르는 접근법인 직접적인 회귀모형 추정법에 추가되는 방법으로서, 두 번째 RD 전략에서는 급격한 상승과 비선형적 추세를 구분하는 문제가 임계치 근처의 점들로 범위를 좁힐 경우에는 덜 번거로워진다는 사실을 이용한다. 경계선 근처 소수의 지점들의 경우에는 비선형적 추세를 걱정할 필요가 전혀 없다. 이것은 임계치의 바로 왼편과 바로 오른편으로 구성되는 좁은 구간에서 평균을 비교하는 접근법을 시사한다. 이 접근법의 단점은 구간을 매우 좁게 설정할 경우 남아 있는 관측치들이 거의 없어서 도출되는 추정치가 너무 부정확해 쓸모없게 될 가능성이 있다는 점이다. 그럼에도 불구하고, 경계선 근처에서 편의가 감소하는 장점과 데이터를 버림으로써 분산이 증가하는 단점 사이에 상충관계가 존재한다는 사실로부터 우리는 일종의 최적 규모의 구간을 도출할 수 있다.

이와 같은 상충관계를 명시적으로 이용하는 계량경제학 방법이 **비모수적 RD**이다. 비모수적 RD는 임계치 근처의 좁은 구간에서 식 (4.2)를 추정하는 방법이다. 다시 말해, $a_0 - b \leq a \leq a_0 + b$를 만족하는 표본에서 다음의 모형을 추정하는 것이다.

$$\overline{M}_a = \alpha + \rho D_a + \gamma a + e_a \qquad \text{(식 4.5)}$$

모수 b는 구간의 넓이를 의미하고 **대역폭**(bandwidth)이라고 부른다. 〈표 4.1〉의 결과는 비모수 RD라고 볼 수 있는데, (1)열과 (2)열에 제시된 추정치들의 경우에는 대역폭이 2년의 연령이고, (3)열과 (4)열에 제시된 추정치들의 경우에는 대역폭이 그 절반이다(즉, 19~22세가 아니라 20~21세만을 포함한다). 식 (4.5)의 단순한 모형을 쓸 것인가, 또는 식 (4.4)의 보다 정교한 모형을 쓸 것인가라는 선택은 두 모형을 임계치 근처의 좁은 연령 구간에서 추정하는 경우에는 전혀 중요하지 않다. 〈표 4.1〉의 결과는 이러한 추측을 뒷받침한다. 다만, 열에 따라 추정치에 약간의 불안정성이 존재하는데 이것은 표본 추출 분산에 기인하는 것으로 보인다.[2)]

---

2) 비모수적 RD 전문가들은 보통 가중 최소제곱법을 이용해 식 (4.2)와 같은 모형을 추정한다. 이 추정법은 임계치에 있는 관측치들에는 가장 높은 가중치를 부여하고, 임계치에서 멀리 떨어진 관측치일수록 낮은

이 얼마나 간단한가! 그런데 대역폭은 어떻게 골라야 할까? 한편으로, 어느 다항식을 선택할지에 관한 우려를 미연에 방지하기 위해 우리는 임계치에 가까운 데이터를 이용하고 싶어 한다. 다른 한편으로, 데이터가 적다는 것은 정확성이 떨어짐을 의미한다. 따라서 처음에는 대역폭을 표본 크기의 함수로서 다양하게 선택하는 것이 좋다. RD 임계치 근처에서 성과변수에 관해 이용할 수 있는 정보가 많을수록 대역폭을 좁게 설정할 수 있다. 이렇게 좁게 설정하더라도 우리는 쓸모가 있을 정

가중치를 부여하는 추정방법이다. 이러한 목적으로 사용하는 가중 함수를 커널(kernel)이라고 부른다. 〈표 4.1〉의 추정치들은 암묵적으로 **균일분포 커널**(uniform kernel)을 사용한다. 즉, 대역폭 내에 있는 모든 관측치에 동일한 가중치를 부여한다.

도로 정확한 추정치가 도출될 것을 기대할 수 있다. 이론 계량경제학자들은 이러한 편이-분산의 상충관계를 효율적으로 고려할 수 있는 세련된 추정전략을 제안했다. 다만, 여기에서도 대역폭 선택의 알고리즘은 완벽하게 데이터에 의존하는 것은 아니고, 연구자가 일부 모수들을 선택해야 한다.[3] 실제 분석에서 대역폭의 선택에서는 — 모수적 모형에서 다항식의 선택과 마찬가지로 — 연구자의 판단이 필요하다. 여기서 목표는 하나의 완벽한 대역폭을 찾아내는 것 보다는 특정한 대역폭을 선택했을 때 도출되는 결과가 우연에 의한 것이 아님을 입증하는 것이다.

이러한 관점에서 MLDA에 관한 우리 분석의 기반이 되는 연구들은 RD의 천국에서 쓰여졌던 것처럼 보인다. (이는 아마도 저자들이 음주를 자제한 것에 대한 보상일 것이다.) 모수적 모형에서 서로 다른 다항식 통제변수들을 사용해 구한 RD 추정치들은 서로 비슷하고, 각각에 대응하는 비모수 추정치들과도 유사하다. 이들 비모수 추정치들은 대체로 넓은 범위에서 대역폭의 선택에 따라 크게 달라지지 않는다.[4] 이와 같이 유사한 일련의 결과들은 MLDA에 RD 분석을 적용해 구한 결과가 진정한 인과효과를 포착하고 있음을 시사한다. 합법적인 음주 연령을 낮추는 특권에 대한 대가를 일부 젊은이들이 결국에는 치르는 듯하다.

4.2 엘리트 환상

콰이 창 케인 : 저는 답을 알고자 하는 것이 아니라 질문을 이해하고자 합니다.

–**쿵푸**, 시즌 1, 에피소드 14

보스턴 시와 뉴욕 시의 공립학교 시스템에는 시험으로 학생들을 선발하는 소수의 명문학교들이 포함되어 있다. 대부분의 미국 공립학교들과는 달리, 시험선발 학교는 경쟁적인 입학시험을 토대로 지원자들을 선별한다. 미국의 많은 고등학교 3학

---

3) Guido W. Imbens and Karthik Kalyanaraman, "Optimal Bandwidth Choice for the Regression Discontinuity Estimator," *Review of Economic Studies*, vol. 79, no. 3, July 2012를 참조하라.

4) Carpenter and Dobkin, "The Effect of Alcohol Consumption," *American Economic Journal: Applied Economics*, 2009의 〈표 4〉와 〈표 5〉에서는 모수 추정치와 비모수 추정치들을 비교하고 있다. 대역폭 선택에 대한 민감도는 이 논문의 온라인 부록(DOI: 10.1257/app.1.1 .164)에 제시되어 있다. 이들의 2009년 연구에서는 사망률을 정확한 출생일별로 분석했지만, 우리는 월별 데이터를 이용해 분석하였다.

년들이 미국의 최고 명문 대학들에 등록하기 위해 경쟁하듯이, 몇몇 도시의 저학년 학생들과 그 부모도 최상위권의 시험선발 학교에 들어가 선망하는 자리를 차지할 수 있기를 간절히 원한다. 보스턴 시험선발 학교에 지원하는 학생들 중 절반 이하만이 존 오브라이언트 스쿨(John D. O'Bryant School), 보스턴 라틴 아카데미(Boston Latin Academy), 또는 보스턴 라틴 스쿨(Boston Latin School, BLS)에 입학할 수 있다. 그리고 뉴욕에서는 지원자의 1/6만이 이 대도시에 있는 3개의 시험선발 학교(Stuyvesant, Bronx Science, Brooklyn Tech) 중 하나에 입학할 자격이 주어진다.

언뜻 보기에 시험선발 학교에 자리를 차지하기 위한 열띤 경쟁은 이해할 만하다. 많은 시험선발 학교의 학생들은 과학, 예술, 정치 분야에서 두각을 나타내는 인물로 성장하기 때문이다. 어느 모로 보나 시험선발 학교 학생들은 다른 공립학교 학생들보다 한참 앞서 있다. 그런 학교에 아이를 보내기 위해 콩팥(어쩌면 간까지!)을 내놓는 부모들이 생기는 사정도 어렵지 않게 이해할 수 있다. 경제학자를 비롯해 다른 분야의 사회과학자들도 시험선발 학교라는 처치의 성과에 관심을 가지고 있다. 일단 시험선발 학교는 자질이 우수한 학생을 한데 모은다. 당연히 좋은 일이다. 영리한 학생은 선생님 못지않게 친구들에게서도 많은 것을 배우기 때문이다. 적어도 MIT나 런던 정경대(London School of Economics) 같은 매우 선택적인 기관들에 대해서는 우리는 마찬가지 이야기를 할 수 있다.

시험선발 학교의 이점을 주장하는 것은 쉬운 일이다. 하지만 시험선발 학교 진학과 연관이 있는 성취도의 차이 중 일부는 적어도 이들 학교의 선택적인 입학 정책을 반영한다는 사실도 분명하다. 학교가 성취도가 높은 학생들만 받아들인다면, 학교에서 부가가치가 창출되는지의 여부와는 무관하게 그곳에 가는 학생들의 성취도는 높을 수밖에 없다. 듣고 보니 선택 편의 얘기 같은데, 사실 그 얘기다. 미래를 내다볼 줄 아는 오리건 보건 당국과 이들의 건강보험 추첨에서 힌트를 얻어, 우리는 스튜이버선트(Stuyvesant)와 보스턴 라틴(Boston Latin)이 시험이 아니라 무작위로 학생을 받아들이도록 설득하고 싶다. 그러면 우리는 여기에서 얻은 실험 결과를 이용해 시험선발 학교가 부가가치를 창출하는지를 알아볼 수 있다. 과연 우리가 그렇게 할 수 있을까? 시험선발 학교가 무작위로 학생들을 받아들인다면 그들은 더 이상 **시험선발** 학교가 아니게 될 텐데!

선택적 입학 결정이 시험선발 학교가 되기 위한 필요조건이라면, 우리는 어떻게 시험선발 학교의 효과성을 드러낼 수 있는 실험을 디자인할 수 있을까? 저명한 철학자 플라톤과 프랭크 자파(역주 : 미국 기타리스트, 얼터너티브 록의 원조)가 일깨워 주는 것처럼, 필요는 발명의 어머니다. 시험선발 학교의 입학 결정은 이산적인 특성을 가진다. 이 이산적인 특성으로 자연실험이 만들어진다. 입학 커트라인 근처 점수를 받은 지원자들을 생각해 보면, 그 지원자가 커트라인 오른편에 속하는지 또는 왼편에 속하는지 여부는 무작위 배정된 것이나 마찬가지일 수 있다. 하지만 이 경우의 실험은 다소 미묘하다. 커트라인에서 불연속적으로 변화하는 것은 단순한 당락 여부가 아니라 시험선발 학교 경험의 성격이다. 왜냐하면 합격한 학생들 중 일부는 다른 학교 진학을 선택하기도 하고, 한 시험선발 학교에 불합격한 다수의 학생들은 다른 학교에는 입학할 수도 있기 때문이다. 단절성으로 인해 단순한 처치 적용 여부가 아니라 처치 확률이나 평균적인 특성(간단히 말해 처치 강도)이 달라지는 경우, 여기서 도출되는 RD 디자인을 **경사형 RD**(fuzzy RD)라고 부른다.

경사형 RD

시험선발 학교 처치란 도대체 무엇일까? BLS에 지원한 학생들에 초점을 맞춘 〈그림 4.6~4.8〉은 그 답을 찾아내는 데 도움을 준다. 보스턴의 시험선발 학교에 입학하기를 소망하는 모든 이들과 마찬가지로, BLS 지원자들은 독립학교 입학시험(Independent Schools Entrance Exam, ISEE)을 치른다. 〈그림 4.6~4.8〉을 구하는 데 사용한 표본은 ISEE 점수가 BLS 입학 커트라인 근처인 지원자들로 구성된다. 그림의 점들은 1점 단위로 구분된 ISEE 점수 구간에 속하는 지원자들에 대해 계산한 Y축 변수의 평균 값이고, 점들 사이를 지나는 선분은 이 데이터들을 아래 주에서 설명하는 방식으로 매끄럽게 연결함으로써 구한 예측치들이다.[5] 〈그림 4.6〉에

5) 이 그림들에서 입학을 결정하는 변수는 각 지원자의 ISEE 점수와 GPA의 가중 평균이지만, 우리는 이 배정변수를 간단히 줄여 ISEE 점수라고 부르기로 한다. 여기서 점들은 국지적 선형 회귀모형(local linear regression)으로서 알려져 있는 평활화 방법으로부터 도출되었다. 이 방법은 각 점 주변의 대역폭에 의해 정의되는 소규모 표본에 대해 회귀모형을 추정하는 방식으로 작동한다. 평활화된 수치들은 이 방법을 이용해 산출한 예측치들이다. 자세한 사항에 대해서는 우리가 현재 논의하는 내용의 기반이 되는 연구인 Atila Abdulkadiroglu, Joshua D. Angrist, and Parag Pathak, "The Elite Illusion: Achievement Effects at Boston and New York Exam Schools," *Econometrica*, vol. 81, no. 1, January 2014, pages 137-196을 참조하라.

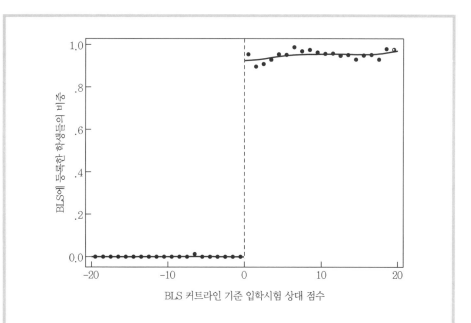

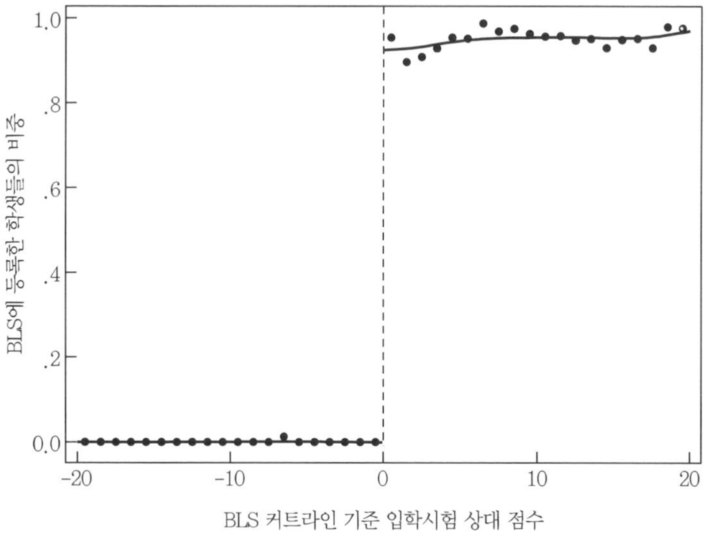

주 : 이 그래프는 BLS 입학 커트라인 근처의 점수를 획득한 BLS 지원자들을 대상으로 입학시험 점수별로 등록률을 표시한 그림이다. 실선은 커트라인(수직 점선으로 표시)의 양편에서 각각 추정한 국지적 선형 회귀모형을 이용해 구한 예측치들을 표시한다.

그림 4.6 BLS 등록률

나타난 바에 따르면, 전부는 아니지만 대부분의 커트라인을 통과한 지원자들은 BLS에 등록했다.

BLS는 보스턴에서 가장 명문인 시험선발 학교다. BLS의 커트라인을 통과하지 못한 지원자들은 어디로 갈까? 대부분은 보스턴 시험선발 학교 순위에서 한 단계 아래에 위치한 유서 깊은 학교인 보스턴 라틴 아카데미로 간다. 이와 같은 등록 이동이 〈그림 4.7〉에 기록되어 있다. 이 그림은 BLS 커트라인 근처에 있는 보스턴 시험선발 학교들의 등록률을 표시한 그래프다. 〈그림 4.7〉에 의하면, BLS 커트라인을 통과하지 못한 대부분의 학생들은 사실 다른 시험선발 학교에 들어갔고, 그에 따라 일부 시험선발 학교의 등록률은 BLS 커트라인 지점에서 사실상 달라지지 않았다. 따라서 매우 선별적인 BLS를 그보다 조금 덜 선별적인 보스턴 라틴 아카데미와 비교하는 방식의 편협한 느낌을 주는 실험에 만족해야 할 듯하다. 할 수만 있다면 전체 시험선발 학교들을 비교하는 것이 훨씬 흥미로운 평가가 될 것이지만

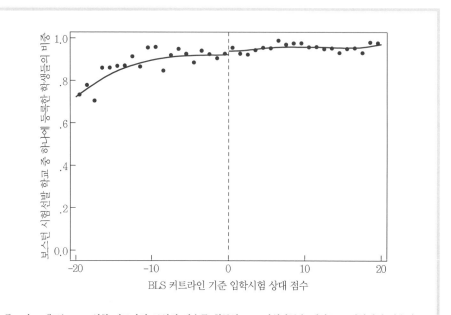

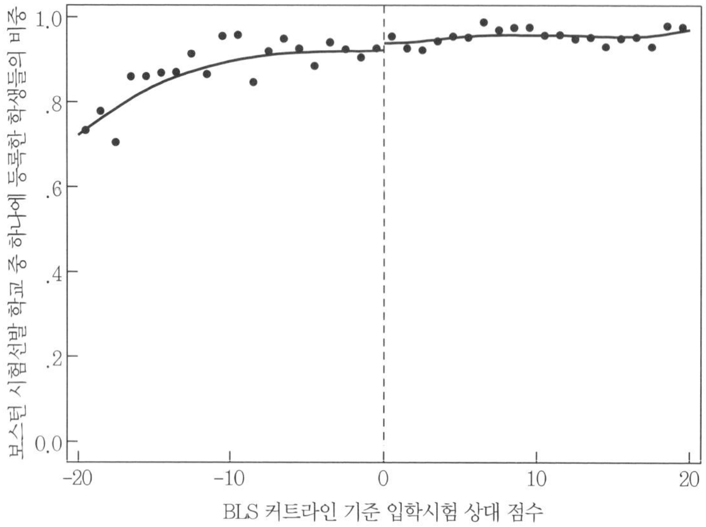

주 : 이 그래프는 BLS 입학 커트라인 근처의 점수를 획득한 BLS 지원자들을 대상으로 입학시험 점수별로 보스턴 시험선발 학교에의 등록률을 표시한 그림이다. 실선은 커트라인(수직 점선으로 표시)의 양편에서 각각 추정한 국지적 선형 회귀모형을 이용해 구한 예측치들을 표시한다.

그림 4.7 보스턴 시험선발 학교에의 등록률

말이다.

그런데 편협한 느낌을 주는 그 실험에 정말 만족해야 할까? 교육 관련 연구에서 가장 논란의 여지가 많은 문제들 중 하나는 동료효과의 특성이다. 다시 말해, 급우들의 실력이 한 학생의 학습에 인과적 영향을 미치는지 여부다. 만약 당신이 실력이 우수한 학생들이 모여 있는 고등학교에 운 좋게 들어가게 되었다면 이러한 환경이 당신의 성공에 기여할 수 있다. 반면 당신이 학생들 실력이 형편없는 학교로 가게 되었다면 이것이 당신의 발목을 잡을 수도 있다. 동료효과는 학교 배정과 관련된 정책들(즉, 아이들이 어느 학교를 다닐지를 결정하는 규칙과 규정들)에 중요한 의미를 갖는다. 예를 들어, 다수의 미국 내 도시들에서 학생들은 집 근처에 있는 학교를 다닌다. 가난하고 성취도가 낮은 유색 인종 아이들은 대체로 백인 거주 지역에 사는 부유하고 성취도가 높은 학생들과는 멀리 떨어진 곳에 사는 경향이 있기 때문에, 거주지에 따른 학교 배정은 가난한 소수자 아동들이 실력을 발휘할

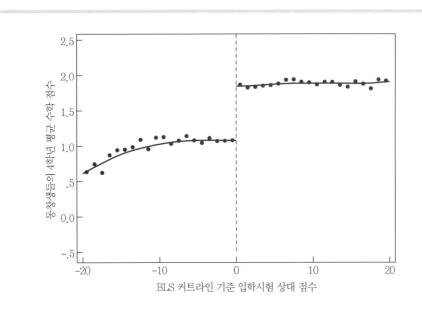

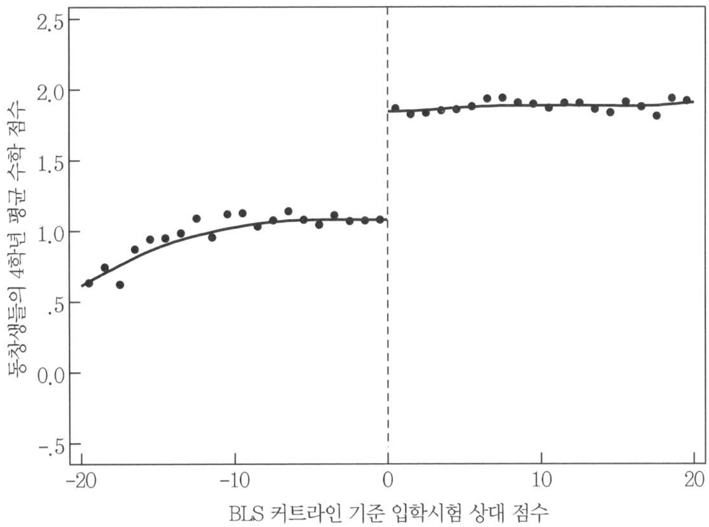

주 : 이 그래프는 BLS 입학 커트라인 근처의 점수를 획득한 BLS 지원자들을 대상으로 입학시험 점수별로 7학년 동료들의 수준을 표시한 그림이다. 동료들의 수준은 같은 학교 7학년 동창생들의 4학년 수학 성적을 이용해 측정하였다. 실선은 커트라인(수직 점선으로 표시)의 양편에서 각각 추정한 국지적 선형 회귀모형을 이용해 구한 예측치들을 표시한다.

그림 4.8 BLS 커트라인 근처에서 동료들의 수준

기회를 감소시킬 수 있다. 따라서 다수의 학군에서는 다양한 배경과 다양한 인종의 아이들이 뒤섞일 확률을 높이기 위해 거주지에서 멀리 떨어진 학교에까지 학생들을 버스로 실어 나른다.

시험선발 학교는 동료의 수준에 있어 극적인 실험을 만들어 낸다. 구체적으로, 보스턴의 시험선발 학교 중 하나에 입학할 자격이 주어진 지원자는 아깝게 불합격한 지원자들보다 훨씬 성취도가 높은 동급생들이 있는 학교에 진학한다. 이는 그 지원자가 결국 진학하는 학교가 다른 시험선발 학교인 경우에도 마찬가지다. 〈그림 4.8〉은 BLS 지원자들을 대상으로 이것을 보여 주고 있다. 여기에서 동급생 성취도는 4학년(선발학교 시험에 지원하기 2년 전 시점)에 치른 시험에서 지원자 동급생들이 받았던 수학 점수로 측정한다. 제3장에서 살펴본 헌장학교 연구와 마찬가지로, 이 그래프의 시험 점수는 표준 편차 단위로 측정된다. 1-표준 편차를 그리스어로 1σ라고 표기한다. BLS에 들어가는 데 성공한 지원자는 훨씬 높은 점수를 받

은 동급생들과 함께 공부하고 동급생들의 수학 성취도는 0.8σ 정도 급상승한다. 이 크기는 보스턴 빈민가와 부유한 교외 지역 사이의 평균적인 동급생 수준의 차이에 해당한다. 처치 강도의 이러한 극적인 변화는 모든 경사형 RD 연구 디자인의 핵심 사항이다. 경사형 디자인과 계단형 디자인의 차이는 경사형의 경우 임계치를 넘은 지원자들이 보다 강도가 높은 처치에 노출되는 반면 계단형 디자인에서 처치는 임계치에서 깔끔하게 생겨나거나 없어진다는 점이다.

경사형 RD는 IV이다

회귀분석을 하는 많은 사회과학자들은 통상적으로 학생의 성취도를 동급생들의 평균 실력과 연결시킨다. 이러한 회귀모형은 학생의 성적과 동급생들의 성취도 사이의 강한 연관관계를 확실하게 보여 주고 있다. 전체 보스턴 시험선발 학교 지원자들을 대상으로 학생의 7학년 수학 성적을 자신의 7학년 동급생들의 4학년 평균 점수에 회귀시키는 회귀분석을 통해 약 1/4의 계수 추정치를 얻을 수 있다. 이와 같은 동료효과 추정치는 다음의 회귀모형으로부터 도출되었다.

$$Y_i = \theta_0 + \theta_1 \overline{X}_{(i)} + \theta_2 X_i + u_i \qquad \text{(식 4.6)}$$

여기서 Y_i는 학생 i의 7학년 수학 점수, X_i는 i의 4학년 수학 점수, 그리고 $\overline{X}_{(i)}$는 i의 7학년 동급생들의 4학년 수학 점수의 평균이다. (하첨자 '(i)'는 동급생들의 평균 성취도를 계산할 때 학생 i는 포함되지 않았음을 나타낸다.) 동료들의 수준에 대한 계수 추정치(θ_1)는 약 0.25로서, 이 값은 중학교 동급생들의 실력을 이들의 초등학교 성적으로 측정하고 학생 자신의 초등학교 성적을 통제하는 경우 중학교 동급생들 실력의 1-표준 편차 증가는 자신의 중학교 성취도의 0.25σ 증가와 연관되어 있음을 의미한다.

부모와 교사들은 '동급생이 중요하다'는 강력한 믿음을 가지고 있기 때문에, 학생의 성취도와 그 동급생들의 성취도 사이의 강한 양의 연관관계가 진실의 종소리처럼 들린다. 하지만 이런 순진한 동료 회귀모형은 인과적으로 해석할 수 없다. 왜냐하면 함께 교육받는 학생들은 여러 가지 이유로 비슷한 경향이 있다는 단순한 이유 때문이다. 예를 들어, 우리의 네 자녀들은 부모와 마찬가지로 조숙하고 실력이 뛰어나기 때문에 비슷한 가정 출신의 많은 아이들이 다니는 학교에 다니는 행운을 누렸다. 가정 배경은 식 (4.6)과 같은 회귀모형에서 통제되어 있지 않기 때문에, 학생과 그 동급생 사이에 관측된 연관관계는 의심할 여지없이 이러한 공유된 영향 중의 일부를 반영한다. 여기에서 비롯되는 인과적 교착상태에서 벗어나기 위해 우리는 학생들을 일련의 서로 다른 동료 집단으로 무작위적으로 배정하고 싶다.

이때 시험선발 학교들이 구조를 위해 등장한다! 〈그림 4.8〉에는 BLS 입학 여부에 따라 동급생 실력의 현저한 차이가 발생하는 현상이 예시되어 있다. 동급생 수준이 BLS 임계치에서 4/5-표준 편차 정도 급격히 상승한다. 선발학교 입학 커트라인에서 나타나는 이런 동급생 수준의 급상승은 명문 학교에 등록하는 학생들의 구성으로부터 자연스럽게 발생한다. 이것이 계량경제학자들이 이상적인 동료 실험을 통해 주문했던 바로 그것이다. (이와 같은 동급생 수준의 향상 때문에 다수의 부모들이 자녀를 시험선발 학교에 보내기를 희망하고 꿈꾸는 것이다.) 게다가 동급생 수준은 임계치에서 급상승하는 반면, 지원자 자신의 능력, 동기부여 수준, 가정 배경과 관련된 변수들 — 우리가 늘 염려하는 선택 편의의 근원들 — 을 임계치 주변에서 비교해 보면 이와 비슷한 급상승이 발견되지 않는다. 예를 들어, 지원자들 자신의 초등학교 점수의 급상승은 나타나지 않는다. 입학 커트라인에서 동료들은 불연속적으로 달라지지만, 시험선발 학교 지원자들 자신의 특성은 달라지지 않는다.[6)]

희망과 꿈 그리고 우리의 순진한 동료 회귀분석(식 (4.6))에서 도출된 결과들에도 불구하고, 시험선발 학교 실험은 동료들이 보스턴 시험선발 학교 지원자들의 성취도에 인과적인 영향을 미친다는 생각에 의심의 그림자를 드리운다. 의심의 씨앗은 〈그림 4.9〉에서부터 시작되었다. 이 그림은 BLS 커트라인 근처의 점수를 획득한 지원자들의 7학년과 8학년 수학 점수(중학교 입학 후 1년 또는 2년 후에 치른 시험의 점수)를 ISEE 점수(선발학교 시험의 배정변수)와 대비시키는 그래프다. 입학에 성공한 지원자들은 훨씬 강한 동급생 집단에 노출되지만 이러한 노출이 지원자의 중학교 성취도를 그만큼 급격하게 향상시키지는 못한다.

식 (4.2)에서와 같이 〈그림 4.9〉에 나타나 있는 급상승의 크기는 다음의 식을 추정함으로써 구할 수 있다.

$$Y_i = \alpha_0 + \rho D_i + \beta_0 R_i + e_{0i} \qquad \text{(식 4.7)}$$

6) 이 내용은 Abdulkadiroglu et al., "The Elite Illusion," *Econometrica*, 2014에 제시되어 있다.

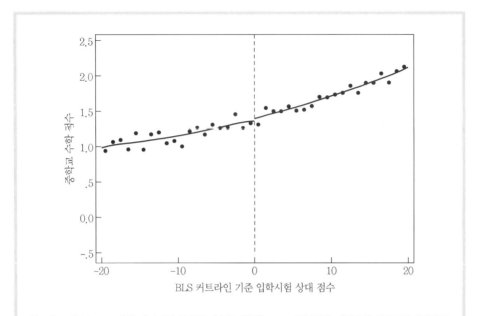

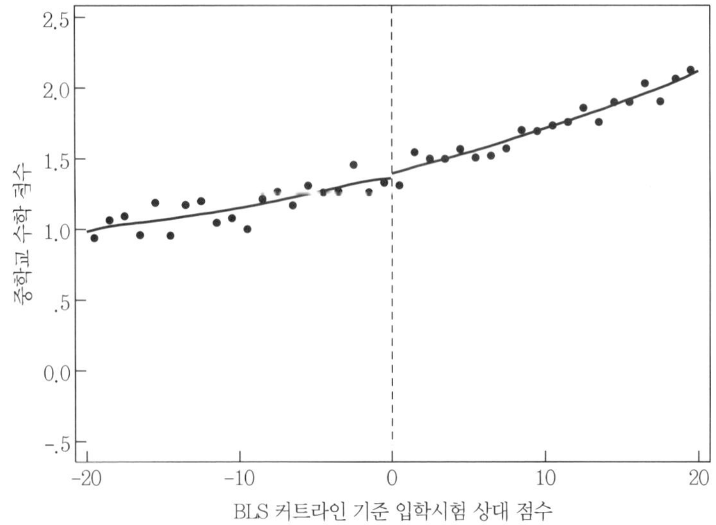

주 : 이 그래프는 BLS 입학 커트라인 근처의 점수를 획득한 BLS 지원자들을 대상으로 입학시험 점수별로 7학년과 8학년의 수학 점수를 표시한 그림이다. 실선은 커트라인(수직 점선으로 표시)의 양편에서 각각 추정한 국지적 선형 회귀모형을 이용해 구한 예측치들을 표시한다.

그림 4.9 BLS 커트라인 주변의 수학 점수

여기서 D_i는 입학 자격이 주어진 지원자를 표시하는 더미변수이고, R_i는 입학 자격 여부를 결정하는 배정변수다. BLS에 지원한 7학년 표본에(Y_i는 그림에서와 같이 중학교 수학 점수이다) 이 회귀모형을 적용할 때 도출되는 ρ의 추정치는 −0.02이고 그 표준 오차는 0.10이다. 이 추정치는 통계적으로 0과 다르지 않다고 말할 수 있다.

우리는 이와 같은 ρ의 추정치를 어떻게 해석해야 할까? 당연히, 대응하는 1단계의 관점에서 살펴보아야 한다. 식 (4.7)은 내생변수가 동료의 평균 수준 $\overline{X}_{(i)}$인 2SLS 모형의 축약형이다. 이 축약형과 짝을 이루는 1단계 식은 다음과 같다.

$$\overline{X}_{(i)} = \alpha_1 + \phi D_i + \beta_1 R_i + e_{1i} \qquad \text{(식 4.8)}$$

여기서 모수 ϕ는 시험선발 학교 합격에 따라 발생하는 동급생 평균 수준의 급상승을 포착한다. 이것이 〈그림 4.8〉에 나타나 있는 급상승이고, 정확하게 추정된 추정치인 0.80σ이다.

2SLS 모형의 마지막 조각은 관심대상 인과관계인 2SLS 2단계다. 위의 사례에서 2단계는 동료들의 수준이 7학년 및 8학년 수학 점수에 미친 효과를 포착한다. 언제나 그렇듯이 2단계에는 1단계에 등장한 것과 동일한 통제변수들이 포함된다. 따라서 2단계 식은 다음과 같이 쓸 수 있다.

$$Y_i = \alpha_2 + \lambda \hat{X}_{(i)} + \beta_2 R_i + e_{2i} \qquad \text{(식 4.9)}$$

여기서 λ는 동료들 수준의 인과효과이고, 변수 $\hat{X}_{(i)}$은 식 (4.8)을 추정함으로써 구한 1단계 예측치다.

식 (4.9)는 1단계와 축약형으로부터 하나의 동일한 공변량, 즉 배정변수 R_i를 물려받았음에 유의하자. 한편 급상승을 표시하는 더미 D_i는 2SLS라는 엔진을 구동시키는 도구변수이기 때문에 2단계에서는 제외된다. 우리가 여기서 도입했던 가정은 입학 커트라인 근처에서 배정변수의 영향을 선형 통제변수를 이용해 통제하고 나면 시험선발 학교 입학자격은 시험 점수에 직접적인 영향을 미치지 않고 혹시라도 영향을 미친다면 오로지 동료들의 수준을 통해서만 성취도에 영향을 미친다는 가정이다. 이 가정은 현재의 맥락에서 대단히 중요한 IV 배제 제약 가정이다.

식 (4.9)에서 λ의 2SLS 추정치는 -0.023이고 그 표준 오차는 0.132이다.[7] 축약형 추정치가 0에 가깝고 유의하게 다르지 않기 때문에, 대응하는 2SLS 추정치도 0과 유의하게 다르지 않다. 이 추정치는 식 (4.6)의 순진한 동료효과 회귀모형을 OLS 추정한 결과 도출되는 추정치 0.25σ와도 거리가 멀다. 그런데 누가 시험선발 학교 교육에서 중요한 것은 오로지 동료들의 수준뿐이라고 얘기할 수 있을까? 배제 제약으로 인해 우리는 하나의 특정한 인과적 경로에 집중해야만 한다. 그러나 위에서 가정한 인과적 경로가 실제적으로 중요한 유일한 경로일 필요는 없다.

동료들의 성취도 이외에 시험선발 학교 환경의 두드러진 특징은 인종 구성이다. 소수인종 학생들이 주로 재학하고 있는 보스턴의 공립학교 시스템에서 시험선발 학교는 학생들이 보다 다양한 인구 구성을 가진 학교에 다닐 수 있는 기회를 제공

7) 이 표준 오차는 지원자 수준의 군집을 고려한 값이다. 제5장의 부록에서 설명하는 바와 같이, 우리는 군집화된 표준 오차를 이용해 서로 상관관계를 갖는 관측치들이 데이터에 포함되어 있다는 사실을 보정한다. (현재의 경우에는 각 BLS 지원자의 7학년과 8학년 시험 점수가 서로 상관관계를 가지고 있다.)

한다. 여기서 다양함이란 백인 급우들이 더 많아짐을 의미한다. 미국식 인종분리 교육체계를 해체하도록 한 법원의 명령은 교육적 성과를 개선하기 위한 노력으로부터 유발되었다. 1954년 미국 대법원은 “인종적으로 분리된 교육시설은 본질적으로 불평등하다.”는 유명한 선언을 통해, 공립학교의 인종적 균형을 증가시키기 위해 법원이 명령하는 통학버스 제공 정책의 기틀을 마련했다. 인종적 균형의 향상은 진실로 성취도를 높일까? 시험선발 학교의 입학은 백인 동급생들에 대한 노출을 급격히 증가시키기 때문에, 시험선발 학교는 인종 통합에 대한 논쟁과 관련이 있다. 그와 동시에 우리는 동급생 수준 $\overline{X}_{(i)}$를 백인 동급생들의 비중으로 대체할 경우 여기에서도 2단계 계수는 0이 도출된다는 사실을 알고 있다. 이는 기반이 되는 축약형이 어떤 인과적 경로를 선택하든 달라지지 않는다는 사실에서 비롯되는 결과다.

시험선발 학교는 또 다른 측면에서도 다를 수 있다. 예를 들어, 시험선발 학교는 보통의 공립학교들 보다 더 능력이 뛰어난 선생님들을 끌어 모으거나, 더 많은 (대학 수준의) 심화과정 과목들(Advanced Placement Courses)(역주 : 고교 심화 학습 과정으로 명문대에서 이 과정을 이수한 학생에게 가산점을 부여하거나 입학 후 학점으로 인정한다.)을 제공하기도 한다. 하지만 중요한 것은 학교의 자원이나 시험선발 학교의 입학 커트라인에서 달라질 수 있는 다른 학교 환경 특성이 학생들에게 이로울 가능성이 높아 보인다는 사실이다. 이것은 이제 시험선발 학교 동료효과의 2SLS 추정치와 연관되어 있는 누락변수 편의가 양수임을 시사한다. 이러한 주장은 제2장에서 우리가 명문대학에 대해 연구하면서 OVB의 가능한 방향과 관련해 이야기했던 바와 동일하다. 양의 효과를 갖는 누락변수는 시험선발 학교 합격과 양의 상관관계를 갖기 때문에, 동료의 수준에 대한 도구변수로서 시험선발 학교 입학자격을 사용하는 2SLS 추정치는 우리가 알고자 하는 순수한 동료효과보다 더 큰 값을 갖는다. 그보다 더 놀라운 것은 이 추정치가 0으로 밝혀졌다는 사실이다.

IV에 관한 어떤 이야기에서나 마찬가지로, 경사형 RD에서도 도구변수가 성과변수에 영향을 미치는 인과적 경로에 대한 어려운 판단들을 필요로 한다. 실제로는 여러 개의 경로가 인과효과를 매개할 수 있고, 이 경우 우리는 여러 대안적인 경로들을 탐색하게 된다. 마찬가지로 우리가 손쉽게 측정하는 경로들이 반드시 중요한 유일한 경로일 필요는 없다. 인과적 여행은 끝이 없다. 새로운 질문들이 끊임없이 나타난다. 하지만 그렇다고 해서 RD를 이용해 도구변수를 도출하는 경사형 분석틀의 유용성이 약화되는 것은 결코 아니다.

스티브푸 사부 : RD를 요약해 보아라, 베짱이야.

베짱이 : RD 디자인은 임계치에 의해 처치가 결정될 때 발생하는 처치 상태의 갑작스러운 변화를 이용합니다.

스티브푸 사부 : RD는 무작위 시행이나 다름없는 것이냐?

베짱이 : RD를 적용하기 위해 우리는 처치가 없는 상태에서 배정변수와 잠재적 성과들 사이에 존재할 관계를 알아야 합니다. 단절을 이용해 인과효과를 식별할 때 우리는 이 관계를 통제해야 합니다.

스티브푸 사부 : 자네의 통제 전략이 적절하다는 것을 어떻게 알 수 있지?

베짱이 : 확신할 수는 없습니다, 사부님. 하지만 RD 모형의 세부 사항들을 변경했을 때 RD 추정치가 계속해서 유사하다면 인과적 결론에 대한 확신은 늘어나죠.

스티브푸 사부 : 그렇다면 계단형과 경사형의 차이는?

베짱이 : 계단형은 임계치에서 처치 자체가 곧바로 달라지는 경우입니다. 경사형은 처치 확률이나 처치 강도가 급격하게 상승하는 경우입니다. 경사형 디자인에서는 임계치를 넘었는지를 표시하는 더미변수가 도구변수로 됩니다. 경사형 디자인은 2SLS를 이용해 분석합니다.

스티브푸 사부 : 이제 고수의 문턱에 다다랐구나, 베짱이야.

계량의 고수 : 도널드 캠벨

RD 이야기를 처음 꺼낸 사람은 심리학자인 도널드 티슬트웨이트(Donald L. Thistlethwaite)와 도널드 캠벨(Donald T. Campbell)이다. 이들은 1960년에 RD를 이용해 국가 장학생(National Merit Scholarship) 상이 수상자들의 경력과 태도에 미치는 영향을 평가하였다.[8] 많은 독자들이 알고 있겠지만, 미국 국가 장학생 프로그램은 여러 단계로 이루어진 과정으로서, 맨 마지막 단계에서는 수천 명의 우수한 고등학교 3학년생들이 대학 장학금을 받게 된다. 수상자들은 대부분의 미국 대학 지원자들이 치르는 대학 입학 시험인 PSAT와 SAT에서 그 지원자가 받은 점수를 기반으로 선정된다.

---

8) Donald L. Thistlethwaite and Donald T. Campbell, "Regression-Discontinuity Analysis: An Alternative to the Ex Post Facto Experiment," *Journal of Educational Psychology,* vol. 51, no. 6, December 1960, pages 309-317.

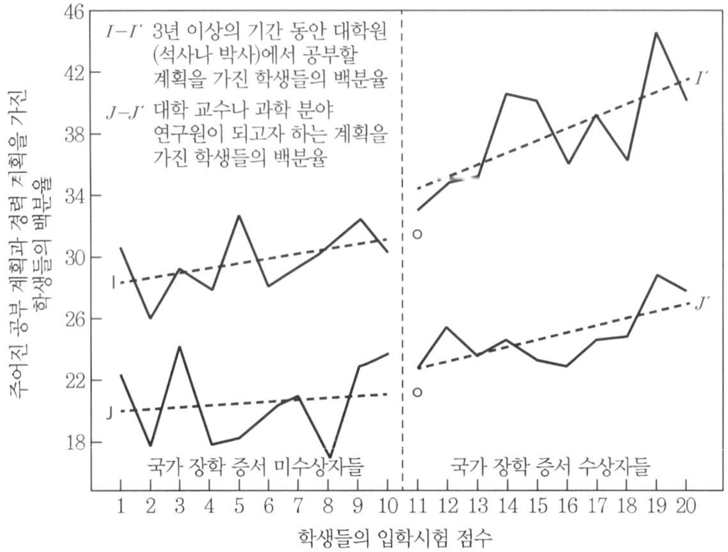

주 : 이 그림은 PSAT 시험 응시자들의 대학원 공부 계획(선분 $I-I'$)과 그들의 경력 계획 측정값(선분 $J-J'$)을 국가 장학생 공인 여부를 결정하는 배정변수와 대비하여 표시한 그래프이다.

그림 4.10 티슬트웨이트와 캠벨의 RD 그림

국가 장학생 경쟁에서 성공한 후보자들의 PSAT 점수는 일정한 커트라인을 넘어선다. (또한 이들의 PSAT 점수는 그보다 나중에 치르는 시험인 SAT에서 우수한 성적을 거두었는지의 여부로 검증받는다.) 이들 중에서 몇몇 학생들은 국가 장학금 선정위원회에 의해 장학금을 수여받는다. 나머지 학생들은 국가 장학 증서(Certificate of Merit)라는 증서를 수여받는다. 이 증서를 받은 학생들은 국가 장학생 최종 후보자라고 불리기 때문에 기뻐하기에 충분하다. 이러한 성과를 공인하는 의미에서 이들의 이름은 여러 대학과 장학금 후원자들에게 통보되기 때문이다. 다수의 국가 장학생 최종 후보자들이 입학하는 대학들도 이러한 사실을 홍보하고 싶어 한다. 티슬트웨이트와 캠벨은 국가 장학생 최종 후보자라는 공인이 이런 공인을 받은 이들에게 지속적인 영향을 미치는지의 여부를 알아보고자 했다.

(제2장에서 설명한 것과 비슷한 류의) 매칭법을 사용한 초기의 작업에서 티슬트웨이트는 국가 장학 증서를 수여받은 지원자들은 대학교수나 연구자가 되겠다고

마음먹을 확률이 이 증서를 수여받지 않았을 경우에 비해 4% 포인트 더 높다고 추정했다.[9] 그러나 국가 장학 증서를 결정하는 PSAT 임계치의 단절을 활용한 RD 디자인에서는 동일한 성과변수에 대해 약 2포인트에 불과하면서 통계적으로도 유의하지 않은 추정치가 도출되었다. 이러한 발견을 보여 주는 그래프가 〈그림 4.10〉에 제시되어 있다. 대중적인 공인 자체는 경력 선택이나 대학원 공부 계획에 거의 영향을 미치지 않는 것으로 보인다.

도널드 캠벨은 RD를 발명했을 뿐만 아니라 1963년 줄리안 스탠리(Julian C. Stanley)와 공동 저술하여 후에 책으로 출판된 에세이 '교육법의 효과를 연구하기 위한 실험적 및 준실험적 디자인'(*Experimental and Quasi-Experimental Designs for Research on Teaching*)으로도 유명하다. 캠벨과 스탠리의 에세이는 이 장과 다음 장에서 논의할 계량 방법들을 선구적으로 개척한 저작이다. 토머스 D. 쿡(Thomas D. Cook)이 저술한 이 책의 후속 업데이트는 지금까지도 중요한 참고문헌으로 남아 있다.[10]

---

9) Donald L. Thistlethwaite, "Effects of Social Recognition upon the Educational Motivation of Talented Youths," *Journal of Educational Psychology*, vol. 50, no. 3, 1959, pages 111-116.

10) Donald T. Campbell and Julian C. Stanley, "Experimental and Quasi-Experimental Designs for Research on Teaching," Chapter 5 in Nathaniel L. Gage (ed.), *Handbook of Research on Teaching*, Rand McNally, 1963; and Donald T. Campbell and Thomas D. Cook, *Quasi-Experimentation: Design and Analysis Issues for Field Settings*, Houghton Mifflin, 1979.

제 5 장

이중차분법

칸 사부 : 목수가 집을 지으면서 못을 박았더니 못이 구부러져 버렸어. 그렇다고 해서 못이란 죄다 못 믿을 것이라며 집짓기를 그만두어야 할까? 실증분석 작업도 마찬가지라네.

– **쿵푸**, 시즌 1, 에피소드 7

우리의 길

신뢰할 수 있는 도구변수나 극적인 정책 단절성은 발견하기 어려울 수 있다. 그래서 우리는 공구함에 있는 또 다른 계량 연장들을 가지고 있어야 한다. **이중차분법**(differences-in-differences, DD)은 무작위 배정이 없는 상황에서 처치집단과 통제집단이 여러 가지 이유로 서로 다를 수 있다는 점을 인정한다. 그러나 때때로 처치 성과와 통제 성과는 처치가 없는 상황에서 서로 나란히 움직인다. 이런 경우에는 처치 후 궤적이 비교집단에 의해 확립된 추세로부터 벗어나는 현상이 처치효과의 신호가 될 수 있다. 우리는 대공황 시기의 화폐정책이 은행의 파산에 미친 영향을 연구하면서 DD를 예시하고자 한다. 또한 우리는 MLDA도 되짚어 볼 것이다.

5.1 미시시피 실험

미국 역사상 최악의 경제불황(대공황)이 닥치기 직전에 대형 금융기관들은 경제에 대해 매우 낙관적으로 전망하고 있었다. 콜드웰 앤 컴퍼니(Caldwell and Company)의 슬로건인 "우리는 남부의 은행이다(We Bank on the South)."는 지역 금융제국의 자신감을 반영하고 있었다. 콜드웰은 1920년대에 내슈빌을 본거지로 하여 남부 최대 규모의 은행 체인을 운영했고, 다수의 비은행 사업체도 보유하고 있었다. 로저스 콜드웰은 남부의 J. P. 모건으로 불리며 대저택에 거주했는데, 거기에는 화려한 수상 경력을 가진 경주마들을 키우는 마사까지 있었다. 안타깝게도 1930년 11월 콜드웰의 제국은 무너지고 말았다. 1929년 10월의 주식시장 붕괴에 대한 미흡한 대처와 그 여파가 원인이었다. 콜드웰의 몰락은 테네시, 아칸소, 일리노이, 노스캐롤라이나 은행들의 단단한 네트워크를 며칠 만에 무너뜨렸다. 콜드웰의 위기는 미국 전역에 걸쳐 급격하게 증가한 은행 파산의 전조였다.

은행업은 믿음과 신뢰 위에 구축되는 사업이다. 은행은 사업체와 부동산 소유자들이 때가 되면 대부분의 대출금을 갚을 것이라 기대하면서 그들에게 돈을 빌려준다. 예금주들은 필요할 때 돈을 인출할 수 있으리라고 믿는다. 이러한 믿음에도 불구하고 은행들은 모든 예금주에게 돈을 돌려줄 수 있을 만큼 많은 현금을 보유하지는 않는다. 대부분의 예금이 대출금으로 나가 있기 때문이다. 그에 따른 만기 불일치는 평상시 — 어느 특정한 날에 돈을 인출하는 예금주들이 그다지 많지 않은 때 — 에는 별 문제가 되지 않는다.

신뢰가 흔들리기 시작하면 은행 시스템은 무너진다. 1930년대에는 은행이 파산하면 예금자가 저축한 돈도 함께 사라지는 경우가 대부분이었다. 은행의 담보와 대출 포트폴리오가 안전해 보인다 하더라도 맨 나중에 예금을 찾아도 괜찮다고 생각하는 사람은 없을 것이다. 다른 예금주들이 허둥지둥 돈을 찾기 시작하면 나도 놀라서 달려가는 게 당연하다. 이런 식으로 대규모 예금 인출 사태가 시작된다.

콜드웰의 몰락은 미국 남부 전역에서 예금주들의 믿음을 뒤흔들었고, 1930년 12월 미시시피 은행들에서의 대규모 예금 인출 사태를 촉발시켰다. 미시시피에서 예금액은 처음에는 서서히 줄어들었다. 하지만 12월 19일 예금주들이 공황 상태에 빠지자 수문이 열려 버렸다. 바로 그날 미시시피 주 은행국은 3개의 은행을 폐쇄시켰다. 그 다음 날 추가로 2개 은행이 영업을 중단했고, 그 후 6개월 동안 다시 29개 은행이 사업을 접었다. 1930년 이 지역의 공포는 다가올 사태의 시작에 불과했다. 대공황기 동안 은행 파산이 정점을 찍었던 1933년에는 전국의 4천여 개 은행이 문을 닫았다.

경제학자들은 통화정책이 대공황에 기여했는지, 기여했다면 어떻게 기여했는지, 그리고 통화 개입이 보다 공격적이었다면 그 암울했던 시절에 목격된 금융붕괴와 경제적 추락을 멈출 수 있었을지에 대해 알아내기 위해 오랫동안 애써왔다. 대공황 시기의 교훈이 현재를 이해하는 데 도움을 줄 수 있다. 오늘날 금융시장은 훨씬 세련되어졌지만 금융을 받치고 있는 기둥들은 이전 모습 그대로 남아 있다. 은행은 일반적으로 만기일을 서로 다르게 설정하여 돈을 빌리고 또한 빌려 준다. 그리고 기한이 차면 채무를 변제하는 데 필요한 현금(은행업계 용어로 '유동성'이라고 부른다)을 구할 수 있을 것이라고 생각한다.

경제적으로 흥미로운 시대에 살고 있다는 것은 불운이다. 2008년 미국의 금융시스템은 주택저당 증권시장의 붕괴로 휘청거렸고, 2009년 후반부터 시작된 유럽의 국가 부채 위기가 그 뒤를 이었다. 최근에 카르멘 라인하트(Carmen Reinhart)와 케네스 로고프(Kenneth Rogoff)는 14세기 이래 일어난 금융위기들을 연대순으로 정리하면서 이 위기들이 해부학적으로 공통된 구조를 공유한다고 주장했다. 이런 금융위기들의 두드러진 유사성 때문에 우리는 이들을 피할 수 있지 않을까, 아니면 적어도 이들의 영향을 약화시킬 수는 있지 않을까 하는 의문을 품게 한다. 밀턴 프리드먼(Milton Friedman)과 안나 슈워츠(Anna Schwartz)는 미국의 금융사를 다룬 방대한 1963년의 저서에서 화폐정책의 영향을 제대로 이해하는 것이 이 문제에 답하기 위한 핵심이라고 경제학자들을 납득시켰다.[1)]

미시시피 하나, 미시시피 둘

대규모 예금인출에 직면한 정책 입안자들은 신용거래의 흐름을 열 수도 있고 수도꼭지를 잠글 수도 있다. 프리드먼과 슈워츠는 연방준비위원회(미국의 중앙은행)가 대공황이 시작되자 어리석게도 신용에 제한을 가했다고 주장했다. 돈이 풀렸다면 갈수록 급박해지는 인출 수요에 은행들이 대응할 수 있었을 테고, 이를 통해 예금주들이 공황상태에 빠지는 사태를 방지할 수 있었으리라는 얘기다. 곤경에 빠진 은행들에게 공짜로 돈을 빌려 줌으로써 중앙은행은 유동성 위기를 저지하고 구제금융의 필요성을 애초에 제거할 수 있는 힘을 가지고 있다.

하지만 위기가 단순히 신뢰의 위기라고 확신할 수 있는 사람이 누가 있을까? 위기들 중에는 진짜 위기도 있다. 은행의 대차대조표가 악성 부채로 병들어 있어 일시적인 유동성을 충분히 확보한다 하더라도 이를 치료하지 못할 수도 있다. 결국 은행은 무작위 배정에 의해 유동성을 상실한 것이 아니다. 오히려 은행 지점장이 돈을 빌려 줄 때는 그 대출금이 파산할 수도 혹은 결실을 맺을 수도 있다. 중앙은행의 자금을 불량 은행에 주입하는 것은 판돈을 잃었다고 더 큰 돈을 거는 것과 마찬가지다. 이런 경우에는 파산을 선언하고 남아 있는 자산이라도 순서대로 분배되기를 바라는 편이 낫다.

또한 불량 은행들에 대한 지원은 경제학자들이 **도덕적 해이**라고 부르는 망령을 불러낸다. 유동성이 고갈되었을 때 중앙은행이 싼 값에 돈을 빌려주리라는 사실을 은행업자들이 알게 되면, 그들은 애초부터 위기에 맞닥뜨리지 않도록 주의할 필요가 없게 된다. 1873년 '이코노미스트(*The Economist*)'의 편집 주간 월터 배젓

1) Carmen Reinhart and Kenneth Rogoff, *This Time Is Different: Eight Centuries of Financial Folly*, Princeton University Press, 2009, 그리고 Milton Friedman and Anna Schwartz, *A Monetary History of the United States, 1867-1960*, Princeton University Press, 1963.

(Walter Bagehot)은 그 위험을 다음과 같이 설명했다.

> 은행이 불량상태가 되면 그 은행은 틀림없이 계속해서 불량상태로 머물러 있을 것이다. 정부에서 이들을 지원하고 격려한다면 아마도 더 불량해질 것이다. 이 말만은 기억하자. 현재의 불량 은행을 돕는 것은 미래의 우량 은행이 자리 잡지 못하도록 막는 가장 확실한 방법이다.[2)]

배젓은 사회적 다윈주의자임을 자처하면서 진화의 원리가 생물계뿐만 아니라 세상사에도 적용된다고 믿었다. 어떤 정책들이 경제 침체나 유동성 지원, 은행의 적자생존을 해피엔딩으로 끝낼 수 있을까? 늘 그렇듯이 계량의 고수들은 이 문제를 무작위 시행으로 해결하려 들 것이다. 그러한 은행 유동성 실험을 위해 연구비가 필요하다고 제안하는 우리의 연구계획서가 현재 심사 중에 있다. 이 계획이 실현되면 반드시 그 결과를 블로그에 올리도록 하겠다. 그때까지는 은행 위기와 그에 대한 정책적 대응의 역사를 통해 화폐정책의 효과를 연구할 수밖에 없다.

이 연구 주제를 위해서는 다행스럽게도, 미국 연방준비제도는 12개 구역으로 나누어져 있고, 각 구역은 지역 연방준비은행(연준)에서 운영한다. 대공황기에 각 지역 연준의 수장은 상당한 정책적 독립성을 가지고 있었다. 6번 구역을 운영한 애틀랜타 연준은 곤경에 빠진 은행들에 돈을 빌려 주는 쪽을 선호했다. 이와는 대조적으로, 중앙은행은 침체기에 융자를 제한해야 한다고 주장하는 진성 어음주의 철학(Real Bills Doctrine)을 가진 세인트루이스 연준은 8번 구역을 운영했다. 화폐정책 연구의 입장에서 특히 행복한 일은 6번 구역과 8번 구역의 경계가 미시시피 주 한가운데를 동에서 서로 곧장 가로지른다는 사실이다. (구역들의 경계는 연방준비제도가 탄생한 1913년에 인구 규모를 기준으로 결정되었다.) 이 경계는 주 내 자연실험을 정의해 주고 우리는 이로부터 도움을 받을 수 있다.

게리 리처드슨(Gary Richardson)과 윌리엄 트루스트(William Troost)라는 두 고수는 미시시피의 화폐정책 2단계를 분석했다.[3)] 화폐정책에 대한 애틀랜타와 세인

---

2) 이 문장은 Walter Bagehot, *Lombard Street: A Description of the Money Market*, Henry S. King and Co., 1873의 Chapter IV.4에서 발췌하였다.

3) Gary Richardson and William Troost, "Monetary Intervention Mitigated Banking Panics during the Great Depression: Quasi-Experimental Evidence from a Federal Reserve District Border, 1929-1933," *Journal of Political Economy*, vol. 117, no. 6, December 2009, pages 1031-1073. 이 장에 수록되어 있는 수치들은 Richardson과 Troost의 데이터를 이용해 우리가 표로 만든 것이다.

트루이스 연준의 상이한 접근법에서 짐작할 수 있듯이, 이들 두 주는 콜드웰 위기에 매우 다르게 반응했다. 콜드웰이 몰락하고 4주 내에 애틀랜타 연준은 6번 구역에서 은행 대출을 약 40% 증가시켰다. 같은 기간에 8번 구역의 세인트루이스 연준은 은행 대출을 거의 10% 감소시켰다.

리처드슨과 트루스트의 정책 실험에서는 거의 아무것도 하지 않거나 심지어 대출을 제한시키는 정책을 사용한 8번 구역을 통제집단으로 설정한다. 한편 대출을 늘리는 정책을 쓴 6번 구역은 처치집단이다. 1차적인 성과변수는 위기가 시작된 후 약 8개월이 지난 1931년 7월 1일 현재 각 구역에서 계속 영업하고 있었던 은행들의 개수다. 이 날 현재 8번 구역에서 문을 연 은행은 132개이고 6번 구역의 은행은 121개로서, 6번 구역의 은행 수가 11개가 더 적다. 이는 곧 쉬운 대출이 비생산적이었음을 시사한다. 그런데 다시 한 번 살펴보자. 6번 구역과 8번 구역은 비슷하지만 동일하지는 않았다. 우리는 이것을 콜드웰 위기가 닥치기 한참 전인 1930년 7월 1일 두 구역에서 영업 중인 은행들의 수가 서로 현저하게 달랐다는 사실로부터 확인할 수 있다. 당시 6번 구역에는 135개, 그리고 8번 구역에는 165개의 은행이 영업하고 있었다. 처치 이전 기간에 있었던 두 구역 사이의 이와 같은 차이를 보정하기 위해 우리는 이중차분법 또는 줄여서 DD라고 부르는 연장을 사용해 미시시피 실험을 분석한다.

평행 세계

Y_{dt}를 d 구역에서 t 연도에 영업 중이었던 은행들의 수라고 표시하자. 여기서 하첨자 d는 데이터가 6번 구역에 해당하는지 혹은 8번 구역에 해당하는지를 말해 준다. 그리고 하첨자 t는 데이터가 1930년(콜드웰 위기 이전)에 해당하는지, 1931년(위기 이후)에 해당하는지를 말해 준다. 6번 구역이 취한 쉬운 대출 정책의 효과를 보여 주는 DD 추정치(δ_{DD})는 다음과 같다.

$$\begin{aligned}\delta_{DD} &= (Y_{6,1931} - Y_{6,1930}) - (Y_{8,1931} - Y_{8,1930}) \\ &= (121 - 135) - (132 - 165) \\ &= -14 - (-33) = 19 \qquad \text{(식 5.1)}\end{aligned}$$

DD는 콜드웰 이후 시점에 6번 구역과 8번 구역에서 영업 중인 은행들의 수를 비교하지 않고 각 구역에서 영업 중인 은행들 숫자의 변화분을 비교한다.

수준 값 대신에 변화분를 비교하면 처치 이전 기간에 8번 구역에서 영업하던 은행들의 수가 6번 구역에서 보다 더 많았다는 사실에 대해 보정할 수 있다. 이를 확인하기 위해 다음의 방식으로도 동일한 DD 표현식을 만들어 낼 수 있다.

$$\begin{aligned}\delta_{DD} &= (Y_{6,1931} - Y_{8,1931}) - (Y_{6,1930} - Y_{8,1930}) \\ &= (121 - 132) - (135 - 165) \\ &= -11 - (-30) = 19 \qquad \text{(식 5.2)}\end{aligned}$$

두 번째의 DD 계산에서는 6번 구역과 8번 구역 사이의 처치 이전 차이를 처치 이후 차이로부터 차감하여 두 구역이 처음부터 서로 같지 않았다는 사실에 대해 보정한다. DD 추정치는 곤경에 빠진 은행들에 돈을 빌려 줌으로써 이들 중 다수를 구제할 수 있었음을 시사한다. 구체적으로, 애틀랜타 연준은 19개 은행을 구제했던 것으로 보이고, 이 숫자는 1930년 미시시피 6번 구역에서 영업하던 은행들 숫자의 10%를 넘는 수준이다.

1930년과 1931년 시점에 6번 구역과 8번 구역에 있었던 은행들의 수를 그래프로 나타낸 〈그림 5.1〉에 DD의 논리가 표현되어 있다. 두 시점의 데이터가 실선으로 연결되어 있다. 〈그림 5.1〉은 두 연준 지역 모두에서 은행들이 파산하기는 했으나 8번 구역에서 훨씬 가파른 변화가 있었다는 사실을 뚜렷하게 보여 준다.

DD라는 연장은 구역들 사이에 기울기나 추세까지도 비교할 수 있다. 〈그림 5.1〉의 점선은 DD 연구 디자인의 핵심을 이루는 **가상적 대응 성과**(counterfactual outcome)다. 이 선은 8번 구역과 동일한 상황이 6번 구역에서 벌어졌다면 어떤 결과가 나타났을지를 이야기해 준다. 6번 구역 실선이 이 가상의 선보다 훨씬 완만하게 감소한다는 사실은 쉬운 대출의 효과성을 지지하는 증거다. 위의 DD 계산에서 발견된 바와 같이, 폐업이 억제된 은행 19개는 실제 벌어진 상황과 두 구역의 은행 활동이 동일하게 전개되었을 때 일어났을 상황 사이의 차이다.

DD의 가상적 대응치는 **공통 추세**(common trends)라는 강력하지만 쉽게 표현할 수 있는 가정으로부터 도출된다. 미시시피 실험에서 DD는 8번 구역의 추세를 정책적 차이가 전혀 없었다면 우리가 6번 구역에서 보게 될 것으로 예상했던 추세라고 가정한다. 공통 추세 가정은 강하기는 하지만 처치 이전 수준의 차이를 고려하는

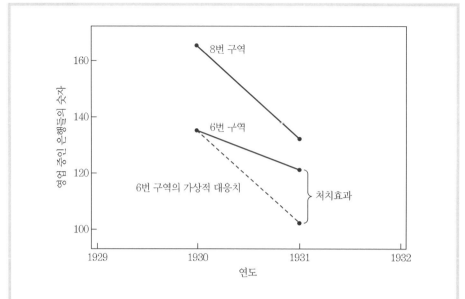

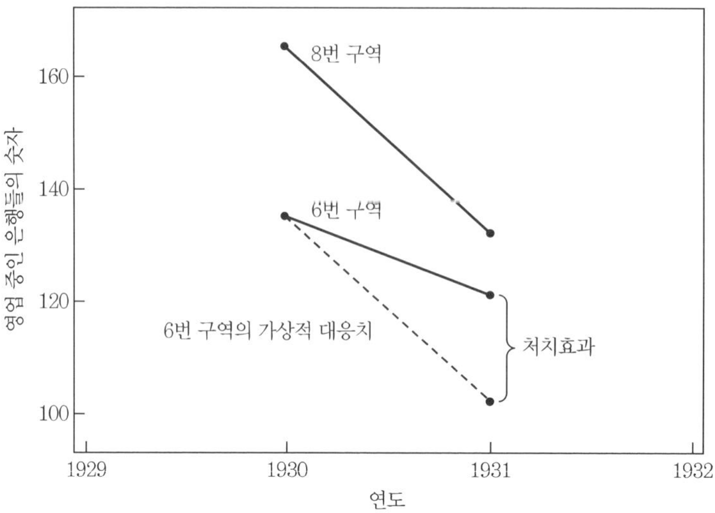

주 : 이 그림은 1930년과 1931년에 미시시피 6번 구역과 8번 구역에서 영업 중이던 은행들의 숫자를 나타낸 그래프다. 점선은 이 시기 6번 구역에서 8번 구역과 동일한 수의 은행들이 문을 닫았다면 6번 구역의 은행 수가 어떻게 달라졌을지를 가상적으로 표시하고 있다.

그림 5.1 연방준비제도의 6번 구역과 8번 구역에서 발생했던 은행 파산

합리적인 출발점인 듯하다. 보다 풍부한 데이터가 있다면 이 가정을 탐색하고, 검정하고, 완화할 수도 있다.

〈그림 5.2〉는 미시시피 연방준비제도의 구역들에 적용된 공통 추세 가정에 대한 증거를 제공한다. 이 증거는 은행의 활동에 대한 보다 장기적인 시계열의 형태로 제시된다. 1931년 전까지 미시시피는 아직 대공황의 타격을 강하게 입지 않았다. 이들 2개 구역에 적용된 지역 연준의 정책들도 이 느슨했던 시기에는 서로 비슷했다. 1929년에서 1930년 사이 은행 폐업이 두 지역에서 거의 평행하게 진행되었다(두 지역에서 모두 은행의 수가 약간 감소했다)는 사실은 미처치 기간들에 적용되는 공통 추세의 가설과 일치한다. 〈그림 5.3〉에는 1930년 이후 연도들에 대해 8번 구역의 추세를 6번 구역에 외삽하여 구한 6번 구역의 가상적 대응치가 추가되어 있다. 6번 구역 은행 활동의 실제 현실과 가상 현실 사이의 격차는 1934년까지 거의 달라지지 않았다.

〈그림 5.1〉에서와 마찬가지로, 콜드웰 몰락 이후 8번 구역에서 은행 활동의 상대

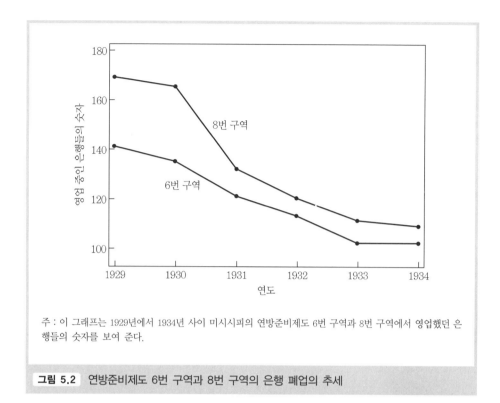

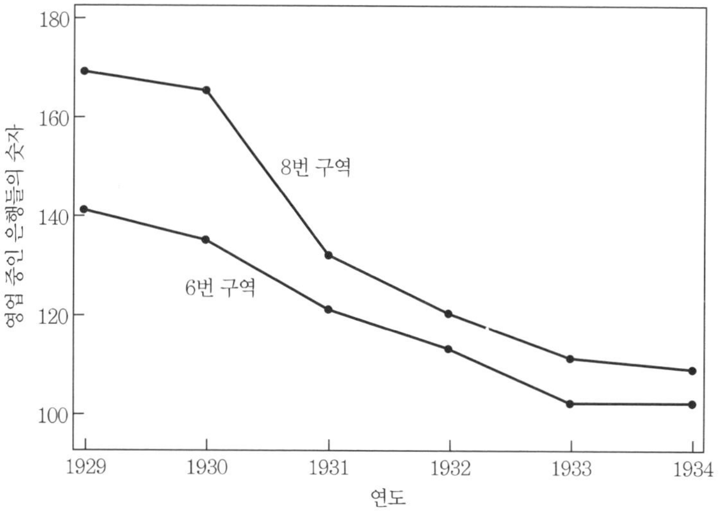

주 : 이 그래프는 1929년에서 1934년 사이 미시시피의 연방준비제도 6번 구역과 8번 구역에서 영업했던 은행들의 숫자를 보여 준다.

그림 5.2 연방준비제도 6번 구역과 8번 구역의 은행 폐업의 추세

적으로 가파른 하락이 〈그림 5.2〉와 〈그림 5.3〉에 뚜렷하게 드러나 있다. 그러나 이들 수치는 그 이상의 것을 기록하고 있다. 1931년 7월부터 시작해 세인트루이스 연준은 긴축적인 화폐정책을 포기하고 곤경에 처한 은행들에 아낌없이 대출을 해 주었다. 다시 말해, 1931년 이후 두 구역의 연준 정책은 다시 비슷해져, 두 지역 연준이 모두 발벗고 나서서 유동성을 제공했다. 게다가 1932년 무렵 대공황은 끝날 기미가 보이지 않았지만, 콜드웰 위기는 잦아들었고 예금 인출은 위기 이전 수준으로 되돌아갔다. 두 지역 연준이 요구가 있을 때마다 기꺼이 대출을 해 주었다는 사실을 고려할 때 은행 활동의 추세는 1931년 이후에는 다시 비슷해졌어야 한다. 1931~1934년 데이터가 이 가설을 잘 뒷받침한다.

DD를 실행하라 : 불황 회귀분석

가장 단순한 DD 계산에서는 식 (5.1)과 (5.2)와 같이 단 4개의 숫자만이 등장한다. 하지만 실제 분석에서 DD 요리법은 〈그림 5.2〉에 표시된 12개의 점들처럼 4개 이

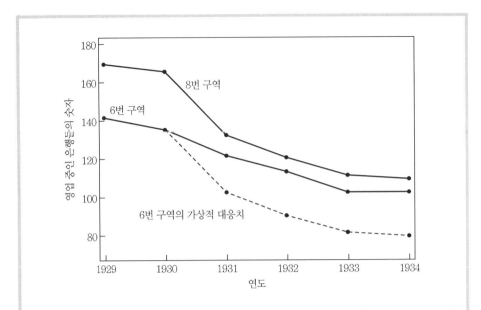

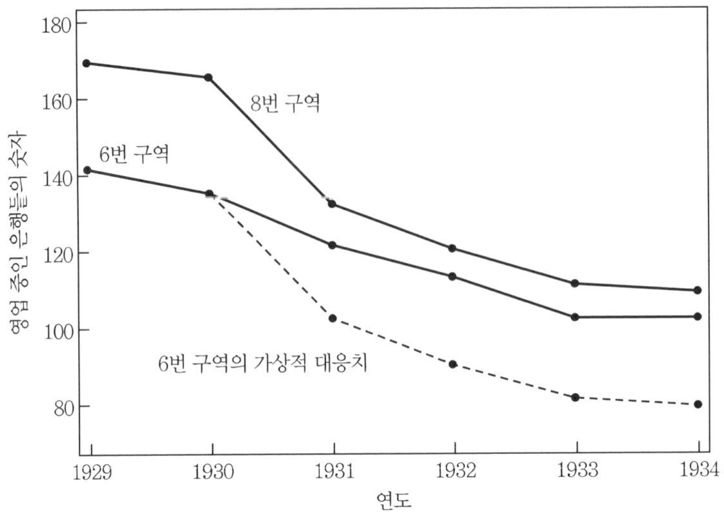

주 : 이 그래프는 〈그림 5.2〉의 은행업 데이터에 DD 가상적 대응 성과를 추가한 것이다. 점선은 1930년 이후에 6번 구역에서 8번 구역과 동일한 수의 은행이 폐업했을 경우 6번 구역 은행 수가 가상적으로 변화하는 양상을 나타낸 것이다.

그림 5.3 연방준비제도의 6번과 8번 구역에서 일어난 은행 폐업의 추세와 6번 구역의 DD 가상적 대응치

상의 관측치들을 가진 표본에 회귀모형을 적용했을 때 가장 훌륭한 요리로 탄생한다. DD 회귀모형은 2개 이상의 시기를 포용할 뿐만 아니라 2개 이상의 횡단면 개체들에 대한 데이터도 깔끔하게 통합한다. 이에 대해서는 5.2절에서 MLDA를 여러 주에 적용하는 분석에서 살펴볼 것이다. 그에 못지않게 중요한 사실은 DD 회귀모형이 통계적 추론을 용이하게 만든다는 점이다. DD 설정에서 통계적 추론은 자주 까다로운 이슈를 제기한다. (자세한 내용은 이 장의 부록을 참조하라.)

〈그림 5.2〉와 연관되어 있는 DD 회귀모형 요리법에는 다음의 세 가지 재료가 들어간다.

(i) 처치 구역에 대한 더미변수 $TREAT_d$이다. 여기서 하첨자 d는 그 값이 구역에 따라 달라짐을 나타낸다. $TREAT_d$는 비교의 대상이 되는 개체들 간의 고정된 특성의 차이를 통제한다.

(ii) 처치 이후 기간에 대한 더미변수 $POST_t$이다. 여기서 하첨자 t는 그 값이 시간에 따라 달라짐을 상기시킨다. $POST_t$는 처치를 받았든 받지 않았든 누구에게나 시간에 따라 조건들이 달라진다는 사실을 통제한다.

(iii) 이들 두 더미변수를 곱하여 도출하는 교차항, $TREAT_d \times POST_t$이다. 이 항의 계수가 DD 인과효과다.

콜드웰 시기에 유동성 위기에 대응하여 실시한 대출 완화 정책을 실험처치라고 설정하자. 이때 $TREAT_d$는 6번 구역의 데이터 관측치의 경우에는 1, 그렇지 않은 경우에는 0을 취한다. 콜드웰 위기가 잠잠해지면서 은행 폐업률은 1931년 이후 속도가 느려졌다. 하지만 1930년대에는 좀비 은행들이 존재하지 않았다. 파산한 은행은 영원히 사라졌다. 콜드웰 시기의 폐업으로 인해 1932년에서 1934년 사이에는 운영 중인 은행들의 수가 더 적었다. 세인트루이스 연준에서도 이때쯤에는 관대하게 자금을 대출하기 시작했음에도 불구하고 상황은 크게 달라지지 않았다. 따라서 우리는 $POST_t$를 1931년 이후 모든 관측치들을 표시하도록 설정한다. 마지막으로 교차항인 $TREAT_d \times POST_t$는 처치 이후 시기에 해당하는 6번 구역의 관측치들을 가리킨다. 좀 더 정확히 말하면, $TREAT_d \times POST_t$는 콜드웰에 대한 애틀랜타 연준의 대응이 영업 중인 은행들의 숫자에 큰 영향을 미쳤던 시기에 해당하는 6번 구역의 관측치들을 가리킨다.

미시시피 실험에 대한 DD 회귀모형은 크기가 12인 표본에 대해 다음의 식을 추정하는 방법을 통해 이 조각들을 한데 모은다.

$$Y_{dt} = \alpha + \beta TREAT_d + \gamma POST_t + \delta_{rDD}(TREAT_d \times POST_t) + e_{dt} \quad (\text{식 } 5.3)$$

이 표본은 두 구역과 이용 가능한 모든 연도들(각 구역에 대해 6년)의 관측치를 쌓아 올리는 방식으로 구축되었다. 이 교차항의 계수 δ_{rDD}가 관심대상 인과효과다. 〈그림 5.1〉에서와 같이, 단 2개의 시점만이 주어진 경우 δ_{DD}와 δ_{rDD}의 추정치는 정확히 일치한다. (이는 제2장의 부록에 대략적으로 설명한 더미변수 회귀모형의 성질로부터 도출되는 결과다.)* 〈그림 5.2〉에서와 같이, 3개 이상의 시점이 주어진

* 역주 : 이를 확인하기 위해서는 다음의 네 가지 조건부 확률들을 계산해 보아야 한다.

경우에는 식 (5.3)에 기반을 둔 추정치들이 4개 수치로 이루어진 단순한 DD 요리법보다 더 정밀한 추정치이고, 정책 효과에 대해 보다 더 신뢰할 수 있는 그림을 제공한다.[4)]

〈그림 5.2〉에 표시되어 있는 12개 관측치를 이용해 식 (5.3)을 추정하면 다음과 같은 추정치들이 도출된다. (괄호 안에 표시된 수치는 표준 오차이다.)

$$\begin{aligned} Y_{dt} &= \underset{}{167} - \underset{(8.8)}{29}\,TREAT_d - \underset{(7.6)}{49}\,POST_t \\ &\quad + \underset{(10.7)}{20.5}(TREAT_d \times POST_t) + e_{dt} \end{aligned}$$

이 결과에 따르면 6번 구역의 대출 덕분에 약 21개 은행이 살아남게 되었다. 이 추정치는 4개 수치의 DD 요리법을 이용해 구한 추정치 19개와 유사하다. δ_{rDD}의 추정치에 대한 표준 오차는 약 11이므로, 21은 근소하게 유의한 결과다. (이는 소규모 표본을 이용했을 때 우리가 바랄 수 있는 최선의 결과다.)

현실로 돌아가서

애틀랜타 연준이 6번 구역에 있는 많은 은행들을 파산으로부터 구제했을 가능성은 매우 높다. 그러나 은행의 가치는 은행 자체에만 한정되는 것이 아니다. 애틀랜타 연준의 쉬운 대출 정책은 실물 경제활동, 즉 은행업 이외의 기업들과 일자리에 버팀목을 제공했을까? 이 시기 각 주의 기업 활동에 대한 통계치는 매우 드물다. 하지만 가용한 몇몇 수치들에 따르면, 애틀랜타 연준의 은행 유동성 지원정책은 실질

---

(1) $E_{00} \equiv E[Y_{dt}|\,TREAT_d = 0, POST_t = 0] = \alpha,$
(2) $E_{10} \equiv E[Y_{dt}|\,TREAT_d = 1, POST_t = 0] = \alpha + \beta,$
(3) $E_{01} \equiv E[Y_{dt}|\,TREAT_d = 0, POST_t = 1] = \alpha + \gamma,$
(4) $E_{11} \equiv E[Y_{dt}|\,TREAT_d = 1, POST_t = 1] = \alpha + \beta + \gamma + \delta_{rDD}.$

(식 5.1)에 이 조건부 확률들을 대입하면 다음과 같다.

$$\begin{aligned} \delta_{DD} &= (E_{11} - E_{10}) - (E_{01} - E_{00}) = [(\alpha + \beta + \gamma + \delta_{rDD}) - (\alpha + \beta)] - [(\alpha + \gamma) - \alpha] \\ &= [\gamma + \delta_{rDD}] - \gamma = \delta_{rDD} \end{aligned}$$

그러므로 교차항의 계수가 이중차분 추정치이다. 참고로, 식 (5.3)의 다른 계수들에 대한 해석은 다음과 같다.

$$\alpha = E_{00};\ \beta = E_{10} - E_{00};\ \gamma = E_{01} - E_{00}.$$

4) 이 장의 부록에서 설명하는 바와 같이, 단 2개의 횡단면 개체와 2개의 시점을 이용해 계산한 DD 추정치의 정밀도를 측정하기는 사실 쉽지 않다.

적인 경제적 이득을 창출하였다. 이러한 사실이 〈표 5.1〉에 제시되어 있다. 이 표는 연준의 유동성이 영업 중인 도매업체들의 숫자와 그들의 매출액에 미친 효과를 구하는 단순 DD 분석에 사용되는 재료들을 나열하고 있다.

미시시피의 도매업체들에 대한 DD 추정치는 미시시피 은행들에 대한 추정치와 비슷한 경향을 보인다. 1929년에서 1933년 사이 도매업체들의 수와 그들의 매출액은 6번 구역과 8번 구역에서 모두 떨어졌지만, 더 많은 은행들이 파산했던 8번 구역에서 훨씬 더 가파르게 하락했다. 1920년대와 1930년대의 도매업체들은 재고 비용을 조달하기 위해 은행의 신용 대출에 크게 의존했다. 〈표 5.1〉의 추정치들에 따르면, 콜드웰 사태가 터진 이후 8번 구역 은행들의 신용 대출이 감소하자 도매업 활동도 함께 둔화되었다. 이는 지역경제 전체로 퍼져 나가는 파급효과일 것이다. 6번 구역의 도매업체들은 이러한 운명을 피했을 가능성이 더 높다. 하지만 단 4개 수치의 DD 요리법으로 요리한 탓에 〈표 5.1〉에 제시된 유동성 처치효과의 증거는 보다 대규모 표본의 은행활동으로부터 도출된 증거보다 약하다.

표 5.1 도매업체의 도산과 1929년 및 1933년의 매출액

	1929	1933	차분 (1933–1929)
A. 도매업체 수			
연방준비제도 6번 구역(아틀랜타)	783	641	−142
연방준비제도 8번 구역(세인트 루이스)	930	607	−323
차분(6번 구역–8번 구역)	−147	34	181
B. 도매업체 순매출액(100만 달러)			
연방준비제도 6번 구역(아틀랜타)	141	60	−81
연방준비제도 8번 구역(세인트 루이스)	245	83	−162
차분(6번 구역–8번 구역)	−104	−23	81

주 : 이 표는 연준의 유동성이 도매업체의 수와 그들의 매출액(달러)에 미친 효과에 대한 DD 분석결과를 제시하고 있다. 이 결과는 유동성이 은행 영업에 미친 효과에 대해 〈그림 5.1〉에 제시되어 있는 DD 분석결과에 대응된다.

콜드웰 실험은 어떻게 해야 은행 위기를 싹부터 자를 수 있는지에 대해 뼈아픈 가르침을 준다. 세인트루이스 연준의 총재는 아마도 8번 구역보다 6번 구역에서 붕괴 수준이 완만한 것을 보고 콜드웰 교훈을 가슴에 새겨 1931년경에는 노선을 바꾸었던 것 같다. 하지만 금융공황 속에서 통화정책이 갖는 완화적 능력을 연방정부가 깨달은 것은 한참 뒤의 일이다. 밀턴 프리드먼과 그의 아내 로즈 프리드먼이 회고록에서 다음과 같은 유명한 이야기를 털어놓았다.

> (워싱턴 D.C.의 연방준비위원회는) 대공황을 극복하기 위해 힘을 발휘하는 대신, 1929년부터 1933년까지 통화량을 1/3로 줄이는 회의를 주관하였다. 연방준비위원회가 원래의 설립 목적에 맞게 일을 했더라면 그러한 통화량 축소를 막을 수 있었을 것이고, 이를 정상적인 경제성장을 수용하는 데 필요한 통화량 증가로 바꾸었을 것이다.5)

하지만 그 후로 금융위기 관리의 문제가 해결되었다고 얘기할 수는 없다. 오늘날의 복잡한 금융시장은 여러 가지 이유로 궤도에서 벗어나고 있으며, 그 이유들 모두를 연준과 그것의 화폐 발행력으로 억누를 수 있는 것도 아니다. 그러한 쓰디쓴 교훈을 오늘날의 통화당국도 몸소 체험하고 있는 중이다.

---

5) Milton Friedman and Rose D. Friedman, *Two Lucky People: Memoirs*, University of Chicago Press, 1998, page 233.

5.2 마시다, 취하다, …

센 : 진리를 찾기 위해 목숨까지 버리겠느냐?

포 : 두말하면 잔소리지!… 그런데 안 버릴 수 있다면 안 버리는 게 좋겠지.

–**쿵푸 팬더 2**

1933년 연방 금주법의 폐지와 함께 미국의 각 주들은 알코올을 규제하는 데 있어 자유를 얻게 되었다. 대부분의 주에서 MLDA를 21세로 제도화했지만, 대표적으로 캔자스, 뉴욕, 노스캐롤라이나는 18세부터 음주를 허용했다. 베트남전으로 촉발된 소요에 대응하기 위해 투표 연령을 18세로 낮춘 1971년도 제26차 헌법 개정 이후, 여러 주에서 MLDA를 낮추었다. 하지만 모든 주들이 그랬던 것은 아니었다. 대표적으로 아칸소, 캘리포니아, 펜실베이니아는 21세 제한을 고수했다. 1984년에 전국 음주 연령 제한법(National Minimum Drinking Age Act)은 MLDA가 18세인 주들에 대해 연방정부의 고속도로 건설 지원을 보류시킴으로써 젊은이들의 방종에 대한 처벌을 가했다. 연방정부의 고속도로 정책의 함의를 알아차리는 속도가 주마다 다르기는 했지만, 1988년까지는 50개 주 전체와 컬럼비아 특별구(역주 : 워싱턴 D.C.)가 21세 MLDA를 채택했다.

미국의 대부분의 정책결정 과정에서와 마찬가지로, 연방법과 주법 사이의 상호작용은 다채롭고 변화무쌍한 법적 기준의 조각보를 만들어 낸다. 이러한 정책적 다양성은 계량의 고수들에게는 은혜로운 일이다. 각 주 MLDA법의 변이를 DD라는 틀 안에서 손쉽게 활용할 수 있다. 알코올 정책의 효과를 규명하려는 노력에서 이 틀은 제4장에서 상세히 설명한 RD 접근법에 대한 하나의 대안을 제공한다.[6]

조각보에서 탄생한 무늬

앨라배마는 1975년에 MLDA를 19세로 낮추었지만, 알파벳 순서로나 지리적으로나 인접한 아칸소는 금주법 폐지 이후에도 MLDA를 21세로 유지해 왔다. 어린 술꾼들에게 베푼 앨라배마의 관용은 젊은이들의 생명을 대가로 치르게 되었을까? 우리는

---

6) Carpenter and Dobkin, "The Minimum Legal Drinking Age," *Journal of Economic Perspectives*, 2011는 DD의 틀을 이용해 MLDA를 분석했다.

1970년부터 1983년까지 18세에서 20세 사이 젊은이들의 사망률에 대한 데이터에 DD 회귀모형을 적용함으로써 이 질문에 대한 답을 구해 보고자 한다. 종속변수는 s 주의 t 연도 사망률을 표시하는 Y_{st}이다. 앨라배마와 아칸소만을 포함한 표본에서 Y_{st}에 대한 DD 회귀모형은 다음의 형태를 띤다.

$$Y_{st} = \alpha + \beta TREAT_s + \gamma POST_t + \delta_{rDD}(TREAT_s \times POST_t) + e_{st} \quad \text{(식 5.4)}$$

여기서 $TREAT_s$는 앨라배마를 지시하는 더미변수, $POST_t$는 1975년 이후 연도들을 지시하는 더미변수, 교차항 $TREAT_s \times POST_t$는 음주 연령이 낮아진 연도들에 관측된 앨라배마 관측치를 나타낸다. 계수 δ_{rDD}는 19세 MLDA가 사망률에 미친 효과를 포착한다.

식 (5.4)는 미시시피의 2개 연방준비 구역에 대한 DD 회귀모형과 유사하다. 그런데 앨라배마와 아칸소만을 들여다보는 이유는 무엇일까? 입법부의 기록에는 MLDA 실험이 하나만 있는 것이 아니다. 예를 들어, 테네시의 MLDA는 1971년에 18세로 내려갔다가 1979년에는 19세로 올라갔다. 앨라배마와 테네시의 MLDA 하락 시점의 차이로부터 발생하는 복잡하지만 제어 가능한 결과는 공통적인 처치 이후 시점이 존재하지 않는다는 점이다. DD의 틀 내에서 여러 개의 MLDA 실험을 통합할 때 우리는 표본의 각 연도를 가리키는 일련의 더미변수들을 하나의 $POST_t$ 더미로 치환한다. 이때 기준집단으로서 하나는 빼놓는다. **시간 효과**(time effect)라고 알려져 있는 이 더미들에 대한 계수는 모든 주에 공통되는 사망률의 시간적 변화를 포착한다.[7)]

여러 개의 MLDA를 사용하는 우리의 DD 회귀분석 또한 여러 개 주들이 인과적인 비교를 이끌어간다는 사실을 반영해야 한다. 가령 5.1절의 미시시피 실험에서 연방준비 6번 구역과 8번 구역의 차이라든지, 또는 위의 예에서 앨라배마와 아칸소의 차이만을 통제하는 대신에, 여러 주를 사용하는 설정에서는 여러 주 각각의 사망률 차이를 통제해야 한다. 이것은 **주 효과**(state effect)를 도입하는 방법을 통해 이루어진다. 주 효과는 기준집단으로서 제외시킨 한 주 이외에 표본 내에 있는

---

7) 우리가 추정하는 시간효과의 수는 자료에 포함되어 있는 연도 수보다 하나가 적다. 시간효과는 시작점(보통 표본의 첫해)을 기준으로 시간에 따른 변화를 측정한다.

모든 주들을 지시하는 일련의 더미변수들을 의미한다. 예를 들어, 앨라배마, 아칸소, 테네시의 데이터를 이용하는 DD 회귀분석에는 2개의 주 효과가 포함된다. 주 효과는 2개 주(또는 2개 집단)를 이용한 분석에 포함되는 하나의 더미변수 $TREAT_s$를 대신한다.

이 시나리오에서 마지막으로 복잡한 문제는 처치 적용이 시작되거나 종료되는 시점을 표시하는 공통의 처치변수가 존재하지 않는다는 점이다. MLDA는 18세부터 21세까지 주마다 다르기 때문에 18세, 19세 또는 20세에 시작되는 음주 합법화의 처치효과들이 도출된다. 계량의 고수들은 이것들을 단순화시켜 관심대상 정책 — 이 경우에는 알코올에 대한 접근 — 으로의 노출이라는 하나의 척도로 환원시킨다. 우리의 단순화 전략에서는 $TREAT_d \times POST_t$를 $LEGAL_{st}$라고 불리는 하나의 변수로 대체한다. 이 변수는 s 주에서 t 연도에 음주가 허용된 18~20세 청년들의 비중을 측정한다. 일부 주에서는 21세가 될 때까지 음주가 허용되지 않는 반면, MLDA가 19세인 주에서는 18~20세 청년들의 2/3 정도에게 음주가 허용되고, MLDA 18세인 주에서는 18~20세 청년들 모두에게 음주가 허용된다. 우리가 정의한 $LEGAL_{st}$는 한 연도 내 적용 시점의 차이에 따른 변이 또한 포착한다. 예를 들어, 앨라배마의 19세 MLDA는 1975년 7월에 발효되었다. 따라서 $LEGAL_{AL,\ 1975}$는 앨라배마의 19~20세 청년들이 그 해의 절반 동안만 자유롭게 술을 마실 수 있었다는 사실을 반영하도록 수치를 조정할 수 있다.

여러 주들에 대한 DD 회귀모형은 다음과 같다.

$$Y_{st} = \alpha + \delta_{rDD} LEGAL_{st} + \sum_{k=\text{Alaska}}^{\text{Wyoming}} \beta_k STATE_{ks} + \sum_{j=1971}^{1983} \gamma_j YEAR_{jt} + e_{st}$$

(식 5.5)

위 식이 많은 합들로 구성되어 있다고 겁먹을 필요는 없다. 이 기호들은 제2장의 대학 순위 집단 더미변수들을 보유한 모형과 마찬가지로 여러 개의 더미변수들을 축약적으로 나타낸 것일 뿐이다. 여기에서는 하나의 주(기준 지역)를 제외한 모든 주가 자신의 더미변수를 갖는다(하첨자 k는 k 주를 의미한다). 지수 s는 관측치를 공급하는 주를 계속해서 따라간다. k번째 주 더미인 $STATE_{ks}$는 관측치가 k 주에 해당하는 경우(즉 $s=k$)에는 1, 그렇지 않은 경우에는 0이다. 예를 들어, 캘리포니아 관측치의 경우 $STATE_{CA,S}$는 1을 취하고 다른 모든 주의 더미들은 0의 값을 취한다.

주 효과 β_k는 주 더미변수의 계수다. 예를 들어, 캘리포니아의 주 효과 β_{CA}는 $STATE_{CA,S}$에 붙어 있는 계수다. 기준 주(주 더미들을 구축할 때 제외시킨 주)를 제외한 모든 주가 식 (5.5)에서 주 효과를 갖는다. 이들 주 효과가 너무 많기 때문에 합산 기호 $\sum_{k=\text{Alaska}}^{\text{Wyoming}} \beta_k STATE_{ks}$를 사용해 이들을 간략하게 표시한다. 시간 효과 γ_j 역시 연도 더미 $YEAR_{jt}$의 계수다. 연도 더미는 자료의 관측치가 j 연도에 해당할 때(즉 $t=j$일 때) 1의 값을 취한다. 따라서 우리는 이것을 연도 효과라고 부른다. 1975년의 효과 γ_{1975}는 $YEAR_{1975,t}$에 붙어 있는 계수다. 여기에서도 기준 연도를 제외하고 표본의 모든 연도가 연도 효과를 갖기 때문에 합산 기호를 이용해 이들을 축약적으로 표시한다.[8)]

여러 주를 다루는 우리의 MLDA 분석에서는 연도의 수가 14개, 주의 수가 51개(컬럼비아 특별구 포함)인 총 714개 관측치로 구성된 데이터 셋을 사용한다. 이와 같은 데이터 구조를 **주-연도 패널**이라고 부른다. 식 (5.5)에서 주 효과는 주들 사이의 고정된 차이를 통제한다. (예를 들어, 치명적인 자동차 사고는 일반적으로 평균 주행 속도가 높은 농촌지역의 주들에서 더 빈번하게 발생한다.) 이 식에서 시간 효과(즉 연도 효과)는 모든 주에 공통적인 사망률 추세(예를 들어, 음주 또는 차량 안전성의 전국적인 추세로 인해 나타남)를 통제한다. 식 (5.5)는 주 내에서 발생하는 사망률의 변화를 $LEGAL_{st}$의 변화로 귀결시킨다. 잠시 후에 확인할 수 있는 바와 같이, 이와 같은 인과관계 귀속은 위 절에서 콜드웰이 초래한 은행 폐업들에 관한 우리의 분석에서와 마찬가지로 공통 추세의 가정에 의존한다.

---

8) 다음과 같은 방법으로도 기호가 작동하는 방식을 이해할 수 있다. $s=\text{NY}$에 해당하는 관측치를 생각해 보자. 이 경우에는 다음의 관계가 성립한다.

$$\sum_{k=\text{Alaska}}^{\text{Wyoming}} \beta_k STATE_{ks} = \beta_{\text{NY}}$$

따라서 모든 가능한 주 더미들의 총합은 뉴욕의 관측치들에 대해서는 뉴욕의 주 효과 β_{NY}를 잡아낸다. 합산 과정에서 다른 더미들은 모두 0이다. 마찬가지로, $t=1980$일 경우 다음의 관계가 성립한다.

$$\sum_{j=1971}^{1983} \gamma_j YEAR_{jt} = \gamma_{1980}$$

따라서 관측치가 1980년에 해당할 때 총합은 1980년의 연도 효과를 잡아낸다.

표 5.2 MLDA가 사망률에 미치는 효과에 대한 DD 회귀모형 추정치

종속변수	(1)	(2)	(3)	(4)
총 사망건수	10.80	8.47	12.41	9.65
	(4.59)	(5.10)	(4.60)	(4.64)
자동차 사고	7.59	6.64	7.50	6.46
	(2.50)	(2.66)	(2.27)	(2.24)
자살	.59	.47	1.49	1.26
	(.59)	(.79)	(.88)	(.89)
모든 내적 원인	1.33	.08	1.89	1.28
	(1.59)	(1.93)	(1.78)	(1.45)
주별 추세	미통제	통제	미통제	통제
가중치	미고려	미고려	고려	고려

주 : 이 표는 법적 최소 음주 연령(MLDA)이 18~20세 청년들의 (10만 명당) 사망률에 미치는 영향에 대한 DD 회귀분석 추정치를 제시하고 있다. 이 표는 주 효과와 연도 효과를 통제하는 모형에서 주-연도별 합법적 음주자들 비중의 계수를 보여준다. (2)열과 (4)열의 추정치들을 구하는 데 사용한 모형은 주별로 고유한 선형 시간추세를 포함하고 있다. (3)열과 (4)열은 주별 인구의 가중치를 부여한 가중 최소제곱 추정치를 보여 준다. 표본의 크기는 714이고, 표준 오차는 괄호 안에 제시되어 있다.

식 (5.5)의 추정치 δ_{rDD}에 따르면, 알코올 접근 합법화는 18~20세 인구 10만 명당 약 11건의 추가적인 사망을 유발하고, 그중 7~8건의 사망은 자동차 사고의 결과다. 〈표 5.2〉의 (1)열에 제시된 이러한 결과는 제4장의 〈표 4.1〉에 제시된 RD 추정치들 보다 다소 크기는 하지만 대체로 그것들과 일관된다. 〈표 5.2〉의 MVA 추정치 또한 꽤 정확한 편으로서 그 표준 오차는 약 2.5 정도이다. 중요한 사실은 RD 추정치들과 마찬가지로 이 DD 회귀모형에서도 합법적 음주가 내적 원인에 따른 사망에 영향을 미친다는 증거가 거의 발견되지 않는다는 점이다. 자살에 미치는 효과를 보여 주는 DD 회귀분석 증거는 〈표 4.1〉에 제시되어 있는 대응하는 RD 증거보다 더 약하다. 그와 동시에 두 추정 전략 모두 자살 건수의 증가가 MVA 사망의 증가보다는 작음을 시사한다.

DD의 가정들을 검토해 보자

여러 개의 주와 연도를 포함하는 표본 덕분에 우리는 공통 추세의 가정을 완화시킬 수 있다. 다시 말해, 처치효과가 존재하지 않는 상태에서 성과변수의 변화가 주들 사이에 어느 정도는 평행하지 않도록 설정할 수 있다. 주별로 고유한 추세를 통제

하는 DD 회귀모형은 다음과 같다.

$$Y_{st} = \alpha + \delta_{rDD} LEGAL_{st} + \sum_{k=\text{Alaska}}^{\text{Wyoming}} \beta_k STATE_{ks} + \sum_{j=1971}^{1983} \gamma_j YEAR_{jt} + \sum_{k=\text{Alaska}}^{\text{Wyoming}} \theta_k (STATE_{ks} \times t) + e_{st} \quad \text{(식 5.6)}$$

이 모형은 처치효과가 없는 경우 k 주의 사망률이 공통적인 연도 효과로부터 벗어나 계수 θ_k에 의해 포착되는 선형 추세를 따른다고 가정한다.

지금까지 우리는 공통 추세가 DD의 전부라고 얘기해 왔다. 그렇다면 핵심적인 공통 추세 가정을 완화하는 식 (5.6)과 같은 모형을 어떻게 이해해야 할까? 이 모형이 작동하는 방식을 파악하기 위해 2개 주의 표본을 생각해 보자. 첫 번째 주 올앳시는 1975년에 MLDA를 18세로 떨어뜨렸다. 한편 인접한 주인 앨러배스터는 21세 선을 고수했다. 기초 분석의 일환으로서 〈그림 5.4〉에는 공통 추세의 이야기가 간략히 묘사되어 있다. 10만 명당 사망률이 1975년까지는 두 주에서 평행하게 움직였다. (1970년대에는 모든 것이 악화일로에 있었기 때문에 사망률도 상승하고 있었다.) 올앳시 주가 MLDA를 낮춘 1975년에 그 주의 사망률은 기존 추세를 훌쩍 넘어섰다. 평행한 추세와 시점을 고려할 때 이러한 큰 폭의 상승 원인은 올앳시 주가 MLDA를 낮춘 데 있다고 생각할 수 있을 것이다.

〈그림 5.5〉에는 앨러배스터보다 올앳시에서 더 가파른 추세가 존재하는 상황이 표현되어 있다. 〈그림 5.4〉에 표시된 데이터와 마찬가지로, 이 경우에도 단순한 DD 회귀모형 추정을 통해 MLDA와 연관이 있는 추정치를 도출할 수 있다. (올앳시의 처치 이후와 이전 차분 값은 앨러배스터의 처치 이후와 이전 차분 값보다 더 크다.) 하지만 이때 도출된 DD 추정치는 참이 아니다. 즉, 주 추세의 차이가 올앳시의 MLDA 자유화보다 먼저 발생했기 때문에, 전자와 후자는 아무런 관련성을 갖지 않아야 한다.

다행스럽게도, 이러한 추세의 차이는 식 (5.6)의 주별로 고유한 추세 모수 θ_k에 의해 포착할 수 있다. 주별로 고유한 추세를 통제하는 모형에서 MLDA의 효과에 대한 증거는 다른 상황이었다면 완만하게 유지되었을 추세가 급격하게 변화하는

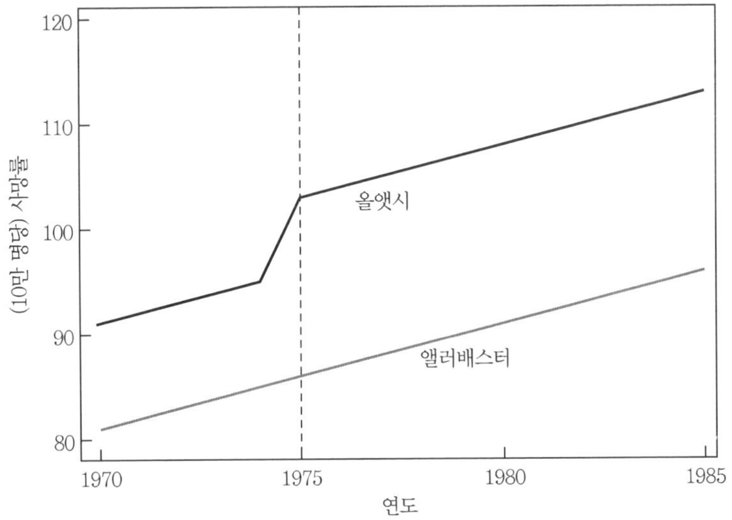

그림 5.4 추세가 평행한 주들로부터 도출된 MLDA 효과

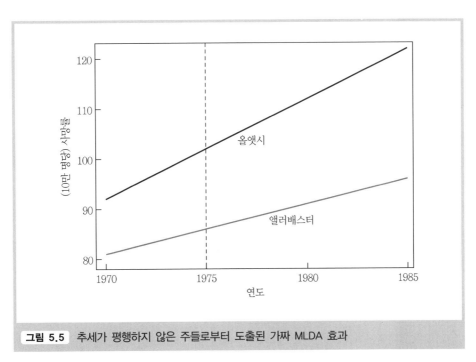

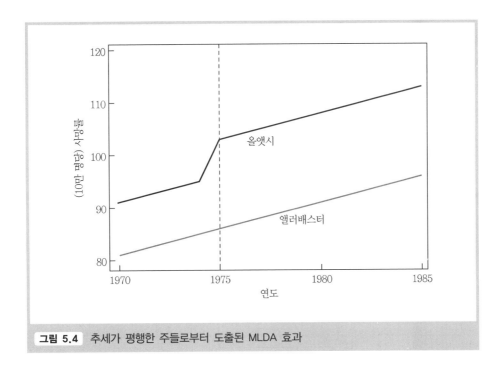

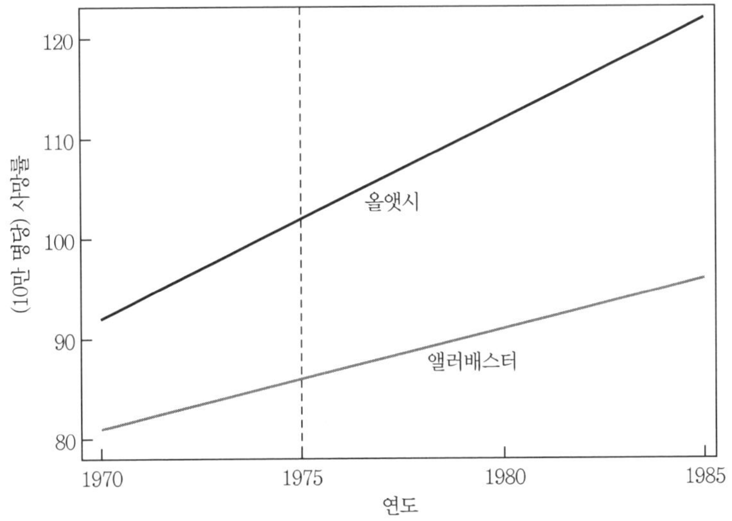

그림 5.5 추세가 평행하지 않은 주들로부터 도출된 가짜 MLDA 효과

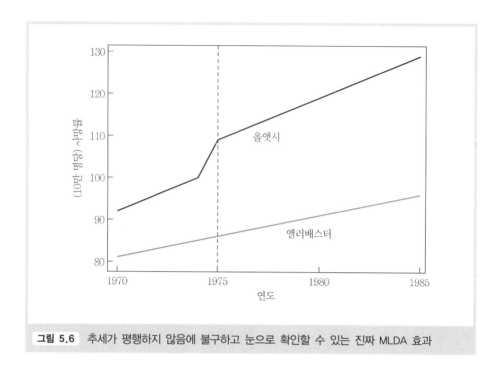

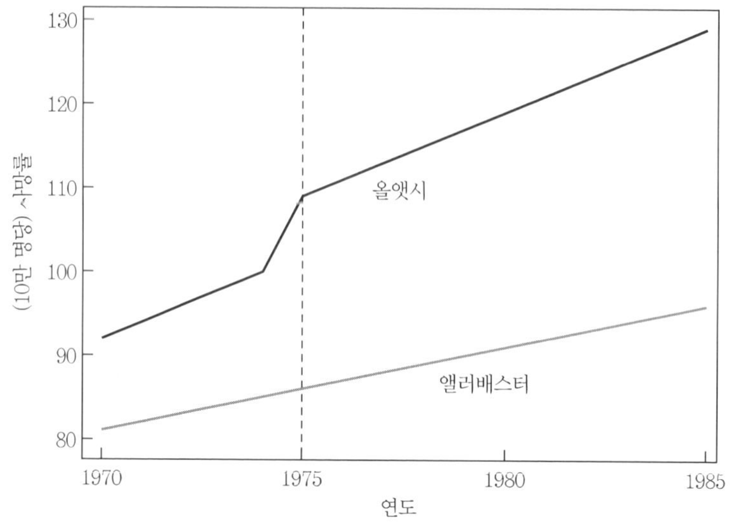

그림 5.6 추세가 평행하지 않음에 불구하고 눈으로 확인할 수 있는 진짜 MLDA 효과

현상에서 찾을 수 있다. 이러한 변화는 추세가 공통적이지 않은 상황에서도 나타날 수 있다. 〈그림 5.6〉은 공통적이지 않은 추세가 있을 때 DD 회귀모형이 처치효과를 포착하는 방법을 보여 준다. 표본 기간 전체에 걸쳐 올앳시의 사망률은 앨러배스터보다 더 가파르게 증가한다. 하지만 올앳시의 증가는 올앳시가 MLDA를 낮춘 시기인 1974년부터 1975년 사이에 특별히 급격한 모양을 띤다. 식 (5.6)의 $LEGAL_{st}$의 계수가 이 점을 포착하고 있다. 여기서 이 모형은 서로 다른 주들의 사망률이 처음부터 다른 궤도에 있었다는 사실을 허용한다.

주별로 고유한 선형 추세를 가진 모형은 다기간 데이터를 이용하는 임의의 DD 회귀 추정치가 인과적으로 해석될 수 있는지를 점검하는 중요한 기회를 제공한다. 하지만 실제 분석에서 나타나는 실증적인 현실은 〈그림 5.4〉~〈그림 5.6〉에 제시된 양식화된 예시들보다 훨씬 더 애매모호하고 어렵다. 식 (5.6)과 같은 회귀모형으로부터 도출된 결과는 부정확한 경우가 많다. 인과효과로 인해 추세에서 벗어나는 정도가 클수록 그 인과효과를 발견할 가능성이 높아진다. 반면 처치효과가 아주 서서히 나타난다면 (5.6)과 같은 식의 추정치로는 처치효과와 추세의 차이를 구분하기 어렵다. 그리하여 결국에는 정확하지 못하여 확실한 결론을 내릴 수 없는 일련의 결과들을 얻게 된다.

MLDA의 효과를 구하려는 일관된 인과관계 DD 분석의 입장에서는 다행스러운 일이지만, 주별로 고유한 추세를 도입하더라도 우리의 DD 회귀 추정치는 거의 달라지지 않는다. 이는 식 (5.6)의 모형으로부터 도출된 MLDA 효과의 DD 회귀 추정치들을 제시하고 있는 〈표 5.2〉의 (2)열에서 확인할 수 있다. 추세를 추가함에 따라 표준 오차가 약간 증가하기는 하지만 정확도의 손실은 작은 편이다. (2)열에 제시된 결과는 이 표의 (1)열에 제시된 보다 정확한 MLDA 효과에 대한 인과적 해석을 지지한다.

주의 정책 결정은 복잡하게 얽히고설킨 과정이라서 일선에서는 많은 변화가 일어난다. 주별로 고유한 추세를 고려하든 그렇지 않든 MLDA 효과에 대한 DD 추정치는 그 당시 다른 분야의 정책 변화들로 인하여 편의를 가질 수 있다. 예를 들어, 알코올에 대한 연구에서 중요하게 고려해야 할 점은 술의 가격이다. 당신이 사랑하는 음료의 가격에 영향을 미치기 위해 정부가 사용하는 가장 강력한 도구는 세금이다. 여러 주에서 맥주에 무거운 세금을 매기고 있고, 우리는 이것을 알코올 1갤런당 달러로 측정한다. 맥주에 붙는 세금은 갤런당 몇 페니에서 남부의 일부 주들의 경우 갤런당 1달러가 넘는 수준까지 다양하다. 맥주세는 이따금씩 바뀌는데, 맥주협회의 입장에서는 상당히 당황스럽게도 대부분의 경우 오른다. (1935년 이후 갤런당 2센트의 세율을 유지하고 있는 와이오밍은 맥주 천국이다.) 아마도 음주를 감소시키기 위한 광범위한 노력의 일환으로, 많은 주들이 MLDA를 올리는 동시에 주세를 올린다고 생각해 볼 수 있다. 만일 그렇다면 MLDA의 효과를 추정할 때 우리는 시간에 따라 변동하는 주별 세율을 통제해야 한다.

주의 맥주세 통제변수들을 포함하고 있는 DD 회귀모형의 MLDA 추정치는 이들 통제변수를 포함하지 않은 상태에서 구한 추정치들과 유사하다. 이러한 사실은 〈표 5.2〉에서 분석한 4개의 사망률에 대한 모형에서 $LEGAL_{st}$의 계수 추정치와 주 맥주세의 계수 추정치를 동시에 제시하고 있는 〈표 5.3〉에서 확인할 수 있다. 〈표 5.3〉의 (1)열과 (2)열은 주별로 고유한 추세를 통제하지 않는 하나의 회귀모형을 사용해 추정한 맥주세의 효과와 MLDA 효과를 보여 준다. 한편 (3)열과 (4)열의 추정치들은 주별로 고유한 추세를 통제한 또 다른 회귀모형으로부터 구한 값이다.

표 5.3 맥주세를 통제한 상태에서 구한 MLDA 효과의 DD 회귀 추정치

	추세 미통제		추세 통제	
종속변수	합법적 음주자 비중 (1)	맥주세 (2)	합법적 음주자 비중 (3)	맥주세 (4)
총 사망건수	10.98	1.51	10.03	−5.52
	(4.69)	(9.07)	(4.92)	(32.24)
자동차 사고	7.59	3.82	6.89	26.88
	(2.56)	(5.40)	(2.66)	(20.12)
자살	.45	−3.05	.38	−12.13
	(.60)	(1.63)	(.77)	(8.82)
내적 원인	1.46	−1.36	.88	−10.31
	(1.61)	(3.07)	(1.81)	(11.64)

주 : 이 표는 주의 맥주세를 통제한 상태에서 법적 최소 음주 연령(MLDA)이 18~20세 청년들의 (10만 명당) 사망률에 미치는 영향에 대한 DD 회귀분석 추정치를 제시하고 있다. 이 표는 주 효과와 연도 효과를 통제하는 모형에서 주-연도별 합법적 음주자들 비중의 계수를 보여준다. 합법적 음주자 비중과 맥주세 변수가 하나의 회귀모형에 포함되어 있다. (1)열과 (2)열의 추정치들을 구하는 데 사용한 모형은 주별 추세를 포함하지 않은 반면, (3)열과 (4)열의 추정치들을 구하는 데 사용한 모형은 주별로 고유한 선형 추세를 포함하고 있다. 표본의 크기는 700이고, 표준 오차가 괄호 안에 제시되어 있다.

맥주세의 효과는 MLDA의 효과보다 덜 정밀하게 추정되는데, 이는 거의 틀림없이 맥주세가 MLDA만큼 자주 바뀌지 않기 때문일 것이다. 주별 추세를 포함하는 모형의 맥주세 추정치는 정밀도가 특히 떨어진다. 그럼에도 불구하고, 맥주 협회는 이러한 결과가 추가적인 맥주세 인상을 지지하지는 않음을 아는 것만으로도 만족할 것이다. 마찬가지로 우리도 우리의 MLDA 추정치들이 맥주세 통제변수의 포함 여부와 무관하게 강건하다는 사실을 알게 된 것으로 만족한다. 다 같이 맥주잔을 기울이며 축하라도 해야겠다!

가중치 부여 방법

〈표 5.2〉의 (1)열과 (2)열에 제시된 식 (5.5)와 (5.6)의 추정치들은 각 주로부터의 자료가 동일한 중요도를 가진 듯이 모든 관측치에 동일한 가중치를 부여한다. 하지만 각 주는 중요한 한 가지 이상의 측면에서는 동일하게 만들어지지 않았다. 예를 들어, 텍사스나 캘리포니아는 대부분의 주보다 크기가 큰 반면, 버몬트와 와이오밍 같은 주는 미국의 많은 도시들보다도 적은 인구를 보유하고 있다. 인구가 조밀한 주에는 더 큰 가중치를 부여함으로써 이와 같은 사실을 반영하는 추정치가 더 바람

직할 듯하다. 이러한 일을 수행하는 회귀분석 방법을 **가중 최소제곱법**(weighted least squares, WLS)이라고 부른다. 표준적인 OLS 추정치는 잔차 제곱의 표본 평균을 최소화함으로써 회귀선을 추정한다. 이때 각각의 잔차 제곱은 합산 과정에서 동일한 가중치를 보유한다.[9] 이름이 시사하듯이, WLS는 잔차 제곱 합의 각 항에 인구 수 또는 연구자가 선택한 다른 가중치를 부여한다.

인구 수 가중치를 부여하는 방법에서는 두 가지 결과가 뒤따른다. 첫째, 제2장에서 살펴보았듯이, 처치효과 회귀모형은 우리의 데이터가 대표하는 집단이나 셀을 대상으로 구한 처치효과의 가중 평균을 포착한다. 주-연도 패널에서 이에 해당하는 집단은 주다. 주-연도 패널 모형의 OLS 추정치는 인구 수를 고려하지 않는 평균 인과효과의 추정치를 도출하기 때문에, 그때의 추정치는 사람에 대해서가 아니라 주에 대해서 계산한 평균 값이다. 인구 수 가중법은 사람에 대한 가중치를 부여한 평균 값을 도출한다. 이 경우 텍사스 같은 주에 대한 인과효과는 버몬트 같은 주에 대한 인과효과보다 더 큰 가중치를 갖는다. 인구 수 가중법에 마음이 더 끌리겠지만 반드시 그럴 필요는 없다. 전형적인 시민은 버몬트보다는 텍사스에 거주할 확률이 높지만, 버몬트의 MLDA의 변화는 텍사스의 변화만큼이나 유용한 변이를 제공한다. 따라서 우리의 주-연도 패널로부터 구한 회귀 추정치들이 가중치 부여 방법에 대해 크게 민감하지 않기를 바라야 한다.

인구 수 가중법은 또한 회귀 추정치들의 정밀도를 증가시킬 수 있다. 텍사스보다는 버몬트에서 차를 모는 사람들의 수가 훨씬 적기 때문에, 버몬트의 MVA 사망률은 텍사스에 비해 연도별로 변동이 심할 가능성이 높다. (이는 제1장의 부록에서 논의한 표본 추출 변이를 반영한다.) 통계적인 의미에서 텍사스 데이터가 더 믿을 만하고, 따라서 더 큰 가중치를 부여할 만하다. 하지만 여기에서도 가중치 부여 방법에 대한 논쟁은 열려 있지 않고 닫혀 있다. 사실 계량경제학 이론의 관점에서 계량의 고수들은 몇 가지 제한적인 기술적 조건들이 충족되는 경우에만 가중 추정치의 정확도가 비가중 추정치의 정확도보다 높다고 주장할 수 있다.[10] 이번에도

---

9) 제2장의 부록에서 정의한 회귀 잔차는 우리가 추정하는 모형에서 도출된 예측치와 이 모형의 종속변수 사이의 차이다.

10) 하나의 조건은 기반을 이루는 CEF가 선형이어야 한다는 것이다. 하지만 제2장의 부록에 따르면, 많은 회귀모형들은 CEF에 대한 선형 근사치를 제공할 뿐이다.

최상의 시나리오는 가중치 부여 방법에 대체로 민감하지 않은 일련의 결과들(즉, 추정치와 표준 오차들)이다.

〈표 5.2〉의 (3)열과 (4)열에는 식 (5.5)와 (5.6)의 WLS 추정치들이 제시되어 있다. 이 수치들은 그 표의 (1)열과 (2)열에 제시된 OLS 추정치에 대응하지만, WLS 추정량은 각 관측치에 해당 주의 18~20세 인구 수 가중치를 부여한다. MLDA의 효과를 이해해야 하는 입장에서는 다행스럽게도, 가중치 부여 방법은 여기서 거의 중요하지 않다. 이번에도 술 한 방울 입에 대지 않는 고수들이 그 절제력에 대해 보상을 받은 것으로 보인다.

스티브푸 사부 : 베짱이 군, 이제 정리를 좀 해 보게.

베짱이 : 처치집단과 통제집단은 처치가 없는 경우에도 다를 수 있지만 그래도 나란히 움직입니다. 이러한 경향이 인과효과의 DD 추정으로 가는 문을 열어 주죠.

스티브푸 사부 : DD가 두 집단에 대한 단순 비교보다 나은 이유가 무엇인가?

베짱이 : 수준 값 대신에 변화분을 비교함으로써 DD는 누락변수 편의를 초래할 수도 있는 집단 사이의 고정된 차이를 제거하게 됩니다.

스티브푸 사부 : 여러 개의 비교집단과 여러 개의 연도가 있을 때는 어떻게 DD를 실행하지?

베짱이 : 사부님, 저는 DD 회귀분석의 힘과 유연성을 보았습니다. 예를 들어, 주-연도 패널에서 MLDA와 같이 시간에 따라 변동하는 주 정책이 주어져 있을 때 우리는 주 효과와 연도 효과를 통제하기만 하면 됩니다.

스티브푸 사부 : DD의 운명은 무엇에 달려 있나?

베짱이 : 평행 추세라는 것인데, 그것은 처치가 없을 경우 처치집단과 통제집단의 성과변수는 사실 나란히 움직인다는 주장입니다. DD는 이것에 살고, 이것에 죽습니다. 패널이 충분히 길다면 주별로 고유한 선형 추세를 허용할 수는 있지만, 고수들은 이것을 포함시켜도 결과가 변하지 않기를 바랍니다.

계량의 고수 : 존 스노우

영국의 의사 존 스노우(John Snow)는 현대 역학(질병이 사람들 사이로 어떻게 퍼져나가는지를 연구하는 학문)의 아버지 중 한 사람이다. 1849년 런던에 발생한 콜레라를 연구하던 중 스노우는 이 질병이 나쁜 공기로 인해 생겨난다는 일반적인 상식에 도전장을 던졌다. 그는 공기가 아닌 나쁜 물로 인해 콜레라가 발생할 수

TABLE XII.

Sub-Districts.	Deaths from Cholera in 1849.	Deaths from Cholera in 1854.	Water Supply.
St. Saviour, Southwark .	283	371	Southwark & Vauxhall Company only.
St. Olave	157	161	
St. John, Horsleydown .	192	148	
St. James, Bermondsey .	249	362	
St. Mary Magdalen .	259	244	
Leather Market . .	226	237	
Rotherhithe* . .	352	282	
Wandsworth . . .	97	59	
Battersea . . .	111	171	
Putney	8	9	
Camberwell . . .	235	240	
Peckham . . .	92	174	
Christchurch, Southwark	256	113	Lambeth Company, and Southwark and Vauxhall Compy.
Kent Road . . .	267	174	
Borough Road . .	312	270	
London Road . .	257	93	
Trinity, Newington .	318	210	
St. Peter, Walworth .	446	388	
St. Mary, Newington .	143	92	
Waterloo Road (1st) .	193	58	
Waterloo Road (2nd) .	243	117	
Lambeth Church (1st) .	215	49	
Lambeth Church (2nd) .	544	193	
Kennington (1st) . .	187	303	
Kennington (2nd) .	153	142	
Brixton . . .	81	48	
Clapham	114	165	
St. George, Camberwell	176	132	
Norwood	2	10	Lambeth Company only.
Streatham . . .	154	15	
Dulwich	1	—	
Sydenham . . .	5	12	
First 12 sub-districts .	2261	2458	Southwk. & Vauxhall.
Next 16 sub-districts .	3905	2547	Both Companies.
Last 4 sub-districts .	162	37	Lambeth Company.

* A small part of Rotherhithe is now supplied by the Kent Water Company.

그림 5.7 존 스노우의 DD 요리법

있다고 생각했고, 그의 1849년 논문 "콜레라의 전파 양식에 대하여"(On the Mode of Communication of Cholera)에서 이 아이디어를 처음 제시했다.

1853년과 1854년에 재발한 콜레라는 런던의 소호 지역에서 많은 인명을 앗아갔다. 스노우는 소호의 전염병이 브로드 가의 펌프에서 오는 물 때문이라고 주장했다. 그는 두려움 없이 자연실험에 도움의 손길을 내밀었고, 지역 교구회를 설득해 브로드 가에 있는 펌프의 핸들을 없애도록 만들었다. 그 직후 소호의 콜레라 사망은 잦아들었다. 하지만 스노우는 브로드 가에 있는 처치 지역의 사망률이 이미 감소하는 추세였고 이것이 그의 자연실험 자료를 해석하기 어렵게 만든다는 점을 알아차렸다. DD는 탄생했을 때에도 오늘날만큼이나 변덕스러웠다.

스노우는 철두철미한 데이터 수집가였고, 우리가 지금도 도달하기를 열망하는 기준들을 세웠다. 1855년의 수정판 논문에서 스노우는 런던 여러 지역의 지역별 사망률과 물 공급원을 제시했다. 그는 사망률이 높았던 런던 남부의 다수 지역이 두 회사(사우스와크 앤 박스홀 사와 램버스 사) 중 한 곳에서 물을 공급받았다는 사실에 주목했다. 1849년에 이들 두 회사는 런던 중부의 오염된 템즈 강에서 물을 조달했다. 하지만 1852년부터 램버스 사는 상류의 오염되지 않은 수원인 템즈 디튼에서 강물을 끌어왔다. 스노우는 1849년과 1854년 사이 콜레라로 인한 사망자 수가 램버스 사가 물을 공급한 지역에서는 떨어졌지만 사우스와크 앤 박스홀 사가 공급한 지역에서는 상승했음을 보여 주었다. 〈그림 5.7〉은 스노우의 1855년 논문의 표 12를 재생한 것이다.[11] 이 표에는 수원별 사망률에 대한 스노우의 두 시점 DD 분석의 구성요소들이 담겨 있다.

부록 : DD 회귀분석의 표준 오차

DD 회귀분석은 패널 데이터 추정의 특수한 사례다. 주-연도 패널은 주에 대한 시점별 반복 관측치들로 구성된다. 이런 데이터 셋의 반복적 구조는 특별한 통계적 문제들을 야기한다. 이러한 종류의 경제 데이터는 일반적으로 **시계열 상관관계**(serial correlation, 여기서 시리얼(serial)은 아침으로 먹는 시리얼이 아니라 연쇄살인의 연쇄를 의미하는 시리얼)라고 불리는 성질을 띤다. 시계열 상관관계를 가지고 있는 데이터는 지속성을 띤다. 다시 말해, 변수의 값이 가까운 시점들 사이에서

11) John Snow, *On the Mode of Communication of Cholera,* John Churchill, second edition, 1855.

는 유사할 가능성이 높다.

연간 실업률과 같은 시계열 자료에는 시계열 상관관계가 있다고 추측할 수 있다. 어느 주의 실업률이 어떤 해에 평균보다 높았다면 다음 해에도 평균보다 높을 가능성이 크다. 패널 데이터 셋은 개별 주(MLDA의 경우) 또는 지역(미시시피 실험의 경우)에 대한 반복 관측치를 결합한 것이기 때문에, 이러한 데이터는 시계열 상관관계를 갖는 경우가 많다. 회귀모형의 종속변수가 시계열 상관관계를 가지고 있을 때는, 이 변수를 설명하는 모든 회귀모형의 잔차 역시 일반적으로 시계열 상관관계를 가진다. 시계열 상관관계를 갖는 잔차와 시계열 상관관계를 갖는 회귀변수의 조합은 표준 오차를 계산하는 데 필요한 공식을 바꿔 놓는다.

만약 우리가 시계열 상관관계를 무시하고 단순 표준 오차 공식인 식 (2.15)를 사용한다면, 이때 도출되는 통계적인 결론은 잘못될 가능성이 높다. 시계열 상관관계를 무시한 데 따른 벌칙은 회귀 추정치의 정밀성이 과장된다는 것이다. 이는 제1장의 부록에서 제시한 회귀분석에 사용하는 표본 이론은 사용하는 데이터가 무작위 표본에서 온 것이라고 가정하기 때문이다. 시계열 상관관계는 무작위성으로부터 벗어나는 것으로서, 여기서 중요한 점은 시계열 상관관계를 가지고 있는 시계열의 각각의 새로운 관측치는 표본이 무작위일 경우에 비해 더 적은 정보를 보유하고 있다는 것이다.

제1장의 부록에서 논의한 강건한 표준 오차가 이분산성을 교정하는 것과 마찬가지로, 수정된 표준 오차 공식이 시계열 상관관계 문제에 대한 답을 제시한다. 이 경우에 적용되는 공식은 **군집화된 표준 오차**(clustered standard error)라고 알려져 있다. 군집화된 표준 오차 공식은 식 (2.16)에 주어져 있는 강건한 표준 오차 공식보다 더 복잡하다. (시험에 대비해 공부하라고 하지는 않겠다.) 군집화(대부분의 회귀분석 소프트웨어에 포함되어 있는 옵션)는 연구자가 정의한 군집 내에서 데이터가 상관관계를 갖는 상황을 허용한다는 점이 중요하다. 군집화된 표준 오차 공식에서는 모든 자료가 무작위로 표본 추출된다는 조건이 아니라 군집들이 무작위로 표본 추출된다는 조건만을 요구한다. 왜냐하면 군집화된 표준 오차 공식은 무작위 표본 추출 가정을 명시적으로 필요로 하지 않기 때문이다.

이 장에서 논의한 MLDA 사례에서는 주가 군집이다. 우리의 표본에서 반복적으로 등장하는 것은 대부분 개인이다. RAND HIE 참가자들은 〈표 1.4〉를 구축하는 데 사용한 표본에서 최대 연 5회의 보건 서비스 사용 관측치를 기여했고, 식 (4.9)의 동료효과 모형을 추정하는 데 사용한 표본에서는 아이들이 2개의 서로 다른 학년에 등장한다. 이 사례들을 분석하면서 우리는 개인 단위 군집화로 인해 동일한 사람의 반복된 결과들이 서로 상관관계를 갖는 경향이 있다는 사실을 보정한다.

미시시피 실험에서 군집은 연방준비 구역이다. 주의할 점은 구역이 단 2개라는 사실이다. 시계열 상관관계는 미시시피 실험에서는 문제가 되지 않을 수도 있다. 하지만 만일 문제가 된다면 그때에는 더 많은 데이터가 있어야 유동성이 은행의 생존에 미치는 영향에 대해 확실한 무언가를 말할 수 있을 것이다. 우리가 일단 군집화를 고려하기 시작하면 통계적 추론을 뒷받침하는 공식적인 이론은 우리가 군집 내에 다수의 개별 관측치를 보유하고 있는 것이 아니라(또는 그런 상황에 추가하여) 다수의 군집을 보유하고 있다고 가정한다. 실제 분석에서 '다수'는 미국의 주들처럼 수십 개에 불과할 수도 있다. 그 정도면 그래도 괜찮다. 하지만 한 쌍 또는 한 손으로 꼽을 수 있을 정도의 군집이라면 부족할 수 있다.[12)]

군집화된 표준 오차는 패널 데이터에뿐만 아니라 다양한 상황에 적용된다. 원칙적으로 군집화는 데이터 안의 온갖 종류의 종속성 문제를 해결해 준다. (그에 따라 도출되는 큰 표준 오차는 여러분 마음에 들지 않을 수도 있다.) 예를 들어, 학생들이 동일한 교실에서 한 명의 선생님에게 배우고 유사한 가정환경을 보유하고 있다면 이 학생들이 치른 성취도 시험 데이터는 교실 내에서 서로 상관관계를 가질 가능성이 높다. 식 (4.6)에서 동료효과와 같은 교육적 개입의 효과에 대한 추정치나 제2장에서 사립대학의 효과에 대한 추정치를 보고할 때 고수들은 표준 오차를 학급, 학교 또는 대학 단위에서 군집화한다.

---

12) 이 문제에 관한 보다 자세한 내용은 우리의 다른 책 '대체로 해롭지 않은 계량경제학'(경문사 2014; *Mostly Harmless Econometrics*, Princeton University Press, 2009)를 참조하라. 연방준비 구역 경계의 양편에 있는 수백 개 카운티들을 분석하면서 Andrew Jalil은 미시시피 실험에 군집들을 추가한다. 이에 대해서는 "Monetary Intervention Really Did Mitigate Banking Panics during the Great Depression: Evidence along the Atlanta Federal Reserve District Border," *Journal of Economic History*, vol. 74, no. 1, March 2014, pages 259-273을 참조하라.

제 6 장

학교 교육의 수익

전설은 전설적인 계량경제학 실력을 가진 전설적인 계량경제학자에 대해 전한다.

고수들의 작업

이 장에서 우리는 학력이 임금에 미치는 인과효과에 대해 다면적으로 살펴보면서 원인에서 결과에 이르는 길을 탐색하는 여정을 마무리한다. 좋은 질문은 우리 연구의 토대가 되는데, 그중 하나의 고전적인 좋은 질문은 교육을 더 많이 받으면 실제로 소득이 증가하는가이다. 고수들은 쓸 수 있는 온갖 도구를 이용해 이 학력의 문제에 달려들었다. 그런데 역설적이게도 무작위 배정만은 빠뜨렸다. 그들이 빚어낸 답은 불완전하지만 여전히 흥미롭다.

6.1 학력, 경력, 그리고 소득

영국의 제2차 세계대전 참전 용사 버티 글래드윈(Bertie Gladwin)은 14세에 중학교를 중퇴했지만 영국 정부의 정보기관에서 무선통신 엔지니어로 일했다. 버티는 60대에 학교로 돌아가 심리학 학사 학위를 취득했다. 후에 미생물학 학사 학위를 땄고, 다시 군사정보 석사과정에 들어가 91세에 석사 학위를 받았다. 이후 버티는 박사 학위를 받기 위해 공부하는 것을 고려 중이다.[1)]

너무 늦어서 새로운 것을 배울 수 없다는 얘기는 말이 되지 않는다. 그러나 버티 글래드윈과 달리 대부분의 학생들은 학업을 완료한 후에 자신의 직장 경력을 시작한다. 대학생들이 책과 학비에 파묻혀 수년을 보내는 동안 대학에 가지 않은 고등학교 동기들은 이미 일을 시작해 어느 정도의 경제적 독립성을 갖추게 된다. 시간을 들여가며 애쓰고 학비를 지출한 데 대한 보답으로 대학 졸업자들은 보다 높은 소득이라는 보상을 받기를 바란다. 희망과 꿈은 하나다. 인생은 여러 갈래의 길로 이어진다. 대학 졸업장을 받느라고 날려버린 소득과 학비는 그만한 가치가 있을까? 이것은 100만 달러의 가치를 지닌 질문이고, 이에 대한 우리의 관심은 단순히 개인적인 수준 이상이다. 전 세계적으로 납세자들은 학생들의 대학 재학 비용을 금전적으로 지원한다. 이러한 정책은 부분적으로 대학이 경제적 성공으로 가는 열쇠라는 견해에 근거를 둔다.

---

1) "'I'm Just a Late Bloomer': Britain's Oldest Student Graduates with a Degree in Military Intelligence Aged 91," *The Daily Mail*, May 21, 2012를 참조하라.

경제학자들은 교육이 소득에 미치는 인과효과를 **교육에 대한 수익**(returns to schooling)이라고 부른다. 이 용어는 교육이 인적 자본에 대한 투자로서 금융 투자에 대한 수익과 유사하게 금전적 수익을 발생시킨다는 개념을 환기시킨다. 고수들은 세대를 이어가며 교육의 경제적 수익률을 추정해 왔다. 이들의 노력은 우리의 네 가지 연장－회귀분석, DD, IV, RD－에 대해 살아 있는 예시를 보여 준다.

계량의 대가 제이콥 민서(Jacob Mincer)는 회귀분석을 이용해 교육 수익률을 정량화하려는 노력의 선구자다.[2] 민서는 미국의 인구총조사 데이터를 이용해 다음과 같은 회귀모형을 돌렸다.

$$\ln Y_i = \alpha + \rho S_i + \beta_1 X_i + \beta_2 X_i^2 + e_i \qquad \text{(식 6.1)}$$

여기서 $\ln Y_i$는 사람 i의 연소득의 로그값, S_i는 그의 (학교에서 보낸 연수로 측정된) 학력, 그리고 X_i는 그의 직업 경력연수다. 민서는 경력연수를 (연령－교육연수－6)으로 정의했다. 이는 졸업 이후 모든 시간을 일하며 보낸 것으로 간주하는 계산법이다. 고수들은 이러한 방식으로 계산한 X_i를 **잠재적 경력연수**라고 부른다. 잠재적 경력연수는 통상 2차 함수를 이용해 통제한다. 이를 통해 우리는 소득이 경력에 따라 증가하기는 하지만 체감적인 비율로 증가하고 중년이 되면 결국 평평하게 된다는 사실을 반영하고자 한다.

1960년 인구총조사에 포함되어 있는 31,000명의 비농업 백인 남성들로 구성된 표본에 대해 식 (6.1)을 추정해 구한 민서의 추정치들은 다음과 같다.

$$\ln Y_i = \alpha + \underset{(0.002)}{0.070} S_i + e_i$$

$$\ln Y_i = \alpha + \underset{(0.001)}{0.107} S_i + \underset{(0.001)}{0.081} X_i - \underset{(0.00002)}{0.0012} X_i^2 + e_i \qquad \text{(식 6.2)}$$

통제변수들이 포함되어 있지 않을 때 $\rho = 0.07$이다. 이 추정치는 로그 형식으로 구성된 모형에서 구한 값이기 때문에, $\rho = 0.07$은 교육연수가 1년 증가할 때마다 평균 소득이 약 7% 정도 상승함을 의미한다. (제2장 부록에서 우리는 좌변에 로그가

2) 민서의 작업은 그의 기념비적인 저서 *Schooling, Experience, and Earnings*, Columbia University Press and the National Bureau of Economic Research, 1974에서 찾아볼 수 있다.

있는 회귀모형에 대해 살펴보았다.) 잠재적 경력이 통제변수로 포함되는 경우 교육 수익률 추정치는 약 0.11로 증가한다.

잠재적 경력을 포함하고 있는 모형은 교육수준이 높은 사람일수록 일반적으로 직업 경력연수가 적다는 사실을 통제한다. 교육수준이 높은 남성들은 대체로 풀타임 근무를 늦게(즉, 학업을 마친 다음에) 시작하기 때문이다 S_i와 X_i 사이에 음의 상관관계가 존재하기 때문에, OVB 공식이 의미하는 바에 따르면, 소득에 양의 영향을 미치는 경력연수를 누락하는 경우 교육 수익률 추정치는 경력연수 통제변수를 포함하고 있는 긴 회귀모형에서 우리가 기대하는 추정치보다 작게 된다. 민서의 추정치들에 따르면, 경력 연수가 주어져 있는 조건에서 백인 남성은 교육연수가 1년 증가함에 따라 11%의 소득 상승을 누리게 된다. 하지만 이것이 인과효과인지 여부는 더 두고 보아야 한다.[3)]

가수, 검객, 박사 : 능력 편의

식 (6.1)은 직업 경력연수를 고정한 상태에서 교육연수가 높은 사람들과 낮은 사람들을 비교한다. 잠재적 경력을 통제하는 것은 **다른 조건들이 모두 동일하도록** 만들기에 충분할까? 다시 말해, 경력수준이 주어져 있을 때 교육수준이 높은 근로자와 낮은 근로자는 똑같은 능력을 가지고 있고 똑같이 근면할까? 그들은 노동시장에서 도움이 되는 친인척 관계를 동일하게 가지고 있을까? 그러한 주장은 선뜻 납득하기가 어려워 보인다. 다른 고수들과 마찬가지로, 우리도 상당히 높은 수준의 교육을 받은 사람들이다. 우리는 학계에서 끝까지 버텨내지 못한 대부분의 사람들보다 명석하고, 근면하고, 타고난 능력이 뛰어나다. 적어도 우리는 그렇게 생각한다. 우

3) 이들 추정치가 표현하는 경력과 소득 사이의 관계는 소득의 증가가 연령에 따라 점차 감소함을 반영한다. 이를 확인하기 위해 X_i의 값을 x에서 $x+1$로 늘렸다고 가정하자. X_i항이 1만큼 증가하는 반면, X_i^2는 다음과 같이 증가한다.

$$(x+1)^2 - x^2 = 2x + 1$$

따라서 경력연수 1년 증가의 순효과는 다음과 같다.

$$(0.081 \times 1) - (0.0012 \cdot (2x+1)) = 0.08 - 0.0024x$$

그러므로 경력 첫해에는 소득이 거의 8%만큼 상승하지만 경력 10년차가 되면 소득은 5.6% 정도만 증가할 뿐이다. 이러한 관계를 일컫는 용어인 '경력 프로파일(experience profile)'은 사실 경력 30년차 정도가 되면 완전히 평평하게 된다.

리가 교육수준이 높은 다른 근로자들과 공유한다고 생각하는 좋은 자질들은 높은 임금과 연관되어 있고, 이것은 식 (6.2)와 같은 회귀 추정치에 대한 인과적 해석을 복잡하게 만든다.

우리는 학력과 상관관계를 갖는 특성 — 우리가 A_i라고 부르는 변수(A는 능력(ability)을 의미한다) — 을 통제함으로써 이와 같은 단순 회귀모형 추정치를 개선할 수 있다. 일단 경력 항을 무시하고 OVB의 다른 원인에 초점을 맞추어 보자. 이때 등장하는 긴 회귀모형은 다음과 같이 쓸 수 있다.

$$\ln Y_i = \alpha^l + \rho^l S_i + \gamma A_i + e_i \qquad \text{(식 6.3)}$$

OVB 공식이 의미하는 바에 따르면, 통제변수들을 갖지 않는 모형으로부터 도출한 짧은 회귀모형 기울기 ρ^s는 다음의 공식에 의해 모형 (6.3)의 긴 회귀모형 기울기와 연결된다.

$$\rho^s = \rho^l + \underbrace{\delta_{AS}\gamma}_{\text{능력 편의}}$$

여기서 δ_{AS}는 A_i를 S_i에 회귀시키는 2변량 회귀모형의 기울기다. 언제나 그렇듯이, 짧은 모형의 계수(ρ^s)는 긴 모형의 계수(ρ^l) 더하기 (짧은 모형에서) 누락된 변수를 포함된 변수에 회귀시키는 모형의 계수(δ_{AS}) 곱하기 긴 모형에서 누락변수의 효과(γ)와 같다. 현재 맥락에서 누락된 변수는 능력이기 때문에, 짧은 모형의 계수와 긴 모형의 계수 사이의 차이는 **능력 편의**(ability bias)라고 부른다.

능력 편의는 어떤 방향을 취할까? 우리는 긴 회귀모형의 γ가 양수가 되도록 A_i를 정의하였다. (그 반대라면 우리는 A_i를 무능력(dis-ability)라고 불러야 할 것이다.) 물론 δ_{AS}가 양수이기 때문에 능력 편의는 상향 편의(upward bias)이다. 즉 우리는 짧은 회귀계수 ρ^s가 더 많은 통제변수들을 보유한 모형의 계수 ρ^l보다 클 것이라고 예상한다. 런던 정경대와 MIT에 재학하고 있는 우리 학생들은 어쨌든 적어도 높은 시험점수를 받았고 고등학교 때 성적이 좋았다는 의미에서 능력이 뛰어나다고 볼 수 있다. 다른 한편으로, 어떤 사람들은 학교생활을 짧게 끝내고, 곧장 높은 소득을 올릴 수 있는 활동에 뛰어든다. 믹 재거 경(Sir Mick Jagger)은 1963년에 런던 정경대 학위를 포기하고 롤링스톤스에서 연주를 시작했다. 재거는 만족하지 못해 대학을 졸업하지 않았지만 로큰롤 밴드에서 가수로서 많은 돈을 벌었다. 그에 못지않은 인물이 또 있다. 스웨덴의 에뻬 펜싱 선수 요한 하멘베르크(Johan Harmenberg)는 MIT 3학년이 되던 해인 1979년에 학교를 그만두고 1980년에 모스크바 올림픽에서 MIT 학위 대신 금메달을 받았다. 하멘베르크는 후에 바이오테크 사업가이자 성공적인 연구자가 되었다. 이러한 예들이 보여 주는 바에 따르면, 능력—음악, 운동, 사업 또는 다른 면에서—이 뛰어난 사람들은 교육의 혜택을 받지 않고도 경제적인 성공을 거둘 수도 있다. 이는 곧 δ_{AS}, 즉 능력 편의가 양수뿐만 아니라 음수도 쉽게 될 수 있음을 시사한다.

사람의 척도 : 능력 통제하기

능력 편의라는 걸림돌을 돌아갈 수 있는 손쉬운 해결책이 있다. A_i에 대한 정보를 수집해 이를 식 (6.3)과 같은 회귀모형에서 통제변수로 사용하는 방법이다. 교육수익률 추정치의 OVB를 해결하기 위해 계량의 대가 즈비 그릴리히(Zvi Griliches)는 IQ를 능력 통제변수로서 사용했다.[4] 모형에 IQ를 통제하지 않는 경우 잠재적 경력을 통제하는 모형에서 그릴리히의 ρ^s 추정치는 0.068이다. 그릴리히가 추정한 짧은 회귀모형의 학력 계수는 민서의 추정치인 약 11%보다 훨씬 낮다. 이는 아마도 표본 및 종속변수의 차이에 기인하는 것으로 보인다(그릴리히는 연봉이 아니라 시간당 임금에 대한 효과를 분석하였다). 중요한 것은 IQ 통제변수를 추가하자 그릴리히의 추정치가 $\rho^l=0.059$로 곤두박질 쳤다는 사실이다. 이는 IQ와 학력이 강한 양의 상관관계를 가지고 있고 IQ가 높은 사람의 임금이 더 높다(따라서 누락된 능력이 긴 모형에서 갖는 효과는 실제로 양이다)는 사실로부터 나타나는 결과다.

흥미로워 보이기는 하지만 그릴리히의 결과가 확실한 결론을 보여 준다고 판단하기는 어렵다. IQ는 믹 재거의 카리스마나, 요한 하멘베르크의 끈질김을 포착하지는 못한다. 이런 쪽의 능력은 사실 통계 표본에서 측정된 적이 거의 없다. 여기서 능력의 적절한 개념은 개인의 **소득 잠재력**(earnings potential)이고, 이것은 이 책 전체에서 인과효과를 설명하기 위해 사용해 온 잠재적 성과를 떠올리게 하는 개념

---

4) Zvi Griliches, "Estimating the Returns to Schooling—Some Econometric Problems," *Econometrica*, vol. 45, no. 1, January 1977, pages 1-22.

이다. 늘 그렇듯이 잠재적 성과와 관련된 문제는 우리가 절대로 그것들 모두를 볼 수는 없다는 데 있다. 우리는 선택한 길과 연관되어 있는 성과만을 볼 수 있을 뿐이다. 예를 들어, 대학 졸업자 표본에서 우리는 '학력수준이 높은 경우의' 잠재적 성과만을 본다. 이 사람들이 하멘베르크나 믹 재거의 뒤를 따라 대학을 그만두었다면 어떤 삶을 살게 되었을지 우리는 알 수가 없다. 하나의 시험 점수만으로 소득 잠재력을 요약해 보려는 시도는 적절하지 않은 듯하다. 게다가 6.2절에서 설명할 것이고 이 장의 부록에서 조금 더 상세하게 살펴볼 이유들 때문에, 학력수준이 정확히 측정되지 않은 경우(그런 일은 흔하다) 능력 통제변수를 이용해 구한 추정치는 실제보다 훨씬 작을 수 있다.

나쁜 통제변수를 조심하라

어쩌면 더 많은 통제변수들이 답인 듯하다. 예를 들어, 직종(occupation)을 통제해 보면 어떨까? 소득을 포함하고 있는 많은 데이터 셋은 관리자, 육체 노동자 등과 같이 근로자들의 직종을 구분한다. 틀림없이 직종은 학력과 소득에 대해 강력한 예측력을 가지고 있고, 어쩌면 하멘베르크나 믹 재거를 평균적인 사람들과 구별시키는 자질들도 잡아낼 수 있다. 따라서 OVB의 논리에 따라 우리는 직종을 통제해야 하고, 이 일은 각 사람이 보유하고 있는 직종의 유형을 지시하는 더미변수들을 포함시키는 방법으로 쉽게 해결할 수 있다.

직종은 학력과 소득 양자와 강한 상관관계를 가지고 있지만 직종 더미는 학력이 소득에 미치는 인과효과를 포착하고자 하는 회귀모형에서는 '나쁜 통제변수'다. 조시웨이 사부가 오늘날 간호조무사(한때 그의 일이었다)가 아닌 교수로 일하고 있는 것은 부분적으로 그의 화려한 학력에 대한 보상이다. 학력의 경제적 가치를 정량화하려 할 때 교수나 간호조무사들만을 비교함으로써 이러한 혜택을 계산에서 제외해 버리는 것은 잘못된 방법이다. 모든 교수가 똑같이 1년에 100만 달러를 받고(빨리 그렇게 되기를!), 모든 간호조무사가 1만 달러를 받는 세상에서조차도 학력을 무작위 배정하는 실험은 학력이 소득을 높인다는 사실을 입증할 것이다. 이 개념적 실험에서 임금이 상승하는 경로는 미천한 간호조무사에서 고귀한 교수로의 이동이다.

다음으로 조금 더 미묘한 두 번째 혼동스러운 점이 있다. 즉 나쁜 통제변수는 선택 편의를 만들어 낸다. 이를 자세히 살펴보기 위해, 우리가 대학 학위의 효과에 관심을 가지고 있고, 대학 졸업은 무작위로 배정된다고 가정해 보자. 사람들은 두 가지 직종(사무직과 생산직) 중 하나에서 일할 수 있고, 대학 학위는 당연히 사무직으로 일할 가능성을 높인다. 대학 덕분에 누군가는 직종이 바뀌기 때문에 직종 조건을 통제한 상태에서 대학 학위 보유별로 임금을 비교하는 것은 더 이상 균형 잡힌 비교가 될 수 없다. 이는 대학 학위가 무작위로 배정되고 무조건부 비교가 사과와 사과의 비교라고 하더라도 마찬가지다.

이 골치 아픈 현상은 '구성 효과(composition effects)'다. 무작위 배정 덕분에 대학 학위를 가지고 있는 사람과 그렇지 않은 사람은 모든 면에서 적어도 평균적으로는 유사하다. 즉, 이들의 평균 Y_{0i}는 서로 같다. 다시 말해, 이들은 동일한 평균 소득 잠재력을 가지고 있다. 하지만 우리가 사무직 일자리를 보유한 사람들만을 비교한다고 가정해 보자. 이 경우 대학 학위를 가지고 있지 않은 통제집단은 전적으로 대학 교육의 혜택을 받지 않고도 사무직 일자리에 안착한 뛰어난 능력의 사람들만으로 구성된다. 하지만 대학을 졸업한 사무직 집단에는 필연적으로 사무직이 될 수밖에 없는 사람들과 대학을 마친 덕분에 사무직에 들어왔을 뿐 그게 아니었더라면 들어오지 못했을 사람들이 모두 포함되어 있다.

우리는 크기가 동일한 3개의 근로자 집단을 상상해 봄으로써 이런 구성상의 차이에 따른 결과를 확인할 수 있다. 첫 번째 집단(항시 생산직)은 생산직 일자리에서 일하는 사람들로서 이들은 대학을 졸업했을 수도 혹은 그렇지 않을 수도 있다. 두 번째 집단(항시 사무직)은 그들의 학력과 상관없이 사무직 일자리에서 일하는 사람들이다. 세 번째 집단(생산직-사무직)의 구성원들은 대학 학위를 가지고 있어야만 사무직 일자리에서 일할 수 있다. 이 잠재적 직업들이 〈표 6.1〉의 (1)열과 (2)열에 제시되어 있다. 이 표는 대학 학위를 가지고 있거나 그렇지 않은 상황에서 각 집단에 속한 사람들이 보유하게 될 직종을 나열하고 있다.

대학 학위가 무작위로 배정되어서 대학 학위를 보유한 근로자들과 그렇지 않은 근로자들에 대한 단순한 비교가 인과효과를 보여 준다는 사실에도 불구하고, 직종 내 비교는 엉뚱한 결론으로 이어진다. 논점을 명확하게 하기 위해 대학의 가치는 3개 집단 모두에서 주당 500달러로 동일하다고 가정해 보자. 세 가지 유형의 근로자들은 대학 교육으로부터 동일한 이득을 누리지만 이들의 잠재적 소득(이들의

표 6.1 나쁜 통제변수가 선택 편의를 만들어 내는 방식

<table>
<tr><th rowspan="2">근로자 유형</th><th colspan="2">잠재적 직종</th><th colspan="2">잠재적 소득</th><th colspan="2">직종별 평균 소득</th></tr>
<tr><th>대학 학위 미보유 (1)</th><th>대학 학위 보유 (2)</th><th>대학 학위 미보유 (3)</th><th>대학 학위 보유 (4)</th><th>대학 학위 미보유 (5)</th><th>대학 학위 보유 (6)</th></tr>
<tr><td>항시 생산직</td><td>생산직</td><td>생산직</td><td>1,000</td><td>1,500</td><td rowspan="2">생산직 1,500</td><td>생산직 1,500</td></tr>
<tr><td>생산직-사무직</td><td>생산직</td><td>사무직</td><td>2,000</td><td>2,500</td><td rowspan="2">사무직 3,000</td></tr>
<tr><td>항시 사무직</td><td>사무직</td><td>사무직</td><td>3,000</td><td>3,500</td><td>사무직 3,000</td></tr>
</table>

Y_{0i} 값)은 상이할 가능성이 높다. 구체적으로 말해, 항시 사무직 집단의 임금은 대학 학위가 없을 때 주당 3,000달러, 항시 생산직 집단의 임금은 대학 학위가 없을 때 주당 1,000달러, 그리고 생산직-사무직 집단의 임금은 대학 학위가 없을 때 그 중간쯤인 주당 2,000달러라고 가정해 보자. 〈표 6.1〉의 (3)열과 (4)열에 이러한 사실이 요약되어 있다.

대학/비대학의 비교를 사무직 일자리를 가지고 있는 사람들에게만 국한시킬 경우, 대학 졸업자들의 평균 소득은 대학 학위를 가진 항시 사무직들의 소득 3,500달러와 생산직-사무직들의 소득 2,500달러의 평균인 반면, 대학 미졸업자들의 평균은 대학 학위를 갖지 않은 항시 사무직들의 소득인 3,000달러로 일정하다. 3,500달러와 2,500달러의 평균도 3,000달러이기 때문에, 사무직이라는 조건을 부여한 상태에서 대학 졸업 여부별로 비교하는 추정법은 0의 추정치를 산출한다. 이 값은 모든 이에게 500달러로 주어져 있는 대학의 수익에 대한 잘못된 추정치다. 생산직 근로자들 사이에서 대학 졸업별로 소득을 비교하는 것 역시 동일하게 잘못된 결론인 0으로 귀결된다. 대학의 무작위 배정으로 인해 대학 드럼통과 비대학 드럼통에 동일한 비율의 사과와 오렌지(유형 또는 집단)가 포함되었음에도 불구하고, 부분적으로 대학 졸업에 의해 결정되는 결과인 사무직 일자리라는 조건을 부여하는 것은 이러한 균형을 왜곡시킨다.

나쁜 통제변수 이야기는 시간 순서가 중요하다는 교훈을 준다. 처치변수의 값이 결정되기 전에 측정된 변수들은 일반적으로 좋은 통제변수다. 처치에 의해 그 값이 바뀔 수 없기 때문이다. 하지만 처치 이후에 측정된 통제변수들은 부분적으로 처치

에 의해 영향을 받을 수 있고, 이 경우 이들은 결코 통제변수일 수 없다. 이들은 성과변수다. 학력의 인과효과를 추정하는 회귀모형에서 직종이 여기에 딱 들어맞는 사례다. 능력 통제변수들(예를 들어, 시험 점수)에도 이러한 문제가 있을 수 있다. 특히 시험 점수가 학교를 거의 다 마친 사람들이 치른 시험의 점수라면 더욱 그러하다. (학교 교육은 대체로 시험 점수를 향상시키기 때문이다.) 이것이 교육 수익률에 대한 계량경제학적 추정치에서 능력 편의를 제거하기 위해 시험 점수를 사용하는 실증 전략들에 의문을 제기하는 또 하나의 이유다.[5)]

6.2 쌍둥이는 2배의 재미를 준다

오하이오 클리블랜드 근처의 트윈스버그(Twinsburg)는 19세기 초 밀스빌로 처음 출발했다. 밀스빌의 성공한 사업가 모지스 윌콕스(Moses Wilcox)와 아론 윌콕스(Aaron Wilcox)는 구분하기가 몹시 어려운 일란성 쌍둥이였다. 모지스와 아론은 밀스빌에 경제적으로 많은 후원을 하였고, 이 사실을 기리기 위해 19세기 초 밀스빌은 트윈스버그로 이름을 바꾸었다. 1976년도부터 트윈스버그는 쌍둥이를 축하하는 여름 축제 형식으로 쌍둥이 전통을 이어 왔다. 밀스빌에서 해마다 열리는 트윈스 데이는 닮은꼴을 자랑하려는 쌍둥이들뿐만 아니라 잘 통제된 비교를 찾아다니는 연구자들 또한 불러 모은다.

쌍둥이 형제는 많은 것을 공유한다. 대부분 같은 가정에서 같은 시대에 성장하고, 일란성 쌍둥이는 심지어 유전자까지 공유한다. 따라서 쌍둥이는 능력도 동일하다고 말할 수 있다. 아마도 쌍둥이 중 한 명이 다른 한 명보다 더 학력이 높다면, 이는 제2장에서 이야기한 일종의 우연한 힘에 기인할 가능성이 크다. 쌍둥이 중 한 명이 다른 한 명에 대한 좋은 통제 관측치를 제공한다는 생각을 바탕으로 고수 올리 아센펠터(Orley Ashenfelter), 앨런 크루거(Alan Krueger), 세실리아 라우스

5) 주의 깊은 독자라면 잠재적 경력도 그 자체가 학교 교육에서 비롯된 결과이기 때문에 나쁜 통제변수의 범주에 든다는 사실을 알아차릴 것이다. 원칙적으로 연령과 그것의 제곱을 잠재적 경력과 그것의 제곱의 도구변수로 이용함으로써 이때 나타나는 편의를 제거할 수 있다. 이 장의 후반부에서 언급할 연구들에서와 마찬가지로, 우리는 경력 통제변수를 연령으로 단순하게 대체함으로써 잠재적 경력의 차이를 보정하지 않은 순수한 학력효과를 도출하고자 한다.

(Cecilia Rouse)는 한 쌍의 연구를 진행했다.[6] 쌍둥이를 이용한 다른 많은 연구와 마찬가지로, 이들 연구의 기반을 이루는 핵심 아이디어는 쌍둥이 형제가 능력을 공유한다면 한 쌍둥이의 데이터에서 다른 쌍둥이의 데이터를 차분해 그 차분 값만을 분석함으로써 능력을 식에서 제외시킬 수 있다는 것이다.

쌍둥이를 이용한 교육 수익률 분석의 기반이 되는 긴 회귀모형은 다음과 같이 쓸 수 있다.

$$\ln Y_{if} = \alpha^l + \rho^l S_{if} + \lambda A_{if} + e^l_{if} \qquad \text{(식 6.4)}$$

여기서 하첨자 f는 가족(family)을, 그리고 $i=1$, 2는 각각의 쌍둥이 형제를, 가령 카렌과 샤론 또는 로널드와 도널드를 가리킨다. 로널드와 도널드가 동일한 능력을 가지고 있을 때 우리는 $A_{if} = A_f$와 같이 씀으로써 식을 단순화시킬 수 있다. 이는 곧 쌍둥이 형제들의 소득을 다음과 같이 모형화할 수 있음을 의미한다.

$$\ln Y_{1,f} = \alpha^l + \rho^l S_{1,f} + \lambda A_f + e^l_{1,f}$$
$$\ln Y_{2,f} = \alpha^l + \rho^l S_{2,f} + \lambda A_f + e^l_{2,f}$$

도널드에 대한 식을 로널드에 대한 식에서 빼면 다음과 같다.

$$\ln Y_{1,f} - \ln Y_{2,f} = \rho^l (S_{1,f} - S_{2,f}) + e^l_{1,f} - e^l_{2,f} \qquad \text{(식 6.5)}$$

이 식에서는 능력이 사라진다.[7] 이로부터 우리는 쌍둥이들의 능력이 동일한 경우 쌍둥이들의 소득 차이를 그들의 학력 차이에 회귀시키는 짧은 회귀모형이 긴 회귀모형의 계수 ρ^l를 복원시킴을 확인할 수 있다.

---

6) Orley Ashenfelter and Alan B. Krueger, "Estimates of the Economic Returns to Schooling from a New Sample of Twins," *American Economic Review*, vol. 84, no. 5, December 1994, pages 1157-1173, 그리고 Orley Ashenfelter and Cecilia Rouse, "Income, Schooling, and Ability: Evidence from a New Sample of Identical Twins," *Quarterly Journal of Economics*, vol. 113, no. 1, February 1998, pages 253-284.

7) 이 차분 모형의 추정치는 두 쌍둥이 모두를 포함하는 표본에서 각 가족에 대한 더미변수를 비차분 모형 추정식에 추가하는 방법으로도 얻을 수 있다. 가족 더미변수는 제2장의 식 (2.2)에서 대학 순위 집단 더미변수나 5.2절의 식 (5.5)의 주 더미변수와 유사한 변수다. 각 가족당 2개의 관측치만이 존재하기 때문에, 같은 가족 내의 쌍둥이들에 대해 차분을 취해 가족당 1개의 관측치를 만들어 추정하는 모형에서 도출한 교육 수익률 추정치는 두 쌍둥이를 포함하고 있는 통합 표본에서 각 가족에 더미를 부여해 도출한 추정치와 정확히 같다.

표 6.2 트윈스버그 쌍둥이들에 대한 교육 수익률

	종속변수			
	로그 소득 (1)	로그 소득의 차이 (2)	로그 소득 (3)	로그 소득의 차이 (4)
교육연수	.110		.116	
	(.010)		(.011)	
교육연수의 차이		.062		.108
		(.020)		(.034)
연령	.104		104	
	(.012)		(.012)	
연령 제곱/100	−.106		−.106	
	(.015)		(.015)	
여성 더미	−.318		−.316	
	(.040)		(.040)	
백인 더미	−.100		−.098	
	(.068)		(.068)	
다른 쌍둥이가 보고한 교육수준 도구변수	미사용	미사용	사용	사용
표본 크기	680	340	680	340

주 : 이 표에는 트윈스버그 쌍둥이들에 대한 교육 수익률 추정치가 제시되어 있다. (1)열은 수준 값을 추정한 모형의 OLS 추정치다. (2)열은 쌍둥이들 사이의 차분을 이용한 모형의 OLS 추정치이다. (3)열은 다른 형제가 보고한 학력을 도구변수로 사용하는 수준 값 회귀모형의 2SLS 추정치다. (4)열은 쌍둥이가 서로의 학력에 대해 보고한 차이를 쌍둥이 간 학력 차이의 도구변수로서 사용해 구한 모형의 2SLS 추정치이다. 괄호 안에는 표준 오차가 제시되어 있다.

쌍둥이 표본에서 차분을 적용하지 않고 계산한 회귀 추정치는 약 11%의 교육 수익률을 만들어 내고 이 값은 민서의 수치와 놀랄 만큼 비슷하다. 이것을 〈표 6.2〉의 (1)열에서 확인할 수 있다. (1)열의 추정치를 도출하는 모형에는 연령, 연령 제곱, 여성 더미, 백인 더미가 포함되어 있다. 백인 쌍둥이들의 소득이 흑인 쌍둥이들의 소득보다 낮다. 그 차이가 0과 유의하게 다르지 않기는 하지만, 이것은 인종별 소득 비교의 분야에서는 특이한 결과다.

차분 식 (6.5)는 약 6%의 교육 수익률을 만들어 내고, 이것은 〈표 6.2〉의 (2)열에 제시되어 있다. 이 값은 (1)열의 짧은 회귀모형 추정치에 비해 상당히 작은 값이다. 이러한 감소는 짧은 모형에 존재하는 능력 편의를 반영하는 것일 수 있다. 하지만 이번에도 보다 미묘한 힘들이 작용한다.

트윈스버그의 쌍둥이 보고서

쌍둥이는 여러 측면에서(애통하지만 학력까지 포함해) 비슷하다. 트윈스버그 학력 연구를 위해 인터뷰한 340쌍의 쌍둥이들 중 절반가량이 동일한 학력 수준을 보고했다. 학력의 차분 값 $S_{1,f}-S_{2,f}$는 학력의 수준 값 S_{if}에 비해 변이가 훨씬 적다. 대부분의 쌍둥이가 실제로 동일한 학력을 가지고 있다면, 보고된 학력의 차이가 0이 아닌 경우의 상당 수는 그들 중 최소한 한 명이 학력을 잘못 보고했음을 의미한다. **측정 오차**(measurement error)라고 부르는 잘못된 보고는 식 (6.5)의 ρ^l 추정치를 감소시키는 경향이 있다. 이러한 사실이 차분 이후 계산한 교육 수익률 추정치가 하락하는 것을 설명할 수 있다. 몇몇 사람들이 학력을 잘못 보고한 것은 그다지 중요한 문제가 아닌 듯이 보일 수 있으나, 그러한 측정 오차의 결과는 결코 사소하지 않다.

보고 실수가 어째서 문제가 되는지 알아보기 위해 동일 가족의 쌍둥이는 언제나 동일한 학력을 가진다고 상상해 보자. 이 시나리오 하에서 $S_{1,f}-S_{2,f}$가 모든 이에 대해 0이 아닌 단 하나의 이유는 학력이 때때로 잘못 보고되기 때문이다. 그러한 잘못된 보고가 체계적인 것이 아니라, 무작위적인 망각 또는 부주의 때문에 발생했다고 가정해 보자. 무작위적인 실수는 임금과는 무관하기 때문에, 임금 소득의 차이를 무작위적 실수에 불과한 학력의 차이에 회귀시키는 모형의 계수는 0이어야 한다. 관측된 학력 변이의 전부는 아니지만 일부가 잘못된 보고에 기인하는 중간적인 경우에, 식 (6.5)의 계수는 학력이 정확히 보고되었을 경우와 비교할 때 작다. 회귀변수들에 있는 이러한 종류의 측정 오차로 인해 발생하는 편의를 **희석 편의**(attenuation bias)라고 부른다. 희석 편의의 수학 공식을 유도하는 방법은 이 장의 부록에 제시되어 있다.

잘못 보고된 학력은 〈표 6.2〉의 (1)열에 제시된 수준 값 회귀모형의 추정치를 희석시키지만, 상대적으로 (2)열의 차분 추정치를 더 심하게 희석시킨다. 희석 편의 정도의 이와 같은 차이는 모든 쌍둥이들이 동일한 학력을 보유하지만 학력 수준이 가족들 사이에서는 서로 다른 가상적인 시나리오를 통해 확인할 수 있다. 동일 가정의 쌍둥이들이 실제로 동일한 학력을 가지고 있는 경우, 보고된 학력의 가족 내 차이는 실수에서 비롯된 것이다. 이와 대조적으로, 보고된 학력의 가족 간 차이의 대부분은 교육수준의 실제 차이를 반영한다. 학력의 실제 변이가 소득과 관련성을 갖는다. 이러한 사실은 식 (6.4)의 수준 값에 대한 모형의 추정치에 존재하는 희석 편의를 완화시킨다. 이는 잘못 측정된 회귀변수를 가지고 있는 모형의 공변량들이 초래하는 결과에 대한 일반적인 지적, 즉 추가적인 통제변수들은 희석 편의를 악화시킨다는 사실을 반영한다. 이에 대해서는 이 장의 부록에서 상세히 살펴볼 것이다.

트윈스버그 분석에서 측정 오차는 중요한 문제를 발생시킨다. 측정 오차 하나만으로도 〈표 6.2〉의 (1)열과 (2)열에 제시된 결과의 양상을 설명할 수 있기 때문이다. 수준 값 회귀모형에서 차분 값 회귀모형으로 이동함에 따라 희석 편의가 아마도 적지 않게 악화된다. 따라서 열에 따라 학력의 계수가 감소하는 현상은 능력 편의와 거의 관련이 없을 수도 있다. 다행히 노련한 고수들인 아센펠터, 크루거, 라우스는 희석 문제를 예견하고 있었다. 이들은 쌍둥이 각자에게 자신의 학력뿐만 아니라 쌍둥이 형제자매의 학력도 보고하도록 요청하였다. 그 결과 트윈스버그 데이터 셋에는 각 쌍둥이에 대해 2개의 학력 측정치 — 하나는 자신이 보고한 것, 다른 하나는 쌍둥이 형제자매가 보고한 것 — 가 포함되어 있다. 형제자매의 보고는 희석 편의를 감소시킬 수 있는, 그리고 어쩌면 제거까지 할 수도 있는 수단을 제공한다.

우리가 마주쳤던 다른 많은 문제들과 마찬가지로, 이 경우에 핵심적인 연장은 IV이다. 카렌과 샤론은 자신의 학력을 보고할 때는 물론이고 쌍둥이 자매의 학력을 보고할 때도 실수를 저질렀다. 샤론의 학력에 대한 카렌의 보고 실수가 샤론 자신의 학력 보고와 관련성을 갖지 않는다면, 샤론의 학력에 대한 카렌의 보고는 샤론 자신의 보고에 대한 도구변수로 사용될 수 있다. 그 역도 마찬가지다. IV는 차분 모형의 추정치들뿐만 아니라 수준 회귀모형의 추정치들에 존재하는 희석 편의를 제거한다. (하지만 수준 회귀모형은 차분 회귀모형에 비해 능력 편의에 의해 오염될 가능성이 훨씬 더 크다.)

언제나 그렇듯이 IV 추정치는 축약형 추정치 나누기 1단계 추정치의 비율이다. 수준 값 식에 도구변수법을 적용할 때의 축약형 추정치는 카렌이 보고한 샤론의 학력이 샤론의 소득에 미치는 효과다. 그에 대응하는 1단계 추정치는 카렌이 보고한 샤론의 학력이 샤론 자신이 보고한 학력에 미치는 효과다. 축약형 추정치와 1단계 추정치도 여전히 희석 편의의 영향을 받을 수 있다. 그러나 하나를 다른 하나로 나누는 과정에서 이들 편의는 서로 상쇄되고 우리에게는 희석되지 않은 IV 추정치가 남는다.

IV는 1계 차분 모형에서도 비슷하게 작동한다. 학력의 가족 내 차이에 대한 도구변수는 쌍둥이들이 교차해서 보고한 형제자매의 학력의 차이다. 학력에 대해 자신이 보고한 값과 형제자매가 교차 보고한 값에 존재하는 측정 오차가 서로 상관관계를 갖지 않는다면, IV 추정법은 우리가 구하고자 하는(즉, OVB와 희석 편의로 오염되어 있지 않은) 긴 회귀모형의 교육 수익률 ρ^l을 도출한다. 보고 오류가 형제자매 간에 서로 상관관계를 갖지 않는다는 것은 강한 가정이지만, 측정 오차에 기인한 편의를 탐색하고자 하는 어떤 연구에 있어서도 그것은 자연스러운 출발점이다.

수준 값 식에 대한 IV 추정치들이 〈표 6.2〉의 (3)열에 제시되어 있다. (언제나 그렇듯이, 우리는 2SLS를 돌림으로써 이 IV 추정법을 실행하였다. 2SLS는 도구변수가 더미변수가 아닌 경우에도 변함없이 잘 작동한다.) 자신이 보고한 자신의 학력에 대한 도구변수로서 형제자매가 보고한 자신의 학력을 사용하는 경우, 교육 수익률 추정치는 0.110에서 0.116으로 아주 조금 상승한다. 이 결과는 학력의 수준 값에 측정 오차가 거의 존재하지 않는다는 개념과 일관된다. 이와는 대조적으로, 차분 식에 도구변수법을 적용하는 경우, 교육 수익률 추정치는 0.062에서 0.108로 훌쩍 뛰어오른다. 〈표 6.2〉의 (4)열에 제시되어 있는 이와 같은 결과는 차분된 데이터에 상당한 측정 오차가 존재함을 말해 준다. 그와 동시에, 차분 값 모형의 IV 추정치 0.108은 횡단면 추정치 0.116에 비해 많이 작지는 않다. 이것은 우리가 해결하고자 하는 문제 — 교육 수익률 추정치에 존재하는 능력 편의 — 가 결국에는 그다지 큰 문제는 아니라는 점을 시사한다.

6.3 계량경제학자는 그의 도구변수를 보면 알 수 있다

법이 중요하다

경제학자들은 사람들이 학력과 같은 중요한 선택을 내릴 때는 기대 비용과 기대 편익을 비교해 결정한다고 생각한다. 고등학교에 계속 다니는 선택의 비용은 일정한 나이 이전에 학교를 그만 두려는 학생들을 처벌하는 의무교육법(compulsory schooling laws)에 의해 부분적으로 결정된다. 학교에 다녀야 처벌을 피할 수 있기 때문에 의무교육법은 학교를 더 다니는 것이 그것의 대안(즉, 학교 중퇴)보다 더 비용이 낮게 느껴지도록 만든다. 이러한 일련의 과정은 의무교육법에서 학력 선택으로, 그리고 이어서 학력의 경제적 수익을 드러내는 소득으로까지 이어지는 연쇄적인 인과반응을 만들어 낸다. 이 아이디어를 뒷받침하는 계량적 방법은 제3장과 제5장에서 살펴본 도구변수법과 이중차분법이다.

언제나 그렇듯이 IV는 1단계로부터 시작된다. 100년 전에는 의무교육법이 거의 없었지만, 오늘날 미국 대부분의 주들은 학생이 최소 16세까지 반드시 학교에 다니도록 규정하고 있다. 또한 많은 주에서는 취학 아동의 취업을 금지하거나 학생이 취업을 하려면 학교의 허가를 받도록 요구하고 있다. 이런 법이 없었다면 학교를 중퇴할 아이들이 있을 것이라고 가정하는 경우 엄격한 의무교육 조항들은 평균 교육연수를 증가시켜야 한다. 주 의무교육법의 변화가 각 주 주민들의 잠재 소득(가족 배경, 주의 산업구조, 또는 다른 정책적 변화 같은 것들에 의해 결정됨)과는 관련성이 없다고 가정하면, 이 법은 (6.1) 같은 식에서 학력에 대한 유효한 도구변수를 만들어 낸다.

그러나 의무교육법은 아마도 잠재 소득과 관련이 있을 것 같다. 예를 들어, 20세기 초 남부 농업 지대의 주들에는 의무교육법이 거의 존재하지 않았지만, 그보다 산업화된 북부에는 보다 엄격한 의무교육법이 존재했다. 미국의 지역별로 소득을 단순 비교하는 방법에서는 소득의 어마어마한 격차가 발견되지만, 그 격차는 대체로 북부의 보다 엄격한 의무교육 조항들과는 관련이 없다. 의무교육 조항들은 시간이 흐르면서 더욱 엄격해졌지만, 여기에서도 단순 비교는 엉뚱한 결론으로 이어진다. 미국 경제의 다양한 특징은 20세기를 지나오며 변화를 겪었다. 의무교육법은 이렇게 줄기차게 진화해 온 경제사의 작은 일부에 지나지 않는다.

이러한 맥락에서 DD와 IV의 창의적인 조합은 OVB라는 걸림돌을 돌아갈 수 있는 길을 제공한다. 의무교육 조항들은 20세기 전반기에 가장 극적으로 확장되고 강화되었다. 고수 조시웨이와 대런 아세모글루(Daron Acemoglu)는 이 당시에 학교에 다녔을 학생들에게 적용된 의무교육법의 주-연도별 정보를 수집했다.[8] 이 법에는 의무교육 조항들뿐만 아니라 아동노동 관련 조항들도 포함되어 있었다. 아동이 일정량의 학교 교육을 완료해야만 취업이 허가되도록 규정하는 아동노동법은 의무교육 조항들보다 더 크게 학력을 증가시킨 것으로 보인다. 현재의 맥락에서 유용한 단순화는 인구총조사 응답자가 출생한 주에서 이들이 14세였던 시점에 효력을 가졌던 법을 사용해 취업이 허용되기까지 7년, 8년 또는 9년 이상의 학력이 요구되는 주들과 연도들을 식별하는 것이다. 이로부터 도출되는 일련의 도구변수는 이들 3개 범주 각각에 대한 더미변수로 구성되고, 누락된 범주는 취업이 허용되기까지 6년 이하의 학력을 요구하는 주와 연도들로 구성된다.

아동노동 도구변수는 출생한 주와 출생 연도에 따라 달라지기 때문에, 이들을 이용해 1단계 식을 추정할 수 있다. 이 1단계 식에서는 출생 연도 더미를 포함시켜 시간 효과를 통제하고, 출생한 주 더미를 포함시켜 주의 특성들을 통제한다. 주 효과를 통제하면 의무교육 법안과 상관관계를 갖는 지역적 차이들로부터 발생하는 편의를 완화시킬 수 있고, 출생 연도 효과를 포함시키면 소득이 의무교육법 이외의 여러 가지 이유들 때문에 출생 코호트별로 다른 사실로부터 발생하는 편의를 완화시킬 수 있다. 이때 도출되는 1단계 식은 제5장에서 MLDA의 주별-연도별 변화가 사망률에 미치는 효과를 추정하는 데 사용한 DD 회귀모형(식 5.5)과 유사하다. 그러나 여기에서는 출생 연도 더미가 달력상의 연도 더미를 대체한다.

아세모글루와 앵리스트의 의무교육법 1단계 식은 1950년부터 1990년까지 10년 단위로 이용 가능한 미국 인구총조사 표본에서 추출한 40대 남성들을 대상으로 추정되었다. 이들 5개 인구총조사를 쌓아 올리면 서로 다른 총조사가 서로 다른 코호트에 기여하는 하나의 거대한 데이터 셋이 만들어진다. 예를 들어, 1950년 총조사에서 40대였던 남성들은 1900년에서 1909년 사이에 태어나 1910년대와 1920년대에 발효된 법의 적용을 받은 반면, 1960년 총조사에서 40대였던 남성은 1910년에서 1919년 사이에 태어나 1920년대와 1930년대에 발효된 법의 적용을 받았다.

〈표 6.3〉의 (1)열에 제시되어 있는 1단계 추정치들에 따르면, 7년이나 8년의 학교 교육을 마쳐야 취업이 가능하도록 규정한 아동노동법은 학력(최고 이수 학년으로 측정한다)을 2/10년 정도 증가시켰다. 취업 전 9년 이상의 학교 교육을 규정한

---

8) Daron Acemoglu and Joshua D. Angrist, "How Large Are Human-Capital Externalities? Evidence from Compulsory-Schooling Laws," in Ben S. Bernanke and Kenneth Rogoff (editors), *NBER Macroeconomics Annual 2000*, vol. 15, MIT Press, 2001, pages 9-59.

표 6.3 아동노동법 도구변수를 이용한 교육 수익률 추정

	종속변수			
	교육연수		주당 임금의 로그값	
	(1)	(2)	(3)	(4)
A. 1단계 추정치와 축약형 추정치				
7년을 규정한 아동노동법	.166 (.067)	−.024 (.048)	.010 (.011)	−.013 (.011)
8년을 규정한 아동노동법	.191 (.062)	.024 (.051)	.013 (.010)	.005 (.010)
9년 이상을 규정한 아동노동법	.400 (.098)	.016 (.053)	.046 (.017)	.008 (.014)
B. 2단계 추정치				
교육연수			.124 (.036)	.399 (.360)
출생 주 더미×선형 출생연도 추세	미포함	포함	미포함	포함

주 : 이 표에는 취업의 조건으로서 아동노동법이 요구하는 교육연수를 가리키는 3개의 더미를 도구변수로 이용해 구한 교육 수익률의 2SLS 추정치가 제시되어 있다. A는 출생연도 효과와 주 효과, 그리고 인구총조사 연도 더미를 통제한 상태에서 구한 1단계 추정치와 축약형 추정치를 제시한다. (2)열과 (4)열은 통제변수 목록에 주별로 고유한 선형 추세를 추가했을 때의 결과를 보여 준다. B는 A의 1단계 추정치와 축약형 추정치에 의해 도출되는 교육 수익률의 2SLS 추정치를 제시한다. 표본 크기는 722,343이다. 괄호 안에는 표준 오차가 제시되어 있다.

법은 2배 큰 영향을 미쳤다. 대응하는 일련의 축약형 추정치들은 표의 (3)열에 제시되어 있다. 이들 추정치는 (1)열에 제시한 1단계 추정치를 구하기 위해 사용한 것과 유사한 회귀모형으로부터 도출되었다. 다만, 여기에서는 종속변수로서 교육연수가 아니라 주당 임금의 로그값을 사용한다. 취업 전 7년이나 8년의 학교 교육을 규정한 법은 임금을 약 1% 상승시킨 반면, 취업 전 9년 이상의 학교 교육을 규정한 법은 임금을 거의 5% 가까이 상승시켰다. 단, 후자의 추정치만이 유의하다. 이들 추정치로부터 도출되는 2SLS 추정치는 0.124이고, 그것의 표준 오차 추정치는 0.036이다.

학력이 1년 증가할 때마다 임금이 12% 상승한다는 것은 상당히 인상적인 결과다. 여기서의 분석 대상이 되는 학력의 증가가 비자발적인 것이었다는 점을 감안하면 더욱 그러하다. 강한 의무교육법이 학력을 증가시키는 것으로 보이고, 이것은 다시 이 법의 제약을 받은 사람들(이 경우에는 의무교육법을 준수한 사람들)의 임

금을 상승시킨다. 특히 흥미로운 것은 의무교육 도구변수로부터 도출된 교육 수익률의 2SLS 추정치가 대응하는 OLS 추정치 0.075보다 크다는 사실이다. 이러한 발견은 OLS 추정치에 상향 능력 편의가 존재한다는 개념과는 상충된다.

고수라면 임무 완료를 선언하기 전에 타당성이 훼손될 위험은 없는지 살펴볼 것이다. 의무교육법이 만들어 내는 학력의 변이는 DD 스타일의 1단계와 축약형을 생성한다. 제5장에서 논의한 바와 같이, 현재 맥락에서 타당성에 대한 주된 위협은 주별로 고유한 추세의 누락이다. 구체적으로, 우리는 의무교육법이 엄격해진 주들에서 그와 동시에 학력과는 무관한 이유들로 인해 코호트들 사이에 소득이 비정상적으로 높아지지는 않았는지 의심해 보아야 한다. 어쩌면 임금 상승과 교육법의 변화가 둘 다 어떤 제3의 변수(예를 들어, 산업 구조의 변동)에 의해 유발되었을 수도 있다.

의무교육 연구 디자인의 대체적인 작동 방식이 북부 주들과 남부 주들 사이의 비교에서 대부분 비롯된다는 사실을 인식하면, 현재의 맥락에서 누락변수 편의가 있을 수도 있다는 의심이 더욱 강해진다. 남부의 주들은 20세기 들어 비약적인 경제성장을 이루었고, 그와 동시에 이 주들의 사회 입법도 급격히 증가했다. 남부 주들의 상대적인 소득 성장은 부분적으로 보다 엄격한 의무교육 조항들에 의해 유발되었을 수 있다. 하지만 그렇지 않을 수도 있다.

제5장에서 우리는 주별로 고유한 추세를 점검하는 간단한 방법이 연구 모형에 각 주별로 따로 선형 추세를 추가하는 것이라고 설명하였다. 이 경우 적절한 시간의 차원은 출생연도다. 따라서 주별로 고유한 추세를 보유한 모형은 표본의 각 출생 주별로 따로 선형의 출생연도 변수를 포함하게 된다. (출생연도 추세를 보유한 회귀모형은 식 (5.6)과 비슷하다.)

〈표 6.3〉의 (2)열과 (4)열에 이러한 추세들을 포함시킨 결과가 제시되어 있다. 이 열들의 추정치는 의무교육법이 학력이나 소득에 중요한 역할을 한다는 증거를 거의 제시하지 않는다. 1단계 추정치와 축약형 추정치 모두 추세를 보유한 모형에서는 가파르게 하락하고, 어느 것도 0과 유의하게 다르지 않다. 중요한 것은 (2)열의 1단계 추정치들은 주별로 고유한 추세를 고려하지 않은 추정치들보다 더 정밀하다(즉, 표준 오차가 더 적다)는 점이다. 따라서 통계적 유의성의 부족은 추세를 고려한 추정치들의 크기가 훨씬 작은 데 기인하는 것이지 그들의 정확도가 떨어진 데

기인한 것이 아니다. (4)열의 축약형 추정치들 역시 의무교육법과 소득 간의 연결 고리에 대한 증거를 거의 제시하지 않는다. (2)열과 (4)열로부터 도출된 2SLS 추정치는 납득할 수 없을 만큼 큰 수치인 0.399이지만 표준 오차도 그에 못지않게 크다. 조시웨이 사부에게는 미안한 얘기지만, 〈표 6.3〉은 실패한 연구 디자인을 그대로 드러낸다.

모든 것에는 (탄생의) 계절이 있다

> **우그웨이 사부** : 어제는 역사요, 내일은 미스터리지만 오늘은 선물입니다. 그래서 현재(present)를 선물(present)이라고 말하는 것이죠.
>
> –**쿵푸 팬더**

생일에 우리는 선물을 받는다. 하지만 다른 생일 날짜보다 특별히 더 좋은 생일 날짜들이 있다. 크리스마스 근처의 생일이라면 선물을 주는 사람이 일타쌍피로 해결하려 들 경우 수확이 좀 떨어진다. 하지만 한 해가 저물 무렵 태어난 많은 미국인들은 더 높은 학력과 더 높은 소득이라는 형태의 깜짝 선물을 받는다.

연말 출생으로부터 학력과 소득의 증가로 이어지는 길은 유치원에서부터 시작된다. 대부분의 주에서 아이들은 다섯 살이 되는 해에 유치원에 들어간다. 9월 초 학기가 시작할 무렵 다섯 번째 생일이 지났든 그렇지 않았든 상관이 없다. 1월 1일에 태어난 재이는 유치원에 갈 무렵에는 여섯 번째 생일이 얼마 남지 않은 상태(역주 : 즉 4개월 전)였다. 이와 달리 12월 1일에 태어난 단테는 다섯 살도 채 안 되었을 때 유치원 생활을 시작했다. 이 같이 생일로 인해 학교를 시작하는 나이에 차이가 나는 현상은 누군가의 인생을 바꾸어 놓기도 한다.

취학 연령이 인생을 바꾸기도 하는 현상은 미국의 의무교육법이 가져온 의도치 않은 결과다. 20세기 중반 대부분의 주에서는 학생들이 16세(일부 주에서는 17세 또는 18세) 생일이 지난 이후에만 학교를 떠날 수 있도록(즉 고등학교를 중퇴할 수 있도록) 규정하고 있었다. 대부분의 의무교육법은 학생이 학기를 끝마치지 않았더라도 중퇴 가능 연령에 도달하자마자 학교를 그만둘 수 있도록 허용했다. 재이는 5년 8개월이라는 성숙한 나이에 학교생활을 시작했고, 10년 뒤 1월에 16세가 되었다. 이 시점은 그가 다닌 10학년의 초반에 해당한다. 한편 단테는 4년 9개월이라는 미숙한 나이에 학교생활을 시작해 11년 뒤 12월에 16세가 되었다. 이 시점은 그가 10학년을 끝내고 11학년을 시작할 때다. 둘 다 학교를 그만두고 싶어 나이가 차기만을 오매불망 기다렸고, 16세가 되자마자 뒤도 안 돌아보고 학교를 중퇴했다. 하지만 더 어린 나이에 학교생활을 시작했던 단테는 출생일 탓에 재이보다 어쩔 수 없이 한 학년을 더 다녀야만 했다.

당신은 당신의 생일을 고를 수 없다. 부모님이라도 당신의 생일을 어느 날짜로 못박아두기는 어려울 것이다. 결국 생일은 실험적 무작위 배정과 마찬가지로 상당한 정도의 무작위성을 가지고 있다. 재이와 단테처럼 같은 해의 다른 날에 태어난 남성들이 비슷한 가정에서 비슷한 능력을 가지고 성장한다 하더라도, 생일은 부분적으로 무작위적인 특성을 가지고 있기 때문에 이들의 학력 수준은 서로 매우 다를 수 있다. 문득 IV에 딱 맞는 시나리오라는 생각이 들었다면 정답이다.

고수 조시웨이와 앨런 크루거는 출생 분기(quarter of birth, QOB)가 만들어 내는 학력의 차이를 이용해 의무교육의 경제적 수익에 대한 IV 추정치를 구하였다.[9] 앵리스트와 크루거는 공개적으로 이용할 수 있는 1970년과 1980년 미국 인구총조사 표본을 분석했다. 이 표본은 아세모글루와 앵리스트가 사용한 것과 유사한 표본이다. 공개적으로 이용할 수 있는 데이터 셋에서는 드문 일이지만 이 인구총조사 파일에는 응답자의 QOB에 대한 정보가 포함되어 있다.

1980년 총조사 응답자들에 대한 QOB 1단계가 〈그림 6.1〉에 제시되어 있다. 이 그림은 1930년대에 태어난 남성들의 평균 교육연수를 생년과 QOB별로 표시한 그래프다. 이들 코호트에 속하는 대부분의 남성들은 고등학교를 마쳤으므로 이들이 완료한 평균 최고 학력은 12년에서 13년 사이의 범위에 있다. 〈그림 6.1〉은 놀랍게도 톱니 패턴을 보인다. 연초에 태어난 남성들은 연말에 태어난 남성들보다 평균 학력이 낮은 경향이 있다. 톱니의 크기는 약 0.15 정도다. 이것은 크지 않은 수치라고 생각할지 모르겠지만 이는 재이와 단테의 이야기와 일치한다. 1930년대에 태어난 남성들 중 약 20%가 10학년이나 그 이전에 학교를 떠났다. 출생 분기가 늦은 경우에는 이 20%에 0.75학년 정도의 추가적인 학력이 보태진다. 계산식 0.2×0.75 =0.15가 〈그림 6.1〉의 오르내림을 설명해 준다.

---

9) Joshua D. Angrist and Alan B. Krueger, "Does Compulsory School Attendance Affect Schooling and Earnings?" *Quarterly Journal of Economics*, vol. 106, no. 4, November 1991, pages 979-1014.

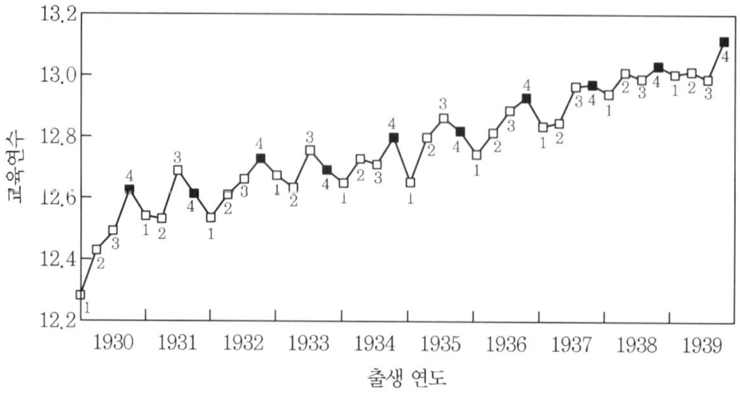

주 : 이 그림은 1980년 미국 인구총조사에서 1930~1939년에 태어난 남성들의 출생 분기별 평균 학력을 나타낸 그래프다. 각 분기는 1~4로 표시했고, 4분기는 안을 채운 네모로 표시했다.

그림 6.1 출생 분기의 1단계

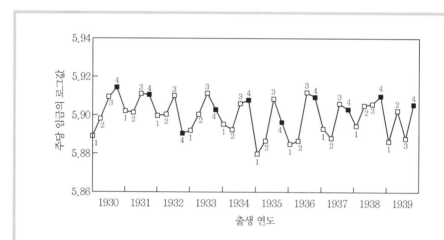

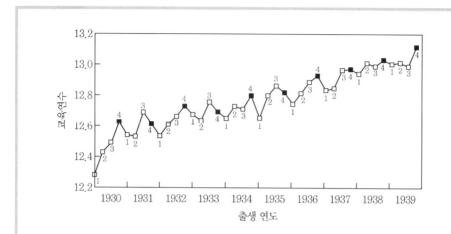

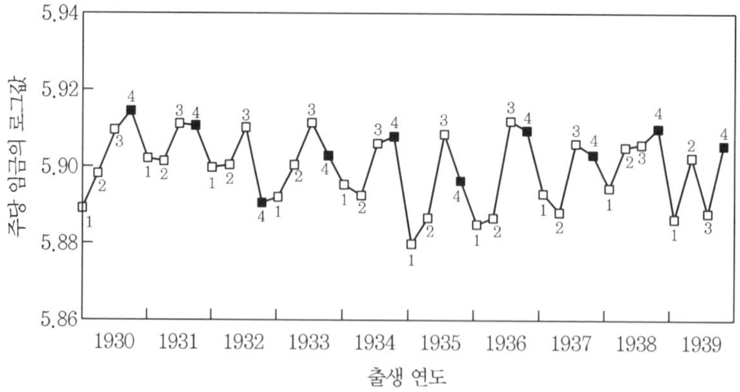

주 : 이 그림은 1980년 미국 인구총조사에서 1930~1939년에 태어난 남성들의 출생 분기별 평균 로그 주급을 나타낸 그래프다. 각 분기는 1~4로 표시했고, 4분기는 안을 채운 네모로 표시했다.

그림 6.2 출생 분기의 축약형

언제나 그렇듯이 IV 추정치는 축약형 나누기 대응하는 1단계의 비율이다. QOB 축약형이 〈그림 6.2〉에 제시되어 있다. 이 그림에서 임금 소득이 연도별도 크게 변화하지 않는 것은 당연하다. 임금 소득은 처음에는 나이에 따라 가파르게 증가하지만, 40대가 되면 연령-소득 프로파일이 평평해지는 경향이 있다. 하지만 중요한 것은 학력의 QOB 톱니 모양이 그와 비슷한 평균 소득의 QOB 톱니 모양과 나란하다는 사실이다. 연말에 태어난 남성들은 연초에 태어난 남성들보다 더 많은 학교 교육을 받을 뿐 아니라 소득도 더 높다. IV 논리에 따르면 QOB별 평균 소득의 톱니 패턴은 QOB별 평균 학력의 톱니 패턴에 기인한다.

QOB에 기반한 단순한 IV 추정치는 4분기에 출생한 남성들의 학력과 소득을 1~3분기에 출생한 남성들의 학력과 소득과 비교한다. 〈표 6.4〉는 〈그림 6.1〉을 구축하는 데 사용한 것과 동일한 표본을 이용해 이 IV 요리법의 재료를 정리한 것이다. 4분기에 출생한 남성들의 소득은 그 전에 출생한 남성들의 소득보다 약간 더 높다. 그 차이는 0.7% 정도다. 4분기에 출생한 남성들의 평균 학력도 또한 더 높다. 여기에서 그 차이는 0.09년 정도다. 첫 번째 차이를 두 번째 차이로 나누면 다음의 관계가 도출된다.

$$\begin{aligned}&\textbf{학력이 소득에 미치는 효과}\\&=\frac{\textbf{\textit{QOB}}\textbf{가 임금에 미치는 효과}}{\textbf{\textit{QOB}}\textbf{가 학력에 미치는 효과}}\\&=\frac{0.0068}{0.0921}=0.074\end{aligned}$$

비교해 보자면 로그 주급을 학력에 회귀시키는 2변량 회귀모형의 추정치는 0.071로서, 앞에서 구한 추정치와 굉장히 유사하다. 이들 단순 OLS 추정치와 IV 추정치들이 〈표 6.5〉의 (1)열과 (2)열에서 다시 제시되어 있다. IV 추정치를 제시하고 있는 열들에는 '2SLS'라는 이름이 붙어 있다. 언제나 그렇듯이 이것이 우리가 IV를 실행하는 방식이기 때문이다.

제3장에서 논의한 가족규모 효과의 IV 추정치들의 경우와 마찬가지로, 2SLS를 이용해 공변량과 추가적인 도구변수들을 QOB IV 이야기에 보탤 수 있다. 출생연도(1980년 횡단면 자료에서 연령에 대한 통제변수) 더미들을 포함하고 있는 모형의

표 6.4 하나의 출생분기 도구변수를 이용해 교육 수익률 추정치를 구하는 IV 방법

	1~3분기 출생	4분기 출생	차이
로그 주급	5.8983	5.9051	.0068 (.0027)
교육연수	12.7473	12.8394	.0921 (.0132)
교육 수익률의 IV 추정치			.074 (.028)

주 : 표본 크기는 329,509이고, 괄호 안은 표준 오차다.

표 6.5 서로 다른 출생분기 도구변수들을 이용한 교육 수익률 추정

	OLS (1)	2SLS (2)	OLS (3)	2SLS (4)	2SLS (5)
교육연수	.071 (.0004)	.074 (.028)	.071 (.0004)	.075 (.028)	.105 (.020)
1단계 F-통계량		48		47	33
도구변수	없음	4분기	없음	4분기	3개의 분기 더미들
출생 연도 통제	미통제	미통제	통제	통제	통제

주 : 이 표는 출생 분기 도구변수들을 이용해 구한 교육 수익률의 OLS 및 2SLS 추정치를 제시하고 있다. (3)~(5)열 추정치는 출생 연도를 통제하는 모형으로부터 구한 값이다. (1)열과 (3)열은 OLS 추정치들이다. (2), (4), (5)열은 표의 세 번째 행에 제시한 도구변수를 이용해 구한 2SLS 추정치들이다. 대응하는 1단계 회귀모형에서 도구변수들의 결합 유의성에 대한 F-검정 통계량은 두 번째 행에 제시되어 있다. 표본 크기는 329,509이고, 괄호 안은 표준 오차이다.

OLS 추정치와 2SLS 추정치는 〈표 6.5〉의 (3)열과 (4)열에 제시되어 있다. 이들 결과는 (1)열과 (2)열에 있는 추정치들과 전혀 구별되지 않는다. 그러나 1분기와 2분기 출생 더미들을 도구변수 목록에 추가하면, 정밀도가 눈에 띄게 개선된다. (5)열에 제시되어 있는 3개의 도구변수를 사용한 추정치는 (2)열과 (4)열에 제시되어 있는 하나의 도구변수를 사용한 추정치보다 크고, 표준 오차는 0.028에서 0.020으로 낮아진다.

QOB 도구변수를 사용한 2SLS 추정치들이 학력이 소득에 미치는 인과효과를 포착하기 위한 필요조건은 무엇일까? 첫째, 도구변수는 관심 회귀변수(이 경우에는 학력)를 예측해야만 한다. 둘째, 도구변수는 누락변수들(이 경우에는 가족 배경이

나 능력 같은 변수들)과 독립적이라는 의미에서 무작위 배정과 다름없는 것이어야 한다. 마지막으로, QOB는 우리가 도구변수를 통해 설명하려는 변수(이 경우에는 학력)를 통해서만 결과변수에 영향을 미쳐야 하고, 다른 통로들은 반드시 배제되어야 한다. QOB 도구변수가 1단계, 독립성, 그리고 배제 제약 조건을 어느 정도 충족하는지 질문해 볼 필요가 있다.

우리는 앞에서 QOB가 최고 이수 학력에 뚜렷한 톱니 패턴을 만들어 내는 것을 이미 보았다. 이는 강한 1단계를 보여 주는 설득력 있는 시각적 표현이고, 〈표 6.5〉의 큰 F-통계량으로 입증된다. 제3장 부록에서 논의한 바와 같이, 큰 1단계 F-통계량은 약한 도구변수로 인한 편의가 현재의 맥락에서는 문제가 될 가능성이 없음을 시사한다.

QOB는 모친의 특성들과 독립적일까? 당연히 생일은 문자 그대로 무작위 배정되는 것이 아니다. 연구자들은 모친의 사회경제적 배경이 출산 시기별로 다른 패턴을 오래전부터 기록해 왔다. 케이시 버클스(Kasey Buckles)와 대니얼 헝거맨(Daniel Hungerman)의 최근 연구에서는 이 패턴을 보다 심도 있게 탐색한다.[10] 버클스와 헝거맨은 모친의 학력 — 가족 배경에 대한 좋은 척도 — 이 2분기에 출산한 여성의 경우에 최고점에 달한다는 사실을 발견했다. 이는 가족 배경이 〈그림 6.1〉과 〈그림 6.2〉(둘 다 3분기 및 4분기에 최고점을 나타냄)에 나타나 있는 학력과 임금의 계절적 패턴을 설명할 수 없음을 시사한다. 사실 QOB별 모친의 평균 학력은 자녀의 QOB별 평균 학력과 약한 음의 상관관계를 보인다. 따라서 모친의 평균적인 특성들을 통제하는 경우 QOB 도구변수를 이용한 교육 수익률의 IV 추정치는 약간 증가한다. 가족 배경의 출생 계절별 변이는 0은 아니지만 QOB에 기반한 2SLS 추정치들을 크게 변화시키는 경향성을 보이지는 않는다.

마지막으로, 배제 제약의 경우는 어떠한가? QOB 1단계는 연말에 태어난 학생들이 연초에 태어난 학생들보다 어린 나이에 학교에 입학하고, 따라서 학교를 중퇴하

---

10) Kasey Buckles and Daniel M. Hungerman, "Season of Birth and Later Outcomes: Old Questions, New Answers," NBER Working Paper 14573, National Bureau of Economic Research, December 2008. 또한 John Bound, David A. Jaeger, and Regina M. Baker, "Problems with Instrumental Variables Estimation When the Correlation between the Instruments and the Endogeneous Explanatory Variable Is Weak," *Journal of the American Statistical Association*, vol. 90, no. 430, June 1995, pages 443-450을 참조하라. 후자의 논문에서 저자들은 QOB 도구변수를 이용한 IV 추정치가 인과적으로 해석되지 않을 수도 있다고 최초로 경고하였다.

기 전에 더 많은 교육연수를 채우게 된다는 사실에 의해 도출된다. 하지만 학교교육 시작 연령 자체가 중요한 요인이라면 어떻게 될까? 취학 연령과 관련해 가장 흔한 얘기는 1학년 학급에서 가장 어린 아이는 불리하고, 동급생보다 나이가 조금 더 많은 아이는 학교생활을 잘한다는 것이다. 여기에서도 QOB 도구변수에 대한 정황적인 증거는 그리 불리하지 않다. QOB-의무교육법 이야기의 핵심은 더 이른 나이에 입학한 아이들이 종국에는 앞서 나간다는 것이고, 이것이 바로 데이터가 입증하는 내용이다.[11)]

실증 전략은 완벽할 수 없다. 약한 못은 구부러지지만, 그렇다고 계량의 집이 꼭 무너지는 것은 아니다. 특정한 IV 전략이 인과적 해석에 필요한 모든 가정들을 만족시킨다는 것을 우리가 증명할 수는 없다. 계량경제학자의 입장은 불가피하게 방어적일 수밖에 없다. 하지만 앞에서도 보았듯이 핵심 가정들을 다양한 방식으로 탐색하고 점검할 수 있고, 또 그렇게 해야만 한다. 고수들은 습관적으로 자신의 작업과 가정들을 점검하고, 다른 이들이 제시한 결과를 신중하게 평가한다.

실질적인 측면에서, QOB 도구변수를 이용한 IV 추정치는 그에 대응하는 교육의 경제적 수익률의 OLS 추정치와 비슷하거나 그보다 크다. 쌍둥이 데이터에서와 마찬가지로, 학력 변수에 존재하는 약간의 측정 오차가 2SLS와 OLS 추정치 사이의 차이를 설명할지 모른다. 이러한 결과는 잘못 측정된 학력에서 비롯되는 하향 편의가 교육의 경제적 가치를 과대 평가하도록 만드는 능력 편의만큼, 또는 그 이상으로 중요하다는 것을 시사한다. 한 학년을 더 마침으로써 발생하는 소득의 증가는 약 7~10% 정도인 듯하다. 조금 더 이른 나이에 학교 교육을 끝마쳤더라면 버티 글래드윈은 훨씬 더 많은 것을 성취했을 것이다.

---

11) 이 논점에 대한 보다 자세한 내용은 Joshua D. Angrist and Alan B. Krueger, "The Effect of Age at School Entry on Educational Attainment: An Application of Instrumental Variables with Moments from Two Samples," *Journal of the American Statistical Association*, vol. 87, no. 418, June 1992, pages 328-336을 참조하라.

6.4 텍사스 주의 바스락거리는 졸업장

학력은 여러 가지 의미를 가지고 있고, 모든 교육 경험은 서로 다르다. 하지만 경제학자는 다양한 교육 경험을 뭉뚱그려 인적 자본의 창출로 간주한다. 즉 숙련에 값비싼 투자를 하고 그로부터 수익을 기대하는 것이다. 버티 글래드윈 같은 일부 학생들은 학교생활 자체를 즐길 뿐 경제적 수익에는 전혀 관심을 보이지 않는다. 하지만 훨씬 더 많은 학생들은 아마도 학교생활을 스트레스 충만하고 지루하며 값비싼 것이라고 생각한다. 학비도 학비지만 학교에서 보낸 시간에 일을 할 수도 있었다. 다수의 대학생들이 등록금에 상대적으로 많은 돈을 쓰지는 않지만, 모든 전업 학생들은 기회비용을 치른다. 이러한 개념 — 교육을 받는 비용의 대부분이 상실된 소득의 형태를 띤다는 개념 — 으로 인해 우리는 1년의 추가적인 학력이 (학교를 다닌 지 10년 되었든 12년 되었든 20년 되었든 상관없이) 동일한 경제적인 수익을 만들어 낸다고 예상한다. 학력에 대한 단순한 인적 자본적 견해는 이러한 생각을 구체화한다.

물론 경제학 교육의 혜택을 입지 않은 사람들은 학력에 대해 이런 식으로 생각하지 않는다. 대부분은 자신의 학력을 교육연수가 아니라 학위로 측정한다. 어떤 취업 준비생도 '17년의 학교 교육'을 마쳤다고 자신을 소개하지는 않는다. 대신 그는 자신이 졸업한 학교와 수여받은 학위를 나열한다. 하지만 경제학자에게 학위는 실질적인 가치를 거의 또는 전혀 보유하지 않은 종이 쪼가리에 불과하다. 스티브푸사부가 좋은 사례다. 그는 펜실베이니아 중부의 (훌륭한 학교들 중에서도) 서스쿼해나대학교(Susquehanna University)를 다니며 여러 해를 보냈음에도 불구하고 학사 학위를 받지 못했다. 졸업 증명서를 무가치하게 여기는 이러한 견해를 생각하면서, 경제학자들은 학위가 '양피지 효과(sheep skin effect)(역주 : 학위 증서를 원래는 양피지에 새긴 데서 유래한 용어다. 아래에서는 '졸업장 효과'라고 번역한다.)'로서 중요성을 갖는다는 가설을 제시한다.

졸업장 효과에 대한 탐색은 대이먼 클락(Damon Clark)과 파코 마토렐(Paco Martorell)을 재기 넘치는 경사형 RD 연구 디자인으로 인도하였다.[12)]

---

12) Damon Clark and Paco Martorell, "The Signaling Value of a High School Diploma," *Journal of Political Economy,* vol. 122, no. 2, April 2014, pages 282-318.

이들은 다른 많은 주와 마찬가지로 텍사스에서는 주에서 요구하는 학습 과정에 추가해 졸업 시험에서 만족스러운 성적을 받아야만 고등학교 졸업장을 받을 수 있다는 사실을 이용하였다. 학생들은 10학년 또는 11학년에 이 시험을 처음 치르며 낙방하는 학생에게는 정기적으로 재시험 기회가 주어진다. 계속 낙방한 학생이 마지막으로 잡을 수 있는 기회는 12학년 말에 실시하는 졸업 시험이다. 사실 이것이 텍사스의 고등학교 3학년 학생이 졸업장을 받을 수 있는 마지막 기회는 아니다. 나중에 다시 도전할 수 있다. 하지만 졸업 시험을 치르는 많은 학생들에게 이 마지막 시험은 결정적이다.

다수의 텍사스 고등학교 3학년 학생들에게 마지막 졸업 시험이 갖는 결정적인 특성이 〈그림 6.3〉에 기록되어 있다. 이 그림은 졸업장을 받을 확률을 마지막 졸업 시험 점수에 대비시켜 그래프로 나타낸 것으로서 한가운데가 합격선이다. 이 그림은 각 점수에서 구한 평균 값을 합격선 양편에서 따로 추정한 4차 다항식의 예측치와 함께 표시하고 있다. 이 그래프는 합격선을 통과하지 못한 학생들의 졸업장 수여율이 0.5에 가까움을 보여 준다. 하지만 점수가 합격선을 넘은 학생들의 경우에는 졸업장 수여율이 90% 이상으로 치솟는다. 이러한 변화는 불연속적이며 명백하다. 〈그림 6.3〉에는 졸업 시험 합격이 졸업장 수여에 미치는 효과를 보여 주는 경사형 RD 1단계 추정치(거의 0.5에 이른다)가 표현되어 있다.

졸업장을 받는 학생들 중 다수가 대학에 가고, 이 경우 이들의 소득은 이 추가적인 학업을 다시 마칠 때까지는 낮은 상태로 유지된다. 따라서 졸업장이 소득에 미치는 효과를 확인하기 위해서는 충분히 먼 미래를 들여다보는 것이 중요하다. 클락과 마토렐은 대부분의 텍사스 주 근로자들의 소득에 대한 종단 정보를 기록하고 있는 텍사스 실업 보험 제도의 데이터를 이용해 마지막 졸업 시험을 치른 사람들의 소득을 최장 11년 동안 추적했다.

학생들이 마지막 졸업 시험을 치른 후 7~11년 사이의 소득 데이터는 졸업장 효과의 증거를 보여 주지 않는다. 이 사실을 〈그림 6.4〉에서 확인할 수 있다. 〈그림 6.4〉는 〈그림 6.3〉의 형식과 비슷하게 평균 연봉과 시험 점수의 관계를 그래프에 표시한다. (여기서 소득은 로그가 아닌 달러이며, 평균 값에는 일하지 않는 사람들이 취하는 값인 0이 포함되어 있다.) 〈그림 6.4〉는 학위 취득이 소득에 미치는 효과를 추정하기 위해 졸업 시험 합격 더미변수를 도구변수로 사용한 경사형 RD 디자

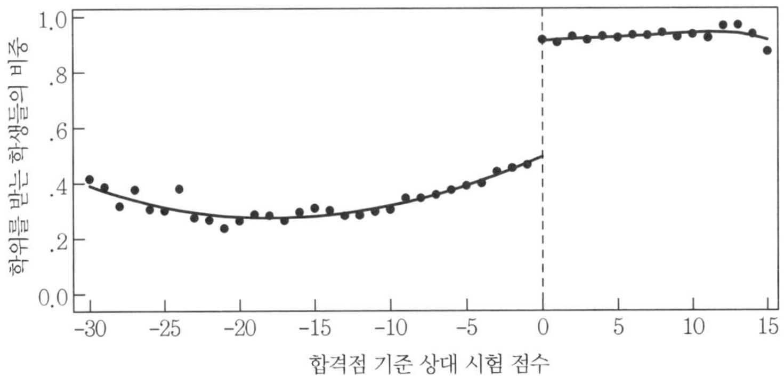

주 : 마지막 시험 점수는 합격점을 기준으로 정규화되어 있다. 점들은 각각의 주어진 점수에서 구한 평균 학위 취득을 나타낸다. 실선은 합격점(수직점선) 양편에서 따로 추정한 4차 다항식 모형의 예측치들이다.

그림 6.3 마지막 시험 점수와 텍사스 졸업장

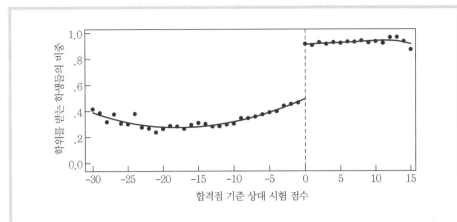

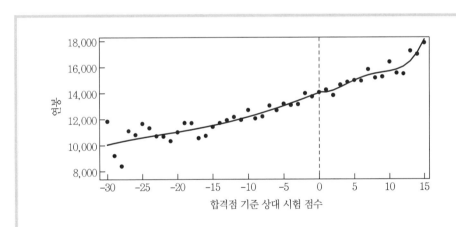

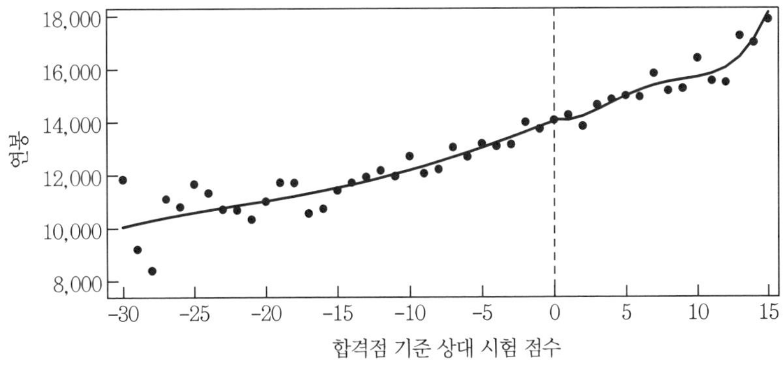

주 : 마지막 시험 점수는 합격점을 기준으로 정규화되어 있다. 점들은 각각의 주어진 점수에서 구한 평균 소득(근로자가 아닌 경우의 소득은 0)을 나타낸다. 실선은 합격점(수직점선) 양편에서 따로 추정한 4차 다항식 모형의 예측치들이다.

그림 6.4 마지막 시험 점수가 소득에 미치는 효과

인에서 도출되는 축약형의 그래프다. 언제나 그렇듯이, 축약형이 0일 때(이 경우에는 〈그림 6.4〉에서 도약이 나타나지 않는다), 우리는 대응하는 2SLS 추정치 또한 0임을 알고 있다.

〈그림 6.3〉과 〈그림 6.4〉에서 볼 수 있는 1단계 단절 값과 축약형 단절 값을 서로 나눔으로써 구할 수 있는 2SLS 추정치는 졸업장 효과가 52달러임을 보여 준다. (표준 오차는 약 630달러이다.) 이 값은 평균 소득 13,000달러의 0.5%에도 미치지 못한다. 이것은 지극히 미미한 효과로서 졸업장 효과 가설에 무게를 실어 주지 못한다. 한편 여기서 도출되는 신뢰구간은 거의 10%에 달하는 임금효과를 배제하지 않는다.

표준 오차가 크기 때문에 어느 정도의 졸업장 효과의 가능성이 없는 것은 아니다. 따라서 이 논점에 대한 증거를 찾으려는 노력은 계속될 것이다. 고수들은 계량경제학의 진리 탐구가 끝이 없으며, 오늘 좋았던 것이 내일 더 좋은 것에 의해 개선되리라는 것을 알고 있다. 우리 학생들이 이러한 사실을 우리에게 가르쳐 준다.

스티브푸 사부 : 떠나야 할 때가 왔군, 베짱이 군. 이제 홀로 여행을 이어가야 하겠지. 잊지 말게. 계량의 길을 따라갈 때 모든 것이 가능하다는 것을 말이야.

조시웨이 사부 : 모든 것이 '가능'할 수 있지, 베짱이 군. 그렇더라도 언제나 증거를 붙들어야 해.

부록 : 측정 오차로 인한 편의

우리는 다음과 같은 회귀모형 돌리는 것을 꿈꾸었다.

$$Y_i = \alpha + \beta S_i^* + e_i \qquad \text{(식 6.6)}$$

그러나 꿈꾸던 회귀변수 S_i^*에 대한 데이터를 확보할 수 없다. 우리가 가지고 있는 것은 잘못 측정된 변수 S_i뿐이다. 관측된 회귀변수와 원하는 회귀변수 사이의 관계는 다음과 같다.

$$S_i = S_i^* + m_i \qquad \text{(식 6.7)}$$

여기서 m_i는 S_i에 포함되어 있는 측정 오차다. 단순화를 위해 이 오차의 평균은 0이고, 이 오차는 S_i^* 및 잔차 e_i와는 상관관계를 갖지 않는다고 가정하자. 즉 다음과 같은 관계를 가정하자.

$$E[m_i] = 0$$
$$C(S_i^*, m_i) = C(e_i, m_i) = 0$$

이들 가정은 **고전적인 측정오차**(classical measurement error)(보다 현란한 형태의 측정오차는 회귀계수를 훨씬 더 심하게 교란시킬 수 있다)를 표현한다.

식 (6.6)에서 우리가 구하기를 원하는 회귀계수 β는 다음과 같다.

$$\beta = \frac{C(Y_i, S_i^*)}{V(S_i^*)}$$

S_i^*가 아니라 잘못 측정된 회귀변수 S_i를 이용하면 다음과 같은 관계가 성립한다.

$$\beta_b = \frac{C(Y_i, S_i)}{V(S_i)} \qquad (식\ 6.8)$$

여기서 β_b의 하첨자 'b'는 이 계수에 편의(bias)가 있음을 알려 주는 표현이다.

왜 β_b는 우리가 구하고자 하는 계수가 아니라 편의를 가진 추정치인지를 알기 위해, 식 (6.6)과 식 (6.7)을 이용해 식 (6.8)의 분자에 있는 Y_i와 S_i를 대체해 보자.

$$\begin{aligned}\beta_b &= \frac{C(Y_i, S_i)}{V(S_i)} \\ &= \frac{C(\alpha + \beta S_i^* + e_i,\ S_i^* + m_i)}{V(S_i)} \\ &= \frac{C(\alpha + \beta S_i^* + e_i,\ S_i^*)}{V(S_i)} = \beta\frac{V(S_i^*)}{V(S_i)}\end{aligned}$$

여기서 끝에서 두 번째 등호는 측정 오차 m_i가 S_i^* 및 e_i와 상관관계를 갖지 않는다는 가정을 이용하였다. 그리고 마지막 등호는 e_i가 S_i^*의 회귀모형의 잔차이기 때문에 S_i^*는 상수 및 e_i와 상관관계를 갖지 않는다는 사실을 이용하였다. 또한 우리는 S_i^*와 그 자신 사이의 공분산은 S_i^*의 분산이라는 사실도 이용하였다. (위의 내용 그리고 분산 및 공분산의 관련된 성질에 대한 설명은 제2장의 부록을 참조하라).

우리는 m_i가 S_i^*와 상관관계를 갖지 않는다고 가정하였다. 상관관계를 갖지 않는 변수들의 합의 분산은 이들 각각의 분산의 합이기 때문에 다음과 관계가 성립한다.

$$V(S_i) = V(S_i^*) + (m_i)$$

이는 곧 다음과 같이 쓸 수 있음을 의미한다.

$$\beta_b = r\beta \qquad (식\ 6.9)$$

여기서

$$r = \frac{V(S_i^*)}{V(S_i)} = \frac{V(S_i^*)}{V(S_i^*) + V(m_i)}$$

는 0과 1 사이의 수치다.

분수 r은 S_i에서 오차와 무관한 변이의 비중을 표시하고, S_i의 **신뢰도**(reliability)라고 부른다. 신뢰도는 측정 오차가 β_b를 희석시키는 정도를 결정한다. β_b의 희석 편의는 다음과 같다.

$$\beta_b - \beta = -(1-r)\beta$$

따라서 $r=1$이어서 측정 오차가 존재하지 않는 한 β_b는 (양의) β보다 작다.

공변량 추가

6.1절에서 우리는 잘못 측정된 회귀변수 모형에 공변량을 추가할 경우 희석 편의가 악화되는 경향이 있음을 살펴보았다. 6.2절의 트윈스버그 이야기는 이것의 특별한 사례로서, 여기에서 공변량은 쌍둥이 표본에 포함되어 있는 가족 더미변수다. 공변량이 희석 편의를 증가시키는 이유를 살펴보기 위해 관심 회귀모형이 다음과 같다고 가정하자.

$$Y_i = \alpha + \beta S_i^* + \gamma X_i + e_i \qquad (\text{식 } 6.10)$$

여기서 X_i는 통제변수, 즉 IQ나 다른 종류의 시험 점수다. 회귀모형 해부학으로부터 우리는 이 모형의 S_i^*의 계수가 다음과 같이 주어짐을 알고 있다.

$$\beta = \frac{C(Y_i, \tilde{S}_i^*)}{V(\tilde{S}_i^*)}$$

여기서 $\tilde{S}_i^*$는 S_i^*를 X_i에 회귀시키는 모형으로부터 구한 잔차다. 마찬가지로 S_i^*를 S_i로 대체하면 S_i의 계수는 다음과 같다.

$$\beta_b = \frac{C(Y_i, \tilde{S}_i)}{V(\tilde{S}_i)}$$

여기서 $\tilde{S}_i$는 S_i를 X_i에 회귀시키는 모형으로부터 구한 잔차다.

측정 오차 m_i가 공변량 X_i와 상관관계를 갖지 않는다는 (고전적인) 가정을 추가해 보자. 이 경우 잘못 측정된 S_i를 X_i에 회귀시키는 모형의 계수는 S_i^*를 X_i에 회귀시키는 모형의 계수와 동일하다. (공분산의 성질과 회귀계수의 정의를 사용해 이를 확인할 수 있다.) 이는 곧 다음을 의미한다.

$$\tilde{S}_i = \tilde{S}_i^* + m_i$$

여기서 m_i와 $\tilde{S}_i^*$는 서로 상관관계를 갖지 않는다. 따라서 다음의 관계가 도출된다.

$$V(\tilde{S}_i) = V(\tilde{S}_i^*) + V(m_i)$$

식 (6.9)를 성립시키는 데 사용한 논리를 적용하면 다음의 관계가 도출된다.

$$\begin{aligned}\beta_b &= \frac{C(Y_i, \tilde{S}_i)}{V(\tilde{S}_i)} \\ &= \frac{V(\tilde{S}_i^*)}{V(\tilde{S}_i^*) + V(m_i)}\beta = \tilde{r}\beta \qquad \text{(식 6.11)}\end{aligned}$$

여기서

$$\tilde{r} = \frac{V(\tilde{S}_i^*)}{V(\tilde{S}_i^*) + V(m_i)}$$

r과 마찬가지로, 이 값은 0과 1 사이에 있다.

여기서 새로운 것은 무엇일까? $\tilde{S}_i^*$의 분산은 반드시 S_i^*의 분산보다는 작다. $\tilde{S}_i^*$의 분산은 S_i^*가 종속변수인 회귀모형으로부터 구한 잔차의 분산이기 때문이다. $V(\tilde{S}_i^*) < V(S_i^*)$가 성립하기 때문에, 또한 다음의 관계가 성립한다.

$$\tilde{r} = \frac{V(\tilde{S}_i^*)}{V(\tilde{S}_i^*) + V(m_i)} < \frac{V(S_i^*)}{V(S_i^*) + V(m_i)} = r$$

이 식은 잘못 측정된 학력을 보유한 모형에 공변량을 추가하면 교육 수익률 추정치의 희석 편의가 악화되는 이유를 설명해 준다. 직관적으로 볼 때, 이 악화 현상은 공변량이 정확하게 측정된 학력과는 상관관계를 갖지만 오차와는 상관관계를 갖지 않는다는 사실의 결과다. 그러므로 공변량들의 영향을 제거시키는 회귀모형 해부학 연산은 잡음 요인 — 즉 오차 — 은 그대로 둔 상태에서 잘못 측정된 회귀변수의 정보량을 감소시킨다. (식 (6.11)을 유도해 봄으로써 여러분이 위의 형식을 갖춘 주장을 어느 정도 이해하고 있는지를 점검해 보라.) 이 주장은 식 (6.4)로부터 능력을 제거하는 데 사용한 차분 연산으로 연결된다. 쌍둥이들 사이의 차분은 잡음의 분산을 그대로 남겨둔 상태에서 학력 신호의 일부를 제거시킨다.

IV가 우리의 길을 연다

없을 경우 2변량 회귀모형에서 S_i의 계수에 대한 IV 공식은 다음과 같다.

$$\beta_{IV} = \frac{C(Y_i, Z_i)}{C(S_i, Z_i)} \qquad \text{(식 6.12)}$$

여기서 Z_i는 도구변수다. 예를 들어, 6.2절에서 우리는 잘못 측정될 가능성이 있는 변수인 자신이 보고한 학력에 대한 도구변수로서 형제자매가 교차 보고한 값을 사용하였다. 도구변수가 측정 오차 및 (6.6) 같은 식의 잔차 e_i와 상관관계를 갖지 않는다고 가정할 경우, IV는 잘못 측정된 S_i에 기인하는 편의를 제거한다.

현재 맥락에서 IV가 어떤 이유로 작동하는지를 살펴보기 위해 식 (6.6)과 (6.7)을 이용해 식 (6.12)의 Y_i와 S_i를 대체하면 다음의 관계가 도출된다.

$$\beta_{IV} = \frac{C(Y_i, Z_i)}{C(S_i, Z_i)} = \frac{C(\alpha + \beta S_i^* + e_i, Z_i)}{C(S_i^* + m_i, Z_i)}$$
$$= \frac{\beta C(S_i^*, Z_i) + C(e_i, Z_i)}{C(S_i^*, Z_i) + C(m_i, Z_i)}$$

카렌과 샤론이 서로에 대한 학력을 보고할 때 저지른 실수에 대해 논의하면서 우리는 $C(e_i, Z_i) = C(m_i, Z_i) = 0$이라고 가정하였다. 이는 곧 다음을 의미한다.

$$\beta_{IV} = \beta \frac{C(S_i^*, Z_i)}{C(S_i^*, Z_i)} = \beta$$

이 행복한 결론은 Z_i가 임금과 무관한 유일한 이유는 그것이 S_i^*와 상관관계를 가지기 때문이라는 가정에서 비롯된다. $S_i = S_i^* + m_i$이고, m_i는 Z_i와 무관하기 때문에 통상적인 IV 기적이 통하는 것이다.

포 : 심하게 멋진데.

–**쿵푸 팬더 2**

약어 해설

아래의 약어들은 괄호 안의 페이지에 소개되어 있다.

2SLS : 2단계 최소제곱 추정량(Two-Stage Least Squares) 또는 도구변수 추정량. 이 추정량은 내생적인 회귀변수를 1단계로부터 계산한 예측치로 대체함으로써 구한다. (p.130)

ALS : 이스라엘 가구들에서 발견되는 자녀수와 질 사이의 인과적 연결고리를 분석한 Joshua D. Angrist, Victor Lavy, Analia Schlosser의 연구. (p.126)

BLS : Boston Latin School. 보스턴의 시험선발 학교들 위계의 최상위에 위치한 학교. (p.163)

C&B : College and Beyond라는 데이터 셋. (p.50)

CEF : 조건부 기대 함수(Conditional Expectation Function). X_i가 고정되어 있을 때 Y_i의 모집단 평균값. (p.80)

CLT : 중심 극한 정리(Central Limit Theorem). 이 정리에 따르면, 거의 모든 표본 평균은 정규 분포에 근사하고, 그 근사의 정확도는 표본의 크기가 증가함에 따라 증가한다. (p.38)

DD : 이중차분법(difference-in-differences). 처치집단과 통제집단에서 나타나는 시간에 따른 변화를 비교하는 계량경제학적 방법. (p.178)

HIE : 건강 보험 실험(Health Insurance Experiment). 랜드 사(RAND Corporation)가 실행했던 대규모 무작위 배정 실험으로, 이 실험은 처치 대상 가구들에게 다양한 유형의 건강보험 보장을 제공하였다. (p.17)

ITT : 처치 의도 효과(intention-to-treat effect). 처치 제안의 평균 인과효과. (p.118)

IV : 도구변수법(instrumental variables). 누락변수 편의 또는 측정 오차에 기인하는 희석

편의를 제거하기 위해 사용하는 계량경제학적 방법. (p.98)

JTPA : 직업훈련 파트너법(Job Training Partnership Act). 무작위 배정을 이용한 성과평가를 포함하고 있는 미국의 직업훈련 프로그램. (p.121)

KIPP : '아는 것이 힘이다' 프로그램(Knowledge Is Power Program). 미국에 있는 헌장학교들의 네트워크. (p.99)

LATE : 국지적 평균 처치효과(local average treatment effect). 처치가 순응자들에게 미치는 평균 인과효과. (p.108)

LIML : 제한 정보 최우추정량(limited information maximum likelihood estimator). 2단계 최소제곱 추정법에 대한 하나의 대안으로서 보다 작은 편의를 보유한다. (p.143)

LLN : 대수의 법칙(Law of Large Numbers). 표본의 크기가 커짐에 따라 표본 평균은 대응하는 모집단 평균(기댓값)에 접근한다고 말하는 통계학 법칙. (p.14)

MDVE : 미니애폴리스 가정폭력 실험(Minneapolis Domestic Violence Experiment). 가정폭력에 대응하는 경찰의 전략을 무작위 배정을 이용해 평가한 실험. (p.115)

MLDA : 법적 최소 음주 연령(minimum legal drinking age). (p.146)

MVA : 자동차 사고(motor vehicle accidents). (p.157)

NHIS : 전국 건강 면접조사(National Health Interview Survey). 데이터 셋. (p.4)

OHP : 오리건 건강 플랜(Oregon Health Plan). 자격 요건이 부분적으로 추첨에 의해 결정되었던 오리건 판 메디케이드. (p.25)

OLS : 보통 최소제곱법(ordinary least squares). 모집단 회귀계수의 표본 대응식. 우리는 OLS를 이용해 회귀 모형들을 추정한다. (p.57)

OVB : 누락변수 편의(omitted variable bias). 상이한 조합의 공변량들을 보유한 모형에서 회귀계수들 사이의 관계. (p.68)

QOB : 출생 분기(quarter of birth). (p.227)

RD : 회귀단절모형(regression discontinuity design). 처치 자체, 처치의 확률 혹은 평균 처치 강도가 한 공변량의 알려져 있는 불연속 함수일 때 사용하는 계량경제학적 방법. (p.146)

RSS : 잔차 제곱합(residual sum of squares). 회귀 분석에서 도출되는 잔차 제곱들의 기댓값(또는 모집단 평균값). (p.84)

TOT : 피처치자에 대한 처치효과(treatment effect on the treated). 처치 모집단에서 처치의 평균 인과효과. (p.113)

WLS : 가중 최소제곱법(weighted least squares). RSS에 합산되어 있는 관측치들에 서로 다른 가중치를 부여하는 회귀 추정량. (p.201)

실증분석 노트

표에 대한 설명

표 1.1 NHIS에서 보험 가입자와 보험 미가입자 부부의 건강상태 및 인구학적 특성

데이터 출처 : 2009 NHIS 데이터는 통합 건강 인터뷰 시리즈(Integrated Health Interview Series, IHIS)로부터 도출되었고, www.ihis.us/ihis/에서 이용할 수 있다.

표본 : 이 표를 구축하는 데 사용한 표본은 연령이 26~59세인 남편과 부인(이들 중 적어도 한 명은 취업상태에 있음)들로 구성되어 있다.

변수의 정의 : 보험 가입 여부는 IHIS의 변수 UNINSURED에 의해 결정된다. 건강 지수는 5점 척도로 표시되고, '1=나쁘다, 2=보통이다, 3=좋다, 4=매우 좋다, 5=최상이다'를 의미한다. 이 지수는 변수 HEALTH로부터 도출된다. 교육수준은 변수 EDUC로부터 도출되고 이수한 학력연수를 측정한다. 고등학교 졸업자들과 GED(General Educational Development)(역주 : 우리나라의 고졸 검정고시에 해당한다) 보유자들에게는 12년의 학력이 배정되었다. 대학을 다녔지만 학위는 받지 않은 사람들과 준학사 학위(Associate Degree)를 보유한 사람들에게는 14년의 학력이 배정되었다. 학사 학위 소지자들에게는 16년의 학력이, 그리고 이보다 높은 학위의 소지자들에게는 18년의 학력이 배정되었다. 취업 상태에 있는 개인들이란 변수 EMPSTAT가 지시하는 바와 같이 '보수를 받고 일하는' 사람들과 '일자리는 있지만 근로상태에 있지는 않은' 사람들이다.

가구 소득은 IHIS 소득변수(INCFAM07ON)의 각 구간에 대해 2010년도 CPS(Current Population Survey)의 3월 부가조사 데이터를 이용해(CPS의 변수 FTOTVAL을 이용함) 구한 해당 구간의 평균 가구 소득을 배정함으로써 도출한다. 위의 목적을 위해 사용한 CPS 표본에서는 가구 소득이 0 이하인 관측치들과 가중치가 음인 관측치들이 제외되었다. CPS 소득변수는 98 백분위에서 중도절단되어 있다. 즉 98 백분위를 넘은 수치에는 98 백분위의 1.5배에 해당하는 값이 배정되어 있다.

표의 추가적인 주 : 모든 계산에서는 변수 PERWEIGHT를 이용해 가중치를 고려하였다. 괄호 안에는 강건한 표준 오차들이 제시되어 있다.

표 1.3 RAND HIE에서 관측되는 인구통계적 특성 및 처치 이전 건강 변수

데이터 출처 : RAND HIE 데이터는 Joseph P. Newhouse, "[미국의 대도시 지역과 비대도시 지역에서의] RAND 건강보험 실험, 1874-1982," ICPSR06439-v1, Inter-University Consortium for Political and Social Research, 1999로부터 도출되었다. 이 데이터 셋은 http://doi.org/10.3886/ICPSR06439.v1에서 이용할 수 있다.

표본 : 이 표를 구축하기 위해 사용한 표본은 등록, 지출액, 연구 탈퇴에 관한 유효한 데이터를 보유한 (14세 이상의) 성인 참여자들로 구성된다.

변수의 정의 : A의 인구학적 변수들과 B의 건강 특성은 실험 시작 시점에서 측정되었다. 일반적 건강 지수는 등록 시점에 참여자들이 인식한 자신의 건강 상태를 측정한다. 높은 값일수록 건강에 대한 자신의 평가가 좋고 건강 문제에 관해 염려하지 않으며 질병에 대해 자신이 인식하는 저항력이 높은 것을 의미한다. 정신건강 지수는 불안, 우울증, 심리적 행복의 척도들을 결합해 참여자의 정신적 건강 상태를 측정한다. 높은 값일수록 정신건강이 좋은 것을 의미한다. 교육 변수는 이수한 교육연수를 측정하고 16세 이상의 개인들에 대해서만 정의된다. 가구 소득은 1991년의 달러 가치로 평가한 금액이다.

표의 추가적인 주 : 괄호 안의 표준 오차들은 가구 수준에서 군집화되어 있다.

표 1.4 RAND HIE에서 나타난 의료비 지출과 건강 성과

데이터 출처 : 〈표 1.3〉의 주를 참조하라.

표본 : 〈표 1.3〉의 주를 참조하라. A의 표본은 동일한 사람에 대해 실험 이후 서로 다른 연도에 관측한 여러 개의 관측치들로 구성된다.

변수의 정의 : 〈표 1.3〉의 주를 참조하라. A의 변수들은 각 연도별 보험 청구 행정 데이터로부터 구축되었고, B의 변수들은 실험으로부터 탈퇴한 시점에 측정된 값이다. 대면진료는 보험에서 비용을 보장하는 전문의들과의 대면 진료(치과, 심리치료, 방사선과/마취과/병리과 진료는 제외) 횟수를 표시한다. 지출액 변수는 1991년의 달러 가치로 평가한 금액이다.

표의 추가적인 주 : 괄호 안의 표준 오차들은 가구 수준에서 군집화되어 있다.

표 1.5 OHP가 보험 보장과 의료 서비스 이용도에 미친 효과

데이터 출처 : (1)열과 (2)열의 수치는 Amy N. Finkelstein et al., "The Oregon Health Experiment: Evidence from the First Year," *Quarterly Journal of Economics,* vol. 127, no. 3, August 2012, 1057~1106쪽으로부터 도출되었다. 우리가 사용한 수치들은 원본 논문의 다음 위치에서 가져온 것이다.

- A의 (1)열은 원본 논문의 Table III의 (1)행의 (1)열과 (2)열
- A의 (2)열은 원본 논문의 Table IV의 (1)행의 (1)열과 (2)열
- B의 (1)열은 원본 논문의 Table V의 (2)행의 (5)열과 (6)열
- B의 (2)열은 원본 논문의 Table V의 (1)행의 (1)열과 (2)열

(3)열과 (4)열의 수치는 Sarah L. Taubman et al., "Medicaid Increases Emergency-Department Use: Evidence from Oregon's Health Insurance Experiment," *Science,* vol. 343, no. 6168, January 17, 2014, 263~268쪽으로부터 도출되었다. 우리가 사용한 수치들은 원본 논문의 다음 위치에서 가져온 것이다.

- (1)열은 원본 논문의 Table S7의 (1)행의 (1)열과 (2)열
- (3)열은 원본 논문의 Table S2의 (1)행의 (3)열과 (4)열
- (4)열은 원본 논문의 Table S2의 (1)행의 (7)열과 (8)열

표본 : A의 (1)열과 (2)열은 Finkelstein 등(2012)의 병원 퇴원 및 사망률 데이터에서 분석한 전체 표본을 사용한다. A의 (3)열과 (4)열은 2008년 3월 1일부터 2009년 9월 30일 사이에 포틀랜드 지역 12개의 병원 응급실에서 발생한 응급실 방문 기록으로부터 도출되었다. B는 Finkelstein 등(2012)에서 분석한 후속 설문조사 데이터를 사용한다.

변수의 정의 : A의 (1)행에 있는 변수는 연구 기간 동안(즉 추첨 통보 시점에서 2009년 9월 말까지) 메디케이드에 등록했는지를 지시하는 더미변수다. 이 정보는 메디케이드 행정 자료로부터 구하였다. A의 (2)행에 있는 더미변수는 응답자가 통보 시점부터 2009년 8월 말 사이에 입원(출산에 따른 입원은 제외)한 적이 있는 경우 1의 값을 취한다. A의 (3)열과 (4)열에 있는 변수들은 응급실에 방문한 적이 있는지 여부와 응급실 방문의 횟수를 표시한다. B의 (1)행에 있는 변수는 지난 6개월 동안 출산과 무관한 이유 때문에 외래 진료를 받은 횟수를 측정한다.B의 (2)행에 있는 변수는 환자가 설문조사 시점에 처방약을 복용하고 있는지 여부를 표시하는 더미변수이다.

표의 추가적인 주 : 괄호 안의 표준 오차들은 가구 수준에서 군집화되어 있다.

표 1.6 OHP가 건강 지표와 재무적 건전성에 미치는 효과

데이터 출처 : 〈표 1.5〉의 주를 참조하라. 이 표의 A의 (1)열에 있는 수치는 Finkelstein 등(2012)이 Table IX의 (2)행, (1)열과 (2)열에서 도출되었다. (3)열과 (4)열에 제시된 수치는 Katherine Baicker et al., "The Oregon Experiment—Effects of Medicaid on Clinical Outcomes," *New England Journal of Medicine,* vol. 368, no. 18, May 2, 2013, 1713~1722쪽으로부터 구하였다.

(3)열과 (4)열의 수치들은 원본 논문의 (1)열과 (2)열의 다음 위치에서 가져온 것이다.

- A의 (2)행은 원본 논문의 Table S2의 (3)행
- A의 (3)행은 원본 논문의 Table S2의 (2)행
- A의 (4)행은 원본 논문의 Table S1의 (6)행
- A의 (5)행은 원본 논문의 Table S1의 (1)행
- B의 (1)행은 원본 논문의 Table S3의 (3)행
- B의 (2)행은 원본 논문의 Table S3의 (4)행

Baicker 등(2013)의 추정치들의 미공개 표준 오차들을 제공해 준 Amy Finkelstein과 Allyson Barnett에게 감사드린다.

표본 : (1)열과 (2)열은 Finkelstein 등(2012)이 분석한 (1차) 후속 설문조사로부터 구축한 표본을 사용한다. (3)열과 (4)열은 Baicker 등(2013)이 분석한 (2차) 후속 설문조사로부터 구축한 표본을 사용한다.

변수의 정의 : A의 (1)행에 있는 변수는 응답자가 자신의 건강 상태를 (보통, 나쁨이 아니라) 좋음, 매우 좋음, 최상이라고 평가했는지를 표시하는 더미변수다. A의 (2)행과 (3)행은 SF-8의 육체적 요인 및 정신적 요인 점수를 포함하고 있다. SF-8의 점수가 높을수록 좋은 건강 상태를 의미한다. 이 점수의 척도는 미국의 모집단에서 평균이 50, 표준 편차가 10이 되도록 정규화되어 있고, 0에서 100 사이의 값을 취한다. (2)~(5)열에서 사용된 건강의 주관적 지표와 임상적 지표의 정의에 대해서는 Baicker 등(2013)의 부록의 14~16쪽을 참조하라. B의 (1)행에 있는 변수는 지난 12개월 동안의 건강 관련 지출액이 총소득의 30%를 초과하는지를 표시하는 더미변수다. B의 (2)행에 있는 변수는 응답자가 설문조사 시점에 의료비 관련 부채를 가지고 있는지를 표시하는 더미변수다.

표의 추가적인 주 : 괄호 안의 표준 오차들은 가구 수준에서 군집화되어 있다.

표 2.2 사립학교의 효과 : 배런식 짝짓기

데이터 출처 : 이 표를 구축하는 데 사용한 데이터는 Stacy Berg Dale and Alan B. Krueger, "Estimating the Payoff to Attending a More Selective College: An Application of Selection on Observables and Unobservables," *Quarterly Journal of Economics*, vol. 117, no. 4, November 2002, 1491~1527쪽에 기술되어 있다.

이 데이터는 College and Beyond(C&B) 조사와 Mathematica Policy Research, Inc.가 1995~1997년에 실시한 설문조사 및 University of California, Los Angeles의 College HERI(Entrance Examination Board and the Higher Education Research Institute)에서 제공하는 파일들을 연결한 자료로부터 도출되었다. 대학 순위집단 범주는 *Baron's Profiles of American Colleges 1978*, Baron's Educational Series, 1978이 제시하는 기준을 따른다.

표본 : 표본은 C&B 조사에 나타나 있고 1995년에 전일제 일자리를 보유한 입학년도 1976년 코호트에 속하는 사람들로 구성된다. 전통적인 흑인 대학들(Howard University, Morehouse College, Spellman College, Xavier University; 자세한 내용은 Dale과 Krueger(2002)의 1500~1501쪽을 참조하라)을 졸업한 학생들은 분석에서 제외되었다. 표본은 또한 공립대학에 재학한 학생들과 사립대학에 재학한 학생들을 동시에 포함하고 있는 대학 순위 집단의 지원자들로 국한되어 있다.

변수의 정의 : 종속변수는 1995년 세전 연봉의 로그값이다. C&B 조사의 질문에는 10개의 소득 범주가 포함되어 있다. 연봉 변수를 구축한 정확한 방법에 대해서는 Dale과 Krueger(2002)의 1501~1502쪽의 주 8을 참조하라. 지원자 집단 변수는 학생들이 지원서를 제출한 후 합격하거나 불합격한 학교들의 범주 리스트를 참고해 학생들을 매칭하는 방법을 통해 구성되었다. 이때 사용한 학교들의 범주는 배런의 대학 순위 지수를 바탕으로 한다. (이에 대한 보다 자세한 사항은 Dale과 Krueger(2002)의 1502~1503쪽을 참조하라.) 자신의 SAT 점수/100 변수는 응답자의 SAT 점수 나누기 100을 나타낸다. 부모 소득 변수의 정의에 대해서는 Dale과 Krueger(2002)의 1508쪽을 참조하라. (이 변수는 부모의 직종과 학력을 사용해 추정한 값이다.) 여성, 흑인, 히스패닉, 아시안, 인종 누락, 고등학교 상위 10%, 고등학교 성적 누락, 운동선수 변수는 모두 더미변수다.

표의 추가적인 주 : 표본이 C&B에 포함되어 있는 대학들의 모집단을 대표하도록 만들기 위해 회귀분석에서는 가중치를 고려하였다. (자세한 내용에 대해서는 Dale과 Krueger (2002)의 1501쪽을 참조하라.) 괄호 안의 표준 오차들은 재학한 학교 수준에서 군집화되어 있다.

표 2.3 사립학교의 효과 : 평균 SAT 점수를 통제함

데이터 출처 : 〈표 2.2〉의 주를 참조하라.

표본 : 〈표 2.2〉의 주를 참조하라. 이 표를 구성하는 데 사용한 표본은 배런의 대학 순위 집단에 매칭된 학생들뿐만 아니라 모든 C&B 학생들을 포함하고 있다.

변수의 정의 : 〈표 2.2〉의 주를 참조하라. 지원한 학교들의 평균 SAT 점수/100은 다음의 방법에 의해 구성되었다. HERI 데이터를 이용해 각 대학에 대해 평균 SAT 점수(나누기 100)를 계산해 각 응답자가 지원한 대학들에 대해 평균값을 구하였다.

표의 추가적인 주 : 표본이 C&B에 포함되어 있는 대학들의 모집단을 대표하도록 만들기 위해 회귀분석에서는 가중치를 고려하였다. 괄호 안의 표준 오차들은 대학교 수준에서 군집화되어 있다.

표 2.4 대학순위의 효과 : 평균 SAT 점수를 통제함

데이터 출처 : 〈표 2.2〉의 주를 참조하라.

표본 : 〈표 2.3〉의 주를 참조하라.

변수의 정의 : 〈표 2.3〉의 주를 참조하라. 학교 평균 SAT 점수/100은 응답자가 재학한 학교 학생들의 평균 SAT 점수/100이다.

표의 추가적인 주 : 〈표 2.3〉의 주를 참조하라.

표 2.5 사립학교의 효과 : 누락변수 편의

데이터 출처 : 〈표 2.2〉의 주를 참조하라.

표본, 변수의 정의, 표의 추가적인 주 : 〈표 2.3〉의 주를 참조하라.

표 3.1 KIPP 추첨들에 대한 분석

데이터 출처 : 린 공립학교의 학생들에 대한 인구학적 정보는 매사추세츠 학생정보 관리 시스템으로부터 도출되었다. KIPP 지원자들에 대한 인구학적 정보와 추첨 정보는 KIPP 린 학교 기록으로부터 도출되었다. 시험 점수는 매사추세츠 종합 평가 시스템의 수학과 영어 시험으로부터 산출하였다. 자세한 내용에 대해서는 Joshua D. Angrist et al., "Who Benefits from KIPP?" *Journal of Policy Analysis and Management*, vol. 31, no. 4. Fall 2012, 837~860쪽을 참조하라.

표본 : (1)열의 표본은 2005년 가을부터 2008년 봄 사이에 린 공립학교의 5학년에 재학했던 학생들을 포함하고 있다. (2)~(5)열의 표본은 같은 기간에 5학년과 6학년에 진입한 KIPP 린 지원자들 집단으로부터 추출하였다. 자신의 형제자매가 이미 KIPP에 등록해 있거나 대기자 명단으로 직접 진입한 지원자들은 표본에서 제외되었다. (Angrist 등(2012)의 주 14를 참조하라.) 추첨을 이용한 비교는 후속 데이터를 보유하고 있는 371명의 지원자들에게만 국한되어 있다.

변수의 정의 : 히스패닉, 흑인, 여성, 무료 및 가격 할인 점심, KIPP에의 등록 여부는 더미변수들이다. 주어진 학년의 학생들의 수학 점수와 언어 점수는 매사추세츠의 동일 학년 해당 학생들의 준거 모집단을 이용해 표준화되어 있다. 성과 점수는 지원한 학년 이후의 학년에 측정한 점수이다. 구체적으로, 4학년 시절에 KIPP에 지원한 학생들의 경우 5학년에 측정한 점수를, 그리고 5학년 시절에 KIPP에 지원한 학생들의 경우 6학년에 측정한 점수를 사용하였다.

표의 추가적인 주 : 괄호 안에는 강건한 표준 오차가 제시되어 있다.

표 3.3 MDVE의 배정받은 처치와 실행된 처치

데이터 출처 : 이 표에 제시되어 있는 수치들은 Lawrence W. Sherman and Richard A. Berk, "The Specific Deterrent Effects of Arrest for Domestic Assault," *American Sociological Review*, vol. 49, no. 2, April 1984, 261~272쪽으로부터 도출되었다.

표 3.4 자녀수와 질의 1단계

데이터 출처 : 이 표를 구축하는 데 사용한 데이터는 1983년과 1995년 이스라엘 인구총조사의 20% 공개사용 미시자료 표본을 인구등록 자료에 있는 부모 및 형제자매들에

관한 비공개 정보와 연결하여 생성한 데이터다. 자세한 내용에 대해서는 Joshua D. Angrist, Victor Lavy, and Analia Schlosser, "Multiple Experiments for the Causal Link between the Quantity and Quality of Children," *Journal of Labor Economics*, vol. 28, no. 4, October 2010, 773~824쪽을 참조하라.

표본 : 이 표본에는 연령 18~60세인 유태인 외둥이 첫째 자녀들이 포함되어 있다. 이 표본은 모친의 생년이 1930년 이후이고 15세에서 45세 사이에 첫 번째 출산을 경험한 개인들로 제한되어 있다.

변수의 정의 : 쌍둥이(두 번째 출산 쌍둥이) 도구변수는 더미변수로서, 두 번째 출산이 쌍둥이인 가정의 경우 1의 값을 취한다. 성별 혼합(동일 성별) 도구변수는 더미변수로서 첫째 자녀와 둘째 자녀의 성별이 동일한 경우 1의 값을 취한다.

표의 추가적인 주 : 남성에 대한 더미이외에 추가된 공변량으로는 총조사 연도, 부모의 출신 지역(아시아, 아프리카, 구 소련, 유럽, 아메리카), 출생 월 누락, 본인 연령, 모친의 연령, 첫 번째 출산 시 모친의 연령, (해당되는 경우) 이민 시 모친의 연령에 대한 더미변수들이 있다. 이 표의 1단계는 〈표 3.5〉의 첫 번째 2개 열에 있는 2단계 추정치들에 대응한다. 괄호 안에는 강건한 표준 오차가 제시되어 있다.

표 3.5 자녀수와 질의 상충관계에 대한 OLS 및 2SLS 추정치들

데이터 출처 : 〈표 3.4〉의 주를 참조하라.

표본 : 〈표 3.4〉의 주를 참조하라. 이 표의 세 번째 및 네 번째 행의 추정치들은 인구총조사 시점에 24~60세인 사람들로 제한되어 있다. 대학 졸업 성과는 몇 개의 추가적인 누락 수치들을 보유하고 있다.

변수의 정의 : 〈표 3.4〉의 주를 참조하라. 두 번째, 세 번째 및 네 번째 행의 종속변수는 더미변수다.

표의 추가적인 주 : 공변량들은 〈표 3.4〉의 주에 열거되어 있다.

표 4.1 MLDA가 사망률에 미치는 효과에 대한 계단형 RD 추정치

데이터 출처 : 사망률 데이터는 전국건강통계센터(National Center for Health Statistics, NCHS)의 1997~2004년 비공개 사망률 세부 파일들로부터 도출하였다. 이 데이터는 사망 증명서들로부터 도출하였고, 연구 대상 기간에 미국에서 발생한 모든 사망들을 포

괄한다. 분모에 있는 인구 추정치는 1970~1990년 미국 인구총조사로부터 도출하였다. 자세한 내용에 대해서는 Christopher Carpenter and Carlos Dobkin, "The Effect of Alcohol Consumption on Mortality: Regression Discontinuity Evidence from the Minimum Drinking Age," *American Economic Journal–Applied Economics,* vol. 1, no. 1, January 2009, 164~182쪽을 참조하라.

표본 : 표본은 19~22세 젊은 성인들의 사망으로 국한되어 있다. 여기에서 사용한 데이터는 30일 간격의 나이로 정의한 48개 각 셀의 평균들로 구성되어 있다.

변수의 정의 : 사망 원인은 NCHS 데이터의 사망 증명서에 수록되어 있다. 그 원인은 내적 원인과 외적 원인으로 구분되어 있다. 또한 외적 원인은 상호 배타적인 하위 범주들(즉 살인, 자살, 자동차 사고 및 기타 외적 요인들)로 나뉘어 있다. 알코올 관련 원인들을 정의하는 별도의 범주는 사망 증명서에 알코올이 언급되어 있는 모든 사망들을 포괄한다. 성과변수는 10만 명당 사망률로서, 분모는 인구총조사의 인구수 추정치로부터 도출하였다.

표의 추가적인 주 : 괄호 안에는 강건한 표준 오차가 제시되어 있다.

표 5.1 도매업체의 도산과 1929년 및 1933년의 매출액

출처 : 이 표에 있는 수치들은 Gary Richardson and William Troost, "Monetary Intervention Mitigated Banking Panics during the Great Depression: Quasi-Experimental Evidence from a Federal Reserved District Border, 1929-1933," *Journal of Political Economy,* vol. 117, no. 6, December 2009, 1031~1073쪽으로부터 도출되었다.

데이터 출처 : 데이터는 Richardson과 Troost(2009)가 정리한 것과 같은 1935년 미국 기업체 총조사(Census of American Business)로부터 도출되었다.

표 5.2 MLDA가 사망률에 미치는 효과에 대한 DD 회귀모형 추정치

데이터 출처 : 주별 및 연도별 MLDA 조항들은 "Minimum Purchase Age by State and Beverage, 1933-Present", DISCUS(Distilled Spirits Council of the US), 1996; Alexander C. Wagenaar, "Legal Minimum Drinking Ages Changes in the United States: 1970-1981," *Alcohol Health and Research World,* vol. 6, no. 2, Winter 1981-1982, 21~26쪽; William Du Mouchel, Allan F. Williams, and Paul Zador, "Raising the Alcohol Purchase Age: Its Effects on Fatal Motor Vehicle Crashes in Twenty-Six States,"

Journal of Legal Studies, vol. 16, no. 1, January 1987, 249~266쪽으로부터 도출되었다. 우리는 Karen E. Norberg, Laura J. Bierut, and Richard A. Grucza, "Long-Term Effects of Minimum Drinking Age Laws on Past-Year Alcohol and Drug Use Disorders," Alcoholism: Clinical and Experimental Research, vol. 33, no. 12, September 2009, 2180~2190쪽에서 적용한 이들 법의 코딩 방법을 그대로 사용하였다. 다만 자그마한 코딩 오류들은 수정하였다.

사망률 정보는 전국 건강 통계 센터의 전국 인구 동태 통계 시스템에서 이용할 수 있는 여러 가지 사망원인별 사망률 데이터로부터 도출되었다. 이 데이터는 www.nber.org/data/mortality-data.html에서 구할 수 있다. 인구 데이터는 온라인에서 이용 가능한 미국 통계조사국(Census Bureau)의 (총조사가 없는 기간의) 인구 추정치로부터 도출되었다. 다음을 참조하라.

- http://www.census.gov/popest/data/state/asrh/pre-1980/tables/e7080sta.txt
- http://www.census.gov/popest/data/state/asrh/1980s/80s_st_age_sex.html
- http://www.census.gov/popest/data/state/asrh/1990s/st_age_sex.html

표본 : 이들 추정치를 구축하는 데 사용한 데이터 셋은 1970년에서 1983년까지 18~20세 젊은이들의 주별 및 연도별 사망률을 포함하고 있다.

변수의 정의 : 사망률은 주어진 주와 연도에 사망한 18~20세 젊은이들의 사망원인(사망 전체, 자동차 사고, 자살 및 내적 원인들 전체)별 (10만 명당) 숫자를 측정한다. MLDA 회귀변수는 주어진 주와 연도에 18~20세인 젊은이들 중 합법적인 음주가 가능한 사람들의 비중을 측정한다. 이 비중은 각 주에서 MLDA가 변화한 날짜를 사용해 계산하였고, 조부(祖父) 조항(grandfathering clause)(역주 : 새 법령으로 금지된 활동에 이전부터 관련되었던 자를 법 적용에서 제외하는 조항)을 고려해 계산하였다. 이 계산에서는 출생이 한 해 동안 균일하게 분포한다고 가정한다.

표의 추가적인 주 : (3)열과 (4)열의 회귀분석에서는 주별 18~20세 인구 수 가중치를 고려하였다. 괄호 안의 표준 오차들은 주 수준에서 군집화되어 있다.

표 5.3 맥주세를 통제한 상태에서 구한 MLDA 효과의 DD 회귀 추정치

데이터 출처 : 〈표 5.2〉의 주를 참조하라. 맥주세 데이터는 Norberg et al., "Long-Term Effects," *Alcoholism: Clinical and Experimental Research*, 2009로부터 도출되었다.

표본 : 〈표 5.2〉의 주를 참조하라.

변수의 정의 : 〈표 5.2〉의 주를 참조하라. 맥주세는 1982년의 달러 가치로 평가한 금액으로서 갤런당으로 측정되었다.

표의 추가적인 주 : 〈표 5.2〉의 주를 참조하라.

표 6.2 트윈스버그 쌍둥이들에 대한 교육 수익률

데이터 출처 : 쌍둥이들에 대한 데이터는 Orley Ashenfelter and Cecilia Rouse, "Income, Schooling, and Ability: Evidence from a New Sample of Identical Twins," *Quarterly Journal of Economics,* vol. 113, no. 1, February 1998, 253~284쪽에 자세히 설명되어 있다. 이 데이터는 http://dataspace.princeton.edu/jspui/handle/88435/dsp01xg94hp567에서 사용할 수 있다. 여기에는 Orley Ashenfelter and Alan B. Krueger, "Estimates of the Economic Returns to Schooling from a New Sample of Twins," *American Economic Review,* vol. 84, no. 5, December 1994, 1157~1173쪽에서 사용한 데이터도 포함되어 있다.

표본 : 표본은 1991, 1992, 1993년의 트윈스버그 쌍둥이 축제에서 인터뷰한 680명의 쌍둥이들로 구성되어 있다. 이 표본은 인터뷰 이전 2년 동안 일자리에 고용되어 있던 미국인 쌍둥이들로 국한되어 있다.

변수의 정의 : 이 표에 있는 추정치들은 자신이 보고한 교육연수와 형제자매가 보고한 교육연수를 사용해 구축하였다. 형제자매가 보고한 교육연수란 한 개인이 자신의 쌍둥이 형제자매가 이수한 교육연수를 보고한 값이다.

표의 추가적인 주 : 괄호 안에는 강건한 표준 오차가 제시되어 있다.

표 6.3 아동노동법 도구변수를 이용한 교육 수익률 추정

데이터 출처 : 이 표를 구축하는 데 사용한 데이터는 Daron Acemoglu and Joshua D. Angrist, "How Large Are Human-Capital Externalities? Evidence from Compulsory-Schooling Laws," in Ben S. Bernanke and Kenneth Rogoff (editors), *NBER Macroeconomics Annual 2000,* vol. 15, MIT Press, 2001, 9~59쪽에 자세히 설명되어 있다.

표본 : 표본은 미국에서 태어난 40~49세 백인 남성들로서, 1950년부터 1990년까지 미국 인구총조사에서 인터뷰한 사람들로 구성된다. 이 표본은 이들 총조사의 공개 사용

통합 미시 데이터 표본(Integrated Public Use Micro Data Samples, IPUMS)으로부터 도출되었다.

변수의 정의 : 종속변수는 주급의 로그값이다. 학력 변수의 최댓값은 17로 설정되어 있다. 1990년도 총조사의 일부 학력 변수는 다른 출처로부터 가져온 범주별 평균을 사용해 추정한 값이다. 아동노동법 도구변수는 응답자가 14세인 시점에 적용된 법에 의거해 응답자의 출생 주에서 근로가 허가되기 위해 필요한 학력수준을 가리키는 더미변수들이다. 자세한 내용은 Acemoglu와 Angrist(2001)의 22~28쪽과 부록 B를 참조하라.

표의 추가적인 주 : 모든 회귀분석은 IPUMS 가중치 변수를 사용해 가중치를 고려하였다. 괄호 안의 표준 오차들은 주 수준에서 군집화되어 있다.

표 6.4 하나의 출생분기 도구변수를 이용해 교육 수익률 추정치를 구하는 IV 방법

데이터 출처 : 이 표를 구축하는 데 사용한 데이터는 Joshua D. Angrist and Alan B. Krueger, "Does Compulsory School Attendance Affect Schooling and Earnings?" *Quarterly Journal of Economics*, vol. 106, no. 4, November 1991, 979~1014쪽에 자세히 설명되어 있다.

표본 : 표본은 1980년 미국 인구총조사 5% 공개 사용 표본에 포함되어 있으면서 1930년에서 1939년 사이에 출생한 남성들로 구성되어 있다. 할당받은 수치를 보유한 관측치들은 분석으로부터 제외되었다. 1979년에 임금 소득이 전혀 없거나 근로한 주가 없다고 응답한 응답자들 또한 분석에서 제외되었다. Angrist와 Krueger(1991)의 부록 1의 1011~1012쪽을 참조하라.

변수의 정의 : 1979년 주급의 로그값은 연봉을 근로한 주로 나누어 계산하였다. 학력 변수는 이수한 최고 학년이다.

표의 추가적인 주 : 괄호 안에는 강건한 표준 오차가 제시되어 있다.

표 6.5 서로 다른 출생분기 도구변수들을 이용한 교육 수익률 추정

데이터 출처, 표본, 변수의 정의, 표의 추가적인 주 : 〈표 6.4〉의 주를 참조하라.

그림에 대한 설명

그림 2.1 CEF와 회귀선

출처 : 이 그림은 Joshua D. Angrist and Jörn-Steffen Pischke, *Mostly Harmless Econometrics: An Empiricist's Companion*, Princeton University Press, 2009(강창희 · 박상곤 역, **대체로 해롭지 않은 계량경제학**, 경문사, 2014, 45쪽)의 39쪽에 있는 〈그림 3.1.2〉이다.

표본 : 〈표 6.4〉의 주를 참조하라.

변수의 정의 : 종속변수는 주급의 로그값이다. 학력 변수는 최고 이수 학년이다.

그림 3.1 KIPP 린 추첨의 지원 및 등록 데이터

데이터 출처 : 〈표 3.1〉의 주를 참조하라.

표본 : 여기에서 분석한 KIPP 데이터 셋은 2005~2008년에 5학년과 6학년 등록을 위해 처음으로 지원한 학생들을 포함하고 있다. 이 표본에는 446명의 지원자들이 포함되어 있고, 일부 지원자들은 후속 데이터를 보유하고 있지 않다.

그림 3.2 학교 연구의 IV : KIPP 재학이 수학 점수에 미치는 효과

데이터 출처 : 〈표 3.1〉의 주를 참조하라.

표본 : 여기서 사용한 표본은 〈표 3.1〉의 (3)열에서 사용한 표본에 해당한다.

그림 4.1 생일과 장례일

출처 : 이 그림은 Christopher Carpenter and Carlos Dobkin, "The Effect of Alcohol Consumption on Mortality: Regression Discontinuity Evidence from the Minimum Drinking Age," *American Economic Journal–Applied Economics*, vol. 1, no. 1, January 2009, 164~182쪽의 부록 A로부터 도출되었다.

그림의 추가적인 주 : 이 그림은 1997년에서 2003년 사이에 미국에서 발생한 사망자수를 보여 준다. 여기서 사망자수는 일 단위로 표시되어 있고, 0일은 사망자의 생일을 의미한다.

그림 4.2 MLDA가 사망률에 미치는 효과를 보여 주는 계단형 RD 추정치

데이터 출처와 표본 : 〈표 4.1〉의 주를 참조하라.

변수의 정의 : 〈표 4.1〉의 주를 참조하라. *Y*축은 모든 원인들로 인한 (10만 명당) 사망률을 측정한다. 그림의 평균들은 30일 간격으로 연령을 정의하는 48개의 셀별로 계산되어 있다.

그림 4.4 RD 디자인에서 2차 형식 통제변수

데이터 출처, 표본, 변수의 정의 : 〈표 4.1〉의 주를 참조하라.

그림의 추가적인 주 : 〈그림 4.2〉의 주를 참조하라.

그림 4.5 사망 원인별로 MLDA가 사망률에 미치는 효과를 보여 주는 RD 추정치

데이터 출처와 표본 : 〈표 4.1〉의 주를 참조하라.

변수의 정의 : 〈표 4.1〉의 주를 참조하라. *Y*축은 사망 원인별 (인구 10만 명당) 사망률을 측정한다. 이 값들은 30일 간격으로 연령을 정의하는 48개의 셀별로 구한 평균값이다.

그림의 추가적인 주 : 〈그림 4.2〉의 주를 참조하라.

그림 4.6 BLS 등록률

데이터 출처 : 이 그림은 시험선발 학교 지원자들에 관한 보스턴 공립학교(Boston Public Schools, BPS) 데이터를 사용한다. 이 데이터에는 독립학교 입학 시험(Independent School Entrance Exam, ISEE) 점수, 1999년에서 2008년 사이 학교 등록 여부, 1999/2000학년도에서 2008/2009학년도까지 MCAS 점수가 포함되어 있다. 자세한 내용에 대해서는 이 책의 142~143쪽과 Atila Abdulkadiroglu, Joshua D. Angrist, and Parag Pathak, "The Elite Illusion: Achievement Effects at Boston and New York Exam Schools," *Econometrica*, vol. 81, no. 1, January 2014, 137~196쪽의 보충 자료에 있는 부록 C를 참조하라. 이 보충 자료는 http://www.econometricsociety.org/ecta/supmat/10266_data_description.pdf에서 이용할 수 있다.

표본 : 이 표본에는 BPS에 등록되어 있는 학생들로서 1999년에서 2008년까지 보스턴 라틴 스쿨(Boston Latin School, BLS)의 7학년 입학을 위해 지원한 학생들이 포함되어

있다. 이 표본은 학생이 자격 조건을 충족하지 못하는 학교들을 제외한 후 BLS가 첫 번째 선택이거나 가장 선호하는 선택인 학생들로 국한된다.

변수의 정의 : 그림에서 '입학 시험 점수'라는 이름이 붙은 배정변수는 지원자의 ISEE 총점수와 GPA의 가중 평균이다. 시험선발 학교 등록은 지원이 일어난 다음 학년도의 자료를 사용해 측정하였다.

그림의 추가적인 주 : 그림에서 배정변수의 수치들은 주어진 해에 BLS에 입학을 제안 받은 학생들 중 최저 점수를 차감하는 방식으로 정규화되어 있다. 그에 따라 각 해의 커트라인은 0점이다. 그림에서 매끄러운 선은 각 점 근처에 있는 자료들을 이용해 추정하는 회귀모형으로부터 구한 예측치들이다. 이 회귀모형에서는 비모수 대역폭 내에 위치한 수치를 가진 관측치들을 이용해 종속변수를 배정변수에 회귀시킨다. 자세한 내용에 대해서는 Abdulkadiroglu 등(2014)을 참조하라.

그림 4.7 보스턴 시험선발 학교에의 등록률

데이터 출처, 표본, 그림의 추가적인 주 : 〈그림 4.6〉의 주를 참조하라.

변수의 정의 : 〈그림 4.6〉의 주를 참조하라. 시험선발 학교에의 등록은 지원자가 Boston Latin School, Boston Latin Academy, John D. O'Bryant High School of Mathematics and Science에 등록했는지의 여부를 표시한다.

그림 4.8 BLS 커트라인 근처에서 동료들의 수준

데이터 출처, 표본, 그림의 추가적인 주 : 〈그림 4.6〉의 주를 참조하라.

변수의 정의 : 〈그림 4.6〉의 주를 참조하라. 시험선발 학교의 각 지원자의 경우에 동료들의 수준은 자신이 현재 재학하고 있는 학교의 7학년 교우들이 4학년 때 받은 MCAS 수학 점수들의 평균값이다.

그림 4.9 BLS 커트라인 주변의 수학 점수

데이터 출처, 표본, 그림의 추가적인 주 : 〈그림 4.6〉의 주를 참조하라.

변수의 정의 : 〈그림 4.6〉의 주를 참조하라. 여기에서 *Y*축의 변수는 7학년과 8학년 MCAS 수학 점수들의 평균값이다.

그림 4.10 티슬트웨이트와 캠벨의 RD 그림

출처 : 이 그림은 Donald L. Thistlethwaite and Donald T. Campbell, "Regression-Discontinuity Analysis: An Alternative to the ex post facto Experiment," *Journal of Educational Psychology,* vol. 51, no. 6, December 1960, 309~317쪽에 있는 그림 3이다.

표본 : 이 표본에는 1957년도 국가 장학생 신빌에서 국가 장학 증서를 가까스로 수여 받은 5,126명과 가까스로 탈락한 2,848명이 포함되어 있다. 배정변수는 현재에는 PSAT라고 알려져 있는 대학 입학시험 위원회(College Entrance Examination Board)의 장학금 자격시험 점수다. 2개의 성과 지표는 수상자가 발표된 후 약 6개월이 지나 표본의 모든 학생들에게 실시한 설문조사로부터 도출되었다.

변수의 정의 : 2개의 성과변수는 학생이 3년 이상의 대학원 공부를 할 계획을 가지고 있는지에 대한 더미변수($I-I'$ 선으로 표시됨)와 학생이 대학 교수나 과학 연구자가 될 계획을 가지고 있는지에 대한 더미변수($J-J'$ 선으로 표시됨)다.

그림 5.1 연방준비제도의 6번 구역과 8번 구역에서 발생했던 은행 파산

데이터 출처 : 미시시피에서 영업 중인 은행들의 숫자에 관한 일별 자료는 Gary Richardson and William Troost가 구축한 데이터로서, Gary Richardson and William Troost, "Monetary Intervention Mitigated Banking Panics during the Great Depression: Quasi-Experimental Evidence from a Federal Reserve District Border, 1929-1933," *Journal of Political Economy,* vol. 117, no. 6, December 2009, 1031~1073쪽의 1034~1038쪽에 기술되어 있다.

표본 : 은행 영업 데이터는 1930년 7월 1일과 1931년 7월 1일 현재 미시시피에 존재하는 모든 전국 단위 및 주 단위 인가 은행들의 숫자를 포함하고 있다. 이 수치는 연방준비제도의 각 구역 내에서 합산된 값이다.

변수의 정의 : Y축은 주어진 구역에서 주어진 연도의 7월 1일 현재 정상 영업하고 있는 은행들의 숫자를 보여 준다.

그림 5.2 연방준비제도의 6번 구역과 8번 구역의 은행 폐업의 추세

데이터 출처 : 〈그림 5.1〉의 주를 참조하라.

표본 : 은행 영업 데이터는 1929년 7월과 1934년 7월 사이에 미시시피에서 영업하고 있던 모든 전국 단위 및 주 단위 인가 은행들의 숫자를 포함하고 있다. 이 수치는 연방준비제도의 각 구역 내에서 합산된 값이다.

변수의 정의 : 〈그림 5.1〉의 주를 참조하라.

그림 5.3 연방준비제도의 6번과 8번 구역에서 일어난 은행 폐업의 추세와 6번 구역의 DD 가상적 대응치

데이터 출처, 변수의 정의 : 〈그림 5.1〉의 주를 참조하라.

표본 : 〈그림 5.2〉의 주를 참조하라.

그림 5.7 존 스노우의 DD 요리법

출처 : 이 그림은 John Snow, *On the Mode of Communication of Cholera,* second edition, John Churchill, 1855에 있는 Table XII(90쪽)이다.

그림 6.1 출생 분기의 1단계

데이터 출처, 표본, 변수의 정의 : 〈표 6.4〉의 주를 참조하라.

그림 6.2 출생 분기의 축약형

데이터 출처, 표본, 변수의 정의 : 〈표 6.4〉의 주를 참조하라.

그림 6.3 마지막 시험 점수와 텍사스 졸업장

데이터 출처 : 이 그림은 고등학교 기록 행정자료, 대학교 기록 행정자료, 텍사스의 실업보험 임금소득 자료를 연결하는 데이터 셋을 사용해 구축하였다. 이들 데이터는 Damon Clark and Paco Martorell, "The Signaling Value of a High School Diploma," *Journal of Political Economy,* vol. 122, no. 2, April 2014, 282~318쪽의 288~289쪽에 자세히 설명되어 있다.

표본 : 표본은 1993~1997년 봄에 마지막으로 고등학교 졸업시험을 치른 5개 코호트의 고등학교 3학년들로 구성되어 있다. 임금소득 자료는 2004년까지, 즉 마지막 시험을

치른 시점으로부터 7년에서 11년에 이르는 기간에 대해 이용할 수 있다.

변수의 정의 : *X*축의 배정변수는 마지막 시험에서 얻은 점수로서 합격점이 가운데 위치해 있다. 졸업시험은 여러 과목들을 포괄하고, 졸업하기 위해 학생들은 모든 과목에 합격해야 하기 때문에, 시험 점수는 합격 커트라인을 중심으로 정규화되어 있고 배정변수는 이들 정규화된 점수의 최젓값에 의해 주어진다. *Y*축은 각 점수에서 졸업장을 수여받을 확률을 표시한다.

그림 6.4 마지막 시험 점수가 소득에 미치는 효과

데이터 출처, 표본 : 〈그림 6.3〉의 주를 참조하라.

변수의 정의 : *X*축에 있는 배정변수는 〈그림 6.3〉과 동일하다. *Y*축은 각 점수에서의 평균 연봉(미취업 상태에 있는 사람들의 경우 0)을 표시한다.

찾아보기

【ㄱ】

【ㄴ】